閩臺歷代方志集成·福建省志輯·第4册

福建省地方志編纂委員會 整理

［弘治］八閩通志（三）

（明）陳道修，（明）黄仲昭纂

明弘治三年（一四九〇年）刻本

SSAP

社會科學文獻出版社

八閩通志卷之三十一

秩官

歷官

郡縣

福州府

宋

福州大都督府長樂郡威武軍知州事楊克讓　侯贇見名宦志　何允昭　商夷簡俱太平興國間任　孫逢吉　魏咸熙俱雍熙間任　源護端拱間任　李儒　張昭允　張從式俱淳

化間任　馮礪　馮伉俱至道間任　陳象與咸平間任　謝泌　袁

逢吉俱見名宦志景德間任　嚴辟彊　李欣　王平見名宦志　任

曉俱祥符間任　王世昌　王臻見名宦志　康孝基俱天禧間任　陳

絳　胡則　章頻上二人見名宦志　尹錫　孫漑　鄭載

見名宦志已上俱天聖間任　高覿見名宦志　張沔　梁逸　范亢上三

人俱景祐間任　許宗壽寶元間任　沈邈見名宦志　王逵　蔡襄見名宦志

成戩上三人俱慶曆間任　李上交　劉夔①　曹穎叔上二人見名宦

志已上俱皇祐間任　劉忠順　燕慶　范師道　元絳上二人見

名宦志已上俱嘉祐間任　張伯玉　章岷俱治平間任　程師孟見名宦志

校注：①夔

丁竦　元積中　曾鞏見名宦志俱熙寧間任　孫覺　劉瑾

俱見名宦志　謝卿材俱元豐間任　許懋　林積　范峋　王

祖道俱元祐間任　葉伸①　温益俱紹聖間任　程之邵　柯述

見名宦志俱元符間任　陳軒見名宦志　王祖道　陳覺民　葉棣

俱崇寧間任　檀宗旦　羅疇俱大觀間任　孫琦　張勱　黄

裳　蘇嗶　陸蘊俱政和間任　孫竢　余深　劉韐見名

宦志　柳庭俊　陸藻俱宣和間任　李友聞　江常見名宦志靖康

間任　沭安上　林遹　程邁見名宦志俱建炎間任　張守見名宦志

曾楙　張致遠見名宦志　折彦質　張浚　葉夢得

校注：①伸

莫將　薛弼見名宦志張宗元　王綸見名宦志張澄　方
滋　李如岡　沈調　辛次膺　王師愈　汪應
辰見名宦志已上俱紹興間任趙子潚見名宦志王之望　汪澈
薛良朋　陳俊卿　史浩見名宦志已上五人俱乾道間任沈复
梁克家　趙汝愚上二人見名宦志賈選　馬大同俱淳熙間
任林枅見名宦志鄭僑　辛棄疾　詹體仁見名宦志紹熙間任
木待問　陳居仁見名宦志葉翥　張抑俱慶元間任何澹
嘉泰間任蕭逵　李大性見名宦志俱開禧間任倪思　黃度俱見
名宦志葉時　蔡幼學　衛涇　程卓　楊長孺

任希夷　曹彥約見名宦志俱嘉定間任　王居安見名宦志楊棟

真德秀見名宦志魏了翁　余天錫　曹豳　趙葵上三

人俱見名宦志李鳴鳳　趙必愿　徐清叟　吳潛　吳

淵　程珌　湯漢　史嵩之　陸德輿　史宇之

陳韡　馬天驥　陳宜中見名宦志江萬里　王鎔見名

宦志洪天錫　吳革見名宦志雷宜中　趙順孫　趙與

擇　王剛中（通判軍州事）陳鑄　林霅　姚希德

俱見名宦志鍾元鼎　葉偉　江濤（簽書判官廳公事）

陳公琰治平間任胡銓見名宦志（觀察推官）李忠義治平間任林

深之　羅必先俱見名宦志　節度判官王珪天聖間任　董汶
嘉祐間任　觀察判官沈唐治平間任　諸曹官　司理參軍方
嶠　張次夔俱見名宦志　州學教授陳烈皇祐間任　周希
孟嘉祐間任　莊柔正　張讀俱崇寧間任　張洙紹興間任　劉翔見名
宦志　繆烈淳祐間任　州司武官　福州兵馬鈐轄廖虞弼
建炎間任　駐泊兵馬都監劉文質

閩縣

知縣事江文蔚建隆間任　孔延世　賈大冲慶曆間任　陳
清治平間任　呂百能　方叔完俱熙寧間任　黃德裕見名宦志　葉
默紹興間任　莊誼崇寧間任　陳麟政和間任　蘇績　方橫　李公

彥　蘇欽上三人俱紹興間任丁長卿乾道間任趙彥佩　劉爚

胡巖起上二人見名宦志　師興淳祐間任（丞）林亮功紹興間任趙師

奎淳熙間任黃克寬嘉定間任（主簿）丁彥先元祐間任林枬紹興間任

（尉）丘立之宣和間任杜杲見名宦志

候官縣（知縣事）沈邈寶元間任方叔完見名宦志陳南復宣和間任

詹庇（主簿）鄭叔僑元祐初任（尉）吳及　方伯驁俱見名宦志

王壽元符間任余克濟見名宦志

福清縣（知縣事）郎簡　方偕俱見名宦志　鄭嘉賓康定初任崔

宋臣　胡景道俱熙寧間任方叔完元祐間任莊正柔見名宦志

陳大和建炎初任王洙　范處義　傅禎　顏師魯見名宦志俱紹興間任曹績　劉朔見名宦志李宗思　劉夙　劉敦　邊應祥　方棫　桑廷珪　趙希漢　李元吉　章伯奮　徐輝上六人見名宦志婁演淳祐初任王庚景定間任

丞　傅揖見名宦志方适　林孝澤見名宦志林枅紹興末任吳源乾道間任

主簿　方次彭　劉崇之見名宦志

尉　黃國鎮見名宦志

古田縣

知縣事兼兵馬監押　薛琪　李堪俱見名宦志許當　楊恕俱慶曆間任陳昌期見名宦志湯選　呂晉夫紹興

間任楊汝南乾道間任趙師𢎹　廖天覺　陳諒　傅康

薛舜庸　蘇文本上五人俱見名宦志劉克遜嘉定間任宗炳端平

間任覃元亮見名宦志洪天錫　許鑒見名宦志黃時中　立

雙薦　趙若禶（丞）郭能乾道初任鮑友龍見名宦志（尉）吳公

誠　游九思　趙希倓　楊士訓　盧特　林仲

國俱見名宦志

永福縣（知縣事）鄭慈慶曆間任沈亞夫熙寧初任顧沂　翁績

吳拭　蕭嶧　曾繹　魏諤　蕭彥　林深之

鄭仁達大觀初任劉永懷　方講　阮符上二人宣和間任陳

炎建炎間任楊泳　董鴻道　葉秉仁　黃叙　楊充
朱憲明　林萱　張暄　黃允　鍾安老　陳大
年　周因　楊楙　湯選　林光朝　楊楙琮上二
人見名宦志顏澈　楊士訓　方大琮上二人俱見名宦志陳武
祐　鄧剛　施常　滕定　卓雄　李敎　盧希
載　游時升　鄧覿　江安止丞王幹　儲敦叙
黃壽　鄧汴　吳庭表　朱銑　任忠志　應
鄭擇善　王友　張志仲　李梗　陳宲　范括
陳百朋　鄭仲龍　王正夫　鄧艮　趙良球

李侯説 趙希騯主簿 徐驤 曾丰 魏鈞 王
長世 方士萬 林文之 章鶚 吳巖谷 黃
雲翼 載員 黃必昌 趙希潔 趙希橙 游
義閎 林嶸甫 蔡義和 彭奕仕尉 薛南 卓
遵夏僎 吳昺若 鄧明 任一震 張禹
方澄 趙時囦 江信 魏鼎 趙汝衛 趙崇
埜 徐一之 姚震特 鄭元序 章春 陳福
龍 王僅 范紹之 蔡德言 趙汝景 陳碩
黃晉祖

長溪縣（知縣事兼兵馬監押）杜樞慶曆間任 周尹嘉祐間任 馬康侯元祐間任 熊浚明紹聖間任 葉安節大觀間任 潘中 黃龜朋俱見名宦志 楊士谿 姚逈嘉泰中任 劉顯 楊志 方之泰上二人見名宦志 江澗祖嘉定間任 范夔寶慶間任 孫侑 袁正規 黃恪淳祐間任 鮑遜（丞）關唐 林起初（主簿）姚東見名宦志 李挺 何仁敵淳祐間任（尉）馮躬行元符初任 黃琮 趙時煥俱見名宦志（儒學）（教諭）陳崇文建炎間任

福安縣（知縣事）鄭鼐 林子勳俱見名宦志（丞）趙夢龍 趙希喹俱淳祐間任（尉）蔡址 林楝 楊東俱淳祐間任

長樂縣知縣事方廷範 李茸大平興國間任 董淵慶曆間任 吳
仲皋 徐倪 關有聲俱皇祐間任 胡旦 陳公言
王企 方次彭俱嘉祐間任 蕭竑見名宦志 施文元豐間任 袁正
規 陳可大俱見名宦志 陳昭慶 徐世英 楊味道
陳齊賢 王奉議丞曹亮振皇祐間任 翁芑 陳師韓
嘉祐末任 陳毅 蔡雍元祐間任 雷豫 劉有源主簿陳之
邵 曾孝傑 雷嗣慶 趙文孫尉陳伯孫大中祥符
間任 陳維德見名宦志 陳師韓熙寧間任 林文端 黃榮俱紹興間
任 黃本

羅源縣知縣事陳偁慶曆間任袁符元祐間任吳確　陳球俱建炎間任張溥　陳文俱紹興間任林介卿見名宦志林僖　趙彥琰　程成主簿王葵淳熙間任尉陳舜耕　施炎俱淳熙間任

閩清縣知縣事李忿咸平間任史溫大中祥符間任徐絳熙寧間任黃琮見名宦志趙甫穚　蘇欽紹興間任傅伯成　朱縈　胡特上二人俱淳熙間任陳伋寶祐間任尉王元鼎淳熙間任李清紹興間任

寧德縣知縣事宋棐　儲惇叙　趙侁之　趙善悉　徐夢發俱見名宦志周茂良　黃克寬俱嘉定間任陸鎮

趙善封　李澤民上二人見名宦志　阮先　晋祐　陳璉
丞詹覺乾道間任　楊士谿紹熙間任　趙希肱淳祐間任　主簿葉衡
陸游俱見名宦志　蘇本文淳祐間任　王驤　尉康夢龍淳祐間任　李
元宗
懷安縣知縣事吳評見名宦志　洪子著紹聖初任　吳與大觀初任　樊
紀　徐豫寶慶初任　主簿上官植崇寧間任　黃翁紹興間任　尉陳
中復熙寧間任　魏必昌見名宦志
連江縣知縣事吳舉　鞠仲謀見名宦志　洪中慶曆間任　鄭事
道元祐間任　黃泳政和間任　林覺　阮圭俱紹興間任　傅伯成見名

官志方美　曾模上二人俱乾道間任　蘇懋淳熙間任　趙善謚慶元間任

趙汝訓　洪侶　趙善助　趙善蒿　朱定上三人俱見名宦志

游義肅　鄭沆　宋日隆

主簿

黃琮政和間任

尉

劉立之　楊紹　林桴　傅伯成

元

福州路總管府達魯花赤

許進　黃頭　脫歡　孛羅合沙　捏古伯俱至元間任　阿老瓦丁元貞初任　脫歡　忻都哈剌俱大德間任　塔必迷失至大間任　兀都蠻皇慶初任　阿散忽都魯　烏馬兒沙　專帖　納憐不花俱延祐間

任　闊里吉思（至治間任）　脫列海牙（泰定初任）　總管　郭琛　岳
天禎　楊忠　納速兒剌　燕宗龍　張鐸（俱至元間
任）　趙翬（元貞間任）　賈庭直　趙執中（俱大德間任）　夏若水
吳繹（俱延祐間任）　王從政（至治間任）　劉元亨（泰定間任）　同知　楊元
曾　劉君澤　忽辛　朱德　帖木兒（俱至元間任）　亦
的失（元貞初任）　重福　徐龠奇　阿里別（俱大德間任）　小云
失不花（至大間任）　禿八剌（皇慶間任）　程顯　阿老瓦丁（俱延祐間
任）　法忽魯丁（至治間任）　燕帖木兒（泰定間任）　治中　劉淵　韓
良佐　尤思恭　劉天祐　奴剌丁　周旺（俱至元間

任徐夔奇元貞初任勘馬剌丁　憲德明　唐珪　賀
鎰俱大德間任錢勉至大間任木八剌沙皇慶間任潘允巡延祐間任
靳大中至治初任張阿八赤　夾谷山壽俱泰定間任判官
何榮祖　馮奕　馬合謀　八忽答兒俱至元間任郝
謙元貞間任傅澤　林思忽　張南仲俱大德間任孟思識
至大初任臯祥皇慶初任馬振鐸　長壽俱延祐間任鄭衍至治初任
張伯顔　靳孟亨俱泰定間任推官郭忠恕　趙彥琇
俱至元間任張恕元貞初任鄧文亮　任拯　衞德政　王
居敬　馬振鐸　董禎　邵德俱大德間任董德讜至大

初任賈弼皇慶初任李良弼　劉智延　孫謙　劉湜俱延
祐間任鄭惟寅　馬欽俱至治間任（經歷司）（經歷）張仁
楊福　李瑞　張温　韓琛　史政　楊德貞俱至
元間任楊德懋　曹翔　吳沖　馬智俱大德間任鄭居
仁至大間任孫謙皇慶初任周瑞　蔡邦彦俱延祐間任侯惟清
至治間任葉森　齊晉俱泰定間任（知事）馮祐　馬禧　李
良　王彬　祝敬　鄭居仁　魏丙炎俱至元間任終
思義　張元亨　楊世鑑　王朝信俱大德間任謝元
發皇慶初任張昇延祐間任楊也先至治初任王纘　伍英俱泰定間

任（提控案牘）趙君澤　甯惟行　王文質　陳澄

紐克讓　謝澤　路泰亨　張惠　范禎　劉自

立　李埜　秦禄　栁誠俱至元間任　雲澤　唐珪俱貞

元間任　崔景植　馬逵　田道明　范禎　郁知柔

孔思義俱大德間任　劉可皇慶間任　陶皇叔延祐間任　林從泰定間任

（儒學）（教授）熊朋來　劉直內俱見名宦志

（閩縣）（縣尹）郭升之大德間任　張眞泰定初任（儒學）（教諭）丁堯

至元間任　韓挺持元貞初任　高琳至大間任　蔣景説泰定間任

（侯官縣）（縣尹）鄒衍　魏揚祖俱至大間任　王壽元統間任

懷安縣縣尹馬振鐸（大德間任）李仁（延祐間任）儒學教諭方

超（大德間任）

古田縣達魯花赤木薛（至大初任）剌會隆（至正間任）縣尹王奐

馬合麻（俱見名宦志）陳均（延祐末任）何玉（至治間任）趙孟籲（至順間任）

縣尉張寧（元貞初任）

閩清縣縣尹張淵（至大初任）董禎　蔡嗣宗（俱見名宦志）

長樂縣達魯花赤答失蠻（至元末任）縣尹呂復（見名宦志）主簿

馬進義（至順間任）

連江縣達魯花赤拜住（泰定間任）抄耳赤　縣尹董政（至元末任）

夾谷德明皇慶間任　成和天曆初任

羅源縣達魯花赤山童　塔海泰定間任　縣尹丁德孫見名宦志　主簿劉秉仁至治初任

永福縣達魯花赤亳全至元末任　木薛至大初任

福清州達魯花赤沙的元貞初任　烏馬兒　亦不剌金　乃吝兒俱大德間任　捏只不丁至大間任　馬速忽皇慶初任　撒的里迷失　木忽實俱延祐間任　禿忽魯至治間任　忽吝沙泰定間任　馬合馬沙見名宦志　知州吳安元貞間任　毋逢辰　吳英　孫儀　郭惠俱大德間任　劉鐸至大間任　□①允　巢德茂

校注：①潘

吳濤俱延祐間任　王佐至治間任　賈思恭泰定間任　陳天錫　林

以順　林泉生上二人見名宦志　（同知）孫天祐元貞間任　馮喜

忻都　布伯　李蒙古歹　陳天璵　朱善甫俱大

德間任　盧棟至大間任　趙亥石　佘孔明　尹正　周瑞

劉璵俱延祐間任　賈鎮珪　馬大英俱至治間任　李恭　木

八剌俱泰定間任　（州判）楊世榮　柴天福俱元貞間任　詹埜

叚榮祖　楊守信　僧家奴　李榮　李維仲

林天錫　宗世元俱大德間任　楊秀　王平孫俱至大間任

杜珍皇慶初任　楊天瑞　乃麻歹　楊曙　葉應桂俱延

祐間任佘清　高趙溪卿俱至治間任頡孫　張復　彭

希驥俱泰定間任曹道振見名宦志

福寧州（達魯花赤）怯烈歹　掌速速　忻都俱至元間任

馬合謀　秃哥里不花　別魯忽俱大德間任忽你歹

至大間任月魯皇慶初任小云失不花延祐間任秃滿至治初任迭烈

忽八泰定初任（州尹）白璧　樊忠俱至元間任陳翼元貞初任解

朵兒赤　沈中祥　木甲俱大德間任吴恭祖至大間任殷

尚敬皇慶初任毋逢辰　袁凱才　袁中議俱延祐間任王

察罕泰定初任張伯顏　王伯顏俱見名宦志（同知）脱歡察

至元末任忻都　孫璧俱元貞間任　脫脫　魏文質　魏榮
俱大德間任楊和　荅剌海俱至大間任　阿散皇慶間任忻都回
回普達世禮　木八剌　黄真俱延祐間任　也先帖
木兒至治間任荅木丁　董舉仁俱泰定間任　董德至正間任州
判趙全　探馬赤俱至元間任　彭仁皇慶間任　趙逢辰延祐間任
李德榮至治初任皇甫彬　杜元貞俱泰定間任　薛天祐元統
間任儒學教授劉棠　韓桂華俱延祐間任　學正陳天
錫
寧德縣縣尹孫邠孫至元間任李普顏至正間任主簿徐賜見名

宦志
縣尉林拱至元間任林椿至正間任
福安縣縣尹王鐵至大間任忙兀歹高琛俱見名宦志蒲高
奴元統間任趙元善至正間任主簿徐元德胡璉見名宦志縣
尉徐實至大間任唐元至正間任儒學教諭陳禹圭延祐間任
方賢孫卓說俱至正間任訓導郭養德延祐間任林班至元
間任
亳州翼萬戶府達魯花赤孛魯迷失海牙以資德大夫福建行省左
丞領銀山海牙襲父孛魯迷失海牙職俱至元間任也先海牙襲父銀山海牙
職大德間任和實海牙襲兄也先海牙職皇慶間任萬戶喬隆緒以明

威將軍充喬梓襲父隆緒職俱至元間任喬世臣以武節將軍襲父梓職至大間任

〔副萬戶〕朱贇以武德將軍充至元間任朱鼎襲兄贇職大德間任朱鑾子以明威將軍襲父贇職延祐間任

福新萬戶府〔達魯花赤〕九住以顯武將軍充至元間任課兒襲父九住職

佛住以明威將軍襲兄課兒職俱延祐間任〔萬戶〕高謙以明威將軍充至元末任

高天驥襲父謙職至大初任〔副萬戶〕曹傑以奉訓大夫招討副使領至元末任

曹帖哥以昭信校尉襲祖父傑職大德間任

〔國朝〕

文職

本府知府楊士英見名宦志董彥哲　李庸　廖崇德　劉
鑑俱洪武間任唐循中　宋珉　王榮俱永樂間任張輝
王泰俱宣德間任張徽　吳信俱正統間任雷硍景泰間任畢亨
天順間任吳淵　周鈋　鄭時　唐玽　陸珩俱成化間任
陳勉弘治元年任同知宋貴實洪武初任周孟初宣德間任郭琰
正統間任丘晟　常濟俱成化間任通判陸鎰洪武間任朱琰
唐忠俱永樂間任劉澈正統末任鄭祺天順間任張珽　汪瀚
毛祚　羅鍔　周仁廣　陸璘俱成化間任推官管愚
義永樂間任張斌　傅允中俱正統間任馮瑢　黎景俱成化間

任

〔經歷司〕〔經歷〕于瑾　温紹俱永樂間任　翁禧景泰初任

劉淮成化初任

〔知事〕彭季瑜　彭潤俱永樂間任　李芳宣德間任

沈曄成化間任

〔照磨所〕〔照磨〕吳驥正統間任

〔檢校〕張通

章文俱永樂間任　潘廷易弘治元年任

〔儒學〕〔教授〕徐宏洪武初任

〔訓導〕林汝初　陳敏學　鄭垣俱景泰間任　楊傑天順間任　李居義　謝宏　陳忠俱成化間任

閩縣〔知縣〕路圓玉洪武初任　魏谷才見名宦志　王孚永樂間任　吳謙

陳敏政俱宣德間任　李福正統間任　謝□　邵珪　陸潤

歐陽麟　沈□　何濬　周天民俱成化間任

〔縣丞〕劉

瓊永樂間任呂璧宣德間任戴晃正統間任吳施　唐□　從常

王玘俱成化間任　上官雍弘治元年任（主簿）吳英永樂間任丁玉

正統間任郭旺（典史）沈鎰洪武間任姚宗泰永樂末任楊伏初正統

間任杜駢成化間任（儒學）（教諭）歐陽翰正統間任（訓導）鄭伯

芳洪武間任鄭瓘成化間任

候官縣（知縣）張繼洪武末任毛原輝永樂末任周晃宣德初任梁叔

蒙正統間任單宇　張怡俱景泰間任莫泰天順間任葉寬　樂

宗茂　熊達　吳奎俱成化間任陳庠弘治元年任（縣丞）馮

彝　吳讓俱永樂間任歐子義宣德間任王仕英　陳抗俱正

統間任周琬天順初任朱貴　劉瓚　何隆俱成化間任（主簿）

嚴毅見名宦志張鐸宣德間任韓鏞　張志高　熊釗　時

恭俱成化間任（典史）劉子敏見名宦志李偙宣德間任王禮　陸

璇俱正統間任劉銘　何敬俱景泰間任姚餘慶　成復恭

麥盛　李魁俱成化間任（儒學）（教諭）羅倫　黎公頴

俱正統間任蔣寔天順初任倪敏　王淙　胡淅俱成化間任（訓

導）彭肅正統間任鍾士求景泰初任綸昇天順間任石潤　鄧誠

李厚　林阜俱成化間任

懷安縣（知縣）崔居敬　薛武見名宦志何汝文　周禧

蔣穩上二人見名宦志已上俱洪武間任徐拱辰永樂間任項祐吳益
俱正統間任張定景泰間任劉繁何克智俱天順間任胡節見名
宦志何恕李亮施昂俱成化間任縣丞趙敷陳希
閔柴士隆馮□夏迪俱洪武間任吳九成徐
振辰俱永樂間任馮以禮宣德初任邵衢張□俱正統間任王
端向勉俱景泰間任鮑存正史昶天順間任游□張
應鵬危繼俱成化間任主簿任忠張毅李季初
俱洪武間任朱亮朱彪俱永樂間任顧斌孫善明俱正統間
任馮俊李然俱景泰間任李郁天順間任王縉汪圭

朱新俱成化間任（典史）祝禎洪武初任黃金生永樂間任陳祥宣德

初任王信陳宗王誌俱正統間任虞□呂員文

暹何壹丁輅上二人成化間任（儒學）（教諭）劉金

鄭斌司馬符陳瓊俱永樂間任丘純宣德間任丁泰亨

沈善俱正統間任王灝景泰間任張克廉天順間任陳文彭昌

俱成化間任（訓導）袁性善黃谷民俱永樂間任胡奎胡

淵俱宣德間任黃清寧嚴績俱正統間任盧守道景泰間任陽

昕天順間任陶昇陶遜林敞厲贇俱成化間任

長樂縣（知縣）丘宗亮劉文炳俱洪武間任詹奎章王

遵道見名宦志俱永樂間任　龍韶正統間任　高騏景泰間任　孫叔倫
陳播　任衡　齊普　黃瓏　汪正　羅叙俱成化間
任　潘府弘治元年任

縣丞　項原望　張佑俱永樂間任　葉鎮
景泰間任　朱褒天順間任

儒學

訓導　朱載經　謝璧俱宣德間
任　黃攀正統間任

連江縣

知縣　王得欽　張益　范希節　李鳳　侯
烱上三人見名宦志已上俱洪武間任　楊廷芳見名宦志　董庸　伍昇俱永
樂間任　劉仲戩宣德間任　周弁　吳琳俱正統間任　歐陽瀚景泰
間任　李俊　孫珏　李紀　章武　林鴻　凌玉璣

俱成化間任（縣丞）商準洪武間任黃子政參安俱永樂間任蘇
全宣德初任葉誾正統間任黃蒙初景泰間任駱宣徐瑛陳
鍔胡瑞李林俱成化間任（主簿）張人卿鮑近仁
田祐楊安俱洪武間任陳道祐景泰間任曾瑄天順間任陳穀
李彥瑫俱成化間任（典史）趙貞洪武間任李安景泰初任余善
陳雷陳華梁必通俱成化間任（儒學）（教諭）許貞
陳乾鄭嗣善俱永樂間任呂迪宣德間任（訓導）黃善慶永樂
間任

福清縣（知縣）江仁見名宦志余懋永樂間任郭淮康永韶

嚴偘昌　龐璁　吴崇嶽俱成化間任（縣丞）余升永樂間任
金鏞　黄襄　蔡琮俱成化間任（主簿）王文　葉禧
李海　方沐俱成化間任（典史）謝清　段璜俱成化間任（儒
學）（教諭）王原洪武間任方思得永樂間任潘信　吴公器
俱成化間任（訓導）盛平永樂間任李郁宣德間任鄒泰　汪澄
陳謨　哀明　簡訟俱成化間任
古田縣知縣韓秉吉　陳韶　毛秀　鄧恭　王安
王友俊俱洪武間任馬陶　花潤生見名宦志林臯　陶衍
張昱見名宦志上二人俱宣德間任丁思賡　陳復俱正統間任杜永

濟景泰初任　尹古　徐恜俱天順間任　黃玠　余敏　汪傕
茅和俱成化間任　侯杲弘治元年任　（縣丞）呂泰　魏庸俱洪武間
任　夏忠永樂間任　陳端　項良俱正統間任　趙良　許□
葉英俱景泰間任　潘壬　丁志俱天順間任　譚宣　吳儀
劉福介　沈敬通俱成化間任　（主簿）蘇璉　姚孟輿見名
宦志　陳惠清永樂間任　井旺　王理　龔鉞正統間任　楊□
翁真俱景泰間任　王謹　李英俱天順間任　鄧□　彭昇
謝忠　留袞　蘇珪俱成化間任　（典史）袁昇正統間任　黃傕
發景泰初任　賀鑑天順間任　丁伯安　嚴恭　沈靖俱成化間任

儒學教諭陳僩見名宦志周瑄天順間任訓導林士名洪武間任董秀景泰間任

閩清縣知縣葉宗　沈源見名宦志俱洪武間任　王珩　朱毅俱永樂間任　龔瑾宣德初任　吳清　楊克勤　辛節俱正統間任　余珎見名宦志　徐昌景泰間任　解文　左輔　章慶　方定　袁明　楊麒　黃瑩俱成化間任　主簿鄭榮洪武間任　典史李通景泰間任　余銘天順間任　陳彥洪　林翱　鄭宗俱成化間任　儒學教諭劉惟勉　任宣俱宣德間任　王懷中　王寧　徐宗盛俱正統間任　馬能　曾璵俱天順間任　傅參王

李充俱成化間任（訓導）王燕　王淪俱宣德間任　朱庸正統間任

顧幸孫　陸駰　余大俱天順間任　鄭英　陳敏　葉

韶　楊東俱成化間任

羅源縣（知縣）鄭復初　楊清卿　鄭宗文見名宦志俱洪武間

化　李悌　傅希悦　唐慶　范仝　湯文端　沈

最　王鼎上二人俱宣德間任　孫昱　黃覺俱正統間任　何器

邵褒俱景泰間任　趙升　陳潔天順間任　余昇　施弘　陳

璦俱成化間任　麥謹弘治元年任（縣丞）龐益　陳遜　甘志

和俱洪武間任（主簿）宋建　孔思敬俱洪武間任　郭剛永樂初任

典史陳訓　華崇　謝志保上二人俱正統間任陳阜景泰初任
彭福清　穆盛　鄭叔清　鄒順安　周政　胡
銳　吳習　黃韺上二人俱成化間任儒學教諭汪時俊
陳思立俱洪武間任方永寧　楊忠俱永樂間任金懋宣德間任
鍾觀　黃綬俱正統間任李昱景泰間任陳宰　吳榮　蕭
夔俱成化間任訓導林義洪武間任葉光祖　朱宗武　董
許　朴滔　顧宣宣德間任王佐　陳亮景泰間任馮旻
孫淵　忻祥俱成化間任

武職

福州左衛指揮使司〔指揮使〕洪傑龔父世英職成化間任　陳鐘龔祖父俊職　張讓龔祖父英職俱成化間任〔指揮同知〕齊全龔祖父興職　花朝龔父盛職俱成化間任〔指揮僉事〕李榮龔父鐸職　朱玉替父瑢職　儲昂龔父禎職俱成化間任

左千戶所〔副千戶〕李聰龔父廣職　杜鉦龔父琳職〔百戶〕洪鑑天順間任

右千戶所〔副千戶〕徐誠替父冬職成化間任〔百戶〕林安成化間任

中千戶所〔副千戶〕陳珪成化間任

前千戶所〔正千戶〕陳寬天順間任〔副千戶〕金勇由本所百戶陞景泰間任〔百戶〕陳雄成化間任

後千户所（正千户）陳宸襲父俊職成化間任（副千户）王鍔襲父誠職成化間任金勝替父勇職成化間任（百户）吴得天順間任馬誠　姜行

義　劉安　連成　王順　顧澤　陳福俱成化間任

中左千户所（副千户）胡瑩襲父琰職成化間任

福州右衛指揮使司（指揮使）劉玉襲父綱職劉欽襲父都指揮寬職朱旻襲兄景職胡玘襲父都指揮彧職俱成化間任（指揮同知）朱光襲父瑛職天順間任陳鎬襲祖父通職王欽襲父都指揮勝職趙隆襲父榮職俱成化間任

（指揮僉事）楊逢襲父通職天順間任陶信襲祖父義職張義替父良職鄭昻襲父雄職盧濚襲父鴻職周綱襲祖伯鼎職馮恩襲父盛職閻海襲姪

光職俱成化間任鎮撫陳俊襲父恭職鄭宗完襲父誠職俱成化間任

左千戶所正千戶孫燦張恕俱由本所副千戶陞正統末任副千戶王斌宣德間任李琦徐賢上二人俱由本所百戶陞正統末任徐旺襲父賢職成化間任百戶徐進永樂間任夷福韓貴汪清姜瑛王瑛李信馬榕賈清陳亮李琦徐賢韓勝襲父貴職景泰末任林春陳安襲父亮職李傅汪浩襲父清職夷壽襲父福職俱天順間任

右千戶所正千戶閻御副千戶孫信韓清由本所百戶陞正統末任孫鑑襲父信職成化間任百戶羅壘五洪武間任羅恭襲父壘五

職童貴宣德間任石巖　王賢　石綱襲父巖職正統間任羅禎

襲父恭職景泰間任張榮　王清襲伯賢職張華襲兄榮職天順間任

中千戶所（正千戶）張華（副千戶）葉臻　葉賜襲父臻職趙

綱俱景泰間任（百戶）劉福永樂間任彭勝　羅福　朱亮

鍾清　羅賢　金玉　朱榮　張旺　羅俊襲父福職

彭禧襲父勝職鍾源襲父清職景泰間任萬鑑　朱源襲兄榮職張順

襲父旺職羅宗襲父賢職俱羅琮天順間任

前千戶所（正千戶）張良　王義　王銓襲父義職天順間任（副

千戶）趙[illegible]景泰[illegible]間任（百戶）孔得永樂間任陶景　張亮　唐

誌 吳斌 張旺宣德間任 孔誠 陶鎨襲父景職 張清襲父亮職上二人俱正統間任 林廣 唐旺襲父誌職俱天順間任

後千戶所（正千戶）馮政 郭義由本所副千戶陞景泰初任（百戶）劉彬 孫義 蔡齊 尹誠宣德間任 劉福 朱海 劉源襲父彬職 薛翊 孫受 李貴 朱晟襲父海職 孫寬襲父義職上三人俱天順間任 薛璘襲父翊職成化間任

中左千戶所（正千戶）閻源 張榮景泰間任 管瑄由興化衛調成化間任（副千戶）于清 周成 于權襲父清職 王敬（百戶）賀得 劉雄 黃勝 楊斌 張能 王忠 鄭

鑑　賀能襲父得職上二人俱天順間任　劉海襲父雄職　金輔（鎮撫）鄭浩　鄭祖襲父浩職天順間任

福州中衛指揮使司（指揮使）李震替父輔職成化間任　劉傑替父清職弘治間任（指揮同知）彭銘替父琰職　劉德輝替父玉職　蕭海襲父政職俱成化間任（指揮僉事）黃鉞襲父瑄職　高忠襲父弼職　夏秀襲父榮職俱成化間任（鎮撫）戴瑄襲父祥職天順間任

左千戶所（正千戶）李海襲父通職景泰間任（副千戶）戴銑襲父堅職成化間任　李存善襲父泰職天順間任（百戶）徐欽　王璽　沈崗俱成化間任　聶勉　龐鎬俱弘治間任　鄭能　沈貴俱成化間任

右千户所（副千户）鄭鏞襲父源職　牛鈺襲父俊職俱成化間任（百户）

署謹正統間任　陶瑀　袁銘　徐祥　李俊俱成化間任

中千户所（正千户）崔振襲父徽職天順間任（副千户）房昊替父智職成化間任　王綱景泰間陞　姚誠襲父順職　劉綱襲父賢職俱成化間任（百户）

張誠天順間任　張綱　陳玉　羅貴　翟綱　朱勝俱成化間任　張鑛天順間任　姚諒弘治間任（所鎮撫）莫雄襲父俊職

前千户所（正千户）鄧瑀替父瑛職　孔鋭襲父璉職俱成化間任（副千户）

王昊襲兄璽職弘治間任　孫鎬襲父賢職天順間任（百户）唐安　陸淮

趙成　嚴寬　唐鈺俱成化間任　邵廷璋　謝琚俱弘治間任

後千户所（副千户）呂欽襲父誠職 李鸞襲父海職 楊廣襲父職俱成化間（百户）林鏞 胡俊俱天順間任 蘇春 羅綺 劉潤 陳英 王福俱成化間任 趙潤 甘泉俱景泰間任（所鎮撫）袁洪襲父海職成化間任

建寧府

吴

建安郡（太守）王蕃見名宦志 鄭冑

晉

太守 危京

劉宋

太守 華瑾之 陸斌

齊

太守　王彬　何胤　陶季直上二人見名宦志　王雋

梁

太守　何敬容見名宦志　王環　司馬詢之　傅諶　孫玭之　陸道玩　檀脩黃　何通　王僉　蕭乾　孫瑒　陸善　陸子隆　吕惠覺　王思遠　江蒨　劉溉見名宦志　謝嘏　蕭基　謝竭見名宦志

陳

太守　駱文廣

唐

建州建安郡刺史 葉顥見名宦志 謝元治 虞韶 李德仁 陳行武 王仁徹 李寅義 趙環 張暉 張文琮見名宦志 盧廣 張隱之 李齊晏 姚仁訪 姜神翊 許咸感 李克順 林祥祥一作洋 張均天寶末任 獨孤睎 裴潛 陸藏器 魏明 曾冽 李瑾 陸易 韓玭 李構 李皆 陸長源見名宦志 崔造 長孫會 裴孝初 裴鄗 郝成隱 王溥 孫裔 薛公上六人俱元和間任 王倫 鄭騰 殷蹇

李臧　張聿　李景儉　裴克諒　李公度　嚴
君貺　王同　鄭襄　崔耿上四人俱太和間任李元瑜
湯克卿　朱公敏　王翊　常克儉　吕居易
李垍　樊綜　李貞　陳思誨　張居緒　杜肱
于延陵見名宦志崔逢　胡竦　朱儔　爰慶　彭崇
王從初從一作崇袁遂　賈備　陳芬　王諷　李頫
見名宦志司馬保　李乾祐　李彦堅見名宦志李仲章
高惜　王攸繙　陳任　徐歸範　熊慱　魏郃
孟威

僞閩

刺史 程斌乾化初任 王延禀貞明初任俱五代梁授 王繼雄延禀之子同光間任 王延政 王繼嚴上二人長興間任已上俱五代唐授延政清泰間及五代晉天福間俱再任 王延武 鄭湘 章子鈞俱五代晉天福間任

南唐

刺史 查文徽 王崇文 刁彦能俱五代漢授 朱斥業 張承傑 許文績 陳誨 陳謙誨之弟 夏侯繇 陸昭符 柴克 尚全恭 梁延祥俱五代周間任

宋

建寧府知府事駱仲舒　戚夔休（太平興國間任）　王協　王元幹　成昂（端拱初任）　楊璧　張曉　周奮　王亶　成肅　滕晏　李奉天　陳世卿　高惠連（上二人俱景德間任）　周絳　黃長慶　莫絃　孫誘　陳絳　盧幹　曾會（上四人俱大中祥符間任）　胡咸秩　陳靖（立）　任布　鄭載（俱天禧間任）　舒雄　查拱之　許紳　鄭爲（俱天聖間任）　徐起（明道初任）　劉有方　王碩　杜杞　闞覽見（覽見一作賢）　馮天錫　謝衍　謝禎　周延德（上三人俱慶曆間任）　潘衢　王鼎（俱見名宦志）　盧革　劉夔（俱皇祐間任）　裴大亮　張鑄　薛

綸至和間任 徐仲謀 竇彤俱嘉祐間任 呂元現 王表彝
俱治平間任 江寛 韓奕 朱越 元暕 李正臣
許當俱熈寧間任 石禹勤 王彭 陳闓 周處厚
毛愷俱元豐間任 陳闡見名宦志 劉握 黄伸見名宦志 胡師文
黄誥 鮑祗見名宦志① 吴亮 陳覺民 喬世材 方
叔完見名宦志 李絳大觀間任 鄭邦彦 葉祖武 陳舉
上官公裕 陳惟綱 劉震 孫穆 洪中虞
芹蘇韡 陸蘊見名宦志俱政和間任 詹丕遠重和間任 翁彦
國 趙岍 王淮俱宣和間任 張勵 江當 張動

校注：①志

方承 李德昭見名宦志 林仲堪 韓琨上四人俱建炎間任 王

俊民 劉子翼 曹樞 向伯奮 江少虞 魏

矼 趙士諒 郭璋 郭東 張銖 趙不群

林文 丘礪 鄭鬲 韓崑 鄧文饒 韓膺冑

宋瞹一作暧 章服 程芾 黃軺 王傳俱紹興間任 陳

正同隆興間任 陳良翰 陳俊卿見名宦志 徐嚞一作嘉 王淮

見名宦志 沈度 趙彥端 任文薦 楊由義 梁克

家見名宦志俱乾道間任 傅自得 韓元吉見名宦志 趙善俊

蘇嶠 洪邁見名宦志 鄭伯熊 周自強 趙公碩

鄭丙　趙彥操　龔茂良　張大經上二人見名宦志　陳
良祐　程大昌　王師愈　韓俣　吳琎　陳倚
已上俱淳熙間任　鄭湜　鄭僑　陳居仁上二人見名宦志　單夔
俱紹熙間任　黃遹　張叔椿　傅伯壽俱慶元間任　湯碩
丁常任　倪思俱嘉泰間任　王蘧　張時修俱開禧間任　李
浹　謝源明　傅伯成見名宦志　李大異　蔡幼學
李訦　沈作賓　俞建　史彌堅　洪伋俱嘉定間任
葉時寶慶間任　吳泌　陳韡見名宦志俱紹定間任　袁甫見名宦志　黃
垺　姚珏俱端平間任　王埜見名宦志　黃壯猷俱嘉熙間任　王極

王遂　楊恢　包恢見名宦志　樓治　鄭次申　湯中

趙性夫　饒堯臣俱淳祐間任　趙汝騰　潘凱　孫夢

觀見名宦志　謝壁　葉夢鼎見名宦志俱寶祐間任　陳昉　史宇

之　江萬里俱景定間任　吳革　吳堅　劉震孫　李

伯玉　黄萬石　馮夢得　雷宜中　曹元發

趙崇鐖俱咸淳間任　（通判府事）李覺　方句俱見名宦□①　李

佩　袁復一　林敏元　周端虛　鄧庚　杜杞

方頴　徐端益　黄韶　諸葛行仁　叚彦升

汪應辰見名宦志　葉仁　趙勳之　胡廷直　高繹俱紹

校注：①志

興間任　梁興祖（隆興間任）　陳峴　徐瑺　文好謙　石如壎　管鑑　范榛（俱乾道間任）　陳儔節　黃公廣　王渙　湯碩　李本　王益　汪文叔　趙伯瑋　趙盥　李升　宋翊　趙公若　趙彥鎧（俱淳熙間任）　黃直向　趙不迿　錢聞禮　趙師傅　吳應時（俱紹熙間任）　陳接　胡恭　趙善防　周睘　趙善蒙（俱慶元間任）　常建　趙善詠　趙伯肅（俱嘉泰間任）　趙善昇　吳炎　翁韶（俱開禧間任）　黃燊　謝渠伯　林至　張國均　趙伯駿　張珌　黃以寧　周之瑞　洪

倪　趙希瞿　葉武子俱嘉定間任　史攺之寶慶間任　姚珪

紹定間任　趙琡夫　趙汝固　張國成　李德孺　黄

學行　沈悉　曾①黙　趙與晉　任棠上二人俱端平間任

陳洪見名宦志　項顒　鍾霖　宗炳俱嘉熙間　趙汝暨

葛嗣孫　趙與諲　供徽　黄恪　林公奕　孫

度　洪天錫見名宦志俱淳祐間任　林震寶祐間任　佘師魯　趙

時昂　潘公潚俱景定間任　趙汝滭　李天澤　趙良

維　徐椿年　葉漢老俱咸淳間任　陶虎　施總　趙

不議　汪彭年　趙令芹　黄中　鄧柞　傅自

校注：①曾

強　楊邦弼　陳大方已上十人舊志失載莅任年號（觀察判官）
施廣勳　張皞　康述祖　李諗　祝林　郭炎
汪時中　趙寵夫　王檜　龔森　趙汝梜　凌
似祖　方應旗　陳濟孫　趙公折　舒若樸
曹瀹　任伯鳳　趙時楫　孫自昌　陳廷震
毛樟　趙善魁　王旣濟　立汲古　李炳　詹
文剛　趙希謩　莫天覺（府學）（教授）陳愷
洪杞　葉克

建安縣（知縣事）王仁壽　劉頎　曹泂　魏貫　范

洪 何應志 方俁 李友直 方偕見名宦志 石康
高渠 葉蒔 陳惟孝 楊諄 陳義剛 向士
偉 葉縮 陳佐堯 韓元吉 張棣 李億年
林思永 留元圭見名宦志 夏汝翼 趙不愧 趙汝
或 張翮 折允茲 章箴 范仲武 劉敏中
常御孫 張裴 余南仲上三人俱慶元間任 韓經 張櫂
鄭備 梁正已 劉植 陳德豫 薛叔倦 黃
孟永 王元應 羅知古 留元圭 梁致恭
余觀國 連元 黃龔甫 趙必鄖 葉邁 閭

丘子丞上官端義見名宦志
浦城縣知縣事趙谷皇祐末任李慶文　周説　蘇曄
鄭禧　辛次膺　朱藻上二人見名宦志曾聿　何志正
傅演　劉昱　何洪　向洵　潘華　趙彥曾
黄杞見名宦志孔復常　李知孝　吴美中　李夷仲
張泳　趙善屾　吴儔　左璵　孫慈明　吴煥
余閎　上官端儀　張叔振　曾懿　謝邦彥見名
宦志林子升　趙彥佩　王琛仁　趙師遺　趙善
邢　鮑恭叔　趙師竦　趙伯勵　曾聿　趙善

傑　鍾大猷　孫端懿　錢謙光　陳至和　陳

鑑　謝孫復　趙彥慶　程源　王潭　鄧文舉

姚鎡　趙彥倪　宋植　蔡節　陳昉　鹿愿

卓樗　趙汝通　趙希鏓　羅端常　朱直清　主

簿陳襄（見名宦志）　鄭昭先　陳逢寅

嘉禾縣知縣事晏詹　田元瑜　杜杞　蔡黃裳（上二

入見名宦志）　盛約　盖何　鄭綱　林積　陳謨　梁

宗旦　陳琪　皇甫朝光　廖平　張好古　陳

覺民　蔡説　張夢臣　翁述　陳忱　范建侯

周需　丁懈　黄兖　林極　陳道本　黄無愿
楊朏　陳直方　辛況　李宗臣　阮駿　鄧時
可　張憲武　陳賞詹　黄邦光　丁昌　周順
鄭思誠　高公誕　陳亞卿　梅敦禮　周宗元
常能述　彭汝霖　傅稹　章三捷　李損　曹
訓　蕭之敏見名宦志　朱邵　林震　王渥　王中立
李彭年　陳僕　姚耆寅　黄謙　陳子誨　李
庚　程起宗　李椿　儲用見名宦志〔丞〕方伯蹇見名宦志
松溪縣〔知縣事〕林敏元　吳處仁　林實　吳芳慶

林隸 蔡蓮 石深道 周昇 張棟 陳庸
姜處厚 何蘊 陳執剛（剛一作中） 陳友信 姚實
林頡（宣和初任） 趙載 尤果 黃寅 婁滸 俞冷
徐知柔 孫正之 黃日永（黃一作王） 沈惇之 林俊卿
劉君房 劉兩鵬 周大老 張南金 聞人松
馮有年 葉守 吳良顯 趙汝音 陳濤
王元方 吳鏜 趙希介 吳棐 林通
趙崇衞 何宗稷 趙彥嶓（尉） 陳與（淳祐間任）
崇安縣知縣事范雍 趙抃 翁谷（俱見名宦志） 蔡傳

王純　婁壽俱紹興間任　諸葛廷瑞　趙彥繩俱見名宦志

王齊輿淳熙間任　張嗣孫　林灃嘉定初任　傅壅　趙必愿

林士尹　趙崇萃　趙善鄘　鄭思恍俱見名宦志　章

端子端平間任　馮端榮　胃賀孫俱見名宦志　趙時鏁寶祐間任

林天瑞　劉漢傳俱見名宦志　丞　陳康嗣紹興間任　尉　翁郘

見名宦志　胡權紹興中任　余發林　朱萁見名宦志

政和縣　知縣事　韓國昌　毛國華　卜早　薛成之

周公才　王瓘　張蒉臣　劉諤　胡章　余嶼

李敏求　陳正敏　向子銓　林穴臯　鄭公才

翁範　謝方　林寅　楊申　李圭　沈諫　陳

璹　鄭思誠　張公彝　方深道　鄧琇　謝邦

彥　何志正　劉詧　程壽　汪逌　吳申　趙

左之　向億　周炤　韓康國　袁采　呂祖懿

上二人見名宦志　趙不愚　談濰　趙伯果　蔡顯　高

志南　辛奕邦　林清卿　劉季裴　胡虞老

王昌崇　趙載　葉大方　陳仲諤　呂章　林

叔垣　蔡大中　吳良驥　李說仲　趙師琦

吳灼　戴祐甫　佘大臨　黃東　蕭恍　陳言

應　馮堯寶　胡濟　趙善浩　王褒　陳戊

趙彥高　章肅　丁光遠　管浚　趙善鄘　葉

筍　米鈞　李銘　吳季真　趙善鑒　劉璠

葉南夫　施季謙　劉慶　柯洽　陳俞　王節

陳裴　胡森　趙悉夫　黃檗　祝士奇　江公

實　楊茂元　朱衍　吳實卿　劉三畏　程頤

孔聖義　蔡庾　趙昔夫　徐應辰　趙崇棠

張希文　黃爕　趙善逢　葉彥賜　商玕孫

柴庠　姚德輝（主簿）趙師善（尉）朱松（見名宦志）李巖起

乾道間任

甌寧縣知縣事范璿 林朝俊俱紹興間任 崔發 任古

朱僚 王彬 富肅 朱榕 魏彥林 陳端彥

薛琛 嵇忻 劉元抃 趙伯光 黃瑜 張任

方伯達 李淙 李時中 葉箋 杜頡 潘景

連 董康嗣 劉唯然 向濂 丁大聲 丁執

倦 陳震見名宦志 劉三傑 趙汝汲 鄧文蔚 唐

士列 趙崇忞 朱況 顏彥林 梁鑰 袁汝

寬 余克濟 劉璲叔 鄭仲度 石孝廣 蹇

森之 許鎬

元

建寧路總管府總管楊芳春至元間任暗都剌至順間任同知彭

廷堅 陳君用俱見名宦志

建安縣縣尹徐靄至正初任

浦城縣縣尹葉景仁 吳元芳俱見名宦志陳楠孫

建陽縣縣尹陳天錫 辛思謙俱見名宦志黃周

崇安縣縣尹鄒伯顏 任德用 楊靚俱見名宦志張茂

至元間任顧銳至大間任夾谷元祐間任張端本泰定間任彭好古

彭庭堅　伯顏俱見名宦志主簿周禮見名宦志

松溪縣達魯花赤創兀　阿散　阿思蘭見名宦志縣尹

李榮實見名宦志林誠祖　李榮芳　趙子淪　張信

鄭洙　顏岱　李允恭　于澤　陳謙　劉光

凌説

政和縣達魯花赤馬速忽　真寶俱見名宦志縣尹董亮

堅帖木兒縣尉馬哈麻

八閩通誌卷之三十二

秩官

歴官

郡縣

建寧府

國朝

文職

本府知府　胡禎　芮麟見名宦志　曾仁傑　施仁　裴晃俱洪武間任　劉敬見名宦志　寗　徐子玉永樂間任　張順　王溥俱宣德間

任　張瑛見名宦志　孫豐景泰間任　賀洸　劉鉞俱天順間任　浦鏞
曾會　張正俱成化間任　劉璵弘治元年任　同知　陳永　呂
敏　楊志銘永樂間任　王信　李鉞俱天順間任　劉文　林
榮　李明俱成化間任　通判　方以正宣德間任　蕭瓖　莫震
天順間任　陳翼　楊琇俱成化間任　推官　郎子貞　陳永見名
宦志俱洪武間任　胡緝天順初任　齊敬　戴春　李時新見名宦志
俱成化間任　經歷司　經歷　閔玉天順間任　張祥成化間任　知事
呂政景泰間任　潘淵　吳海　何容俱天順間任　姜仕謐
陳鐙俱成化間任　照磨所　照磨　張敏天順初任　靳清　齊

鑑　吴旺俱成化間任（檢校）李新永樂間任　王珣天順間任　馮冕

成化間任（儒學）（教授）周斌　張信永樂間任　彭勗　俞深

丁沉　羅能　任善　董珏　黃伯川（訓導）蕭韶

永樂間任姚懋　黎方　王璵　范升　徐玉　汪廷

貴顔　王珣　汪統　李讓　羅文　王璀　彭璲

張濂　嚴經　羅鏞　周珏　陳瑚　陳文　任

球　何傑　程臣　吴紀

建安縣（知縣）裴珏　佘子恭俱洪武間任　張準見名宦志　戴肅

洪熙初任胡欽正統間任　葛琬景泰間任　胡霖　張端　周正

徐琮　桂鎬俱成化間任　縣丞　姚震洪武間任　繆瑜成化間任　主簿　袁貴成化間任　典史　佘子隆永樂初任　王軫成化間任　儒學教諭　朱義天順間任　呂凱　樓儒　金許升俱成化間任　訓導　汪賜　張瑺　董衡　康珪俱成化間任

甌寧縣　知縣　展鑑　王廸俱洪武間任　黄參永樂間任　章盛宣德間任　齊端　焦從周正統間任　陳祚景泰間任　喬銘見名宦志　林鴻　陳英俱成化間任　縣丞　李普永樂間任　葉鎮　劉躍俱天順間任　陳恕　顧完　陳旭　胡智俱成化間任　主簿　印志　葉勤俱宣德間任　王偁景泰間任　吉永琇　林源俱天順間任　徐

守曾昕　項敏俱成化間任　典史　鄭友富天順間任　周冕
楊春　張信　封良廣俱成化間任　儒學　教諭　薛仲
南　周芳　羅翰永樂間任　宋毓宣德間任　王公拳正統間任　戴
委景泰間任　袁亮天順間任　金許升　陳梅　余燠　郭甫
俊俱成化間任　訓導　巢機洪武間任　吳仲賢永樂間任　姚懋　倪
最宣德間任　萬式　童伉　金祐　盛箴俱正統間任　王邦
直　王遜夫　孔文獻俱天順間任　裴崇禮　徐墳
胡希岳　曹祖齡　顧盛　沈漢　鄧敬俱成化間任
浦城縣　知縣　張鵬舉見名宦志　宋性　張宗顏　徐瓚

史志可上三人見名宦志胡觀 陳憧俱永樂間任 周原慶見名宦志宣德間任張鏞 甘棨 何俊俱正統間任 顧恒天順間任 楊惇 張昞 劉珩 許澄俱成化間任（縣丞）裴思明 張玉成俱見名宦志 朱德昌俱洪武間任 王廉 何巽俱永樂間任 趙利 吕昭 何俊上二人見名宦志已上俱正統間任 李善天順間任 黄俊 王震 程清 夏寅俱成化間任（主簿）葉孚 壽洪武間任 周聚正統間任 吴安 葛琳 孔碩 楊本俱成化間任（典史）羅仲固永樂間任 李貴 周監 周顗 高明 潘寧俱成化間任（儒學）（教諭）余守弘洪武間任 王樂

盖

胡清景泰間任　畢遵　胡昱　李璞俱成化間任（訓導）趙景和洪武初任　徐彥誠永樂間任　張協　倪深俱宣德間任　應傑景泰間任　陳璨　羅恒　鄭璇　任榮　唐應徵　趙彩　唐哲俱成化間任

建陽縣（知縣）吴義　范子疇　郭伯泰　陳敏上二人見名宦志已上俱洪武間任　陳宗源　徐鐸　張光啓見名宦志俱宣德間任　何景春　王原善　尹戴魯俱正統間任　葉榮　宋烈　龍韜　陳讓俱景泰間任　陳顯天順間任　劉淵　項昱

海澄　汪津俱成化間任（縣丞）陸鑑見名宦志　金榮　周榮

景泰間任何景春見名宦志梁懋　劉昻天順間任楊貴　鄧仁

熊傑俱成化間任（主簿）丘松　陳宗源俱見名宦志蕭旺正統

間任姜衡景泰間任許雄　陳昺俱成化間任（典史）錢象正統間任

夏昻天順間任武昭　任乙秸　趙銘俱成化間任（儒學）

（教諭）李繼　阮得禎　王篪　歐陽時俊俱正統間任

徐齡　徐律俱天順間任宋謙　陳暢　張輪俱成化間任

（訓導）李文我　熊圭　范志讌俱洪武間任董鏞永樂間任

李繼宣德間任周玉正統間任周福　金熙俱天順間任嚴虒

華山　孫謀俱成化間任

松溪縣〔知縣〕常欽祉 梁楚材 周常 劉進 劉

中霄 高耿中 李景初 李宗中 敷季雅

韓敏 欽恭（俱洪武間任） 曾惟中 趙子述 周景宸

（俱永樂間任） 周思敬 鄒良 曹遜 王傑（宣德間任） 李堅

張紳（俱正統間任） 張禎（景泰間任） 劉恒 楊觀（天順間任） 周吉昌

沈立 歐陽麟 褚潭（俱成化間任） 〔縣丞〕張惟清 李

嘉（俱洪武間任） 吳邦達 范秉和 張翥（景泰間任） 伍爵

謝謙（俱天順間任） 管良 虞憲 高弘 葉興 劉芳

（俱成化間任） 〔主簿〕洪子潤 吳岱（景泰間任） 靖泰 陳政（俱天

順間任湯濬　劉洪　黄慶　陳玄玉俱成化間任（典史）

王敬景泰間任　濮旻天順間任　沈溥　梁陞　徐德　嚴政

潘富俱成化間任（儒學）（教諭）劉覲永樂間任　張湜正統間任　張

忞景泰間任　夏坦　曾穠　李輔　馮訑俱成化間任（訓導）

傅小巖　龔均祐　李子傅俱洪武間任　宋寬　李銓

干怡　俞珣　晏綬俱成化間任

崇安縣（知縣）陳顴　徐得　劉伯益　夏德章　邵

文昂　張子彬　曹端上二人見名宦志　已上俱洪武間任　謝雅卿

趙麟俱永樂間任　金懷宣德間任　姚宗顯景泰間任　唐紀　張鋭

王肅　余衍俱成化間任　縣丞　安處善見名宦志　段璧　楊
以章上二人俱永樂間任　陳讓見名宦志　柳春　李幹上二人俱正統間任
劉英景泰間任　梁善天順間任　張麟　楊芾俱成化間任　主簿　盧
銘永樂間任　齊整宣德間任　金韡正統間任　冉清景泰間任　王錠　張
紀俱成化間任　典史　王浩順永樂間任　何文質宣德間任　陳鑑景泰
間任　金玉天順間任　儒學　教諭　胡雲洪武中任　章皞永樂間任　程
光義宣德初任　黃通　劉艮俱正統間任　楊彥心景泰間任　劉秩
成化間任　訓導　彭遜　馮回俱洪武間任　丘紘　劉奎俱永樂間
任　蔣希溫　盧廷俊宣德間任　周勤　夏朝甫俱正統間任

李讓　金俱景泰間任　張鍔天順間任　劉晋成化間任

政和縣（知縣）李子春　黃裳俱見名宦志　吳朝宗　葉應祥　傅玉潤　趙克禮　張惠見名宦志　黃斌　張煥　江顒見名宦志　葉志高　顧讓景泰間任　王廷舉　靳學　王鑑　劉經　吳理　陳綺　沈倫成化間任（縣丞）許穆見名宦志　熊達　趙繼祖　沈伯瑜　夏謨　朱烝民　楊義　車勿　李邦達　陳繼祖　黃思義　范廷貴　雷富　楊啓　張濬　康謨　蕭銓天順間任　陶添倫　潘玘　鄭充　沈濤俱成化間任（主簿）石

彥章 楊讓 陸文銘 方遇生 吴禎 塗銑

金烏 陸常 徐顯 袁尚賓 陸義 密子賢

張熈 史憲成化間任 典史 郭斯屋見名宦志 黎珦 林阜

文宗信 佘本 張銅 符祐 蔣景芳 葉志

豪 鈕恵 王良 楊機成化間任 儒學 教諭 劉彥

行 王守約俱洪武間任 呂敏永樂初任 姚孟 黄人正

陳思宣德初任 辛珪 葉宗維 章琦 胡賓 黄定

濮智 石輝上三人俱成化間任 訓導 佘應 童邦彥俱洪武間

任 薛孟謙 陳泰 潘孚羽 王汝績俱永樂間任 王

衲　張庸　林皐　馮浩　塗自節　顏杲　潘
福　楊經俱天順間任　顧榮　趙顒　鍾璣　章涼
沈曄俱成化間任
壽寧縣（知縣）陳醇景泰間任　謝俊　王肅　沈能俱天順間任
鮑鳳　郭清俱成化間任（縣丞）馬璲景泰間任　李真天順間任　魏
昶　何顯　鄭環　李榮俱成化間任（主簿）史立正景泰
間任　王綸天順間任　何初　王存芳　王縉　周運俱成化間
任（典史）林求景泰間任　陳浩　陳彰　盧畊俱天順間任　范
澄　李孟　李滔　戴敏津俱成化間任（儒學）（教諭）

彭瑍 姚俊英俱天順間任 黃幹 于冕 勞俊俱成化間任

〔訓導〕周序天順間任 劉熙 陳紀 王璽俱成化間任

武職

建寧左衛指揮使司〔指揮使〕沐英洪武初任 馮釗由本衛同知陞永樂間任 馮淵襲父釗職 楊鐸 范鐸襲父真職正統間任 馮樑襲父淵職 馮榮襲兄樑職 范澤 馮琇襲父榮職 闞玉襲父文職上三人俱成化間任〔指揮同知〕馮釗洪武間任 徐信 凌洋俱永樂間任 陳良洪熙初任 李恕 陳賢襲父良職正統間任 黃文以父友授本衛僉事有功陞任 徐鉞襲祖父信職 李鏞以父禎授本衛僉事有功陞任 蔣伯良 陳璨襲父賢職

俱景泰間任李鎧襲兄鏞職淩福襲叔洋職蔣大材俱天順間任徐溥
襲父鉞職李昂俱成化間任（指揮僉事）王用洪武間任黃斌李
信楊瑛俱永樂間任楊茂襲兄瑛職黃友襲父斌職李禎
襲父信職楊忠襲父茂職俱正統間任吳靖由中所千戶陞康貴由後所千戶陞
黃慶俱景泰間任張統襲父覬職天順間任康榮襲兄貴職張順襲父統職
楊榮襲父忠職黃明襲父慶職吳剎襲父靖職黃昕襲兄明職黃鎮襲父
昕職（鎮撫）賀榮洪武間任周得永樂間任賀得襲父榮職周智襲父得職
宣德間任賀銳襲父得職周鈺襲父智職賀淵天順間任
左千戶所（正千戶）后玖后平襲姪玖職俱洪武間任后理襲父

平職，永樂間任。后榮襲父理職，天順間任。（副千户）齊整　金試美俱永樂間任。金安　齊銘俱宣德間任。齊文襲父銘職。金亮襲父安職，俱景泰間任。金勇襲父亮職。齊賢襲父文職，俱成化間任。（百户）朱耀　潘祐　王環　阮得　孫璧俱洪武間任。楊政　朱興襲父耀職。潘貴襲父祐職。阮寧　呼安俱永樂間任。楊眞襲父政職。孫勝洪熙初任。呼貴襲父安職，宣德初任。楊能襲父眞職。阮凱襲父寧職。王貴襲父環職。朱壽襲父興職。孫銘襲父勝職。朱勝襲父壽職。潘祥襲父貴職。王贇襲父貴職。楊鈺襲父能職。王綱　呼綱襲伯貴職。孫濱襲父銘職。楊忠襲兄鈺職。王鎭襲父綱職，成化間任。

右千户所（正千户）祈義本所副千户陞 孫榮俱永樂間任 祈璧正統間任（副千户）祈義洪武間任 劉勇永樂間任（百户）林旺 韓禮俱洪武間任 林求 韓隆襲父禮職 韓文襲兄隆職 林福 韓勝襲叔文職 林亨 韓能正統間任 林禎成化間任

中千户所（正千户）吳達由百户陞永樂間任 吳靖 武能成化間任（副千户）杜貴洪武間任 褚子貴 褚斌襲父子貴職 杜斌襲父貴職 杜禮借兄斌職 杜勝 褚寧襲父斌職景泰初任 杜能襲父勝職 崔勳天順間任 杜剛襲父能職 褚華襲父寧職俱成化間任（百户）鍾富 桑榮 路達 桑彬襲父榮職俱洪武間任 王禮 吳

榮王晟襲父禮職俱永樂間任路英襲父達職王榮襲父晟職俱宣德間任桑隆襲父彬職正統間任王信襲父榮職景泰間任路通襲父英職桑保襲堂兄隆職俱天順間任

前千戶所正千戶謝成永樂間任謝福襲兄成職謝榮襲兄福職謝慶襲父榮職謝英襲父慶職景泰初任副千戶方玉宣德間任方儒襲父玉職方俊襲兄儒職洪均由百戶陞上二人俱景泰間任洪清襲伯均職天順間任

百戶丘忠魯真鄒喻俱洪武間任王得保由總旗陞永樂間任丘鏞襲父忠職鄒斌襲父喻職魯瑄襲父真職丘鑑襲父鏞職鄒寶襲堂兄斌職魯忠襲父瑄職王順襲父得保職正統間任魯鋭襲父忠職丘

福襲父鑑職天順間任王佐襲父順職丘禎襲兄福職鄒榮襲父實職曾靖襲父銘職俱成化間任

後千户所（正千户）王大永樂間任康貴（百户）徐榮洪武間任鮑斌羅鎮徐成襲父榮職俱永樂間任羅海襲父鎮職鮑勝襲伯斌職洪熙初任徐鑑襲父成職正統間任羅昇襲父海職景泰初任鮑昂襲兄勝職徐璟襲父鑑職俱成化間任

建寧右衛指揮使司（指揮使）高鏞宣德間任馬隆　吳杲張瑾　仲德　高淳襲父鏞職張鎧襲父瑾職（指揮同知）師鎮洪熙初任宮顯由本衛僉事陞楊泰由右所副千户陞景泰間任師植襲父

鎮職楊燁襲父泰職俱成化間任指揮僉事徐義麗威俱洪武間任張子榮永樂間任翟亮邵成俱洪熙初任宮顯邵鐸襲父成職翟興襲父亮職宣德間任邵忠襲父鐸職邵旻襲父忠職邵瑛襲兄旻職鎮撫胡□洪武間任劉通永樂間任胡敬胡彬襲父敬職劉喜劉泰劉鉞成化間任

左千戶所

正千戶朱忠洪武間任朱庸百戶曹讓焦中董成陳林俱洪武間任焦諒襲中職董勝焦敬襲父諒職焦達襲兄敬職陳良保襲父林職焦謙襲叔建職陳宗襲父良保職焦榮襲父謙職陳泰襲兄宗職夏貴景泰間任劉銘天順間任董祐成化初任

右千户所（副千户）張福　張靈官俱由本所百户陞　張榮俱永樂間任　王原宣德間任　王英襲父原職　張仁襲靈官職正統間任　楊泰　裴敬由百户陞景泰間任　裴瑛襲父敬職天順間任　張勝襲父仁職　王肅襲叔英職成化間任（百户）蔣士進　潘忠　孫旺　許盛　張榮俱洪武間調任　張福　劉智　潘誠襲父忠職　朱銘　張童襲父榮職　張靈官襲兄童職　孫旺俱永樂間任　劉貴襲父智職　孫整襲父旺職俱宣德間任　潘讓襲兄誠職正統間任　朱真襲父銘職　劉真襲祖父貴職　孫鎮襲父整職俱景泰間任　潘勝襲祖父讓職　朱源襲父真職　朱全襲兄源職成化間任

中千户所（正千户）趙得　趙成襲父得職俱洪武間任　趙貴襲父成職　趙輔襲父貴職正統間任（副千户）婁貴洪武間任　婁勝襲父貴職正統間任（百户）劉玉　竇斌　吳忠　戴巽　汪保　周得俱洪武間任　郭興　竇雄襲父斌職　吳琮襲父忠職　戴勝襲父巽職　汪源襲父保職　周文襲父得職　郭信襲父興職　竇真襲父雄職　吳鏞襲父琮職　戴銘襲父勝職　汪敬　周垣襲父文職正統間任　竇壽襲父真職　戴興襲父銘職俱天順間任　郭敏襲父信職　汪榮　吳清襲伯鏞職俱成化間任

後千户所（正千户）鐵仲剛洪熙初任　鐵寬襲父仲剛職　鐵敬襲父

寬職（副千戶）周堅洪武間任周通永樂間任王震由本所百戶陞景泰初任王弘襲父震職天順初任（百戶）楊春　王文廣　王貴　沈興俱洪武間任蘇玉永樂間任王禮襲父王貴職沈亮襲父興職蘇和襲父玉職王震襲父禮職沈鏞襲祖父亮職蘇禎襲父和職蘇麟襲父禎職蘇麟襲堂叔麟職

浦城守禦千戶所（正千戶）夏謹景泰間任（副千戶）張俊天順間任王遇　李璿俱成化間任（百戶）許釗天順初任孫愷　周銓　佘祐俱成化間任

泉州府

唐

泉州清源郡(刺史)劉懷恩嗣聖間任 許輔乾 楊承袤俱景龍間任 馮仁智 馮敬言 張琮 雲盈 朱欽道 尹頊 陰儼 李元澄上六人俱開元間任 雲遂 賈長源 尚獻忠 胥慎交 姚思禮 厲漁 李仙冊 薛昱見名宦志 暨元華乾元初任 侯令儀寶應初任 李偕廣德初任 常萬信 陸偃俱永泰間任 蘇[illegible] 王仲達 李搆 李行穆俱大曆間任 薛播 丁瓊俱建中間任 賈系 趙昌見名宦志 李堅 席相 裴涇① 李褒 長孫湛俱貞元間任

校注：①滛

王淪　馬摠　李諳　常執中　張浮　李位
韓衢　李桔俱元和間任　李迥　田謂俱長慶間任　烏重儒
寶歷初任　趙啓見名宦志　張偁　李褒　賈繼宗俱大和間任　崔
恭伯　李元宗　常庸俱開成間任　蘇球　鄭袞　王
固俱會昌間任　蔣侶　鄭沼　裴儔　薛凝　盧全白
鄭孺復　竇師袞俱大中間任　崔戵　邵雄　成丕
常翾　常濤俱咸通間任　鄭公綽　裴宗夏　林鄠俱乾
符間任　王潮光啓初任　王彥復　王審邽俱乾寧初任　王延彬
天祐初任　劉鷟　姜公輔見名宦志

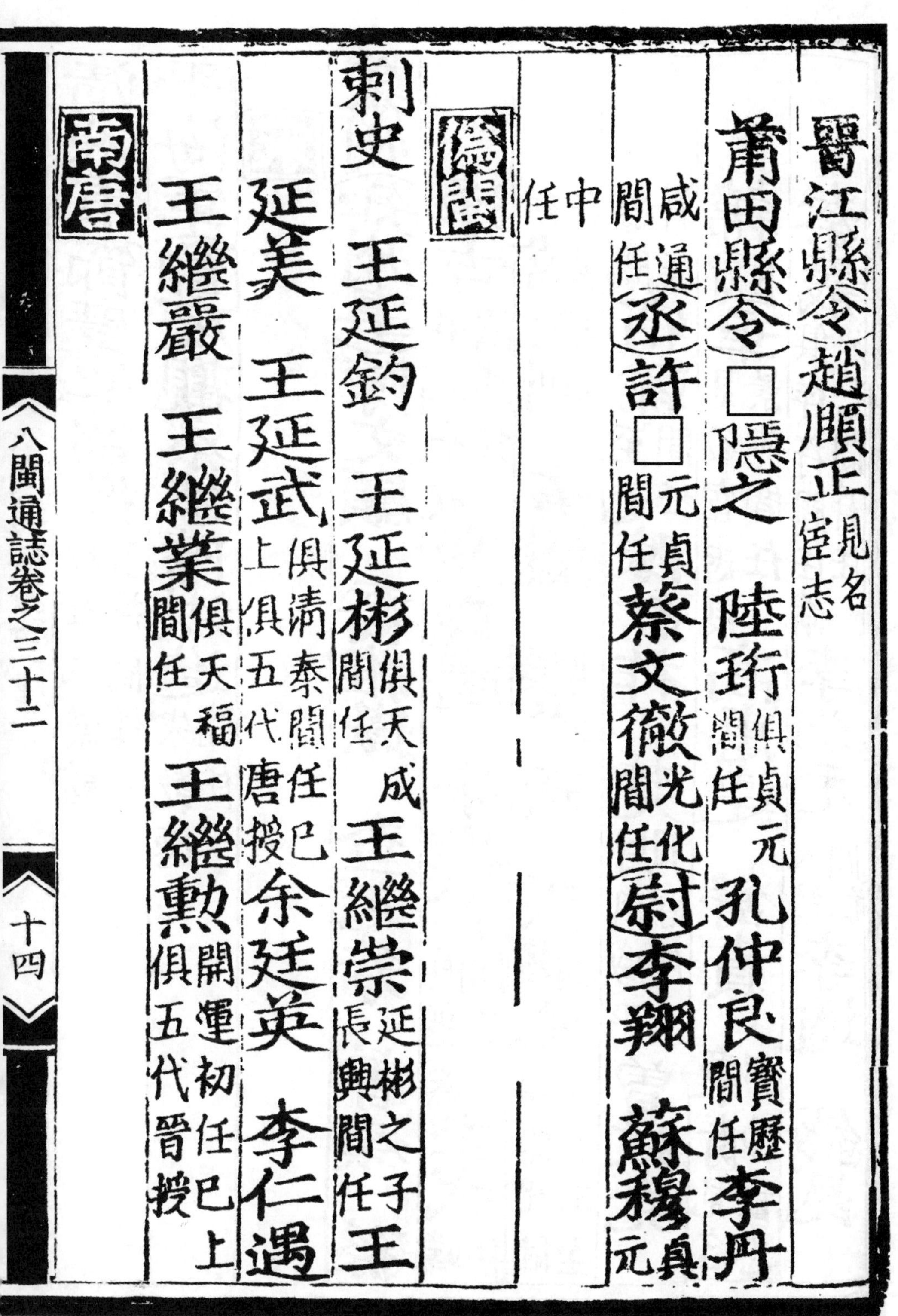

晉江縣令趙頎正見名宦志

莆田縣令□隱之　陸珩俱貞元間任　孔仲良寶歷間任　李丹咸通間任

丞許□元貞間任　蔡文徹光化間任

尉李翔　蘇穆貞元中任

偽閩

刺史

王延鈞　王延彬俱天成間任　王繼崇延彬之子長興間任　王延美　王延武俱清泰間任已上俱五代唐授　佘廷英　李仁遇　王繼嚴　王繼業俱天福間任　王繼勳開運初任已上俱五代晉授

南唐

清源軍節度使留從効五代漢乾祐間任

平海軍節度觀察使陳洪進宋乾德間任

宋

泉州知州事陳文顥　喬維嶽　查元芳　曾壞　孫逢吉俱太平興國間任　商夷簡　宋惟幹俱雍熙間任　李式端拱初任　韓崇訓　董儼　張從式　張昭允俱淳化間任從式至道間再任　宿翰至道間任　陳欽祚　楚明俱咸平間任　曾致堯　韓國華見名宦志俱景德間任　高惠連　舒賁　陳靖見名宦志　秦義俱祥符間任靖天禧間再任　李允元天禧間任　李適　錢昆

王奇　郎簡　方愼言見名宦志俱天聖間任　鄒覃　蘇壽
曹修睦　呂士龍俱景祐間任　沈周見名宦志　江鈞　富嚴
畢慶長俱慶曆間任　陸廣　湯夏　張肅俱皇祐間任　蔡襄見名宦志至和及嘉祐中兩任　劉忠順　盧革　關詠俱嘉祐間任　翟舜中　丁竦俱治平間任　晁宗恪　劉襲禮　李從周
陳偁見名宦志　陳樞俱熙寧間任偁元豐間再任　黃伸　王道祖俱元豐間任　翟思　朱服　胡宗師　陳康民　陳愼夫
沈邁俱元祐間任　唐坰　蔣長生俱紹聖間任　江公著元符間任
潘珏建中靖國初任　江穀　郭時亮　陳覺民見名宦志俱崇寧間

任　黃輔國　邵濤　余清俱大觀間任清政和末再任　陳建

鄭南　蘇煒俱政和間任南宣和間再任　陸藻見名宦志　蔡亘俱宣和間

任　游酢　陳元老靖康初任　章思永　謝克家　孫夢

觀見名宦志　葉份俱建炎間任克家紹興間兩任　林之平　杜純　李

莊　陳戩見名宦志　連南夫　陳桷　劉子羽見名宦志　趙

思誠　趙鼎見名宦志　富直柔　汪藻見名宦志　呂用中

吳序賓　陳康伯見名宦志　葉廷珪　趙令衿見名宦志　林

大鼐　李如岡　陳誠之　宋之才　辛次膺

范如圭見名宦志　鄧祚　李澗　徐嚞俱紹興間任　陳俊卿

見名宦志隆興間任韓仲通　趙子潚見名宦志周葵　王十朋
見名宦志薛良朋　周藻　汪大猷見名宦志俱乾道間任蕭國
梁　張堅　姚憲　莫濟　陳彌作　韓彥直
程大昌　趙必愿上二人見名宦志司馬伋　林枅見名宦志
傅淇　曾逮　鄭丙　顏師魯見名宦志俱淳熙間任朱佺
紹熙間任鄧馹　林思齊　劉穎俱慶元間任倪思見名宦志葉
適　章良能俱嘉泰間任陳子冲　方銓俱開禧間任梁丙
章穎　鄒應龍　黃中　程卓　真德秀　宋均
上二人見名宦志章棟　王棟俱嘉定間任德秀紹定間再任游九功寶慶

初任方淙紹定間任李韶　巢宰　黃朴俱端平間任劉煒叔

趙潩　王會龍俱嘉熙間任顏頤仲　濮斗南　劉克

遜　陳大猷　趙師耕　韓識　楊瑾　汪應元

俱淳祐間任趙隆孫　謝　吳昺俱寶祐間任湯舉　吳

潔　趙孟傳　趙希楒俱景定間任常挺咸淳初任通判軍

州事喬維岳見名宦志太平興國間任仲安常　林孝淵見名宦志

俱建炎間任吳彥賓　石令問　朱舜元　陳炎　時

升　王易　向消　林茂　韓習　黃匪躬　鄧

柞　趙不紊　鄒及　吳大輿　徐僎　田昕俱紹

興間任王鞏隆興間任李端彥　陸濬　馬耆年　李榕

黃庭瑞俱乾道間任顏曹孫　錢從之　林淳　陸世

良　江文叔　陳寔　折知剛　黃璳俱淳熙間任江

伯虎　蕭顗俱紹熙間任周擢　陳子冲　朱曾俱慶元間

任陳求叔　周庭藻俱嘉泰間任李煥開禧間任洪袑　陳

士表　李楠　石範　康丕祖　何松　施誠一

潘顥伯　林力行　黃孟求俱嘉定間任謝彙伯　許

經俱寶慶間任徐起宗　陳允協俱紹定間任孫叔諧　謝

溥俱端平間任李挺芳　江師心俱嘉熙間任張晉之　葉

燊　沈愬　任鄧　劉屋俱淳祐間任　添差通判軍州事　吳棫　傅自符　李友直　張闡見名宦志　戴溪慶元間任　陳士廉嘉泰間任　趙不摭開禧間任　朱在　李韶見名宦志俱嘉定間任　林良顯寶慶間任　陳夢庚紹定間任　蔡公申　盧同父俱嘉熙間任　孔萬春　劉如淵　鄭偘　吳潔俱淳祐間任

簽書判官　劉昂　王化基太平興國間任　游酢　傅知柔　黃公度俱見名宦志　董元龍　陳希顥

節度推官　元規　鄭丙紹興間任　鄧馹淳熙間任　趙必華　林希逸

觀察推官　陳俊卿　李方子見名宦志　趙崇侖

諸曹官

錄事參

軍傅鑠　林觀　劉知己司户叅軍張植　戴闓

周滂司法叅軍杜純見名宦志司理叅軍張從　趙必

臨川州學教授柯述皇祐間任鄭俠元祐間任林孔彰紹興間任

陳黨淳熙間任趙與𥻆

晉江縣知縣事曾淳太平興國間任史居方淳熙間任韓洞　常

正辭俱淳化間任楊士衡正道間任李旦　裴曉俱咸平間任鄭

夷簡　成範俱景德間任史程　樂至　張祐之　臧

制俱大中祥符間任丁文熈　吴世範俱天禧初任王植　郭

周　許因其　王寶臣俱天聖間任張從善　童頴俱景

祐間任官世隆康定初任黃展　周舜卿　丘穎俱慶曆間任

王宗士　章拱之俱皇祐間任黃從政　皇甫常　王

克俱嘉祐間任張祥治平初任危雍　李川　方晞道俱熙寧間

任蔡謹　方次彭　何甫　陳毅俱元豐間任吳翊

戴安仁　王昌彥俱元祐間任毛渌紹聖初任魏敭元符初任黃

洵美　蔡圭俱崇寧間任何廷堅　劉廣　陳戩俱政和間

任李科宣和初任蔡梗　陳惟剛俱靖康初任孫點建炎間任闕

益　張應辰　洪元英　傅佇　陳廷圭　詹好

信　張嘉賓　李綸　葉棻　陳升卿　傅佇見名

宦志廖過俱紹興間任余善言隆興初任顧瀚　黃中立　侯
彥準俱乾道間任李潮　張邦　林埭　蘇邳　余唐
叔　趙師碩俱淳祐間任方烝紹興間任趙師諍　林偰俱慶
元間任潘文煥　柯謙宗　鮑華　陳岷　趙公卣
鄭闓　曾罍　陳琰　徐叔川　江公宜　姚自
上五人俱嘉定間任林子升　戴棟　黃梁　鄭鼎新見名宦志
紹定間任陳義和端平間任林弼行　朱景舜俱嘉熙間任林顛
陳士謹　丘元龍俱淳祐間任趙琎（丞）顧介孫　林安
行（主簿）鄭全

南安縣知縣事　姚宗古太平興國間任　趙利先端拱初任　段用成李陟　舒雄俱淳化間任　王九思　黃龜長俱至道間任　杜明景德間任　劉悅　杜惟則　李仲昱　楊吉俱大中祥符間任　張嵩　周興讓俱天禧間任　陳統乾興初任　沈宗顛　葉賓見名宦志　魏幽求俱天聖間任　林徽明道初任　張範景祐初任　王演寶元初任　夏化育　周備　董壽俱慶曆間任　陳元　張應符俱皇祐間任　張藻至和初任　陳慶孫　甯麟　王宗愿俱嘉祐間任　劉元卿治平間任　魚康伯　林昌符　龔原俱熙寧間任　劉說　黃彥臣　呂防俱元豐間任　江與幾　黃中

俱元祐間任惟官方紹興間任朱敏修　曾昇俱崇寧初任陳升
大觀初任黃厚智　滕巍　黃大名　朱遇俱政和間任江
祐之　段彥弼　丘之立　張登　余適　劉孔
修　李造　張端　余武弼見名宦志馬陞　李恂
曹綺俱紹興間任王以愷隆興中任陳滋　鹿何　朱端孚
趙伯璟俱乾道間任朱文伯　柯岳　張竦　劉拯
陳大亨　施譽　趙師暄俱淳熙間任趙善籛　顏質
俱紹熙間任葉元泌　林轟俱慶元間任楊注嘉泰初任鄭康成
陳介之　林迪俱開禧間任方阜周　趙汝恭　林拱

之　鄧樸　紀徽　王彥廣俱嘉定間任　毛淮寶慶初任　劉
珙　梁三聘　徐鹿卿見名宦志俱紹定間任　佘伯祿端平初任
趙時膏　薛季良俱嘉熙間任　林躬行　趙績夫　棨
同　趙崇皦俱淳祐間任（尉）陳大方紹興末任
同安縣（知縣事）仲谷　李顯　劉護　靖書　張起
予　樂良　許鉉　候居實　張識　李應言
李道　宋若水　潘繼　方謹從　林高　張師
顏　葛源　林祖義　朱湜　馬德方　郭及
劉天錫　張瑞　梁慈實　蔡準　陳用之　莫

兼　上官隆　李鎬　邵直溫　張鑑　韓震

阮邈　黄孝春　林瀆　張達權　李□　朱敏

元　鮑安卒　陳粹　方醇道　林敷　曹將美

陳泌　趙文仲　李泳　張天麟　陳師心　林

宋卿　黄琮見名宦志　危秉文　陳待舉　馬冲　顧

汝美　王朝俊　林宗孟　陳若冲　龔日新

林驤　劉寬　余麟　王純　陳宋霖　吴廷表

蔡顒　王濱　起伯璪　黄輔之　雷光胄　陳

仲珪　陳彭夫　黄仲遠　杜立道　葉鎬　鄭

公顯　趙善璋　李延年　繆仲虎　余元　顧
根　陳汝益　韓漳　張士彥　孫格　毛當時
章大蒙　陳綽　顧棧　葉守　周大老　王楷
方杰　韓木　張溥　張豹變　洪佶　黃師籛
謝奕恭　郭儻　趙崇貢　趙與諫　林棟　沈
金煥　劉同祖（主簿）朱真見名宦志（尉）蕭里見名宦志
惠安縣（知縣事）胡綵端拱初任、杜從善淳化間任　王諫至道初任　許
載　胡克順　孔好言俱咸平間任　周航　張僉俱景德間任
包令儀　陳執中俱大中祥符間任　鄭炎　錢喆　張仁

術俱天禧間任 李畋 陳宗奭 陳鑄 楊伉俱天聖間任
侯敏 謝忠恕 牛日新俱景祐間任 張諤康定初任 鮮于
亨 曾楷俱慶曆間任 辛終吉 賀僅俱皇祐間任 燕叔達
至和初任 崔彥升 張蓋俱嘉祐間任 路載治平間任 李民中
蕭闢 吳克 馬康侯俱熙寧間任 周嵩 張極俱元豐間
任 袁符 宋觀俱元祐間任 李絳紹聖間任 崔登元符初任 洪中
陳惟中 鄭疇俱崇寧間任 呂深大觀初任 徐楫 吳偉明
俱政和間任 謝仲逸 呂若常俱宣和間任 周志行靖康初任 陳
範建炎間任 張木 李廣文 彭元達 陳安國 周

迥　陳璞　歐陽曄　高維寧　李軫　林昌言
陳夢符　陳荷　陳宣俱紹興間任　朱登　丁康臣
陸傎　陳珣　黄邁俱乾道間任　魏鈞　陳子昕　蔡
易　鄭揆　王璁　陳匪白　丁邦友俱淳熙間任　周
震紹熙初任　鄭必魏　余宋興　龔敳俱慶元間任　趙彥越
呂啓宗俱嘉泰間任　黄之仁　張士炳　鄭舉之　劉
衍　陳宿　陳沂　史彌忞俱嘉定間任　鍾彌邵寶慶初任
張豹變　曹南老俱紹定間任　鄭良翰端平初任　鄭清子嘉熙
初任　余薦鶚　趙與官　黄愷　趙時銑　陳緩俱淳

祐間任

永春縣知縣事林滂開寶間任張紳至道初任孫及咸平間任文鈞

景德初任龔會元　閻惟吉俱祥符間任曹脩古天禧初任葉賓

劉定基　張士明上二人俱天聖間任劉介明道間任高易簡景祐

初任梁惟甫　張中庸　胡世卿　張曉　鄧求世

楊禹珪　張誾　任充　王國儀　衛觀　楊彥

國林師中　何與京上三人俱熙寧間任吳執中　任諤

俱元豐間任劉說　朱賓俱元祐間任張叡　江公望俱紹興間

任范湜元符間任李敦錫　留鎔俱崇寧間任章悳宋　呂

者　方㪟　姚安仁　楊尚友俱政和間任　江翃宣和間任
陳麟靖康初任　徐求建炎初任　柳綬　李禓　方漸　洪旦
林聘　林廷彥　黃童　吳毅　黃瑀見名宦志　林闓
一　管銓　宋煜俱紹興間任　蘇綷　杜鐸　林羔俱乾
道間任　薛珙　林叢　黃祿　陳宏規　林僑　李
揆　王珙俱淳熙間任　林叔秀　楊應俱紹熙間任　黃覲
謝師孟　沈綬俱慶元間任　葉三錫　張昺　張傳　林
謝渠伯　方述　林致祥　黃仲魚　林百嘉
施余慶　林壽公　徐潤　葉濤　陳珙　任敞

陳起 趙汝珠 蔣有秋 林光庭 梁垌 林

灝 黃宜任 趙必欽 鄭至 劉憲 吳起渥

陳豹孫 王國遇 陳雁魁 傅與丞 顏惟真

丁若水俱至道間任 詹好敏咸平初任 趙彥靖景德間任 趙崇宣

陳允進俱祥符間任 趙璧天禧初任 許彥棻 方克昌俱天聖間

任 林溥 胡拱俱明道間任 王溥 楊武開寶初任 劉天遂景泰

末間任 徐禘祥符初任 張隆祖 趙若洽俱天聖間任 董熹明道

間任 周忠厚景祐初任 趙與寄元豐初任 劉泳元祐間任 尉鍾世明日

明道初任 黃惟則景祐間任 巢鎬寶元間任 涂及皇祐初任 池申熈寧初任

陶永元豐間任　方達可　魏總俱紹聖間任　傅誠　楊踰俱崇
寧間任　劉泳
安溪縣知縣事　蕭仁憲　李九成　薛瑩　胡勉
趙爰　王繼明　李衡　鄭自明　邢渭　宋克
協　吳在木　劉元亨　張令宣　陳傑　楊佑
賢　李宋範　許致　丁立　徐庸　郭惟清
張韻　孟逢　錢撿　王紘　王碩　李炳　楊
萃　俞士廉　王振　許璽　諸葛賓　謝履
李適　蓋永　苗穎　黃仁傑　徐大亮　魯拱

趙説 張古 葉渼 李顗 江時 鄒子濟
詹鐙 王澤 黄頎 游長文 吴銓 柳襄
郭大受 劉直夫 鄭佑 阮駿 陳安行 丁
先民 鄭祖德 洪範 陳秉文 王伯淮 陳
能 倪詧 李茂則 楊榦 龔時可 黄煜
帬能恵 李著 廖兼 黄朴 梁揚名 李鑄
方士舉 趙善竦 石如松 趙彦勛 謝耿
岳震 林澈 王孝廉 孫昭光 葉有秩 趙
師戩 龔晏 楊承祖 趙遵夫 陳宓 趙彦

候　周肆　趙彥毛　葉宗　顏振仲　林日選
劉麗　吳丙　林應辰　趙崇粟　黃堅叟　鄭
師申　趙瑗夫　汪愈　趙汝畋　潘繼伯　陳
瑩翁　李務觀　黃裳　鍾國秀　林泳　鄭德
濟　陳時可　主簿　林鍾淳祐間任　吳淙　薛季澤俱寶祐間
任　陳應瑞開慶初任　鄭履正　任嵓潛俱景定間任　林曰起
朱牧俱咸淳間任　尉　楊炎午淳祐間任　胡駰　趙必椽俱寶祐間
任　謝文紀開慶初任　連保孫　張泳涯俱景定間任　吳幼楠
趙必湅俱咸淳間任　林龔孫景炎元年冬爲薛世長所逐

德化縣知縣事劉文敏建隆初任 吴仁辯開寶初任 王天愈 趙稱 陳從愿俱天聖間任 李檢明道初任 黃璠 李思剛俱景祐間任 鮑安上寶元初任 李昭用寶歷[1]間任 温宗質 劉誠俱皇祐間任 吴知章至和間任 常宗仁嘉祐間任 徐伯琥 吴居倚俱熙寧間任 丘同元豐間任 祖謹脩元祐間任 陸如岡紹聖初任 王恂崇寧初任 劉正宣和間任 楊丞紹興間任 謝之任乾道間任 梁京淳熙間任 兼益慶元間任 李端義嘉定間任 鮑朝孺 吴仲謨 張翊 陳居方 楊處愿 蕭諤 李處道 李顗 周純 林天若 呂深 曹三錫 吴銓 陳與京

校注：①慶曆

王交 陳熊 胡禹 柯若禔 高頎 馬陞
段彥質 吴崇年 華棪 林及 李則 蔣雝
李嵩 趙不椽 陳彭夫 陸洝 陳阜 林叔
度 劉隆 顔敏德 鄭旦之 李元才 吴汝
舟 趙彥逵 林寅 趙彥溓 江應 李大器
林季孫 陳餘 卓然 林應龍 楊震孫 謝
遷 趙汝璐 林倚 黄之望 華彥卿 胡應
梅 趙崇侯 黄忠叟 康淵 吴一鳴
寄治附

殿前司左翼軍統制劉寶　韓俊　孟義統領陳敏

盧眞　周喜

元

泉州路總管府達魯花赤唆都　乞陸　忽撒木丁

阿沙　阿里荅　失蠻俱至元間任　馬速忽元貞①間任　葸

丁大德初任　剌錫至大初任　阿来皇慶初任　沙不丁　撒都丁

烏馬兒　達兒馬失里俱延祐間任　脱大赤　節吉俱泰

定間任　馬速忽沙至順間任　也先不花元統間任　撒剌馬丁

哈剌章俱後至元間任　帖木迭兒　偰玉立見名宦志俱至正間任

校注：①元貞

〔總管〕馬坦之　王之問　脫和思　賈庭道俱至元間任　沈巖元眞[1]間任　李賢翼大德間任　高久住　李倜俱至大間任　扎剌兒臺皇慶初任　廉忱延祐間任　阿魯威至治間任　怯烈沙的俱泰定間任　怯来至順初任　張朶兒只班　孫文英俱至正間任

〔同知〕王宏　馬速忽沙　苦思丁　烏馬兒俱至元間任　重福大德間任　苦思丁木忽必皇慶初任　押忽　張謙俱延祐間任　李良傑泰定間任　燕琦天曆間任　九十不花元統間任　燕只吉歹至元間任　鄒伯顏　倒剌沙俱至正間任　廼穆泰見名宦志

〔治中〕趙敏　李元佐　馬合謀俱至元間任　賀承務元眞[2]

校注：①②貞

初任 塔畢牙大德初任 毛吞佛禮至大初任 忽都魯別皇慶初任 傅

澤 錢魁 都蘭沙俱延祐間任 抹赤至治初任 烏馬兒沙

秉恰里八哈俱泰定間任 劉貢元統初任 于繼祖 喜春

劉志仁俱至正間任 （判官）南秉直 李仁傑 丁昭信

俱至元間任 阿里大德初任 忻都至大間任 沙的皇慶初任 忽辛延祐初任

納速剌沙 楊守信俱至治間任 劉卜顏帖木兒泰定間任

馬合馬天曆初任 火你赤至順間任 蔣世榮 孛蘭奚 孛

羅俱後至元間任 荅亦普華 盧僧孺 忻都 魏秀普

申俱至正間任 （推官）完顏從禮 郝謙俱至元間任 朱淮元貞①

校注：①貞

初任丁彦　張光祖　潘元　成汝楫　楊彥祥

衛德政俱大德間任　王居政　潘閏俱至大間任　馬元裕皇慶間任　高遣　朱元瑛　田彥珪俱延祐間任　張元亨　趙敏俱至治間任　周天鳳　侯惟清俱泰定間任　范祐　郝光祖俱天曆間任　馮宗衍　高克柔俱至順間任　李士元　王良俱元統間任　烏古孫良楨　陳洪　袁永澄俱後至元間任　孟種　岑良卿　潘吉　沈公諒　徐居正俱至正間任

（經歷司）

（經歷）邵德　徐淵　穆鑑俱至元間任　翟從仕　杜將仕　孫英俱大德間任　蘇諤至大初任　吳浦皇慶

秦禎初任　孫思孝　錢宗顯俱延祐間任　宮伯英至治初任泰定初任　馮珪天曆初任　陳章至順初任　林泉生元統間任　陳震　廉寶俱至元間任　王英　熊謙　宋琦　惠敏學俱至正間任

知事

許禎　王彬　董彧　楊德詢　周達俱至元間任　張元貞大德間任　劉文彬至大初任　沈仲祥皇慶初任　孔仁　王克讓俱延祐間任　馮廷誘至治初任　陳天賜泰定初任　葉起天曆初任　梁國福至順間任　邵憲祖　秦元亨　常元輔俱至元間任　趙謙　郜洪　郟士凱　馬思忽俱至正間任

照磨

乞石烈　馬庭珪　王嗣昌　攸天裕　劉禎

劉元亨　徐粲　渾及兒　俞和平　高顯忠　巽易　呂伯達俱至元間任　崔景樞　吳敏俱元貞①間任　王都　袁滿　徐仲謙　王埜　李進　葉茂俱大德間任　王圭　歐陽桂發俱至大間任　王思孝　朱仲禮俱延祐間任　王君弼至治初任　諸葛元中泰定間任　林俊天曆初任　張君祥至順初任　楊杙元統初任　李希祖　將士達俱後至元間任　王國器　何璧　徐天麟　汪順　吳彥博俱至正間任

儒學

教授　宋沂至治初任　陳應麟元統間任　盧仲義至正間任

學正　陳世英至治初任　郭元發元統間任　黃元淵至正間任

學錄　鄭琳至治

校注：①貞

初任。鄭惟憲元統間任。陳南至至正間任。（訓導）傅桂臣　胡洵

莊復孫　蔡德潤俱至正間任。

晉江縣（達魯花赤）杜珍　也速歹　塔海　斡落歡

夏家奴　也里海牙　馬合謀俱至元間任。阿散元貞①初任。

沙的　馬合馬　馬合麻俱大德間任。建忒該　烏馬

兒俱□②大間任。暗都剌那思　木薛飛俱延祐間任。木八剌

至治初任。怕達兒　黑斯天曆初任。和尚至順初任。亦速夫　官保

抄耳赤至元間任。合住　沙班　僊源俱至正間任。（縣尹）欒

英　徐榮宗　劉郁　賓均　吳英　林大琮

校注：①貞　②至

也里海牙　傅珪　朶兒歹　劉潤俱至元間任　奠祥

邊邦息　羅僻大德間任　孫瑀至大初任　饒潤　李居仁延祐間任

楊春至治初任　乞答歹　李讓天曆初任　侯克敬　石楚

朱繼魯　袁成　丘公佐　龍德明　紀慶翁

陳駭上四人俱至正間任

縣丞

王興　趙良器　王德俱至元間任

主簿

周信　莊中正　阿里　李琇　朶羅歹

但濟川　阿鑑　李忠　程天英　楊思誠　郜從樂俱至元間任　阿里火者　元善　暗都剌　謝元發上三人俱大德間任　李仲傑至大初任　孟天祐　揑只不丁

王安世俱延祐間任 史本一 賀乃麻歹泰定初任 孫緒至順初任 兼謹翁 馬良佐 周伯顔不花 萬選 歐陽賢上三人俱至正間任

（縣尉）趙忠 盧廷信 胡瑞 阿里火者 樂謙俱至元間任 兀都蠻元貞初任 馬合馬 馬讓 阿里 張祐 杜元眞上三人俱大德間任 蘇魯蠻 馬天禄 南天與上二人俱延祐間任 教化的至治初任 蕭宗顯天曆初任 也先至元間任 失里月失 王埜 劉益俱至正間任

南安縣（達魯花赤）吳謙 李祐 王德 李實 脫歡察 忻都 脫因 合迷丁 八合的牙兒

帖木合 也先帖木兒 伯牙達兒 那懷 也
先帖木兒上三人俱大德間任 忻都 阿思蘭 忽哥兒延祐
初任 阿扎剌丁 久住 脱脱 脱别台 六十八
相要歹 答思不花 亦赤馬丹 縣尹 王忙哥
李日皣 楊禹偁 張羽 劉孚 汪蒙 馬振
鐸至元間任 趙彦琇元貞初任 張璹 扈全 程榮俱大德間任
常居仁 楊春 許可 魏揚祖 張居恭 劉
□①火兒 樂白韶 楊璧 陳和卿 張夔 白
榆 縣丞 贍思丁 王成 邢守忠 閻清 魏天

校注：①升

佐　方秀仁（主簿）李榮　董成　陳注　邢守忠

徐德林　秦廷傑　楊思議　王璋　彭青　馬

合謀　王從龍　王益　撒都丁　樂謙　答剌

貞（大德間任）許仁友　嚴琦　沙吞甘　陳天賜　呂

迪吉　呂憲　沙哈不丁　馬合謀火失壇　王

用和　塔海帖木兒　孟思溫　劉昌裔　韓思

誠（縣尉）吳裕　鄭楷　黃天琦　不早赤　李世

英　忽都答兒　張懷仁　邵和仲　周文郁

劉興　李思恭　楊文煒　伍岳宗　張祐　亦

速齊安仁　安吞兒禿　方積　魏弼　孫安
安　伯顏
同安縣達魯花赤韓武畧的斤　阿散　布伯哈
唆丁　阿回　哈散　帖木不花　阿散　忽里
牙忽思　木八剌沙　怯烈　禮樂　塔海　伯
顏　達實帖木兒　廉寶寶　羅里　楊孛顏
也先帖木兒　愛袜縣尹孫進　沈安　楊玉
續福山　朱元英　唐國祥　高克明　楊郁
劉從信　郭祥　李成　劉術　連文質　趙必

標 項八兒思不花 劉術 徐印孫 陳震

任瑾(主簿)吴屋 阿散 阿里 阿思蘭 阿散

葉蘭沙 夏子盛 陳伯顔 李仁傑 荅木丁

馬里沙 囊加歹 馬哈沙(縣尉)阿思牙 吴祐

黄鏐 劉德 錢定 張世英 張幼英 秦契

伯顔察 梁居仁 扈海 陳陽盈 余成

德化縣(達魯花赤)合只 千奴 八札 回回 烏

馬兒大德間任 火底任 僧家奴俱至大間任 亦不剌金

伯顔 撒都魯丁 阿散泰定間任 塔出 迭里迷失

俱天曆間任阿里思蘭　咱法兒沙俱後至元間任忭古歹

剌馬丹俱至正間任（縣尹）翟彬至元間任劉喜嘉　卜弼

王輗　沈思溫　王茂　徐畊孫　鄭世英至治間任

朱沂天曆初任張世英後至元間任雷杭　李宗仁俱至正間任

（主簿）黄鑑　朱彰　李德仁至元間任鄭宣　潘麟趾

朱貧　沙的上二人俱大德間任胡汝楫至大間任楊椿延祐間任方

卜脫罕至治間任王佐　林從　林孔碩　王珪　宋

鑑　何楫　趙煥文　方忭亙歹（縣尉）夏昭　王

祐　李知本　王良質　余伯顏　王佐　張安

仁 李子良

永春縣（達魯花赤）林純子 李成 哈迷丁 忽都

魯別 兀都蠻 薛里昷思 禿魯 阿里 邪卜

木罕 阿里 苫思丁 伯顏帖木兒 脫歡沙

朶羅享于 帖兒帖該 鎮奴 回回 沙的

速剌蠻（縣尹）李璧 楊景華 卜弼 韓居敬

劉企祖 汪蒙 李羅仲 徐貞孫 真宜孫

李文崇 趙塔納 方惟慥 于泰來 張煥

方建翁 盧琦見名宦志 黃伯顏 牛忠 劉世亨主

簿朱機 邵泰 汪蒙 朱彰 王傑 朱榮發

錢宗顯 許文義 劉可 捏古伯 王鍵 黄

寄孫 陳文積 夏侯貴（縣尉）張敏 萬家奴

馬合麻 吴聖 曹元嵩 哈散 李忠 沙的

曾元烈 胡息

安溪縣（達魯花赤）劉元 禿忽魯 烏馬兒（俱大德間任）

舍剌忽丁（至大初任）塔塔兒不花（延祐間任）哈散 埜蘭沙

伯顏帖木兒（泰定初任）阿思蘭（天曆初任）鎖禿 真寶沙合

木八剌 孛蘭奚（俱至元間任）（縣尹）常居仁 顧子敬

何克明（俱至元間任） 袁大有 陳鈞 完顏鋭 常居仁（俱大德間任） 趙忠（至大初任） 王志行 李仲傑 錢宗顯（俱延祐間任） 楊遇（泰定初任） 孫盤 段鵬[illegible] 孔仁（至順初任） 呂憲 江廉 呂文桂（俱至元間任） 謝成巳 張鈍 袁居敬（俱至正間任）

（主簿）盧古歹 譚興 楊曙 惠明 伍綿孫 宋義 劉忽都歹（上五人俱大德間任） 耿義（延祐間任） 姬義（至治初任） 也先不花（泰定初任） 吳文讓（天曆初任） 劉中立（至順初任） 唆那海馬速忽 劉儼（俱至元間任） 楊文泳 劉唐兀歹 鄭禮 張康（俱至正間任）

（縣尉）楊進 楊時興

荅木　買閭　徐大同　郭琭

惠安縣（達魯花赤）馬合謀　里吉思　阿剌赤沙

塔出　忻都　闊里吉思　樂禮　鎖奴　萬奴

扎剌馬丁　怯烈　馬合馬沙　易里雅思（縣尹）

趙仲臣　趙孟顲　劉信　段榮祖　阿必赤合

李善　郭躍雲　馬也先不花　孔桂　劉完澤

吳傑　陸文英　雷機（主簿）李亨　王佑　吳貴

盖從祀　萬家奴　吳百里罕　高瑛　盧德福

路元亨　周仁傑

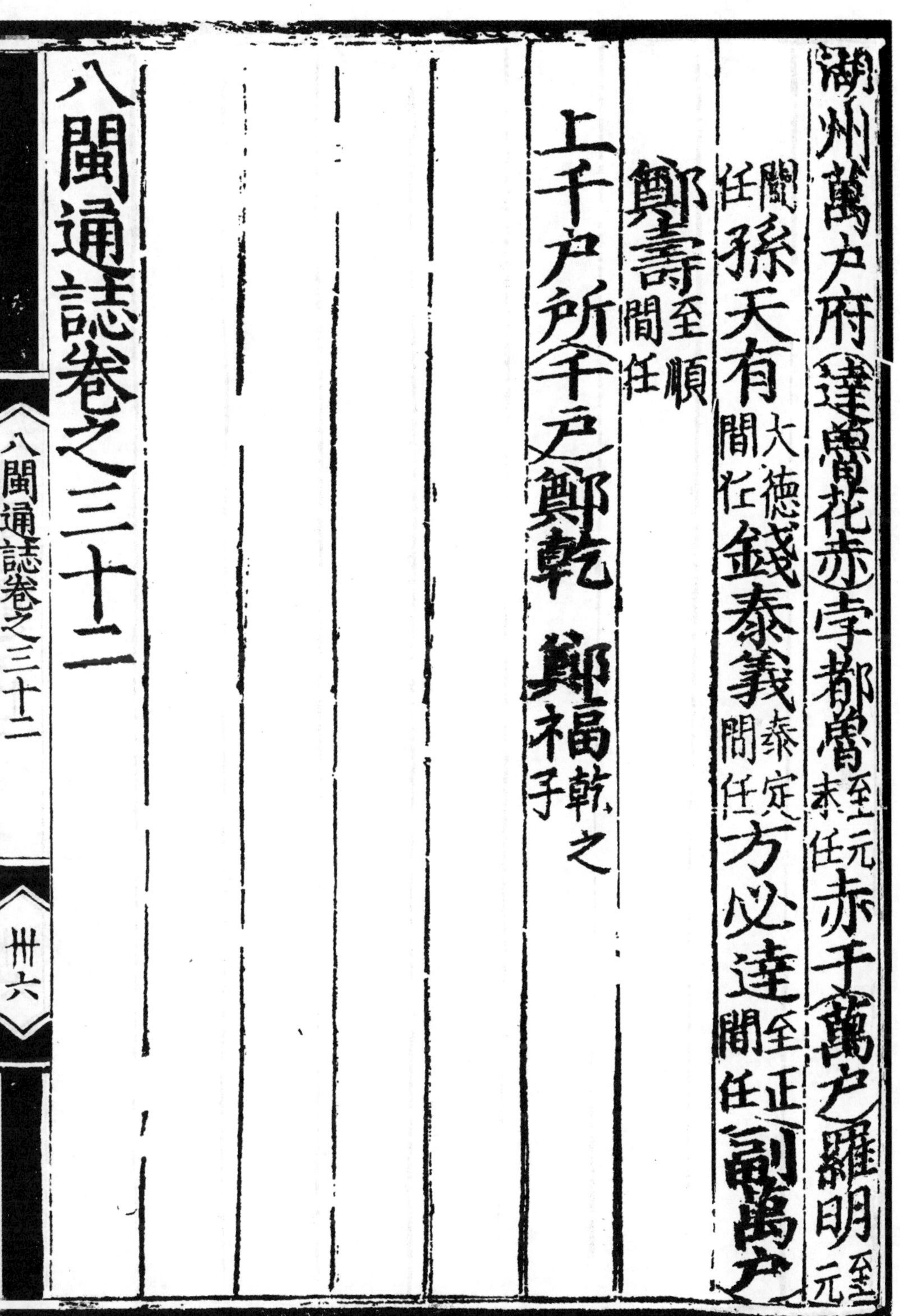

湖州萬户府（達魯花赤）孛都魯至元末任　赤干（萬户）羅明至元閩任　孫天有大德間任　錢泰義泰定間任　方必達至正間任（副萬户）

鄭壽至順間任

上千户所（千户）鄭乾　鄭福乾之子

八閩通誌卷之三十二

八閩通誌卷之三十三

秩官

歷官

郡縣

泉州府

國朝

文職

本府知府 常性 張灝 李鳳 胡器上二人見名宦志已上俱洪武間任 陳立 方圓 姚恕俱永樂間任 魏文昭 曾恪

馮禎　蔡錫見名宦志上二人俱宣德間任　尹宏見名宦志　楊文奎

曾弘　熊尚初見名宦志俱正統間任　胡志和　劉靜　張嵓俱景泰間任　舒曈　歐陽復見名宦志俱天順間任　李宗學

徐源　沈海　陳勉　馬岱　毛珵俱成化間任

（同知）

郭伯泰洪武間任　張文郁永樂初任　董儀　裘參宣德間任　呂積

王彧俱正統間任　謝琛　陳禧俱景泰間任　李志洪　孔惠

俱天順間任　高祐　胡璉　王恪俱成化間任

（通判）

郝中

吳祖淳　胡羽　胡劍　[illegible]見名宦志俱洪武間任　朱旭

宣德間任　朱芳　張駿　王敔俱正統間任　張軫　許綱俱景

泰間任　趙鼒天順間任　張瀞　楊清　蕭貴路俱成化間任　推
官　張時諒洪武間任　劉任永樂間任　董敬　費謹　王溥上二
人俱正統間任　朱賢天順間任　胡傑　吳鏜　柯漢　楊瑛俱成
化間任、　經歷司　經歷　羅晁洪武末任　王友中　王溥正統
初任　孫祐　趙榮　徐敬　胡璉　宗惠上三人俱成化間任
知事　曹試　陳煇俱洪武間任　李讓正統間任　景祥景泰初任　沈
㩦天順初任　劉傑　狄鍾俱成化間任　照磨所　照磨　張志
道洪武初任　盛祥　韓同正統末任　張本天順初任　羅裕　倪淵
景祥俱成化間任　檢校　林伯光　楊文興正統間任　石琰景泰

初任陳純天順間任趙儒　張欽　陳華俱成化間任

儒學

教授曹聰　歐陽初見名宦志曾振　王廷玉　曹昇

姚禧　鄧韶　黃結見名宦志徐鼎　梁相　杜華

曾進　馬文上五人俱成化間任

訓導陳熈　王道　高善

繼周太初　林珩　盧昺　林文玉　陳仲安

俱洪武間任錢俊永樂間任張侗　黃玄　傅鑑　周伯玉

皮岳　楊必大　張文　楊贊貫　葉瓊正統間任葉

蓁　曾確　張通　徐本　葉靚　臧珉　王孜

謝傑　張勤　陳撒　陳謨　王輔上六人俱天順間任葉

主張福　陽琦　鄭騰　林廷儀　解璣　徐
鏞　黃瓚俱成化間任
晉江縣知縣韓居庸洪武初任　董淳　宋仲祥　劉安俱永
樂間任　劉珪宣德初任　陳綱　徐瑛見名宦志俱正統間任　卜從吉
張迪　龍祥俱景泰間任　胡旻　何以源　蔣濬俱天順間
任　周英　陶慶　吳雲　鄭璀俱成化間任　縣丞王盛
徐子良　劉惟銘上二人俱正統間任　薛彥銘　陳忠　方
膺　徐敬上三人俱景泰間任　邢宥天順間任　曹存禮　陳讓
曾鑑　郭需　周冕　倪侃俱成化間任　主簿詹仰

廖鼎 史孟常俱正統間任 錢琬 張文用俱景泰初任 謝
濟天順初任 王倫 王德 倪琮 商永貴俱成化間任 典
史 許常 陶清 張壽會上二人俱正統間任 洪汝衡 徐
餘 常福 龔秉初上三人俱天順間任 王銘 王文洪
張自剛 魏瑄俱成化間任 儒學 教諭 王敬 孫善
同 劉守身上二人俱永樂間任 王棨 梅友實俱宣德間任 王
洪 留志德俱正統間任 林暘 金愷俱景泰間任 陳洪
徐振 陳文俱成化間任 訓導 王敬 楊耀宗洪武間任 林
孟生 梁真 傅叔達 林汝嚴 詹景威 葛

阜 陳源清上二人俱宣德間任 葉善 詹紀 劉溥俱正統間任 張瑄 胡增俱景泰間任 饒旭天順間任 蔣仕傑 阮順 李經綸 洪富俱成化間任

南安縣知縣 王罕洪武間任 羅安 余慶俱永樂間任 葉政 尹璉 吳淵俱宣德間任 曹盛 俞宗玉俱正統間任 唐斌文景泰間任 鄒璉天順初任 吳俊 張鐸 馬璲 陳廷忠俱成化間任

縣丞 張尹綱宣德間任 陳義正統間任 王冕景泰間任 劉通天順間任 曾禄 譚顯 廖顥 胡璉 施澄俱成化間任

主簿 鄧惟善洪武間任 李恕永樂間任 曾華景泰間任 胡瑢天順間任

徐洪　王浩　江泓　沈俊　淩現俱成化間任

典史

李溥宣德間任　趙愷正統間任　林壽　王希賢俱景泰間任　吴惟政　劉文　金武俱成化間任

儒學

教諭

陳胤①永樂間任　包原明宣德間任　范仝正統間任　費隱景泰間任　彭顯烈天順間任　張廣　林祐　龍騰俱成化間任

訓導

韓勸宣德間任　陳子實　崇同恩　王垌俱正統間任　王鈍　郭嵒俱景泰間任　戴魁天順間任　邵章　戴僖　林洪　袁儁俱成化間任

同安縣

知縣

吴銘　虞大有　李時發　虞亮　時勅　亮見名宦誌　吕復　王琬　鄺子真　楊木　方孚

校注：①胤

中王凱 倪仕嵩 鄭宗清 劉性同永樂中任 胡
淵 韓積禮 張琦 朱徽 管忠 徐覧 陳
英 陳昱景泰間任 陳禎 劉寛俱天順間任 張思忠 張
遜 張伋俱成化間任（縣丞）丘均進 藤文澤 鍾起
葉應良 吳溥 劉誼 梁思衍 吳志道 余
範中 朱隆 朱應 李濟 葉用 鄭銳 劉
珣嚚天順間任 潘鏞 唐祚 何文宣俱成化間任（主簿）劉
志道 胡英雄 梁考中 吳得全 陳立 江
彥清 鍾成 江寶 陳宗瓊 蔡遜 郭震景泰

末任文伯興天順間任施英　黃福　白燦①　何瀚　駱
忠　施春俱成化間任（典史）吳用能　陳森　黃澄
何慶　李聰景泰間任黃泓天順間任單思浩　蔣忠　鄒
元　華得榮俱成化間任（儒學）（教諭）李文郁永樂間任方
立正統間任高郎景泰間任彭厚天順間任康威　游理俱成化間任
（訓導）毛翼　章文宣德初任盧威　鄧朴　翁俊俱正統間任
任蔣德景泰間任王達天順間任顏真　黃洽俱成化間任
德化縣（知縣）王巽　王真　劉德善　石德讓　馮
翼　應履祥見名宦志俱洪武間任孫應辰　李勉　劉謐

校注：①燦

孔宗嗣俱永樂間任 陳昱 李清 王彤 曾昌 白
恭 蕭鏞上二人俱成化間任 縣丞 王用名 劉宗 袁伏
涇俱洪武間任 主簿 李子文 劉崇 戴景宗 古彥
輝見名宦志俱洪武間任 典史 藍禮洪武間任 陳靈威 梁區
保俱永樂間任 王志安正統間任 李昌 方祖 李貴 李
信 湯淳 呂信 李勝 陳寧 費璟 儒學
教諭 潘同洪武末任 龍登 潘吉 范宗道 趙琬
劉儁 姚玉 王福成化間任 訓導 吳仲賢洪武間任 潘嵩
涂亨

永春縣（知縣）蔡進洪武間任 温琇見名宦志 杜佳 李敏上三人俱宣德間任 鄒端 周範 畢仲安俱正統間任 劉濬 車政俱景泰間任 張銘 趙建 張克紹俱天順間任 劉剛 孫貴 羅綱 方敏俱成化間任

（縣丞）王忠洪武間任

（典史）盧賢 翁昶 陳受俱正統間任 劉海景泰間任 寔貴天順間任 河源 鄧韶 宗懋俱成化間任

（儒學）（教諭）陳思旻宣德間任 楊暹正統間任 童伉景泰間任 閻恭天順初任 高峻 汪賜 左宏俱成化間任

（訓導）余亭正統初任 梁端天順初任 嚴觀 許冏俱成化間任

安溪縣〈知縣〉侯全舉洪武間任 鄭烈宣德間任 潘靖見名宦志 邵公
陽 路尹 劉禎俱正統間任 饒守中景泰間任 楊紀 兼
暹俱天順間任 李晟 魏榮 陳錡 谷廷怡 吳英
俱成化間任〈典史〉傅純 趙顯 徐順道 任依上二人俱
宣德間任 王維 洪寬 添杲 管得中 陳景祥俱正
統間任 徐岱 謝日新俱景泰間任 朱信 周密 江庭
瑁 陳安 傅鼎俱成化間任〈儒學〉〈教諭〉胡儕永樂間任
都綱 鍾興 陳政宣德間任 陳汝榮 袁綱 陳催
徐碧 楊巘 方盛 王煒 盛鳳儀〈訓導〉吳衡

黃華　黃琮　陳政　盧崇　江永安　許珣

鄭璋　方允奇　李璲

惠安縣（知縣）宋敏中　安景賢　閻宏　吳克剛

陳永年見名宦志俱洪武間任　閔楨見名宦志　王覽景泰間任　蔣怡初

康永韶　陳栗　張楦俱成化間任　（縣丞）李旬　張克

昌　李德遂　陰銘　劉鐸俱洪武間任　李時正統間任　周

琦景泰間任　孫愷　張用　俞積　童吉俱成化間任　（主簿）

段好禮　李仕儼　戴曾俱洪武間任　閔禎　何自康

景泰間任　孫玘天順間任　梁昆　蔣沐　謝龍宵俱成化間任　（典史）

勞福成洪武間任 楊榮永樂間任 趙輔天順間任 譚海 王恒俱

成化間任

儒學

教諭 朱儼 盧浩然 張端生宣德間任

張廷嵩 方循矩景泰初任 李維 鍾琳 丘尚上二人俱成化間任

訓導 劉智 戴雄俱宣德間任 楊輿 李誠 戚

寧 楊彧俱正統間任 蔣恭景泰間任 李觀天順初任 葉福 張

瑜 劉瓚 李璠俱成化間任

武職

泉州衛指揮使司

指揮使 王鑑永樂初任 王濬宣德初任襲叔鑑職 楊

鐸由建寧左衛調 楊海正統間任襲父鐸職俱 王榮景泰間任 王振襲兄榮職

天順間任王炫襲父振職成化間任（指揮同知）李山洪武初任賈清洪熙
初任江高江富賈斌襲父清職馬潤俱宣德間任馬玉襲父
潤職賈銓襲父斌職江澄俱正統間任王享由本衛僉事陞景泰初任王琨
江源俱天順間任錢堂襲父輅職馬凱襲父玉職陶琨由福州中衛調賈
海襲父銓職俱成化間任（指揮僉事）朱貞童鼎朱安襲祖
父貞職童真襲兄鼎職俱洪武間任唐海由平海衛調童拱襲叔貞職朱
清唐勝襲父海職童瑜襲伯拱職俱永樂間任李清洪熙初任李敬
襲父清職張鑑張廣襲父鑑職俱宣德間任魏通唐凱襲父勝職
李鈺襲父敬職俱正統間任趙立由本衛後所副千戶陞張盛襲父廣職俱景

泰間任 王政 王亨 武成 郭顯 王謙 王雄
章源襲父瑜職 趙洪襲父立職 唐睿襲父凱職上三人俱天順間任 張昱襲父
盛職 魏瑾 朱源 朱閔 丁遠見名宦志 李瀚襲父鈺職 趙
椿襲父洪職 孫寧俱成化間任 經歷司 經歷 劉鎮永樂間任 楊
宗 張英俱宣德間任 黎真正統初任 姜泉 黃勝俱景泰間任
沈佐天順間任 李盛 鍾璘俱成化間任 知事 諸達 張翼
俱正統間任 袁彌高天順初任 顧璉 盧護俱成化間任 鎮撫 曹
義 徐智 徐鏞俱洪武間任 白榮洪熙初任 史敬宣德間任 徐
浩正統間任 徐海景泰初任 白貴天順間任 史敏 徐祝 白章

俱成化間任

左千户所（正千户）方興永樂間任 方琳洪熙初任 趙受宣德初任 方成 平安 秦玘俱正統間任 平震景泰初任 趙瑾襲父受職 方榮 干旺 魏瑾由本衛僉事降 秦鈺俱成化間任 （副千户）何諒 魏潑兒由本衛軍陞 黃忠宣德初任 張旺由本所百户陞 何禎俱景泰間任 （百户）閻貴 郭均友 陳原真 王勝俱洪武間任 王隆 施任 陳雄 盛貴俱永樂間任 百通宣德初任 王珽 閻瑄 郭斌俱正統間任 張旺 王玉景泰間任 陳志 百恭 盛能 郭榮俱天順間任 王真

王寧　王凱　王瓛俱成化間任

右千戸所（正千戸）方安洪武間任方深　方琎俱永樂間任方

鏻宣德初任方清正統間任闔海由本所副千戸陞景泰初任闔鑾　張

鐸　方棡俱成化間任（副千戸）陳璲洪武末任闔海　趙郁

由本所百戸陞景泰間任趙諒天順間任（百戸）王真　王良　楊春

陳保　陳信　鄧起　鄧田俱洪武間任陳晟　李忠

張友道　張榮俱永樂間任張敬洪熙初任任慶宣德間任鄧銅

陳杲　張安俱正統間任趙郁　任盛景泰初任陳綱天順初任

鄧溢　張清　鄧瑛　卓友由興化衛後所副千戸降孟春

孟得俱成化間任

中千户所正千户聊①瑄永樂間任　武成　聊②銘成化間任　副千户王導洪武間任　王英　鄭興俱永樂間任　侯山　李旺俱宣德間任　鄭貴　王雄俱正統間任　李景壽　王寛　鄭塗　宋安由本衛後所調俱成化間任

百户李阿関　高興　高安　王用　高旺俱洪武間任　王源　金傑　李福　高榮　吳旺　陳興俱永樂間任　郭懋　高華　桂斌俱宣德間任　桂林　王誠　金鐸　郭瑄③俱正統間任　陳清　高清　李春俱天順間任　桂源　金勝　吳童俱成化間任

校注：①②聊　③瑄

前千户所（正千户）秦惟洪武末任 秦雄 丕真俱永樂間任 秦
傑 武旺由本所副千户陞俱景泰間任 武能 秦昇 丕鑑上三
人俱成化間任（副千户）石玉 章夔 武勝俱永樂間任 石萬
孟政俱宣德間任 孟瑄 孟銓 章安正統間任 武旺 章
欽 石戀上二人俱成化間任（百户）俞敏 李閔 王斌
王海俱洪武間任 陳旺 陳諒 俞永安 陳文 李
福 陳勝 傅珽 陳壽 陳福 郭斌 陳貳
俱永樂間任 陳宗 俞遜 王瑄俱宣德間任 俞政正統初任 陳
昱景泰初任 李春天順初任 俞昇 王瓚 陳晏 陳戀

湯銘　郭勝　丘成　蔡廣　秦剛俱成化間任

後千户所正千户翟禮　丁祥　丁禧俱洪武間任丁賢

翟裕俱永樂間任翟紀宣德初任丁斌正統間任江清　曹福俱由本所副千户陞景泰間任曹雄　江寬　翟勇　江宏　丁盛

上四人俱成化間任副千户江義　江通俱洪武間任江清永樂間任

趙立　曹福　宋福俱宣德正統間任楊慶天順間任楊璉

宋安俱成化間任百户李應勝　王貴　王斌　許成

歐泉　湯潮俱洪武間任周壽　王震　姚斌　姚晃

周斌　許貴　張遜　管永　湯貞俱永樂間任閻敬

楊暹宣德初任周誠 陳福由本衛前所調蔡洪 楊忠俱正統間任 陳海 湯泳俱景泰間任管銓 周忠俱天順間任許興 湯泉 陳廣 蔡欽 周璇 陳璘 張斌俱成化間任

永寧衛指揮使司（指揮使）闞俊 闞玉襲父俊職千勇俱宣德間任楊春正統間任千殷後緣事充軍楊興襲叔春職天順初任闞瑄襲父玉職楊晟襲父興職俱成化間任（指揮同知）王斌由金門正千戶陞張昱俱永樂間任杜成洪熙初任鍾瑢宣德間任錢輅 鍾演襲父瑢職鍾濬襲伯演職杜剛襲堂叔成職俱正統間任沈鏞 佘冕俱由本衛

僉事陞景泰初任張昺天順初任張壽襲父昺職杜俊襲父剛職余端襲父晃職鍾森襲父濬職沈繼宗襲父鏞職俱成化間任〔指揮僉事〕洪海吳忠丘遇沈真由福州右衛千戶陞洪遠襲父海職沈瑾襲父真職俱洪武間任李普由漳州衛調李敬由金門副千戶陞丘榮襲曾祖父遇職高祥余斌李安襲父普職俱永樂間任李禎襲祖父敬職丘昇俱宣德間任丘珙沈鏞襲父瑾職余晃襲祖父斌職丘昺李綱俱正統間任王綱由本衛中所正千戶陞景泰間任劉海由本衛右所正千戶陞天順初任丘嵩襲父昺職王斌劉歆襲父海職俱成化間任〔經歷司〕〔經歷〕吳鳳龔茂敬黎麓成化間任〔知事〕林

子森　王康　王衡　熊應祥成化間任（鎮撫）翟榮由鎮東衛調洪武末任　王榮　翟和襲堂伯榮職俱永樂間任　翟寧襲堂兄和職

王剛襲父榮職俱正統間任　翟貴襲伯寧職景泰初任　翟慶襲父貴職　王紀襲父剛職俱成化間任

左千戶所（正千戶）孟榮由金門百戶陞　李忠俱永樂間任　趙瑄天順初任　張晟成化間任（副千戶）潘巖永樂間任　潘貴　潘基天順初任

（百戶）李源永樂初任　賁勝　李暉俱景泰初任　阮玉天順初任　施鎮　徐瓚　周通俱成化間任

右千戶所（正千戶）馬昇永樂間任　劉貴宣德間任　劉海襲祖父貴職正

統初任馬瑛天順間任郭鉉成化初任副千户段興永樂間任段瓊景泰初任袁得天順間任楊縉成化間任百户朱琛正統間任徐海吴源俱景泰間任朱湧天順末任傅廒金瑛張勇林海俱成化間任

中千户所正千户陳繼永樂間任穆晋住王剛俱正統間任王龍成化初任副千户張貴永樂間任姚銘由本所百户陞景泰初任李景成化初任百户姚原馬勝俱永樂間任丁廣郝進薛瑾俱正統間任姚銘郭禎陶璟俱景泰間任馬鏞陳顯俱天順間任張順臧勝俱成化間任

前千户所（正千户）張閔任　范雲俱由金門所百户陞永樂初任　王真成化間任（副千户）李允永樂間任　蔡璟天順間任（百户）潘熊　朱剛俱正統間任　宋斌　沈亮　孫權　岳宗俱成化間任

後千户所（正千户）沈壽天順初任　高源成化初任（副千户）花成　姜青俱永樂初任　花俊景泰間任　周中天順間任（百户）陳勝永樂間任　張文景泰間任　吴詮　呂權俱天順間任　潘順　梁壽　朱昱俱成化間任

福全千户所（正千户）蔣元啓成化間任（副千户）劉拱成化間任（百户）余武景泰初任　王斌　栁銘俱天順間任　李輝　翟旺

閻斌　呂榮　陳良　吉洋　王銘　路忠俱成化間任

高浦千户所正千户李宏天順間任　孫幹成化間任副千户趙琏正統間任　徐忠天順間任　張沆成化間任百户陳剛景泰初任　劉瑛　張祥　郭通俱天順間任　朱賢　方琛　粟珹　趙隆　楊傑俱成化間任

嘉禾千户所正千户趙能成化間任副千户韓勇成化間任百户彭添天順初任　阮昇　倪曉　黄成　卞釗　吴釗　孟賢　蕭旺　陳寬俱成化間任

崇武千户所（正千户）銭瑛　張鎮俱成化間任（副千户）王
寛成化間任（百户）張雄天順初任　經庸　吴仁　徐通　申
銘　汪澄俱成化間任（鎮撫）黄泰景泰間任　黄毅成化間任
金門千户所（正千户）王斌永樂初任（副千户）李敬永樂初任　姚
崇景泰末任　楊雄　陳暹俱天順末任　王彝成化間任（百户）陳繼
孟榮　張閔任　范雲俱永樂間任　陳雄天順間任　銭桓
周海　盧元濬　黄勝　陳傑　陳清俱成化間任

漳州府

漳州漳浦郡刺史韓泰見名宦志

宋

漳州知州事陳文顗 劉援 于翊俱太平興國間任 張徹雍熙初任 邵□至治初任 司空垣 石□俱咸平間任 王言徹景德初任 召成範 舒雄 王晃 劉有方俱大中祥符間任 劉滋 吳燿卿俱天禧間任 劉起乾興初任 章迪 劉有政 林休 復俱天聖間任 陳求錫明道初任 方慎從 劉適俱景祐初任慎從皇祐初再任 丁誦康定初任 蕭禋 凌景陽俱慶曆間任 杜彬 許巽見名宦志 向綜 鄭偕 葛閎 陳侁上三人俱嘉祐間任 郭

求治平初任臧論道　宋直　許當　馬淵　鄭倩俱熙
寧間任陳冽　黃稹俱元豐間任楊孝孺　曾孝綽　蔡
立　范峒俱元祐間任徐師頁　楊嘉言俱紹聖間任王嘉
言　王譔　陳次升俱崇寧間任方轂　陳知先俱大觀間
任江準　宋觀　李阮俱政和間任陳顯仁　胡惕
李康　方翼　余潤俱宣和間任陳公格　綦崇禮見名
宦志俱建炎間任黎確　吳次賓　王辟章　陳國瑞
馬騭　胡銓　廖剛　李彌遜上三人見名宦志韓岊
李莊　張成大　劉才邵見名宦志王模　鄧邦寧見名

官志溫革　陸涵　趙叔涔　陳康侯　趙澳　逢

□　王晞亮已上俱紹興間任　林孝澤見名官志隆興間任　趙不溢

髙禹　劉夔　何侑俱乾道間任　劉敏求　趙公綢

林椿　劉敦義　陳仲諤　何萬　黃啓宗見名官志

林元仲　傅伯壽　朱熹見名官志俱淳熙間任　鄧馹　陳

守俱紹熙間任　趙伯逷　傅伯成俱見名官志　陳樸俱慶元間任

方銓　余亨宗俱嘉泰間任　毛密　林行知俱開禧間任　薛

揚祖　錢畬　趙汝譡　莊夏上二人見名官志　胡滐

張聲道　華元汴　傅壅　鄭昉　危稹見名官志俱嘉

定間任方淙寶慶初任趙伯駿　江模　李勳俱紹定間任趙

以夫見名宦志鄭寅俱端平間任李韶見名宦志李燁　徐臬俱嘉熙間任黃朴　方來　王璞　章大任見名宦志俱淳祐間任

通判軍州事李幹　劉奕　林杞俱慶曆間任李平

王浹俱皇祐間任鄭惇仁至和初任劉勳　李之翰俱嘉祐間任

張知常　安保衡俱治平間任鄭[illegible]　石選　張知古

張植　石百能　柯述見名宦志俱熙寧間任蘇子元　俞括　楊注俱元豐間任鄧甯　陳粹　許長卿俱元祐間任

周明之　方縠俱紹聖間任周允元符初任石亞建中靖國初任朱

實崇寧間任　黃因大觀初任　華鎮　陳髙　林元定俱政和間任
陳驥重和初任　蔡亢　黃琮見名宦志俱宣和間任　林即靖康初任　顧
端禮建炎初任　李長民　顧內　趙不弃　梅充實
宗庠　趙恂　髙棐　吳昭　候文仲　方暘
趙勣之　朱定國　蘇文瓘　辛斆　傅自強
李閎之俱紹興間任　趙不敵隆興初任　陳文中　余邦式
趙伯璟　朱轔俱乾道間任　陳嶧　孟鑄　祝鍔　趙
緼　李詵　陳仲珪　陳芷俱淳熙間任　髙侁　朱曾
黃巖卿俱紹熙間任　丘徵之　陸侃　方壽曾俱慶元間任

劉槼　留鎔俱嘉泰間任　張大任開禧初任　林寅　黄之傳

林潛　謝棐伯　陳堂　黄復道　鄭渙　曾治

鳳　許經俱嘉定間任　黄倌寶慶初任　鄭棐　林有宗　錢

相俱紹定間任　項傅文　陳夢章俱端平間任　沈昌言　趙

彥巘俱嘉熙間任　謝溥　湛顗　皇甫鑑　薛季良

黄堅叟　王震定俱淳祐間任　添差通判軍州事　鄭璵

紹興末任　石起宗　趙不庬　趙伯瑱俱淳熙間任　張斗南

慶元初任　張師懿開禧間任　方灼　方淙俱嘉定間任　楊垓仲寶慶

初任　王萬紹定間任　王邁端平初任　臧元曾　薛嶸俱嘉熙間任　鄭

涇甫　徐明叔　王南一俱淳祐間任　軍事判官蔡襄見名宦志

王世衡　李珏　何致遠　黃景淵　華觀

蔣介卿　趙彥道　陳惪　吴澄　郎覬　趙善

燧　陳乘之　吴良顯　周武孫　趙汝琤　陳

夢昇　趙必逮　趙希瀜　軍事推官王溼　張世

賢　華瑞　游玠　吴昺　余伯寬　黃大中

蕭舜咨　何圭　彭汝礪見名宦志　林宜季　黃桂

張翀　湯諶　趙與簪　鄭鏻　趙涇夫　薛易

年　方東起　陳雲老　宋承祖　趙希[illegible]　髙

濤 游清夫 趙必洪 陳豹孫 （諸曹官）錄
事參軍林枅 孔璹 余脩 童挺 趙希絳
趙師虙 林觀國 熊之綱 李大有 薛頎
葉文炳 陳儀之 陳槩 楊文庭 林直之
許彥蔡 戴貟 趙維 尤拱之 陳又聞 鄭
清子 謝明復 趙與琳 趙汝徠 鄭憲 趙
阜（司理參軍）趙善綽見名宦志 林文之 陳崇信 方
杰 陳謙孫 施夢說 薛仲庶 董璵 趙希
澮 朱子中 陳植 趙與賢 朱震仲 何士

順　劉同叔　潘公瀟司戶參軍　蔡汝傳　陳友龍　趙崇憲　鄭師申　王日清　趙希湕　湛露　趙孟模　鄭一桂司法參軍　趙僧夫　王順曾□　陳紹孫　趙汝者　王元震　趙希擲

李丙工曹　陳可大見名宦志　州學教授　羅長康

陳定國　范津　鄧文饒　任文薦　林宋弼

葉儀鳳　豐至　陳知柔　曾晃　劉洵直俱紹興間任

楊嘉績隆興初任　石邦彥　張賡　李稠俱乾道間任　李綸　黃師尹　田瀶　林子蒙　楊範俱淳熙間任　張

時舉 陳廷傑俱紹熙間任 陳孝謙 滕珙俱慶元間任 黄

珣嘉泰初任 洪果開禧初任 李元輔 敖陶孫 陳邉 劉

珙 陳德林 朱慶朝俱嘉定間任 林護寶慶初任 謝伯恭

鄭列俱紹定間任 陳大章端平初任 林桶嘉熙初任 陳光大 沈

煇 趙崇珜俱淳祐間任

龍溪縣知縣事張慶餘 孫及 起圯俱大中祥符間任 楚

繼芳 王衮俱天禧間任 謝徽 王昌符俱天聖間任 邵峻

孟化成俱景祐間任 樂富國寶元初任 梅佐 張繹俱慶曆間任

馬隨 范宗言俱皇祐間任 劉僩至和初任 許儀 劉孝廉

俱嘉祐初任閻維治平初任古宗説　李上賓　張紀　鄧甯俱熙寧間任王晦　蔡均俱元豐間任林璋　夏臻　上官衍俱元祐間任許轂紹聖初任方醇道元符初任吳千建中靖國初任鄭李庚崇寧間任崔國鎮大觀間任林迪見名宦志陳律俱政和間任鄭雄聲　張濬　曾覆俱宣和間任杞開建炎間任潘湛　劉絪　許彝　陳孝則　陳積中　高維寧　陸竑　辛永世　王康德　王維則　陸俱　石如埴　俱紹興間任鄧森隆興初任劉公持　馮陶叔　郭彌大俱乾道間任劉希旦　楊嘉積　趙俁夫　陽易　林世

用趙不病　翁德廣見名宦志俱淳熙間任　王褒紹熙初任　段
碩輔　李鼎　劉褒俱慶元間任　陳光祖嘉泰間任　傅伯瑞
開禧初任　林大章　陳士會　方祖同　陳嘉　李宗
達　鄭慶孫　江叔豫俱嘉定間任　林及之寶慶初任　傅天
驥　蘇應衡俱紹定間任　趙絳夫端平初任　黃師雍嘉熙初任　陳
駿之　趙時儁　潘津　黃端叟　陳子實俱淳祐間
任
丞　儲惇敘見名宦志
漳浦縣知縣事　呂璹見名宦志　陳貫道紹興中任　李錫　黃安
國　施佳　高公極　錢大榮　王谷　林聘

陳致一　歐陽直卿　吳自得　黃軓　余嶢
連洞　薛世清　傅浹　陳仕英　王登　黃惟
深　李誼　趙師讜　王侃　傅希龍見名宦志　柯知
彰　陳公紹　許仲容　業才老　黃自求　沈
造　陳舜申上二人見名宦志　李欽止　高稷　趙崇祉
歐陽賚　趙師縉紹定中任　萬若揖　林若谷　呂克
導　陳洽　姚有容　潘頔　趙善書　蕭郊
鄭勺　陳祖顛　陳森　趙崇秘　黃林發　趙
與濟　楊浩然　林宜高上二人俱淳祐中任

龍巖縣知縣事石復大觀間任李宗回　林霦俱乾道間任陳煥淳熙間任陳祐之紹熙間任楊中立　林介卿　吳珏三上人俱見名宦志傅伯崧嘉泰初任趙汝勉開禧間任方世功嘉定間任趙孟芷　莊夢説　趙性夫紹定間任林子陽　陳椿壽嘉熙中任俞林　傅知柔見名宦志陳英　陳斗應　趙宗揆　李拱辰　蔡彤　陳通事　趙榮淳祐中任丞李永　曾秘俱淳熙間任主簿朱金發淳熙間任尉蘇公永紹定中任余景屋淳祐間任

長泰縣知縣事翁□　洪仁瑑　胡□　蔡處冲

宋元慶　宋翥　徐文侃　丁日觀　焦餘慶
王儼　宋玄　蒯令圖　竇文傑　劉慶之　范
和寧　張廷驥　連運　郭棠　寇寧　汪隨
阮孝君　楊允懷　王某　王楷　張序　張知
常　裴令孫　田圭　方浹　張某　楊縉　張
澤　鄭叔明　許原　陳輯　林開　晏隅　林
昌符　孫齊　鄭适　鍾昇　鄭求　呂季述
黃韻（見名宦志）　陳圻　楊偶　林詵　倪權　蘇積
王朝俊　蔡元璋　李奠　陸竑　陳倬然　王

振 陳葵 滕宗 朱明作 李觀 朱愷 徐
琰 卓彌彰 李頤學 蔡綱 余致和 陳安
卿 方昕 鄭奐 陳大亨 王孝恭 王萬章
丘徹之淳熙中任 林丙紹興中任 黃師厚 趙師旂 李志
甫 吳臧 吳炎 楊霓 王自強 黃孟秉
余克濟系上三人俱嘉定中任 陳純仁紹定中任 鄭師中端平中任 趙與
坦淳祐中任 主簿 張牧紹興間任 董壎淳祐間任 尉 余鼎紹興間任 趙
時楚紹定間任 趙必鍹淳祐間任

元

漳州路總管府達魯花赤要忽難　迭理迷實俱見名宦志

總管張泉逸　金輿俱見名宦志　張三八　同知鄭晟

羅士龍　推官烏古孫良楨見名宦志

龍溪縣縣尹唐大年　鄧朝陽俱見名宦志

漳浦縣達魯花赤買撒都剌至正中任　縣尹張鏞　主簿林

信至正中任

長泰縣縣尹董堯堅帖木兒

南靖縣縣尹盧海見名宦志　韓景晦至正間任

國朝

文職

本府知府 君勗 潘琳見名宦志 許榮 白壽 余克敬 胡添錫 王仲謙 錢古訓上二人見名宦志 李晟 薛□ 華享 殳文通宣德間任 甘瑛見名宦志 李春正統間任 馬嗣宗 謝騫見名宦志俱景泰間任 周天民 董信俱天順間任 潘本愚 王文 張積 姜諒 劉瀚俱成化間任 鄭文弘治元年任

同知 侯淵 夏振永樂間任 金勉 王琰 李恕 張瑾 閻鰲 傅佐 章俊 胡珉 蔣濬 吳黼上四人俱成化間任

通判 王禧見名宦志 黃昌 梁定

王永樂間任　郭肶　閼諒宣德間任　彭道初　沃能　孫柱
高曇　劉敏學景泰間任　李鉉天順中任　謝諒成化間任　推官　朱
德銘　戴宗輔永樂間任　潘隆　黄性　呉性　周輝
景泰初任　江白天順間任　王經　張德　程霄　張新俱成化間
任
經歷司
經歷　張瓚　曾復　胡清　知事　嚴
子華　王仲實　陳倍　俞琢　林鈞上二人俱成化間任
儒學
教授　彭善　王理　陳思賢見名宦志　張驥
丘穀　余晟　劉永剛　戴文貴　王度　曾佐
鍾鑑　訓導　孫遜　劉良　周永　史經　楊賢

顧富 鐵燁 王鈍 張旭 何覲 盧脩 黃
泮 廖正 黃□ 戴琰 潘□
龍溪縣知縣 楊保誠 劉憲 方以銘 劉孟雍見名
宦志 高燁 施誠 徐□ 俞□ 相儒 沈庸宣德
中任 顧鴻正統間任 黃璉 梁瀟俱景泰間任 周琳天順間任 張寧
林璞 朱琳 倫善 李榮俱成化間任 縣丞 劉伯翼
永樂初任 張祖興 黎汝舟正統間任 蕭聰 張質俱景泰間任
劉觀天順間任 羅臻 成巳 吳鵬俱成化間任 主簿 楊文
質正統中任 李通 李廣 黃本俱景泰間任 劉濬天順間任 景

浩　鄭華　鄭廣聚　葉蓁俱成化間任　典史　何宗海
正統初任　王岳景泰末任　顏真天順間任　張修　應華俱成化間任　祈福
儒學　教諭　林原洪武間任　高慶生　譚旦景泰初任　祈福
天順初任　陳甫　黃深　吳志浩俱成化間任　訓導　韓組永樂
間任　廖海天順初任　金元　劉焞　黃樂　盧俊俱成化間任
漳浦縣　知縣　張理洪武初任　梁碩永樂間任　莫輝正統末任　林瑛景泰
初任　蘇逼　錢璣　閔乾俱天順間任　俞濟　劉璧　邵
有良　金弘　汪瑾俱成化間任　縣丞　陳克民洪武初任　何
喬紳　陳安俱景泰間任　尤鑑天順初任　羅紳　嚴顯　湯

寧 鍾鼎 孫同俱成化間任 主簿 程石琮永樂初任 談瑾

景泰間任 文景隆 還復俱天順間任 閻道政 徐銘 王

鄭 童仕俊俱成化間任 典史 方好文洪武初任 沈洪啓景泰

初任 葉春 陳善俱天順間任 陳觀 項端 黃禧 關

演 閻奎俱成化間任 儒學 教諭 葉勝祖宣德中任 程呈

孟亨正統末任 黃中景泰間任 汪髙 李芳 張輅 康甬

俱成化間任 訓導 李若英永樂間任 吳充景泰末任 歐陽祥天順間任

李英 周髙 鄭章 范璉 楊規 車廣 周

諒 鄭璿俱成化間任

龍巖縣知縣趙榮祖見名宦志 劉文彧俱洪武間任 徐拱辰永樂間任 呂慶 唐慶 李昊 王璲上二人俱天順間任 常濟 陶愽俱成化間任 縣丞周尚文洪武間任 江海源 金蘭 伍倫上二人俱成化間任 主簿黃鈞宣德間任 徐泰 伍細 佐典史陳叙 鄭裕 曾榮上二人俱成化間任

長泰縣知縣張壽洪武間任 趙銘 陳惠 徐仲經俱永樂間任 劉奎宣德初任 曾忠 羅緹俱正統間任 高翥 裴顯俱景泰間任 朱景雲天順初任 簡奭 陳良 劉鐸 李通俱成化間任 縣丞王本 伍均濟 劉文宣德間任 何護 鄭

永恭 謝貴 劉聰（主簿）劉伯玉 施閏 游[illegible]

吳魁（典史）孫立 高安 蘇聰 周鼒 朱阜

陳禮 衛琰 徐崇任 上二人成化間任 （儒學）（教諭）

章參 張驥 宣德中任 陳素行 倪紳 彭經 景泰間任 劉

浩 桂昌（訓導）王敏 伍常 張惠 程凱 王

存 蔡瑛 唐觀 應傑 徐進 蔡軾 洪舁

南靖縣（知縣）楊適 見名宦志 林廷貞 正統間任 傅平 張本

包璨 張鵬舉 俱成化間任 （縣丞）王榮 楊榮 林尚

寧 呂瓚 俱成化間任 （主簿）謝剛 董習 曹祿 俱成化間

任〔典史〕劉深見名宦志侯汝永樂間任周鼎正統間任〔儒學〕

〔教諭〕李孜　夏璿成化間任〔訓導〕孫鳴鳳　郭亶　邵

珉　孫琳俱成化間任

漳平縣〔知縣〕李仁本洪武間任張文盛正統間任陳粟　王塤

陳綸　李斌　余豪　李讓俱成化間任〔主簿〕羅海

鄧進　曹海　袁善俱成化間任〔典史〕朱昌　謝周吉

李持　劉翾　譚貴俱成化間任〔儒學〕〔教諭〕韓沂

胥琛　宋郁　林世光俱成化間任〔訓導〕王昱　盛黼

馮萬濃俱成化間任

武職

漳州衛指揮使司指揮使楊春由同知陞楊志俱永樂間任楊隆王源俱宣德間任王榮正統間任湯挺王璟俱成化間任指揮同知黎政黎永侯黒廝俱永樂間任張成洪熙初任甘斌張英侯福陳旺俱宣德間任黎震甘俊俱景泰間任陳綾天順間任侯鑑張璲甘壽俱成化間任指揮僉事覃忠李普覃庸俱洪武間任顧達顧忠夏獻顧斌見名宦志夏瑄王玉俱永樂間任周能朱福俱宣德間任杜麟本衛人夏澤周鎧王榮李昂

杜燾　覃黼俱正統間任　李明景泰間任　覃𪓟　夏順　王

鎮俱天順間任　朱瑄　顧瑜　夏順　覃與　夏鎧

李順　杜統　周璉俱成化間任　鎮撫陳貴　陳勝

俱宣德間任　王隆由本衛左所千戶改　陳隆俱成化間任

左千戶所正千戶王貴　王受俱洪武間任　王瑄　王震

曹祐　王清　王斌俱永樂間任　曹寧宣德間任　王誠正統間任

王能　曹慶俱成化間任　副千戶屈敬洪武間任　錢麟　屈

讓　屈清俱永樂間任　屈政洪熙初任　錢海　王受俱宣德間任

王環　唐傑俱正統間任　錢昇　屈瑄俱景泰間任　沈禧

唐俊 王隆俱天順間任 屈忠 屈隹 沈洪 唐用俱成化間任〔百户〕徐祿侍永樂間任 徐欽 徐俊

右千户所〔正千户〕田鳳永樂間任 李崇宣德中任 岳翊 田隆俱正統初任 李嵩景泰間任 岳安 田庸 晏敬俱天順間任 晏然 晏璽俱成化間任〔副千户〕晏民 晏然 晏焱俱永樂間任 晏誠 晏誡景泰間任〔百户〕常如意永樂間任 王循宣德間任 常貴正統間任 王璽天順間任 常□ 王璧俱成化間任

中千户所〔正千户〕趙興 康用由本所副千户陞 趙瑛俱永樂間任 康泰正統間任 趙隆 趙孟 康政俱成化間任〔副千户〕

劉凱洪武末任 康用 劉耀 劉珪俱永樂間任 劉清宣德間任
劉鎮天順間任 劉環 劉寅俱成化間任 百戶 徐春 康成
趙興 左保 左忠 趙福俱洪武間任 曾眞 蔡眞
曾敬 左眞 曾慶俱永樂間任 趙瓛 蔡常 徐英
徐智俱宣德間任 曾震 蔡鑾 曾賢俱正統間任 曾瑛
趙璋俱景泰間任 左昱 曾彪俱天順間任 徐偉 曾廷
徐政成化間任

前千户所 正千户 劉佾名 劉忠俱洪武間任 劉義 劉
雄俱永樂間任 張剛 張忠俱宣德間任 張福 劉瑞 張

政俱天順間任 劉璘成化中任〔副千户〕管亮洪武末任 管斌永樂初任 管謙 梁興 王大 張淵上三人俱宣德間任 管信 王貴 管瑛 梁得俱正統間任 張淮景泰初任 王寬 梁顯 張祝俱天順間任 梁宗 管順俱成化間任〔百户〕黄晟 張澤俱洪武間任 黄清 張通 唐斌 黄旺 張綱 張傑俱永樂間任 張懷 張寧俱宣德間任 張璘 唐玉俱天順間任 張鎡 黄瑤俱成化中任

後千户所〔正千户〕王禮永樂間任 王能 王鼎 李真俱宣德間任 李德正統初任 王源景泰初任 李璋天順初任〔副千户〕張忠

郭義俱宣德間任　張斌正統初任　郭昱景泰初任（百戶）施敬　鄧通俱洪武間任　陳清　陳昇　鄧貴　楊興　江宗俱永樂間任　施讓宣德初任　楊遜　施忠　鄧清　江立　陳禎俱正統間任　鄧欽天順初任　江端　鄧瑛　施俊　楊環俱成化間任

守禦龍巖中中千戶所（正千戶）朱忠　李鎮俱成化間任（副千戶）江真　王俊　馬德俱成化間任（百戶）曾參　石坤　劉義　張亨　方全　羅全　許瑛　強順俱成化間任（鎮撫）李靖　路綱俱成化間任

鎮海衛指揮使司（指揮使）田旺（指揮同知）桂福正統間任 侯爵襲父瓏職成化間任 王鎧襲父福職成化間任 趙隆襲父忠職景泰間任 祝璘襲父恒職弘治間任（指揮僉事）張文 侯勳襲父宗職成化間任 劉珙襲兄凉職景泰間任 郭寬襲父銘職弘治間任 曹昻襲祖父義職成化間任 陸忠襲伯韶職成化間任 彭瓘襲祖晟職弘治間任（鎮撫）童濬襲父海職成化間任 廖義襲父智職成化間任

左千户所（正千户）牛誠襲父傑職景泰間任 王昇襲父茂職成化間任（所鎮撫）羅能景泰間任（百户）王廉 周瑛 易鑑 楊釗 韓文 品嵒俱成化間任 張海天順間任

右千户所（正千户）鄭瑛襲父斌職成化間任（副千户）武得襲父真職
成化間任褚隆襲父斌職天順間任（所鎮撫）淡賓襲父福職成化間任（百户）
張廣　張鎧俱成化間任朱輔景泰間任李王天順間任鄭宗保
弘治間任
中千户所（正千户）張勲襲父能職弘治間任張鵬襲父珩職成化間任（百
户）周俊　關泰俱成化間任朱昱景泰間任岳鏞　陳綱
劉勇俱成化間任
前千户所（正千户）徐英襲父真職成化間任劉鑑襲父旺職成化間任（副
千户）蔡忠襲父智職成化間任湯淮襲父浩職成化間任白鑑襲兄祥職成化

年調（所鎮撫）汪經襲父敬職成化間任（百户）于英　宋瑄

朱榮　楊廣　陳表俱成化間任

陸鰲千户所（正千户）張鎬襲父勇職成化間任　馮緩替父璽職成化間任

趙霦襲父能職成化間任　陸瑛襲父興職成化間任　李昂襲父昇職成化間任（副千户）徐剛替父傑職成化間任（所鎮撫）楊德襲祖父興職成化間任（百户）陳璟　丘瑛　查森俱成化間任　劉錢正統間任　李廣

丁表　吳全俱成化間任

銅山千户所（正千户）文瑄襲父義職成化間任（所鎮撫）劉通襲父永職成化間任（百户）裴銓景泰間任　袁聰　李通　劉安俱成化間

任廖雄　王政俱成化間任

玄鍾千户所（正千户）李帛襲父敏職成化間任　陳晃替父宗職成化間任　于勝替父旺職天順間任（副千户）韓瑛襲祖父顯職成化間調任（所鎮撫）師銘襲父雄職成化間任　高崗襲伯敏職成化間任（百户）吴瑛　張勝俱成化間任　羅珙弘治間任　曾勝　張端　劉禎俱成化間任　趙麒天順間任　萬昇　周成俱成化間任

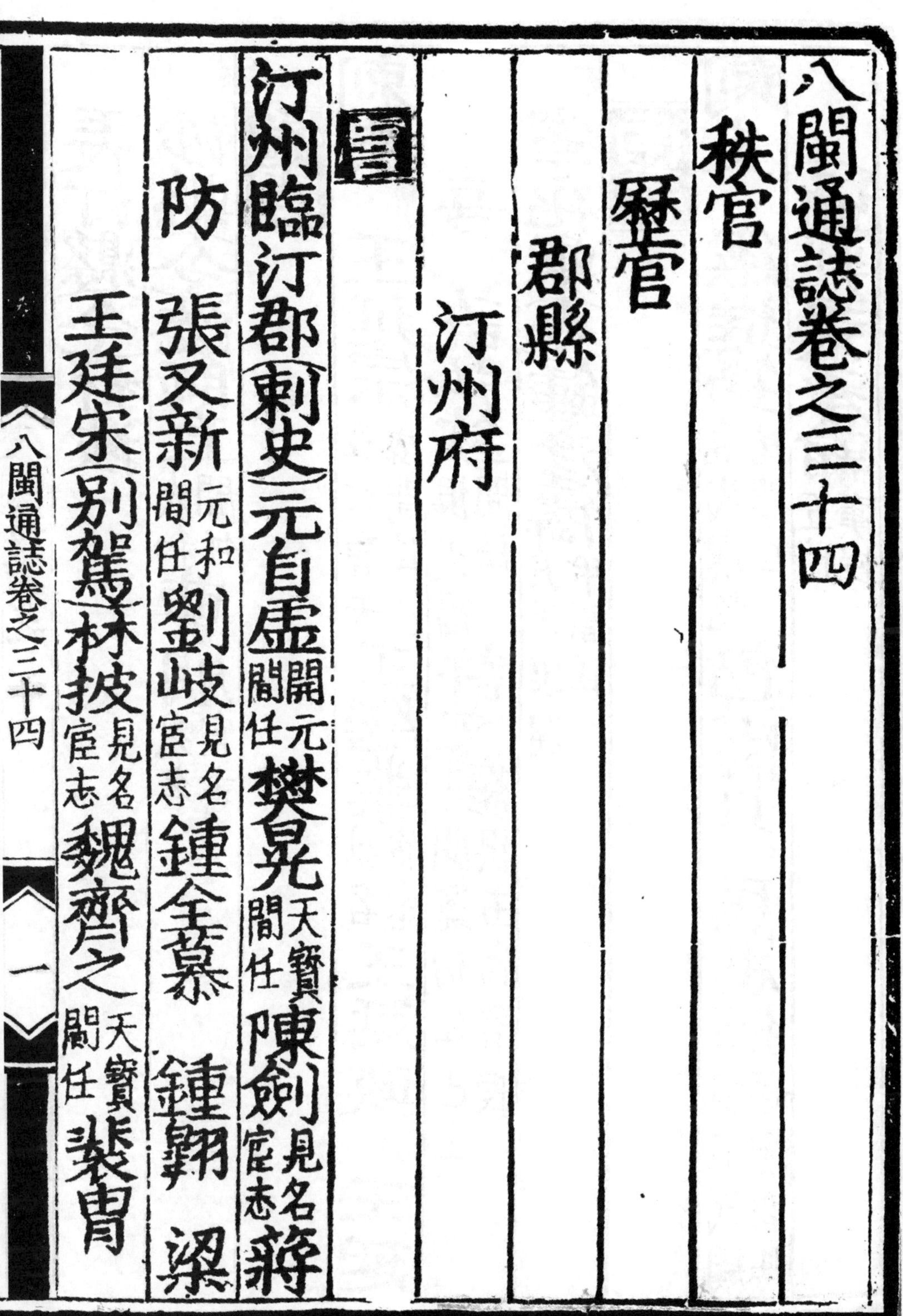

八閩通誌卷之三十四

秩官

歷官

郡縣

汀州府

唐

汀州臨汀郡刺史 元自虛開元間任 樊晃天寶間任 陳劍見名宦志 蔣防 張又新元和間任 劉岐見名宦志 鍾全慕 鍾翱 梁王廷宋

別駕 林披見名宦志 魏齊之天寶間任 裴胄

長汀縣令林披

沙縣令沈師直大和間任　曹朋見名宦志

偽閩

刺史王延宗五代唐天成間任　王繼業見名宦志　王延政　王延喜　許弘欽俱天福間任　許文縝開運初任已上俱五代晉授

寧化縣令鍾彥儔五代梁開平間任

南唐

刺史縻進鍔五代漢乾祐間任　包洪實　馬忠揵俱五代周顯德間任

通判張承翰五代漢授

宋

汀州知州事王嗣宗見名宦志　歐陽程咸平初任　陳彥博景德初任　趙遂良　胡咸秩俱大中祥符間任　黃吉甫天聖間任　余諤景祐間任

陳文寶　黃若水　劉有方　余中俱嘉祐間任　王彬

劉均　林東喬俱治平間任　藍承　周約　石民英

王稷　許當俱熙寧間任　方嶠見名宦志　唐謹　黃積　陳

軒見名宦志俱元豐間任　謝稷　蕭佐　董威　曾孝緫俱元祐間任　林可　黃彥成俱紹聖間任　陳粹見名宦志　章清大觀初任

謝洞　掌之純　上官復　詹時升見名宦志　王田俱政

和間任李倩　潘闢俱宣和間任蘇公才靖康初任王令溫
封賚　陳直方俱建炎中任鄭彊見名宦志錢景賢　詹尚
袁思永　張憲武　梁宏祖　高允文　吳順之
張昌見名宦志陳升　黄武　董華　晏崇古　鍾鏜
孫祖善　斛繼善俱紹興間任吳南老隆興初任晁子健
商能定　韓顯祖　謝知幾　趙公澣俱乾道間任呂
翼之　趙不悏　汪曆　程大昌　江滿上二人見名宦
志呂大猷　趙汝劼　趙不戚　趙師德　宗嗣
郎　祝櫰　劉坦之俱淳熙間任趙善鐻　趙充夫

朱端厚　趙伯檜俱紹興間任　陳曄見名宦志　四椽　宋忠

遠俱慶元間任　陳映　趙彥橚俱見名宦志　陳鑄嘉泰間任　曾槃

開禧初任　鄒非熊　趙不樵　鮑瀚之　江端中　羅

勳　陳模　傅康　趙宗模　林岊俱嘉定間任　李直

柄　陳孝嚴　李華見名宦志俱紹定間任　張翀　黃臺俱端

平間任　戴挺　姚元特俱嘉熙間任　劉璽　郭正巳　黃

炳　盧同父　李景勉俱淳祐間任　羅必先　周晋

朱詵　胡大初見名宦志俱寶祐間任　通判軍州事　朱敏功

李希孫　許區　葉庭方　楊良顯　李纁　王

求　徐大方　張瑞　方士寧　郭祥正見名宦志　任

□　熊浚明元符初任　毛完　柯常崇寧初任　商師雄　劉

震　葛師望　方開之上三人俱政和間任　何正矩　陳時

敏俱宣和間任　許端夫建炎初任　程貽　趙不積　陳言老

見名宦志　湯時孫　唐浚　趙子璋　阮懌　陳亞卿

周闡　彭端　張適　向澈　邵得之　向士俊

王岡俱紹興間任　鄧昌國隆興初任　孟鏗　李燮　章啓忠

熊取新　魏湅俱乾道間任　呂濟　馮世顯　劉坦之

林栩　陳研　徐文善　游次公　林叔度俱淳熙間

任趙師琭見名宦志趙善晤 陳以俱紹熙間任林文仲

葉安行 虞大中俱慶元間任趙師㮚 聶唐臣俱嘉泰間

任林士衡 陳天官 黄大全 江燮 樓鎡

吴灝 劉繼祖 陳貴誠 方祖同俱嘉定間任韓休

卿 錢元忠俱寶慶間任王杆見名宦志趙彦侃俱紹定間任趙

性夫 楊紹綰俱端平間任孫叔諸 徐拭俱嘉熙間任鄭

發 黄焕國 黄賢叓 孫基 單謂大 林光

庭俱淳祐間任趙時海 陳樵子 王衡翁俱寶祐間任軍

事判官鍾建侯建炎初任鄭碩 黄褒 周松年 朱

璟　張順老　謝之才　蔡顥　張希祖　李橚

盧臨俱紹興間任　翁灌隆興初任　陳誨　王貽訓　黃義孫

許聞禮　侯括俱乾道間任　魏好問　黃東　姚錫

王似椿　余楈俱淳熙間任　魏逵　王昌期俱紹熙間任　王

嘉謀　趙善㢥俱慶元間任　林夏嘉泰間任　趙希孝開禧間任　徐

蒙發　董鑑　林誠　史伯屋　趙戒夫　魯頡

秀俱嘉定間任　趙希文寶慶初任　李宗啓　劉騏　江鐩俱紹

定間任　趙希澹　葉一新俱端平間任　趙宗卲嘉熙間任　盧應

龍　連端懿　趙汝沆　梁椿俱淳祐間任　許必發

周順 鄒思俱寶祐間任 軍事推官 郭濤建炎間任 謝仲元

蘇清 董天民 趙公徤 張維 滕膺 張安

孫 劉銜 徐昴 趙彥齡俱紹興間任 李宗説隆興初任

將之才 允昴 陳公紹俱乾道間任 余致和 趙師

熠 潘赫 韓虢 趙師章 張無豫 陳嶧俱淳

熙間任 鄭誠紹熙間任 魯績 元植俱慶元間任 趙彥飭嘉泰間任

沇 肅 林大問 趙希錧俱開禧間任 馮碩 余經國

徐浩 趙汝琥 鄭志學俱嘉定間任 趙汝岊寶慶初任 李

昴英 李順甫 趙崇熊俱紹定間任 周仲詝端平間任 趙

鏇夫　林浩嘉熙間任　鄭璁　趙汝著　趙希治俱淳祐間任　朱吉甫寶祐間任

諸曹官

録事參軍

余洵　林霖　鄭公弼　周毅　劉師尹見名宦志　林懋能俱紹興間任　滕懌隆興初任　吴三傑　趙汝遂　徐鑄俱乾道間任　李友直　吴鈞　廖慶　鄭堯卿　盧鑄俱淳熙間任　趙善艧　黄樵仲見名宦志　俱紹熙間任　楊應　甯壽隆俱慶元間任　姚榘嘉泰間任　趙汝撲開禧初任　余亮　林綽然　趙崇譽　馮三傑　陳穉黔　陳謙俱嘉定間任　龔鎮寶慶初任　陳光大　貞德林　俞林端平初任　趙録夫　吴澤

王仲賢嘉熙初任 上官遷 趙瑨夫 任公澤 虞德厚俱淳祐間任 趙必曦 趙汝贇俱寶祐間任

（司理參軍）

黃子正 曾文甫 楊伯純俱嘉定間任 陳儀寶慶初任 林光遠 徐驛俱紹定間任 趙必廷端平初任 周得之嘉熙初任 趙希逢 潘公溢 趙埜夫 劉文虎 趙與寧俱淳祐間任 姚烽 朱搏俱寶祐間任 李詔子開慶初任

（司戶參軍）

任文薦 鄭尤鼎 賈逸祖 王垔 黃藻 趙公迴見名宦志俱紹興間任 余壽 宋晉之 余偁俱乾道間任 趙汝擬 陳敏學 許惠卿 方璟上三人俱紹熙間任

趙希沂　俞機　趙希錧見名宦志　李任　顔東老

陳雲老　陳揀上五人俱嘉定間任　趙汝胖寶慶間任　方逢吉

余師夔俱紹定間任　鄭衡之端平初任　龔祉嘉熙初任　蕭儀之

趙若湜　沈富求　彭沚俱淳祐間任　李謙之　賴夢

鈐俱寶祐間任

司法參軍

趙與侍端平初任　趙與柘嘉熙初任　鄭

龕　陳渭　洪箴　趙與瑳俱淳祐間任　趙若忠　任

志珍　趙必衍俱寶祐間任

州學教授

戴覺　鄧

鸞　羅華　王晞亮　李秀實　林儒　徐世英

連潛　張潛俱紹興間任　葉晞旦　柴必勝　趙容俱乾

道間任杜申　王推　王得遇　朱鼎　張汝明
鄭華俱淳熙間任江史紹熙間任陳一新　王冲用俱慶元間任
謝藻嘉泰初任何嶧　李仲光俱開禧間任許應龍　孔夔
符　林趙卿　鄧宗仁　李以稱俱嘉定間任楊寅仲
寶慶初任黃士華　黃復初俱紹定間任王公瑾端平初任張實
甫　魏鼎俱嘉熙間任徐華老　程應斗　蕭虞韶
黃正一俱淳祐間任潘同叟　趙與沐俱寶祐間任吳光開慶
初任趙必邊景定初任

長汀縣知縣事張景休見名宦志李存賢元祐初任吳賁　梅

珫紹聖初任楊朏見名宦志詹林政和初任黃渥　陳杲　劉孔
脩　嚴褒　吳櫪見名宦志陳珏　余可義　劉昱
張摶　葉浩　方子昂　陳夔遠　李宗望上十二人
俱紹興間任蘇縝　張希祖　余嶸　趙不宮俱乾道間任
商侑　陳文康　黃如圭　劉適正　謝知任
趙汝堅俱淳熙間任薛元肅　王千秋俱紹熙間任趙不臨
謝邦憲俱慶元間任謝周卿見名宦志李德祐俱嘉泰間任劉泳
之開禧間任朱堂　連三益　錢厚　劉元英　黃普
朱子恭俱嘉定間任趙汝汲寶慶初任宋慈見名宦志朱起元端平

閒任陳顗伯見名宦志黃松俱淳祐閒任任鄭〔丞〕薛東嘉定閒任王澈寶慶初任朱起元趙時鉞王元瑞俱紹定閒任王九萬端平初任范彌正陳師宗俱嘉熙閒任趙與疆葉楚佐趙汝棬黃夢禮俱淳祐閒任鄧垚鄧伯東俱寶祐閒任〔主簿〕張振古見名宦志趙希平夏腆趙希佐古宋英紹定閒任吳虎端平閒任陳繼組嘉熙閒任姚琥淳祐閒任郭鼎亨林夢疇俱淳熙閒任何衍葉伯忱俱寶祐閒任〔尉〕趙師峙李伯垕雷復趙槱夫黃亮江鐩陳正夫紹定閒任倪正卿端平閒任陳長孺嘉熙初任鄧攀

龍　王有先　陳必大　黃孝祥俱淳祐間任　劉雝

雷子發　陳适俱寶祐間任　洪子壽開慶初任

寧化縣（知縣書）高照熙寧初任　吳開元豐間任　危建侯　鄒括

施禔　周堯卿俱見名臣志　林寅紹興間任　趙汝鑒嘉定間任　黃

徠　廖壽翁俱寶慶間任　汪亨　趙時館見名宦志俱紹定間任

何建端平間任　劉煥嘉熙間任　李多　林雲　張爟　林顯

俱淳祐間任　徐極　林公玉俱寶祐間任（丞）米巨宏　陳大

章俱紹定間任　趙溭夫端平初任　乙大度　鄭元吉俱嘉熙間任

劉志平　趙師鏺俱淳祐間任　趙與康　潘榮俱寶祐間任

〈主簿〉陳謙孫 李茂 李萬 張元之 謝駿

陳絲 翁汝夔 趙必逢紹定間任 馮子威 趙必衍

俱端平間任 趙必諭嘉熙初任 李胄 陸[illegible] 盧文郁

趙汝鷊俱淳祐間任 謝清甫 俞義剛俱寶祐間任 〈尉〉顏頤

仲 李順甫 趙希立 趙崇積 吳瑞 趙崇

企 何正夫 趙湧夫 癸益 朱元光上五人俱淳熙

間任 吳龍翼 吳湅俱寶祐間任

上杭縣〈知縣事〉上官拯 孫瑞見名宦志紹興末任 鄭稷 陳

朝章見名宦志俱乾道間任 任文茂 蕭輅俱淳祐間任 薛洽

黄夔俱慶元間任　陳沂開禧間任　林半千　鄭必學　曹南老　趙彥挺見名宦志俱嘉定間任　陳準寶慶初任　趙時鉞見名宦志　方應祥端平初任　謝觀國嘉熙初任　余繼祖　趙希譴　王延慶　楊仁吉　潘景丑俱淳祐間任　李務行見名宦志　林似孫俱寶祐間任

〔丞〕何鎬見名宦志　吳伯固　饒洽　陳谹才　吳次春上四人俱嘉定間任　江寅紹定間任　林桂　廖武子俱端平間任　趙汝嵩嘉熙間任　趙時聘　梁濤　陳稷俱寶祐間任

〔尉〕林韶　陳元震　柯枝　張窩俱嘉定間任　康濟　陳夢凱俱紹定間任　林翊龍端平初任　黄師心嘉熙初任　趙時著

陳僑　陳時學　趙時儦俱淳祐間任　陳時可寶祐間任　鄭

應雷開慶初任

武平縣知縣事王慈大中祥符間任　翁仲通　陳閘俱見名宦志

宋仕衡天禧初任　陳居亮　吳群嘉祐初任　楊敦仁元符初任　葉

曾江翎　梁義從　黃沐　梁仲衍崇寧初任　陳□

政和間任　張元林　黃雷　上官寔　張安節　蔡顥

黃汶元　王正國俱紹興間任　趙賁　石應成　唐庭

堅　湯說俱乾道間任　程起宗　詹岳　董文昌　葉

謙之俱淳熙間任　陳峋　周稷　陳絢俱紹熙間任　趙汝慶

何自強俱慶元間任趙善綽　趙憐　王由之開禧初任陳
孝通　趙汝瑲　傅大聲　李文伯　趙師峙
黄龔甫俱嘉定間任顔東老寶慶間任趙汝珇紹定間任趙汝讜
端平初任田圭嘉熙初任黄應翁　林震　楊一夔　沈富
求俱淳祐間任阮逢午寶祐間任朱摶開慶初任主簿張揖開禧初任
余洪　上官損見名宦志傅庶　翁浦　趙與環俱嘉定間
任張庭實　張安　謝滋　蔣逢泰　梁應庚上二
人俱紹定間任九龔之端平間任吳應酉嘉熙間任劉堪　鄭自任
林一龍　連通俱淳祐間任黄夢鑑　趙與郡　丁世

用俱寶祐間任（尉）林昉　林億　林公紹　黄亦　黄

從　楊景睦　陳洪　鮑石　孫蘩見名宦志曾韶顯

鍾茂福紹定間任（翁甫）趙時旻　楊可久　陳傳

趙崇璵　龔奎　顏友龍淳祐間任吳遇聘　趙崇櫛

劉應霆俱寶祐間任

清流縣（知縣事）劉叙　黄藻俱見名宦志陳祖尹　吳輔

之慶元間任郭泰亨泰定間任王洽開禧間任趙希本　何湑

王徽　何汶　沈燧　劉惟允俱嘉定間任卓然慶元初任

黄應龍　江亨之　陳光人俱紹定間任王元瑞端平初任

趙櫕夫嘉熙初任　林奕　趙必達　林昌泰　陳子淵

俱淳祐間任呂泰寶祐間再任　陳子椿　林應龍俱寶祐間任　倪文一

（主簿）張栩端平初任　徐登嘉熙初任　蔡應龍　王榮　黃庚

孫施有容　張天應俱淳祐間任　余良平　趙希腆

鄒龔俱寶祐間任（尉）方洞叔　饒子齊　潘立本　趙

彥闓　蕭安之　李渭　葉白　林璧　黃伯堅

上五人俱淳祐間任　陳立翁　林繼祖俱寶祐間任　林登開慶初任

連城縣（知縣事）卓庠見名宦志　石敦義　陳南復　馮輗

吳祐　丘欽若見名宦志　謝龔　劉國瑞見名宦志　熊聚義

周莘 黄中立 楊立中 王彤 常閶 潘安
英 劉宗奭 安嗣宗 徐擢 劉掄見名宦志 李昌
齡 黄犖 詹康能 鄭康成 董與幾 劉晉
傳璉 黄南一 趙汝蕉 沈柔孫 孫若拙
林有宗 黄埒 陳森 趙植夫 徐份 宋巨
宏見名宦志 曾宗魯 饒子齊 李繼中 吳嗣明
羅應奇 丁熈之 趙從璆 徐公亮主簿 陳肱
鄭良臣 薛高 林更 陳文孫 吳懿德 葉
爰常 陸嘉禮 董璟 陶季侍 馮鷹 林公

慶葉一新 陳鴻漸 趙珏夫紹定間任 徐夢符端平

初任高錢嘉熙初任張應鄧 羅垚 邊應時 洪思

卓夢呂俱淳祐間任劉泌 李駟俱寶祐間任〔尉〕薛士頴

傅允升 趙崇契 吳功亮 張鼎 趙希喬

張貴撲 周禺求 陳貞卿 岳玭 趙崇春

林焯 陳綰 葉鄭 趙弋夫 沈膺 張逢辰

趙與贄 劉庠 馬嚴叟 李務行 李宗勉

曹有問 趙與駿 張應瑞 趙必邊 馮應及

鄧觀光

寄治附

殿前司左翼軍（訓練禁軍官）奏題 楊垣 陳椿俱武翼大
夫 劉岡 黃毅 劉琛俱武德大夫 楊森武節大夫 呂演武經
大夫 宋輝 張潤俱修武郎 彭勍 周德 鄭揀俱武德郎 郭
宗德 張友忠 王允文 成禹功 杜之美①□俱
武郎 孫大昕 王宗達 陳深 李瑀 鈕富 林
寶 宋鉞俱武翼郎 張公明 王汝弼 曹椿 梅林
俱武節郎 林滋武經郎 馮椿（正將） 翟皐 盧賁 呼延迪
俱統領 巨賓 謝宣由副將陞 李寔 賈立 王敖 黃

校注：①修

寶　李明　陶進　張道　張興祖　蕭猛　立

彥　高杞　朱端　巫極　陶安國　劉俊　李

彥　丁世端　鄧起　鄭先　張煥　陳世才

李珍　唐受　虞濬然進義副尉　詹琎由副將陞　周榮統領武翼

郎　王立進義副尉由副將陞　邊林進勇副尉　陳全進義副尉　陳忠守闕進勇副尉上七人俱淳祐間任　江武進武校尉　楊勝守闕進勇副尉　貝國珍統領守闕進勇副尉俱寶祐間任

副將　謝萱　劉明　張福　鄭明

張德　鄧先　黃元　曾昱　蔣成　陳德威

陳應　詹琎　姜彥忠　王立　徐政　宋旺

丘振 陳忠 成堅 于從龍（進義校尉）

國朝

文職

本府知府楊文 郭善華 李貞 徐煜 楊大本 許□ 王均保 陳升 張寬甫 何貴 李廣（俱洪武間任） 徐遜 宋忠（見名臣志俱永樂間任） 劉壽 許敬軒 顧祥 陸徵 俞僩 劉能 舒瞳 李瓊 張甯 王穩 黃存禮 李桓 徐瓚 戴僖 黃埕（上四人俱成化間任）

同知趙敏學 趙權 金誠 潘仁

王處善　朱寧俱洪武間任　潘弘　姚訥俱永樂間任　周誠

任艮　陳溢　周灝　閻芳　李滿　方瓚　程

爔　陳鎮　劉安之　樊鯤　楊憲上五人俱成化間任　通

判陳髙　王彥誠　馮顒　李允　朱玷俱洪武間任

吳禎永樂間任　邛林　鮑麟　吳瓊　朱曜　顏祥

彭□　謝富　吳桓　李祺　徐榮　張忠上四人俱成化間任

推官陳□　趙□俱洪武間任　吳豫永樂間任　陳□

羅□　粲義　焦賢　淡瑀　浇南　安盤　沃

新　諸原恭　熊德　唐鏞　王璨上三人俱成化間任

經歷司

經歷宋鱗　趙規　羅北聰　易文聰俱洪武間任　雷震永樂間任　王得仁見名宦志　楊安景泰間任　王琛

黃珍俱成化間任

知事孫椎　嚴世能　華怡俱洪武間任

傅碧溪　李從善　周琛

照磨所

檢校李得中景泰間任　潘廷易成化間任

儒學

教授鄭焞　鄭華祖　蔡敏　黃仰宗俱洪武間任　李壽　張舉　舒懋俱永樂間任　秦彧宣德間任

訓導謝慶貴宣德間任　周瓛成化間任

長汀縣

知縣孫庸　陳伯正　游皓　①刑惟一　楊景福　吳顥　郭聰　袁九齡　袁輯　凌銘秀

校注：①邢

潘同　梁得善俱洪武間任　符節　林森　劉通　姚
調　李存俱永樂間任　陳宗周正統間任　曹通景泰間任　楊懋天八順
間任　劉翔　吳潛　謝珪俱成化間任　**縣丞**　程德勝　林
廷遠　徐若　王季清　柳端　劉真　徐永嘉
馮惟則　季慶齋　岳文貴　汪團俱洪武間任　王震
李擇善　鄔復成俱永樂間任　謝晃景泰間任　陳璧天順間任　王
晃　葉寧　鄭景華俱成化間任　**主簿**　李毅　李文
程剛　郭子成　郭桂根　王都民　曹康平
童仲美　徐希遠　沈一　鍾鏞　卜昌俱洪武間任

梁第 傅惠良 湯彥友俱永樂間任 樊伯昭景泰間任 羅
弘天順間任 楊謹 羅素 何瑀俱成化間任 典史 張得中
謝福春 浦傳 周禮 李仁 張琳 黃思恭
周好德 俞教 李希古俱洪武間任 沈璇永樂間任 劉孟
安景泰間任 李思旻 曾祐 鄧玘俱成化間任 儒學
教諭 陳宗敬 蕭韶 章唐景泰間任 顏璉 沈銓
陳躍 張斐 訓導 蕭元吉 曾鼎 仲順 陳褒
項霖 蔣沐 張寧
寧化縣 知縣 陳時中 朱本清 牛仲原 丁受

張思誠俱洪武間任　梁珪　常清俱見名宦志　梁昻景泰間任　李
景孟天順間任　徐蕃　吳綱　鄭瑄　徐廷曜俱成化間任

縣丞　熊政隆　李師　李仲旭俱洪武間任　唐叔疇永樂間任　陳陵正統間任　張珪景泰間任　張鳳　何榮俱天順間任　盧貴　伍經　陳團　鄧福俱成化間任

主簿　李善政　陳養素　袁貞　姜昌俱洪武間任　鄭預　李聰　張榮　閔鑑　朱馨　鄭隣　王徽上四人俱成化間任

典史　榮清　景忠俱見名宦志　胡浩　李旺　鄭昌　汪清　鄭汶　來　周淏

儒學

教諭　陳仲復　甘質　徐貴

沈和（正統間任）王祐　陳彥端（天順初任）姚堉　蔡材　魯

愷（俱成化間任）訓導　胡勗（永樂間任）丁茂　鄧濬　戴貴

曾葵　鄧乎　袁熙（上三人俱成化間任）

上杭縣知縣　夏煜　劉亨　鄧致中　常貞　王彥

良　秦斌（俱洪武間任）顧祥（見名宦志）劉紹　梁貞　沈新

張光啓（俱永樂間任）劉伯蘊（洪熙初任）姚秀林　胡泰　張

琳（俱宣德間任）羅諟　熊琰　岑嵩（見名宦志俱正統間任）楊瑾

黃希禮（俱景泰間任）劉弘（天順間任）胡鉞（見名宦志）孫安　蕭宏

石塘　李曰思（俱成化間任）縣丞　周文郁　黃甦旺

何仕能　汪信立俱洪武間任　潘義　梁衡俱永樂間任　楊
孜宣德間任　易華　劉致思俱正統間任　趙榮景泰間任　留紳
熊璉　陳清　趙鏸俱成化間任　主簿　王守中　王裕
魏原泰俱洪武間任　孫俊　王敬俱宣德間任　張鎮正統間任　王
規景泰間任　吳盛天順間任　朱文錫　孫必通　阮振　潘
輔　余嵩俱成化間任　典史　李進永樂間任　童明洪熙間任　葉世
聰宣德間任　吳文富　熊正安　童慶俱正統間任　羅璇
岳崇　牛貴俱天順間任　先永義　萬瑀　羅宗仍
王宗榮　王信俱成化間任　儒學　教諭　黃元震洪武

間任 李蘅 陳思旻俱永樂間任 吳克謙宣德間任 巢儒林

劉貫 廖潤俱正統間任 陳選 李遠俱景泰間任 胡匡

孫能俱成化間任 〔訓導〕胡子後洪武間任 曾宜勉 鄭子韋

毛誠 王瀘淵俱永樂間任 盧功名 顏繼俱宣德間任 奚

讓 鄭自強 羅震俱正統間任 潘啓明 吳松俱景泰間

任 李盛 李壽俱天順間任 鄭鍔 李鐺 張貞俱成化間

任

武平縣〔知縣〕李燧 徐傑 呂祥 陳得貴俱洪武間任

周能永樂間任 方恢 余忠 朱誠 閻常 袁旻天順

初任皇甫淵　劉哲　徐端　邵惟　陳增俱成化間任
縣丞蔣昭洪武間任徐壽　鄧亞有　曾貫　謝原
吳景賢　黎得晉　陳泰祥　劉義　楊禄　胡
璉主簿柳秉道　盧受　皮仕誠　盧伊英　李
魁　蔡英典史馮恭弼　葉道直　何昂　謝禮
徐吉　陳俊　沈清　周正　金彝　區存玘
立鑑上三人俱成化間任儒學教諭周寬　婁宗俱永樂間
任羅子濬宣德間任周文　劉瀚俱正統間任鍾福景泰初任史
原善天順間任周容　周榮　高越　王鑾　包恕

羅傅俱成化間任　〔訓導〕黄原禄宣德間任　孫本　徐瑱天順間任

方俊　歐陽燊　周珊俱成化間任

清流縣〔知縣〕朱仲恭見名宦志　方士英　向仕英　于勉

蔡以謙　宋忠　朱以秀俱洪武間任　宋宗顯　李庠

見名宦志俱永樂間任　周傑　康勉　呂鏞見名宦志上二人俱正統間任

吳中景泰間任　邢旻　謝富陽　凌渠俱成化間任　〔縣丞〕陳

吉老　趙仲先　奚文達　張昇俱洪武間任　劉玄

項孔明〔主簿〕孫友諒正統間任　趙秉中　〔儒學〕〔教諭〕

黄烈　馮鈍　〔訓導〕王章　孔衍

連城縣（知縣）黃福　鄧昇見名宦志　劉重　劉雍見名宦志　馮志良　丁良恭　孫麒見名宦志俱洪武間任　胡儁　柴思誠　馮源見名宦志　周景辰俱永樂間任　吳禴見名宦志　陳翊正統間任　方至　何憮　白良輔　凌友寬　梁濟　張允　吳綱　衛璁　陳敏上四人俱成化間任　（縣丞）林顯永樂間任　陳訓謀宣德間任　謝式　江遠俱正統間任　李時景泰間任　田友鑑　吳建忠俱天順間任　于齊　胡璉　石嵩　吳琬俱成化間任　（主簿）崔景洪武間任　許利見名宦志　龔清正統間任　陳綬　張寧俱天順間任　劉祥　鄭昂俱成化間任　（典史）楊忠

正統間任 胡璉 曹旭俱天順間任 李春 喻琳 蕭俊俱成化間任

（儒學）（訓導）沈輔之洪武間任

歸化縣（知縣）郭潤 金玉 袁旻 賴永正俱成化間任

（縣丞）楊粲 羅素 習忠俱成化間任 （主簿）孫復 馮祥 蔡恩 祝齡俱成化間任 （典史）艾清 趙沂 嚴永俱成化間任

（儒學）（教諭）趙智 楊杲 陳冠俱成化間任 （訓導）利元善 張恂俱成化間任

永定縣（知縣）王環成化間任 （典史）張明賢 胡浩俱成化間任

（儒學）（教諭）謝弼成化間任

武職

汀州衛指揮使司

指揮使嚴儀襲兄威職天順間任

指揮同知王傑替父真職　楊濟替父瑛職俱成化間任　張韶替父璿職弘治間任

指揮僉事劉質襲父暐職　張熊襲父謙職　常鎬襲父敏職　王瓚襲父靖職　李瓊替父傑職俱成化間任　李智襲祖真職弘治間調

鎮撫蔡全替父旺職　閔珪襲父端職俱成化間任

左千戶所

正千戶朱璉襲父宣職成化間任

副千戶劉敏襲父寬職成化間調 陳瑞襲父廣職 李謙替父隆職俱成化間任

所鎮撫陳鈺襲父清職成化間任

百戶呂貴 丁球 俞經俱天順間任 劉浩 朱瑛俱成化間任

中千戶所

正千戶袁朗襲兄勝職天順間任

副千戶劉勣襲父敬職 洪震襲父亮職俱景泰間任 黄序襲父義職成化

間任

百戶王安正統間任康安　朱明　蔡璃俱成化間任

前千戶所

正千戶楊端襲父成聰成化間任

副千戶惠鎮替父聰職王昇襲父興職許斌襲父宣職俱成化間任

百戶强端　劉慶　華瑛　唐志　秦璧　張後俱成化間任段麒弘治間任

後千戶所

正千戶宋璧襲父忠職成化間任副千戶孫鈺替父興職成化間任田

慶襲父旺職　劉溶襲父綱職弘治間任　俱（百户）石銘正統間任　張信祖

李忠俱景泰間任　周崇　李暹俱天順間任　周和成化間任

武平守禦千户所（正千户）陳能襲父泰職成化間任（副千户）張

鵬襲父昂職　張鶚襲父譽職俱成化間任（百户）王爵　黄鎬　徐

吉　鄭端　陶鎔　吕贇　丘崇俱成化間任

上杭守禦千户所（正千户）張瀚替父贇職弘治間任（副千户）潘

俊襲祖父敬職景泰間任　余蘭替父和職弘治間任（百户）莊瑞天順間任　王

得　王潤　湯彝　姚鋼　孫秀俱成化間任　曹瑛成化

間降　饒弘弘治間任

延平府

宋

南劍州知州事郭玭開寶間任 吳遠雍熈初任 吳鉉 魏拱 姚鉉俱咸平間任 劉翼景德初任 許田 陳絳 勝元錫 姚道古 楊廙 韓庶俱祥符間任 江掾 韋晁俱天禧間任 田益 崔育材 劉滋 曹修古上二人見名宦志 孫昱已上俱天聖間任 張錫 沈厚載俱景祐間任 楊壽 李祺 葛原見名宦志俱慶曆間任 蔡安晏 孫夷甫 葛宫見名宦志 王稷俱皇祐間任 劉均 石民英 劉紀俱嘉祐間任 吳天

常 藍丞俱治平間任 錢揆 郭倩 萬公儀俱熙寧間任
程博文見名宦志 吳膂元豐間任 王兢 王汝舟見名宦志 祝綱
蕭伯儀見名宦志俱元祐間任 劉獻紹聖初任 方叔元元符初任 朱敏
元靖國初任 王仙酘崇寧間任 黃似大觀初任 方醇道 魏裔
上官恢見名宦志俱政和間任 謝皓 連端夫 林適見名宦志
莊安常俱宣和間任 徐行 鄭強 張鬻見名宦志 吳巖夫
葉銓俱建炎間任 向伯奮 林積 劉子翼上二人見名宦志
周綰 曹樞見名宦志 上官惜 王晃 王迎 李文
淵 路採 鄭椿年上三人見名宦志 王榕 温革 李

持正　董將　許興古　胡舜舉見名宦志　鮑仔　王
次山俱紹興間任　傅自強隆興初任　翟綬　王綱俱見名宦志　劉
敏求　李庚見名宦志俱乾道間任　吳松年　陳安節　林
栗　張次高見名宦志　洪維　趙善周　林淳　俞叔
則　王楫俱淳熙間任　呂行己　葉鎬　楊祐　徐閎
俱紹熙間任　黃瀚　范節　徐謹　陳景俊俱慶元間任　宋
軏　葉筠見名宦志俱嘉泰間任　王宗孟　唐輅俱開禧間任　余
嶸　趙崇社　劉允濟俱見名宦志　施械　留應祖
宋端常上二人見名宦志　范械　林潔己　陳宓　陳汝

造（上三人見名宦志已上俱嘉定間任）傅康（見名宦志）薛師旦（俱寶慶間任）趙
遵夫 陳韡 黃埒 董洪 徐元杰（俱見名宦志）通
判軍州事晏琦 梅昌譔 李幾復 陳彤 楊
告（見名宦志）劉若濟 掌之純 黃懋 葉秉圭 陳
道夫 蔡倬 余日孜 林仲堪 王元鼎 呂
叙 吳逵（見名宦志）陳秉文 劉候亞 黃駜 王徽
朱倬（見名宦志）陳康侯 晏崇古 蔡域 孫祖善
強嚴 王錡 鄭銳夫 李衡 王習 宋申
戴覬 薛銳 林宋可 陳敏行 沈作成 江

自任　趙世夫　徐讜　趙師復　林湜　林良
薛珪　董居安見名宦志　姚仲欽　章子獲　李時中
龔椿　俞聞中　趙若怡　曾潔　留碩　商逸
鄉　陳紳　衣子壽　黃棐　黃燕　詹大椿
陳岷　黃銖　祝祖仁　趙崇亢　鄭起沃　潘
剛中　王孝適　徐質夫　趙以夫　余珪　趙
時玠　林得中　添差通判軍州事　趙勣之　蘇鎦
趙不紿　趙拱之　趙善美　趙善謐　趙善詠
王伯大　黃埒　董洪　黃師參　諸曹官　録

事叅軍林淙之 謝如意俱見名宦志 儒學教授

翁子禮建炎初任 石公輙 劉希亮 虞翔 陳師孟 薛舜俞上二人見名宦志 吳康 任文薦 余溥 張敦頤 嚴有翼上二人見名宦志 江鵬 鮑喬已上俱紹興間任 唐隼 葉儔 王師古俱乾道間任 周擢 雷孝友 林丙 陳允升 何叔恍俱淳熙間任 林庚 黄穮俱紹熙間任 林彌明 潘梅俱慶元間任 毛珍嘉泰初任 傅烈開禧初任 楊宏中 方大琮 王冲用 湯千 葉克 陳樸俱嘉定間任 鄭斗祥寶慶初任 刑①濴 林公俊見名宦志俱紹定間任

校注：①邢

趙時廷端平中任（書院）（山長）蔡念成見名宦志（場官）
新豐場辛炳見名宦志（石碑場）方偕見名宦志
將樂縣（知縣事）上官基　傅汶　陳櫶　方大琮
葉堯賁俱見名宦志　翁永年　黃去疾見名宦志
順昌縣（知縣事）俞偉見名宦志　吳賡紹聖間任　丘之立　趙公
峴　王奎俱見名宦志　詹好禮紹興間任　董居安見名宦志（丞）
熊適見名宦志（尉）許安仁　陳煥俱見名宦志
沙縣（知縣事）洪唐　劉克剛　杜京慶曆初任　謝晴　王
璀　郭汝賢俱見名宦志　黃存道宣和間任　葉先　萬諤

連三盃　王潯　王洪之俱見名宦志　劉簡紹定間任　翁彔

年　段震午俱淳祐間任　宋南強見名宦志　徐銓①開禧間任〔丞〕□

希仮見名宦志〔主簿〕黎靖德嘉祐間任〔尉〕許抗見名宦志　黃師□

嘉定間任

元

尤溪縣〔知縣事〕宋咸　王廷彥　張溥　劉正　彭

億　林行可俱見名宦志　蘇灝　林嶷紹興②末任　石塾見名宦志

李修嘉熙初任　黃揆　濮坦俱見名宦志　范漬　詹丙慶元初任

施漬淳祐間任　黃巖孫咸淳間任〔尉〕朱松見名宦志　李文廣

校注：①開　②末

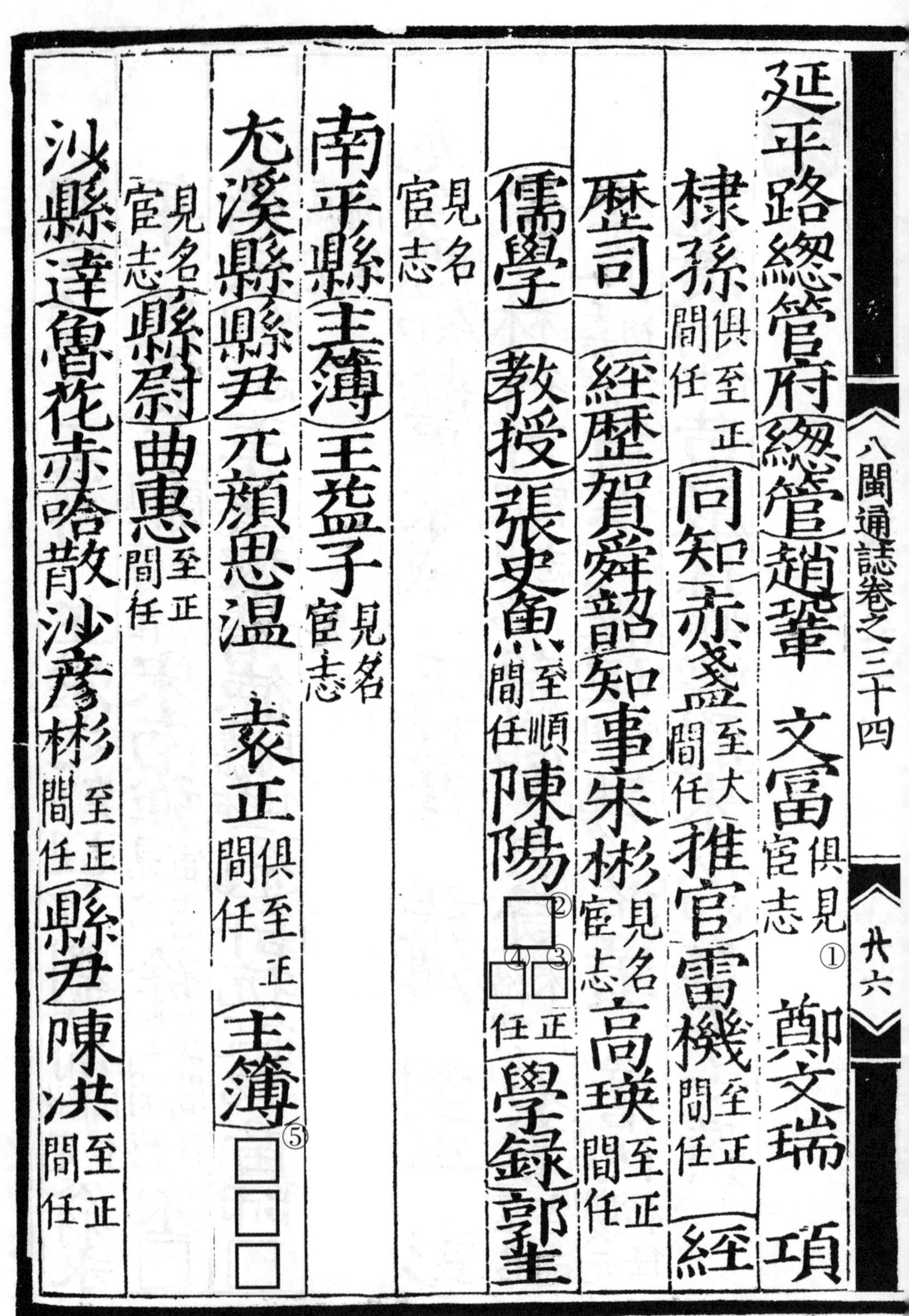

延平路總管府總管趙肇　文富俱見①官志　鄭文瑞　項

棣孫俱至正間任　同知亦叁盏至大間任　推官雷機至正間任　經

歷司經歷賀舜韶　知事朱彬見名官志　高瑛至正間任

儒學教授張史魚至順間任　陳陽②□③□正④□任　學録鄭鞏

見名官志

南平縣主簿王孟子見名官志

尤溪縣縣尹兀顔思温　袁正俱至正間任　主簿⑤□□□

見名官志　縣尉曹惠至正間任

沙縣達魯花赤哈散　背沙彥彬至正間任　縣尹陳洪至正間任

校注：①缺“名”字　②志　③至　④間　⑤金剛奴

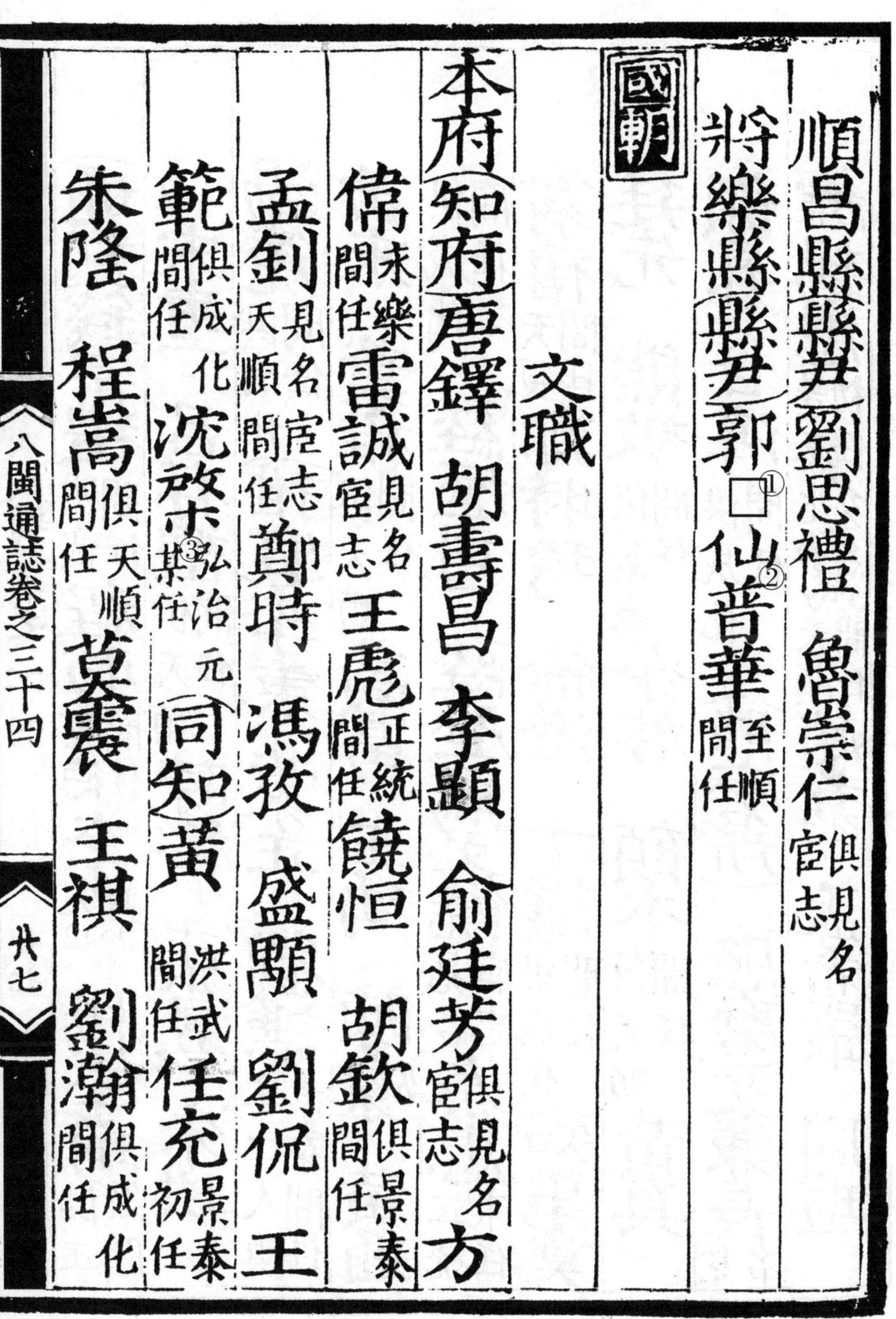
順昌縣(尹)劉思禮 魯崇仁俱見名宦志

將樂縣(縣尹)郭□①仙②普華至順間任

國朝

文職

本府(知府)唐鐸 胡壽昌 李顯 俞廷芳俱見名宦志 方備永樂間任 雷誠見名宦志 王彪正統間任 饒恒 胡欽俱景泰間任 孟釗見名宦志天順間任 鄭時 馮孜 盛顒 劉侃 王範俱成化間任 沈榮弘治元某③任 (同知)黄 洪武間任 任充景泰初任 朱隆 程嵩俱天順間任 莫震 王禎 劉瀚俱成化間任

校注：①野 ②缺“井”字 ③年

通判錢宗禮洪武間任程昉宣德間任李默楊季琦俱正統間任宋璽呂存禮俱天順間任陳裕張昱朱珙湯麓俱成化間任推官李秉蒙正劉讜上二人俱景泰間任黃永葉椎俱天順間任高富王瑀陳燦黃通俱成化間任經歷司經歷馬文饒見名宦志秦惠正統末①任翁禧天順間任鄭時琇徐澄丁讓俱成化間任知事莫廷先熊敬俱景泰間任余啓顧本俱天順間任黃真顧昇俱成化間任照磨所照磨艾廉見名宦志楊懋景泰初任姚鸞天順間任趙翥孟希嚴周瑄

校注：①末

王文　劉恒　李彬俱成化間任　（檢校）袁彪永樂間任　楊昇

董政天順間任　覃釗　楊斐　吳道東俱成化間任　（儒學）

（教授）王諭宣德間任　李挺見名宦志正統間任　呂公愿　忱愷

袁寧　陳益俱成化間任　（訓導）陳常　杜謙　李敬永樂

間任　樊阜成化間任

（南平縣知縣）劉居信　朱常　徐中俱見名宦志　胡濱

正統間任　劉銘　歐陽興見名宦志俱景泰間任　何韶天順初任　王貫

蘇昭　方定　王佐俱成化間任　（縣丞）羅南山洪武間任　蔡

顗　李芳俱景泰間任　劉昇見名宦志　蔡芳　①刑容　金安

校注：①邢

李文勉　鄭賢俱成化間任　主簿　楊忠見名宦志　王昭　周
義景泰間任　王璟天順間任　姚泰　周克銘　王端　蘇順
俱成化間任　典史　陶曄正統間任　張旻景泰間任　徐律　張廸俱天
順間任　馮居正　甯顒　陳龐　楊昇俱成化間任　儒
學　教諭　張文衡　彭秉德俱洪武間任　鄒文簡景泰間任
訓導　邵同永樂間任
將樂縣　知縣　司明　申文彝　王克剛　吳信上二人見
名宦志　余瓚　楊文真已上俱洪武間任　金文呂　魏榮
蘇忠俱永樂間任　周堂　楊旭　蔣珉　陶俊俱宣德間任

金晟正統間任　鍾偉景泰間任　呂錫　姚漕　鄭瑄　唐簡
譚名　廖璋　高鑑俱成化間任
縣丞
陳宗瀚永樂間任　張理　黄必富　熊美俱正統間任　王裕　郭儀　鄔宗仁　王瑜　吳旭　伍瓚俱成化間任
主簿
曹名善　呂鼎　江洪俱永樂間任　顧善　馮珩俱宣德間任　蘇誠正統間任　吳景昂　刑晃　譚銓俱成化間任
典史
戴子奇永樂間任　吳本初　韓溫俱宣德間任　鄭增正統間任　郁本清景泰間任　陳富天順末任　任勉　仇洪積　陸義俱成化間任
儒學
教諭
王文通洪武間任　邵昇永樂間任　吳山成化間任
訓導
汪賓

永樂間任黄成　徐鄉①俱成化間任

尤溪縣知縣薛昉　張可大見名宦志　牛義　王諒　黄來見名宦志俱洪武間任　汪誠　雷殷俱永樂間任　施泰宣德間任　蕭學敏　陳孝軻俱正統間任　杜宥景泰間任　周禧　孫旺　高璉　唐綸俱成化間任

縣丞梁觀見名宦志　儲禮宣德間任　周轍正統間任　羅智景泰間任　王傑　楊盛　廖旋俱成化間任

主簿張奉先　張敏俱見名宦志　林埜景泰間任　郭弘　陳良俱成化間任

典史龔華　歐郁　王規俱成化間任

儒學教諭鍾子完永樂間任　陶□啓宣德間任　侯簡景泰間任

訓導賴錫

校注：①卿

林鳳俱景泰間任 朱進

沙縣

知縣

霍惟忠 陳善見名宦志 許斌 倪峻見名宦志俱洪武間任 鄭恕 劉徽俱永樂間任 余寬景泰間任 張泰 左聰 易賜 郭禎俱成化間任

縣丞

彭脩見名宦志 劉文仲洪武間任 朱志永樂間任 楊冲 曾澄 陳政 葉思和俱成化間任

主簿

鄧宗聞洪武間任 章紀 潘良俱成化間任

典史

葉暢天順間任 王麟 劉成海俱成化間任

儒學

教諭

張善教見名宦志 陳素宣德間任 呂晉景泰初任 周正成化間任

訓導

魏得升 鄧源隆 趙以玉 王以敬 夏誠宣德間任 周

□景泰間任

順昌縣知縣于守節　張縉　周政　胡乾立　胡
衆仲俱洪武間任張登　黃惠俱永樂間任錢道寧正統間任滕
肅景泰間任宋璉天順初任張偉　范九德　康永韶　程
搢　張乾　馮子昌俱成化間任縣丞楊惟德　黃恩
敬　嚴貢俱洪武間任施得　程璀俱景泰間任宋仕旭
湯鏞俱天順間任蔣時萬　趙璽　黃璦　梁玉　趙
傑俱成化間任主簿王汝賢永樂初任吳誠　許鑑　王志
俱景泰間任岑聚天順初任王珪　裘紳　吳瑄　陳憲

利時用　羅觀俱成化間任（典史）沈誠　張謐俱景泰間任
方志堅天順間任　李斌　姚宗　彭洪　周善俱成化間任
（儒學）（教諭）張綬成化中任（訓導）蕭傳永樂間任　何義成化間任
永安縣（知縣）韓隆景泰初任　李睿　劉忠器　施謙　沈
復　鄧槩俱成化間任（縣丞）趙昂景泰間任　馮進　宋善
陳銘　陸輔　鍾質俱成化間任（主簿）張沖景泰間任　孫求
安　丁源　王昱　汪廣　朱皓　洪仲　方旭
（典史）歐廣寧　杜鳳　馮琬　彭宣　汪俊　周
良（儒學）（教諭）曾衡景泰間任　蕭高天順間任　都昂　陳

紳俱成化間任（訓導）姚旭　顏祐俱景泰間任　葉誠天順間任　陳

端　朱明　徐讓　劉玉俱成化間任

武職

延平衛指揮使司（指揮使）劉泰襲父玉職　侯正襲父本職　徐錤襲父

鵬職俱成化間任（指揮同知）丁深襲父都指揮泉職　王龍替父珍職　金

玉襲父鑄職俱成化間任（指揮僉事）周鐸替父全職景泰間任　于泰襲父

斌職　蔡貴襲父壽職　張勝襲祖父瑄職　劉寬襲父福職俱成化間任　王禮

襲父智職弘治間任（鎮撫）馬雄襲父誠職成化間任　徐杲襲父清職弘治間任

左千戶所（正千戶）張瓚替兄顯職成化間任（副千戶）安能襲父榮職

李瑛襲父志保職張斌襲父鑑職俱成化間任趙榮襲父輔職弘治間任

百戶王璟天順間任梁振葛淦殷蘭熊紀段

珍蕭泰俱成化間任潘珍弘治間任

右千戶所正千戶李廣襲父全職成化間任副千戶祝昱襲兄昱職

天順間任陶恭襲父榮職郭鑽替父銘職俱成化間任所鎮撫鄧安成化

間任百戶陳清陳顥俱天順間任黃鏞汪宏吳春

羅應俱成化間任

中千戶所正千戶馮富襲父爛職成化間任副千戶袁方襲伯廣職

劉福襲姪欽職俱成化間任王篪襲叔敷職成化間調百戶舒勝天順間任

張紳　趙熹　吳傑　王珍俱成化間任　謝旻弘治間任

前千戶所（正千戶）楊瑛襲父琮職景泰間任（副千戶）劉音襲兄順職正統間任　胡玟襲父銘職天順間任　王勝襲父賫職成化間任（百戶）談璟正統間任　余海　李勝俱天順間任　金成　符紀俱成化間任

後千戶所（正千戶）胡玥襲父忠職成化間任（副千戶）黃能襲父震職　宋能襲父祥職　張貢襲父鑑職　楊功賞襲兄成職俱成化間任（百戶）田秀景泰間任　石成天順間任　薛貴　王榮　朱能俱成化間任

永安守禦千戶所（正千戶）崔誠襲父敬職景泰間調（副千戶）王陞襲父鐸職成化間任　陳諒替父嶽職弘治間任（百戶）董懋成化間任

將樂守禦千戶所（正千戶）徐忠洪武間任　徐斌襲父忠職　蔣聚宣德間任　徐靖襲父斌職　蔣雄襲父聚職　徐昇襲父靖職　徐壽襲父昇職

（副千戶）沙旺洪武中任　吳海　董秩俱永樂間任　許旺宣德中任　董子彝由指揮僉事降　賀琊　沙永保襲父旺職　羅誠由百戶陞　許通襲父旺職　董稜襲父子彝職　沙瑛襲父永保職　羅瑛襲父誠職　賀深襲父琊職　許安襲父通職　董謹襲父稜職　沙忠襲父瑛職　羅縉襲父瑛職　許勳襲父安職　沙輔襲父忠職

（百戶）唐名　翟敏俱洪武間任　羅鎮永樂中任　翟慶襲父敏職　唐昇襲伯名職　翟璘襲父慶職　唐晟襲父昇職　陳恭　安本存　李璇　謝瑄　陸端　顏榮　唐

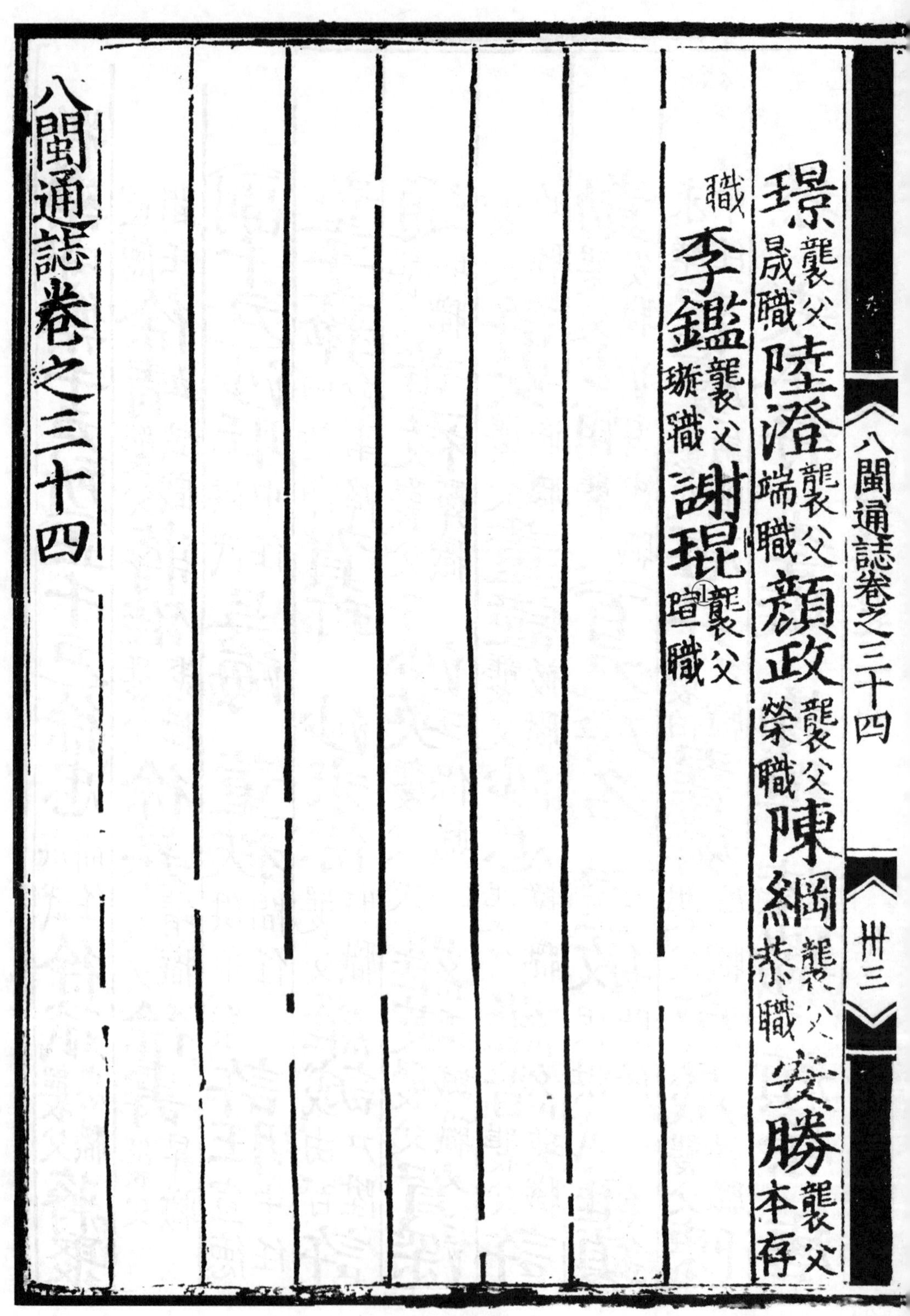

璟襲父晟職陸澄襲父端職顔政襲父榮職陳綱襲父恭職安勝襲父本存職
李鑑襲父璇職謝琨①襲父瑄職

八閩通誌卷之三十四

校注：①瑄

八閩通誌卷之三十五

秩官

歷官

郡縣

邵武府

宋

邵武軍知軍事張度　陳從易　石中立　蘇爲　曹修睦　滕宗諒　呉師服　宋咸俱見名宦志　張華　張師中見名宦志　高其嘉祐間任　呉夢得治平初任　陳汝賷　周

約俱熙寧間任　張德源　袁轂見名宦志俱元豐間任　方澤元祐間任

李端夫元符初任林豫見名宦志楊準俱政和間任王洋　趙子

木俱見名宦志　徐端脩　江安止　田伯強俱紹興間任　張

溥　楊獬　趙師龍　侯彥繩上三人俱淳熙間任陳接紹熙

間任高子津　趙不謭俱慶元間任　張翯　李聞之　黃

立言俱見名宦志　趙崇慶　姜注　陳彭壽見名宦志上三人俱

嘉定間任田澮開禧初任蔡開見名宦志佘觀國寶慶間任史宣之

周瑋　劉必端俱紹定間任　王遂　趙以夫　王埜

劉克遜　王邁　方岳　葉寀俱見名宦志　葉彥炳淳祐

間任張紘　翁丹山寶祐間任方澄孫見名宦志錢謙孫俱景定間任林經德　廖邦傑俱見名宦志師得遇咸淳初任宋秉孫趙時賞俱見名宦志（通判）林元元符初任王允恭淳熙中任施寅嘉定間任趙紡夫　王埜俱紹定間任宋慈嘉熙初任錢謙孫景定間任毛炳（諸曹官）（司戶參軍）游醳　何自明（軍學）教授陳之茂　葉儀鳳俱見名宦志張惇頤紹興末任徐元德　戴式之俱見名宦志黄登嘉定末任王日新　饒息嘉熙初任方澄孫淳祐間任

邵武縣（知縣事）張仕遜見名宦志王裕民　高斯行上三人俱

元祐間任曾昇元符初任解致君政和初任宋棐見名宦志曾受　張

注葉遂俱紹興間任陳元平　陳孔碩俱見名宦志史定

之慶元間任謝倜　王埜紹定間任陳蕃　朱子廣　張德

上三人俱咸淳間任（丞）梁熙志政和初任謝源見名宦志謝逸淳祐間任（尉）

蔡元　劉舜俱見名宦志

泰寧縣（知縣事）陳師立大觀間任章元振見名宦志范振紹興初任

黃琮　呂贊　周居權　林育　吳述　徐壽

吳昇　江鈿　趙時館俱見名宦志佘炳（主簿）游其潘

宣和間任

建寧縣（知縣事）葛佑天聖間任 王永壽 上官拯 李山甫 王述 高正卿 謝潛 吳播 黃唐佐 林宗顯 江默 趙師棠 錢衢俱見名宦志 鄭繼道開禧初任 林孝聞見名宦志 趙時佑嘉定中任 趙紡夫見名宦志 祝沂嘉熙間任 林公玥見名宦志 廖邦傑 連端懿俱淳祐間任 林經德 林潮孫見名宦志俱寶祐間任 馬世隸 林大博 宋秉孫俱景定間任 程夢桂見名宦志 陳熠咸淳間任 （丞）謝公旦見名宦志 徐文暢端平初任 段震午見名宦志 吳仲寧咸淳間任 （尉）余炳 洪天驥 洪振龍俱見名宦志 趙紡夫

光澤縣知縣〔宋〕王垂象祥符間任崔修景祐間任尹洙見名宦志許良輔嘉祐間任范迪簡治平間任上官均見名宦志趙仕畋政和間任江逌見名宦志魏閎　張碩見名宦志趙不困　王聿求建炎末任張訢　趙善珏俱見名宦志徐杰　陳觀奕俱嘉定間任

〔丞〕林育　徐誉俱紹興間任〔主簿〕王元琳　趙師蹇嘉定間任包恢見名宦志

元

邵武路總管府〔達魯花赤〕石抹　王弼　明安荅兒俱至①元間任阿沙　蠻子海牙俱大德間任木八剌　別魯思

校注：①至

①廷祐間任阿來天曆初任海魯牙王從善俱至順間任哈剌虎

台後至元間任鄭吉曲出吳按攤不花上二人見名宦志已

上俱至正間任（總管）魏天祐見名宦志李杓許進趙輦俱至

元間任張祐續璟俱大德間任高乂任王壽廉忱

見名宦志劉春劉棨泰定初任西達見名宦志脫脫汪一作王

從善俱至順間任鄭晟胡文甫常瓚俱至正間任（同知）

元准杜祥萬不花見名宦志俱至元間任趙伯元毋

逢辰俱大德間任吳克忠見名宦志陳均一作君用吳慕義

蕭寅石合剌不花俱至正間任（判官）囊家歹韓德

校注：①延

麟至順間任吳世顯　陳洪俱至正間任（推官）趙仲信大德間任

蘇璵天曆初任李路　劉泰亨見名宦志俱至正間任（經歷司）

（經歷）嚴琦　李彥實俱至順間任易理雅思至正初任郭瑛

見名宦志揭佑民（知事）陳良信大德間任陳元履泰定初任李質

至順間任徐善觀至正間任（照磨）王隆至順間任馬思忽　王大

順俱至正間任（儒學）（教授）上官當哥　董一甫　朱

林　朱淑上二人俱泰定間任陳沆至順間任馮禧　周溥俱至正間

任（學錄）張鐵山　李靜齋　陳士元　夏道子上二

人俱至順間任周信至正間任

錄事司達魯花赤李克明 伯顏 施杰俱至正間任 錄事伍森 判官鎖飛至正間任

邵武縣達魯花赤耶律惟一見名宦志 帖木兒不花 縣尹王應祚見名宦志 徐端元統初任 陸文英 孔公俊俱見名宦志 安呑兒禿 傅仕謙見名宦志 張祥俱至正間任 縣尉林希源至正中任 儒學教諭洪黃中至元間任 上官文子大德間任 朱罍泰定間任 蕭德馨見名宦志 黃彰翁後至元間任 鄭之紀 李宗垕俱至正間任

光澤縣縣尹沈該 況逵 朱萬初俱見名宦志 王溥 胡

日新至正間任

泰寧縣尹王成吉至元間任

國朝

文職

本府知府周時中　張文昱　徐濟　葉仲賢　劉士傳俱見名宦志　趙麟永樂間任　劉復見名宦志　徐述　楊衡見名宦志上二人俱正統間任　甘瑛　王彥廷　何友俱景泰間任　李亨　盛顒俱天順間任　馮孜　劉元俱成化間任　潘洪弘治元年任

同知尹勗　單惠俱見名宦志　蔡文質洪熙初任　宋貴宣德間任　聶用

又見名宦志顧旻俱正統間任林遠　王琳俱天順間任王佐
劉志誠俱成化間任（通判）章文旭　張幹俱見名宦志沈□
永樂間任王□宣德間任董仲　郭和俱正統間任蔡禮　周復
俱景泰間任姜昱天順初任徐有學　洪瑛見名宦志劉貫　崔
鐸　萬理　鄒晃俱成化間任（推官）常理　鄭侃俱見名宦
志趙□永樂間任邵昇宣德間任吳緝　吳容正統間任馬□景泰
間任周仲斌見名宦志葉墀　廖鐸　徐璞　吳經俱成化間
任（經歷）司（經歷）蕭彬　宋訥　沈孟源宣德間任羅
參　梁叔蒙　熊思名俱正統間任袁舉景泰間任商濟

天順間任李昺　黃珣　任世庸俱成化間任（知事）符在篆

魏禮俱永樂間任　王維宣德間任　劉廣　趙慶　季濂俱正統間

任　寇良景泰初任　張璿天順初任　陳和　張顯　劉溥　彭

璉俱成化間任（照磨所）（照磨）翁俊民　汪猷洪熙初任　陳

鉉正統初任　黎龍　張鑑俱景泰間任　劉文修天順初任　孫覬

潘雍　袁俊俱成化間任（檢校）金仲　李春見名宦志俱正統間

任　劉安景泰間任　吳慎天順初任　吳廣　趙陞　余遜　曾

瑄俱成化間任（司獄司）（司獄）曹文祿永樂末任　甘周廣

陸安俱正統間任　婁成　戴宗　楊贄俱成化間任（儒學）

教授林必忠見名宦志郭伯寅①程僖見名宦志俱洪武間任楊昇方嵩陳巽俱見名宦志徐信陳文紳俱永樂間任楊將中何清俱宣德間任劉惟勉楊文俱正統間任崔彧張濟見名宦志張濬周洪上三人俱成化間任訓導李文起上官仲敏黄叔仲劉廉李裕黄清翁芹泉梁烱洪源羅汝寬羅子儁洪德李文輝見名宦志嚴善上四人俱永樂間任王善慶洪熙初任余蕚儒謝斆黄京俱景德間任鍾鼎余達方義張褒林應俱正統間任葉興王升見名宦志吴方尚

校注：①寅

忠俱景泰間任毛敏　許武　鄧輔　戴珣　王鎬
周昌　程英　徐恒　梁亭　李徹俱成化間任
邵武縣知縣水甦民　莊九疇俱見名宦志劉□　夏祥
鳳見名宦志詹得銘俱洪武間任李復觀見名宦志蔣忠永樂間任鄒
良見名宦志顏宗正統間任同鑫見名宦志董廣　李仁上二人俱天順
間任王拯　王濟　秦淳俱成化間任縣丞傅礪見名宦志藍
□柴育春宣德間任文得成正統間任夏霖　蒙恵俱景泰間
任張翱　王璽　王瑛俱天順間任溫泰　顧和　陳
祿　徐祚　舒鎧俱成化間任王濟　魏源　林鳳　汪

彦端宣德間任 沈宗 田□俱正統間任 梁準景泰間任 舒得常
章晨天順間任 姜安 楊彬 劉成 殷章俱成化間任 典
史張□永樂間任 金鍊宣德間任 杜英正統間任 萬伯成景泰間任 劉
準 熊□ 羅聰天順間任 翁持 汪貴 徐逊 陳
善 詹哲俱成化間任 儒學教諭 黃溥 姚憲 鄭
鐸宣德間任 謝卓 金淵 章延嵩俱正統間任 包瑜 蕭
彪俱景泰間任 黃褧 陳梅俱成化間任 訓導 林仲雍 趙
思義 葛祉 丁彦信 周復 崔寧 胡奎永樂
末任 鄭鐸宣德間任 胡正 曾所沂 沈日楨俱正統間任 項

瑀　程偉俱景泰間任　葉禎　金英　鄔玗　陳惠

余淳俱成化間任

泰寧縣知縣　陳擕見名宦志　何天衢　定定見名宦志　龔才善

張仲達　王可宗見名宦志俱洪武間任　于壽實　吳志盛

張淵　周英上二人見名宦志　夏時敏　金鼎已上俱永樂間任

張泉洪熙初任　王定宣德初任　陳大倫　洪鑰　顧珣俱正統間任

袁景俱景泰間任　張恒　胡玻俱天順間任　侯驥　徐璨

邵正　范瀚俱成化間任　縣丞　周仕銘　蔣□　宋尚

賓傅謐　鄧志寧　徐叔儀　胡公隱　羅仁

清　張仲達俱洪武間任　夏景和　甘道　潘昶　葉思恭　潘永和俱永樂間任　杜昱宣德間任　盧昇　周仕良俱正統間任　劉傑　劉盛俱景泰間任　李賢天順末任　范浩　康謨　句鏞　李讓　林盛俱成化間任

主簿

吳□　孫克庸　軒□　崔□　賴固楷　周仁宗　熊時中　孫敬　朱庸　王必成　潛玉　蕭子愚　弋宗古洪武間任　潘立　吳永中　鄭猷俱永樂間任　胡友賢宣德初任　黃瑞正統間任　萬先　徐均義俱景泰間任　胡祥　張通　沈塤俱天順間任　靳福　梁譜　方禮　范文

禮俱成化間任典史程彥清　王整　王士銘　王子
眞　趙進　王茲教　羅復初俱洪武間任樂澤民
泰忠　陳廣銘　周大有　金鍊俱永樂間任陳原得
蒙亮俱宣德間任鄧瑾　梁和　朱福俱景泰間任謝通
潘浩　陳協　孫佳　沈禧俱成化間任儒學教諭
王永言洪武間任陳賢盛　蔣卓俱永樂間任李卓正統間任李
芳景泰間任陸希和天順初任蕭御　何震　劉孟純俱成化間
任訓導丁端生洪武間任羅參　周壽南　胡奎俱永樂間
任蔣寔正統間任周亮　王義　吳嵩　齊眞　馮則

袁英　莫恩　張翯俱成化間任

建寧縣知縣程思道　董煥　李協中　畢原　崔仕昭上三人見名宦志　楊廷佐　蕭道昭　彭日新　劉宗貴俱洪武間任　趙伯潤　劉士傑　劉進上二人見名宦志　郭仲璉已上俱永樂間任　温恭宣德間任　傅礪　龍儀　齊原銘　汪榮見名宦志俱正統間任　金瑄景泰初任　周忠天順初任　林儉謝雍　費琦俱成化間任

縣丞端木孝思舊志作端孝忍　方道衡　王恪　昇忠　方得俱洪武間任　巢囊　邵福俱永樂間任　任整　劉興俱宣德間任　周逵　呂泰俱正統間任　馬

遂 曹銘俱景泰間任 蔡諒天順間任 孫員 王瑶 吳昌
俱成化間任 主簿 許貞洪武間任 譚克敏 陳政 吳守璞
俱永樂間任 郭智 周長文俱景泰間任 傅恭見名宦志 丁暹景泰
間任 李賫 田昇 周偉 曹傑俱成化間任 典史 黃瀅
李廷忠 褚景祥俱永樂間任 江文榮 熊謙 魏子
惟俱宣德間任 凌旺正統間任 朱碧 吳學俱景泰間任 曹昇天順
初任 朱瑨 鮑瑄 喻旻俱成化間任 儒學 教諭 馬驤
張惟康 鄧禧寧 江敬 王欽 丁瑄 包瑜
景泰間任 黃伯川天順間任 陳載弘 陳定 崔廣俱成化間任

訓導曾伯輿洪武初任張伯羽　嵇攢　黃煜　陳時懋　李蕃永樂間任吳寧　胃節　張芹　趙輔　王録上二人俱景泰間任吳鑑　楊播俱天順間任俞瑄　徐昭　陳紳　朱璀　王昂　吳譽　郭鉉俱成化間任

光澤縣

知縣盧充閭　林孔孫見名宦志姚伯和俱洪武間任曾成烈　馬伯　朱幹俱永樂間任陳度宣德間任盛塤見名宦志徐晉俱正統間任李綱　龐敬　趙永俱景泰間任屈伸　陳紀　何昌言俱成化間任

縣丞趙德潤　商仁俱永樂間任張馥宣德間任曹孟　王清俱正統間任李琳　蒲裕俱景

泰間任　楚綱天順末任　陳隆　楊鵬　熊顯俱成化間任　主簿

李祥　曹士京　張睿俱洪武間任　郭永安永樂間任　沈宗

曹士俱宣德間任　鄭濬　黄旒俱正統間任　毛寧景泰間任　孫迅

天順間任　陸義　江澄　郭訓俱成化間任　典史　陸純宣德間任

馬訓　侯隆俱正統間任　何源廣　孫周勝　陳巽俱景

泰間任　孫瑱天順末任　周孔傳　金彛俱成化間任　儒學　教

諭　陳子良　尹安　殷永俱見名宦志　萬守貞①　巢清

丘純俱正統間任　陳英　張貫俱景泰間任　陳源天順間任　巢瑛

陳鏈俱成化間任　訓導　鄒啓見名宦志　劉欽永樂間任　朱徽見名宦志

校注：①真

史濂　余儼俱宣德間任　朱倫　彭瑀俱正統間任　杜倫

余吉俱景泰間任　康迪天順間任　祝安　陸時　姚朴　趙

諫　王玭俱成化間任

武職

邵武衛指揮使司

指揮使　高鑑見名宦志　劉福由本衛□□①陞正統中任

楊智由本衛同知陞景泰間任　高陞襲父鑑職　劉全襲兄福職俱天順間任　曹

鐸　劉勝襲兄全職俱成化間任

指揮同知　車濟　楊豫俱洪

武間任　楊安借兄豫職永樂間任　楊春洪熙初任　楊廣見名宦志　劉聚俱宣

德間任　劉福襲父聚職正統間任　楊智襲叔安職　楊瑛襲父廣職天順初任　宮

校注：①同知

鎧 楊瑄襲祖父智職俱成化間任

指揮僉事 耿旺 胡得 李完 丁貴 胡覚襲父得職俱洪武間任 李雄襲兄完職 丁震襲父貫職 李斌襲父雄職 胡寧襲兄覚職 楊昱 李信 吳琛俱永樂間任 胡興襲兄寧職洪熙初任 楊貴襲父昱職 楊祚襲兄貴職 李安襲祖父信職俱宣德間任 吳隆襲父琛職 李信襲兄斌職 楊鎮襲父祚職俱正統間任 李榮襲父信職 胡祥襲從父興職俱景泰間任 丁朕襲父震職 楊鏵襲兄鎮職俱天順間任 吳晟襲兄隆職 丁松襲父朕職 李垣襲父榮職俱成化間任

經歷司

經歷 韓本初宣德間任 趙倫正統間由主事出任 楊巨清景泰間任 宋貴 張闕俱成化間任

知事 王海正統間任 陸文

逵 黄鍾俱景泰間任 陳玘天順間任 陳斌 陳怡 劉潔

王綬俱成化間任（鎮撫）孟祥 孟先襲父祥職 傅金俱洪武間任 傅潒襲父金職永樂間任 孟熙襲父先職正統間任 傅杰襲父潒職 孟瑛襲父熙職 傅榮襲兄杰職俱天順間任 傅焴襲父榮職成化間任

左千户所（正千户）佘材 佘諒襲父材職俱洪武間任 佘海襲父諒職永樂間任 佘真襲父海職 謝琛 謝郁襲從父琛職俱宣德間任 謝瓊襲父郁職正統間任 佘福襲父真職景泰初任（副千户）蔡威洪武末任 蔡輝襲父威職 董成 董政襲父成職俱永樂間任 趙琳 趙綱襲父琳職俱宣德間任 蔡能襲父英職 董瑄襲父政職俱成化間任（百户）隋志

黃受 阮濼 徐正 丘贇 楊仁 董世英
楊德 顧再興 孟思敬 薛來兒 梅顯 蕭
德 余哲 周勝 黃信 王信 陳信 顧銘
襲父再興職 蕭隆襲父德職 余清襲兄哲職 王預襲父信職 呂達俱洪武間
任 梅英襲父顯職 毛斌 陳旺襲父信職 顧鼎襲父銘職 余景□襲
清職 薛喜襲伯來兒職 孟謙襲父思敬職 黃員襲父信職 王斌襲父預職
黃富襲□員職 呂旺襲從父達職 孟讓襲兄謙職 毛福襲伯斌職 周文
襲父勝職 顧誠襲兄鼎職 薛懸襲父喜職 王勇襲兄斌職俱永樂間任 蕭琳
借□隆職 孟禮襲□讓職 王順襲□勇職 周貴襲父文職俱宣德間任 蕭盛

襲□琳職正統間任陳鼎襲父旺職佘慶襲父景職景泰間任俱周全襲父貴職

孟祥襲父禮職毛行襲堂兄福職顧榮襲父誠職天順間任俱王聚襲祖

順職蕭旻襲伯盛職薛榮襲父懸職黃鏞襲父富職佘綱襲父慶職周剛

襲父全職孟瑄襲父祥職陳俊襲父鼎職成化間任俱

右千戶所（正千戶）謝霦內本衛左所調成化間任（副千戶）朱銘

王敬劉海朱安襲兄銘職劉榮襲父海職宣德間任俱王孝

襲父敬職正統間任朱榮襲從父安職天順間任王禮襲父孝職成化間任（百戶）

孫成　陳成　史真　許忠　貴隆　張春　王

忠　陳保兒　徐潤　杜顯　潘得　何遂祥

趙俊 劉朝用 廖忠 曾端 賈謙 黃富

劉慶襲父朝用職 潘貴襲父俊職 陸經俱洪武間任 何繼襲父遂祥職

劉受借兄慶職 黃興襲父富職 曾興襲父端職 潘鑑襲兄貴職 賈安襲父謙職

黃澄 黃鑑襲父登職 劉興襲叔受職 廖興襲父忠職 曾旺襲兄興職

陳勝俱永樂間任 陳剛襲伯勝職洪熙初任 趙斌襲父貴職 潘誠襲父鑑職俱宣德間任

賈昱襲父安職 黃福襲父鑑職 廖賓襲父興職 曾玹襲從父旺職俱正統間任

何濬襲父繼職 劉觀襲父興職 黃清襲父興職俱景泰間任

黃壽襲兄福職天順間任 潘銘襲父誠職 陳銘襲父剛職 趙福襲父斌職 賈瑛襲父昱職

陳瑄襲父銘職 何友襲父濬職 趙綱襲父福職 黃濤襲父清職

俱成化間任

中千户所（正千户）馬全宣德間任馬通襲父全職正統間任韓節由汀州衛調韓輔襲父節職俱成化間任（副千户）董斌姬玉姬俊襲父玉職董凱襲父斌職俱永樂間任姬祥襲兄俊職魏聚俱宣德間任魏珍襲父聚職正統間任姬榮襲父祥職景泰間任董雲襲父凱職天順間任魏綱襲父珎①職成化間任（百户）池淵吳成吳賢丁顯謝瑛王勝薛吉李换董觀張禎夏忠堯通劉仲良陳貴劉仁劉聚堯清襲父通職洪武間任俱丁福劉旺襲父聚職董志陳福襲父

校注：①珍

貴職　堯壽襲父清職　劉春襲父仲良職　顧鎖住　夏政襲父忠職　顧銘襲父鎖住職　趙信俱永樂間任　趙昇襲父信職　丁政襲父福職　顧興襲兄銘職俱宣德間任　陳興襲父福職　堯順襲父壽職　顧全襲叔清職俱正統間任　劉智襲父春職景泰間任　劉勛襲父智職　堯興借兄順職　劉真襲從父旺職　趙安襲父昇職俱天順間任　堯旺襲叔興職　陳廣襲父興職　劉理襲父貞職俱成化間任

前千戶所（正千戶）張山永樂間任　張琳襲祖父山職宣德間任　張欽襲父琳職　張哲襲父欽職俱成化間任　（副千戶）趙旺　趙粹襲父旺職　汪信由本所百戶陞俱洪武間任　徐均受　徐政襲兄均受職　汪廣

襲祖父信職俱永樂間任蔡原　徐斌借兄政職蔡勝襲父原職俱宣德間任
徐福襲叔斌職趙巖襲父粹職俱正統間任蔡仁襲父勝職景泰間任趙璧
襲父巖職汪應襲父廣職俱成化間任（百户）劉驥　李榮　周仁
福　潘吉　李康　卜合歹　劉貴　戴宜　仲
成　丘榮　張山　王得　金仲名　丘富　蔡
名　杜良　張純襲父山職金勝襲父名職　仲　時貞　王斌
襲父得職汪信　蔡茂襲父名職俱洪武間任李通　王貴襲父斌職
張誠襲父純職馬忠　杜忠借兄良職呂旺由本衛左所調丘旺襲父
富職馬亮襲父忠職時福襲父貞職俱永樂間任金海襲父勝職蔡璉襲父

茂職丘珍襲父旺職杜善襲叔忠職馬敬襲父亮職俱宣德間任張眞襲父誠職蔡瑄襲兄璉職時昇襲父福職蔡能襲叔瑄職呂寧襲父旺職王瑄襲父貴職俱正統間任呂宣襲兄寧職馬政襲父敬職俱景泰間任王勝襲父瑄職天順間任杜富襲父善職金福襲父海職張鈺襲父眞職王榮襲兄勝職俱成化間任

興化府

宋

興化軍知軍事段鵬見名宦志夏侯偁孫守質俱雍熙間任馮亮駱寧李及見名宦志俱淳化間任嚴必強至道間任軒轅

范 胡允升俱咸平間任 文鈞 鄧九齡俱景德間任 余鍊 李餗 馬莊 林殆庶俱大中祥符間任 陳詢 姚拱俱天禧間任 楊令問乾興初任 陳瀆 柳宏 李餘慶 畢世長 曹修古見名宦志俱天聖間任 崔則正 林升 汪隨俱景祐間任 錢尚康定初任 陳宗元 曹觀 陳執方俱慶曆間任 俞希孟 潘衢 陳徽卿俱皇祐間任 夏侯錫 劉鍔見名宦志 徐師閔 陳良 吳靚 盛獻甫 楊優俱嘉祐間任 趙植 竇彤俱治平間任 許當 徐邁 狄遵禮 陶舜卿 游烈 趙與謳 李川俱熙寧間任 謝

仲規　李勲　謝履　陸衍俱元豐間任　董威　陳龍
輔　辛珎　許長卿　狄明遠俱元祐間任　傅銘　黄
彦臣　樓常　饒方俱紹聖間任　劉説元符初任　鄧裴建中靖國
初任　郭重崇寧間任　詹丕遠　朱敏功俱大觀間任　張篤　黄
昐　詹時升見名宦志俱政和間任　張穆　廖剛見名宦志　江常
俱宣和間任　張讀見名宦志　史安民　張宗成俱建炎間任　殷敏
學　吳儻明見名宦志　仲安常　劉登　孫藎　楊大
任　范伯奮　汪待舉見名宦志　陸渙　王辟章　黄
豐　陳起　傅自得　姚沆　樊光遠　朱定國

韓彬　呂大舉俱紹興間任　劉韞　張允蹈見名宦志俱隆興間

任　鍾離松見名宦志　何偁　薛居寶　潘時見名宦志俱乾道間

任　姚康朝見名宦志　林栗　汪作勵見名宦志　孫紹遠　林

元仲　葛郛　朱端學　張淵見名宦志俱淳熙間任　趙彥

勵　何紘　王克恭　王居安俱見名宦志　林希逸

詹延　陳與行嘉定末任　曾耆年　吳炎見名宦志　林清之

寶慶間任　曾用虎見名宦志　樓昉俱紹定中任　范鎔　楊夢信見名

宦志俱端平間任　陳仲埴　張友見名宦志　項博文俱嘉熙間任　楊

棟　汪元春上二人見名宦志　陳友宗　全雅翁　呂大

圭以上三人俱咸淳中任

通判

章炳文　張祖良俱崇寧間任　陳裕

詹時升俱大觀間任　謝黼　陳詳　余忱　林元定

潘闢俱政和間任　孔傳　郭汝賢見名宦志　章防　鮑輝俱宣和間任

上官敏靖康初任　黃懋　張矩　劉子翬見名宦志俱建炎間任

楊允　史興　余恂　王公孺　江安正

樊滋　劉正　趙紹之　馮壽生　莊革　趙子綸

鍾鏜　趙不猷　謝師稷　潘文孝　曾忻

俱紹興間任　陳鍔　盧方慶俱隆興間任　葛延年　張公壽

廖過　周必達俱乾道間任　趙善仁　周侗　呂大琮

趙師造　李琮　譚壽卿　董彬　徐衡俱淳熙間任
薛舜庸　郭昭子紹熙初任　顔振仲　王孝遵俱見名宦志
趙汝珹嘉定末任　趙汝監紹定中任　顔振鐸端平間任　吳騰淳祐間任
趙汝隸　江鎮俱咸淳間任　江叔豫　趙崇麂　鄭子善　陳用虎景炎末任

軍事判官　程必東　趙汝渶紹定間任

諸曹官

錄事參軍　王顯世　魏必昌俱見名宦志

司法參軍　劉汝舟　魏公壽俱見名宦志

軍學

教授　徐士龍紹興中任　陸琰乾道中任　黃灝淳熙中任　林選紹熙中任
張邦用開禧間任　陳森　陳汲　鄭子充俱嘉定間任　張汝

愚紹定間任顏若愚　俞來淳祐間任蘇思恭　王庚　蕭
起大　張詵　潘樾　洪燧咸淳間任
莆田縣知縣事留居道建隆初任黃禹錫太平興國中任薛奎
王保隆俱見名宦志呂之材宣和中任嚴巳天禧間任張綸慶曆間任
黃遠　張溥政和間任傅丑紹興初任元伯涇　顏思魯
黃庚　丘鐸　林介乾道中任廖德明見名宦志張必英俱淳
熙間任鄭應博紹定中任林仲默淳祐中任彭映道嘉熙中任陳洪
見名宦志陳偕丞馮元肅　陳彌作俱紹熙間任李詵乾道中任
陳子順紹定中任主簿劉詵　李聃嘉定中任陸祐　郭柞①

校注：①祚

尉王克 高禾淳熙中任 鄭必中 陳仲微 陳字已上

入見名宦志

僊遊縣知縣事 翁處厚建隆中任 羊志寧咸平中任 孫敏天禧中任

孫諤 孫起俱天聖間任 趙時明道初任 皇甫當景祐間任 劉德

正康定初任 林杞 吳丕顯 陳佩俱慶曆間任 許抗至和間任

閭仲甫嘉祐初任 范褒 李晉賢俱治平間任 林濟熙寧間任 李

適 陳幾俱元豐間任 鄭造元祐中任 蔡彰紹聖中任 黃允元符間任

黃充 錢聞 傅共俱崇寧間任 陳亨彌大觀間任 孫球

翁待舉 劉丕顯俱宣和間任 葉搏 詹叔迥① 徐暈②

校注：①迴 ②曄

黃沂　梁宗範　李敏求　鮑琚　曾履　潘堪
林大受　謝天民　陳致一　鄭叔昭見名宦志陳高
周春年見名宦志蔡孟容　黃濬　黃烈　梁國材
陳濾　趙不泯　趙公綱　鄭公弼　林栩　黃
嚴卿　陳昭嗣　劉公度　陳景肅　陳接　趙
公蝦　鄭肇之　呂祖平　高之美　高禾見名宦志
徐棟　樊泰之　龔文炳　施伯貍　許伯詡
趙滂夫　邢興祖　劉端成七人俱嘉定間任周晉卿寶慶
間任黃登紹定間任林首善端平間任姚遇　黃清叟俱嘉熙間任

蔡次傅　胡元衮　翁永年　趙時鑄　王稼俱淳祐間任趙汝泌　朱濬俱寶祐間任傅極　趙時澺　鄧桂發景定初任趙必燧咸淳初任陳繼祖（丞）翁珪　陳如塤俱崇寧間任上官墳大觀初任陳亨衢　曾孝基俱政和間任陳向　張逾　林著　梁之儀　蔡章俱宣和間任王幹靖康初任朱庭楊　林忠厚　佘潡俱建炎間任任敢　劉侯亞　趙紹之　陳倪　陳亞卿　辛斆　孫冲陳大元　張升　趙不敏　張雲翼　馮杲俱紹興間任康慥　李光邦　張竢　李詵　趙彥劻俱乾道間

任趙善秉　葉昌言　朱益　陳詵　閻消　葉
益俱淳熙間任　司馬遷　陳嶧　黃泰俱慶元間任　林壤
章定俱嘉定間任　趙汝固開禧間任　賀貺　趙善帶　吳孚
斌　留轍　趙師介　黃之信　王庸之　姚默
俱嘉定間任　趙璲夫寶慶初任　鄭應龍　阮有開俱紹定間任　黃
崇　趙希齊俱端平間任　趙孟辯嘉熙間任　曾何孫　徐濬
趙汝俅　黃喬異俱淳祐間任　趙汝住　陳僑寶祐間任　趙
時歆　王節　曾桂孫　鄭伯東　林椿　王光
大　周希奭咸淳間任　王濘　鄧賀天聖中任　黃勵熙寧中任　曾怡

黃邦式俱紹興間任 楊中立 陳畦俱淳熙間任 徐有猷

方沂 胥舜輔 趙彥延 邵應祥 張公望

韓漪開禧間任 丁德元 林唯 鄭繼僑 趙希竦

朱清孫 林度俱嘉定間任 黃勤伯寶慶間任 林灼 趙詳

夫 趙雄夫俱紹定間任 陳一新 趙與瑶俱嘉熙間任 林

載洌 吳文子 魏成甫 劉慶孫俱淳祐間任 劉必

應 陳光寶俱寶祐間任 林大成 劉受祖景定間任 林貢

孫 趙若淬咸淳間任 尉段全 陵景陽俱見名宦志 邢淵

天聖間任 張賁熙寧初任 李壞①元祐間任 葉椿 龔世長俱紹興中任

校注：①壞

宋蔡甫隆興初任周汝翼　曾慤　徐茂孫俱乾道間任趙
師傅　陳伯昌　趙師瑟　蔡天均　譙令憲俱淳
熙間任余用之　黃棣俱紹熙間任趙彥倆　朱大同俱慶
元間任林策嘉泰初任黃灝開禧初任陳萬言　王榕　莊夢
說　羅雲中　趙汝膄　高濤俱嘉定間任趙時膏寶慶
初任林雲　徐頴俱紹定間任周端常端平初任楊伯震　陳
榮國俱嘉熙間任陳大鈞　趙淄夫　陳騰　莊彌高
淳祐間任黃巖孫見名宦志林公衡寶祐間任吳權　吳有定
趙崇菜　王必登　趙孟禍

廢興化縣知縣事段鵬大①平興國間任孫逢吉雍熙初任劉文義

端拱初任杜徵用　魏文德俱淳化間任侯德照至道間任田芳

咸平間任張奉　王芳明俱景德間任王易簡　吳世範

李周明　胡辯　劉轄俱大中祥符間任趙崧天禧初任楊思

齊乾興初任查適　侯延之　張定俱天聖間任陳助　朱

安俱景祐間任何述康定初任王昂　許世昌見名宦志李域俱慶

曆間任袁立皇祐初任李仙芝至和初任張彥博見名宦志盛考甫

王溫故　陳介俱嘉祐間任張銘　徐大亮俱治平間任李

適　李驛　朱敏元　馬蒙叟俱熙寧間任梅澤　邊

校注：①太

慕賢俱元豐間任　吳千　林鍔俱元祐間任　陳霈　毛原俱紹
聖間任　朱棐靖康初任　上官植　黃顏　丁澥俱崇寧間任　陳
謂　蔡翬俱大觀間任　蔡亢　黃琮　黃惟深　楊汝
賢　陳武祖　卓特立　游其藩俱政和間任　何兊
鄭紹　路舜中俱宣和間任　郭中行　柯孟宗　施禹
行俱建炎間任　詹阜然　崔璘　周次中　丘鐸　曹
勳已上二人見名宦志　江珩　葉拒　黃逸見名宦志　潘商老
張昉　陸楠已上俱紹興間任　何叔達　王瀛　任文茂
張鈞　林外　劉瀼俱乾道間任　佘善述　佘席珎

邵景之　符庶　闕消　王子陽　譙令憲　溪錄見名宦志俱淳熙間任　黄瑾紹熙間任　張擢　林振見名宦志俱慶元間任　何時中嘉泰初任　王□　陳嚞俱開禧間任　劉政忠　翁琛　趙彥仍　陳希黯俱嘉定間任　周果寶慶初任

（丞）趙璱夫寶慶間任

（主簿）顔師魯　孫昭先俱見名宦志

元

興化路總管府

（達魯花赤）萬家奴延祐中任　元奴至正中任

（總管）郭朶兒見名宦志　張元　魯威　哈都至順中任　呂君政　曲出　烏古孫澤見名宦志　安童　林德隆　袁仁上五

人俱至正間任　同知　廉大悲奴泰定中任　嗔眞奴　脫因都魯迷失　官保　教化　陳從仁俱至正中任　判官　完者都　延祐①間任　吳濤　林定老　馬哈馬沙　廼麻歹　柳伯祥上三人俱至正間任　推官　丁德孫　王謹　林德隆俱至正間任　經歷司　經歷　李約見名宦志　黃宗　袁正克克俱至正間任　知事　盧端智至順中任　韓哲至正中任　儒學教授　曹意元眞②初任　宋眉年　郭隚俱大德間任　趙必禳延祐中任　陳三正天曆中任　上官文子至順中任　黃燾　程克霖　葉應禮俱至正間任　學正　陳堯龍延祐中任　陳英觀　楊相

校注：①祐　②貞

孫俱至正間任

學錄林君輔延祐中任黃烈　黃德生俱至正間任

訓導王光朝　李厚　方槐生俱至正間任

錄事司錄事趙敬叔延祐中任楊德懋至正中任

莆田縣縣尹董用廣　禿堅帖木兒至正中任典史施杰延祐間任

僊遊縣達魯花赤倒剌沙至正中任縣尹任興至正中任主簿①要木束至正中任

興化縣縣尹蔡真　吳厚　龔衡　宋熹俱見名宦志

方景章至正間任主簿趙文渙見名宦志

校注：①要

國朝

文職

本府知府 蓋天麟 李春俱見名宦志 邢敬 耿惟寧 余原善 宋麟 周達 張仁 陳剛 徐濟見名宦志 于霖俱洪武間任 周宗璲 陳宗輝 李至剛見名宦志俱永樂間任 鍾旭 陳敬 余昊俱宣德間任 陸孜 胡琛俱正統間任 張瀾景泰初任 潘本愚見名宦志 常觀俱天順間任 岳正見名宦志 蔣雲漢 潘琴 陳表 劉澄 丁鏞俱成化間任

同知 趙享 劉昱 陳文璧 徐得源 孫凱

徐則敬 楊克儉俱洪武間任 張旭升見名宦志 程用常
張質 林越俱永樂間任 姚訥宣德間任 黃□ 劉忠俱正統間
任 高宏景泰初任 吳亮天順初任 胥襄 孫蘭 桂籍俱成化間
任 朱海弘治元年任 通判 尉遲閏見名宦志 曹大德 何文
會 龍光正 任剛 董彬見名宦志 孫敃俱洪武間任 朱
璧 嚴成 張鉉 惠節俱永樂間任 熊綸 丘彥肅
正統間任 陳廣 章盛 施斌 郝鏜 丁泰見名宦志 李
直 薛儁 趙仁 章哲 周正俱成化間任 推官 楊
□ 張政 褚仲良 姜名俱洪武間任 丁□ 蔡貴①

校注：①真

楊徵俱永樂間任　丁□　丁□　牧義　吳思諒　劉
希陽　陳宏　劉組景泰中任　徐文昌天順間任　薛偉　李
俊　張訓　鄭夔俱成化間任　馮卓弘治元年任　（經歷司）
（經歷）葉均洪武中任　周楫永樂中任　崔縯　黃敏見名宦志　陳紀
俱正統間任　歐陽寧見名宦志　張源天順初任　徐俊　王琰　陳
文　段徽俱成化間任　（知事）丁繼宗見名宦志　陳與亮　藍
政壹俱永樂間任　孫震　陳瑾　謝廷美俱宣德間任　葉永
寧正統間任　田壽景泰中任　周安天順中任　黃金　殷□俱成化間任
（照磨所）（照磨）費廣正統間任　趙善景泰間任　賈達天順初任　戴

晃　檀容　王順俱成化間任（檢校）馬騤永樂初任　馬宗道
宣德間任高義　徐復謙　岑斌俱正統間任　謝興景泰間任　莫
崇　岑義俱天順間任　崔綸　程後俱成化間任（儒學）
（教授）吳源　何敬　歐陽賢　鄭景周俱洪武間任　傅
顯　上官尹俱永樂間任　方璵宣德間任　毛信正統間任　戚貴景泰
間任　褚璵天順末任　王鏞　羅倫俱成化間任（訓導）吳叔向
万樸　柯欽　顧文　陳賢　黄孟仁俱洪武間任　姜
柱　龔璠　黄雋俱永樂間任　吳克謙　朱應　王公
拳俱宣德間任　趙以端　錢永　金鏞　申宏　曾暘

金文　陳煜　蕭亨俱正統間任　馬驥景泰初任　李爵　陳諫　方端俱天順間任　楊遜　宋瓛　張昕　陳敏　陳璉　張萬鍾俱成化間任　陳韶　程匡　朱鳳俱弘治元年任

莆田縣知縣任益　董仁仲俱見名宦志　王文焯　曾孚唯　羅□　朱性實　許英　劉玭正統中任　陳統　李景孟俱景泰間任　王常天順間任　張肅　王玉　葉璟　洪遠　林世遠　盧俊俱成化間任

縣丞趙宗源　胡克恭見名宦志俱洪武間任　劉誠忠永樂間任　佘□　葉叔文

鄭公勉 高順 何曾上三人俱正統間任 費進景泰間任 王翥

杜亭天順初任 趙蜀 王福 杜福 朱瑾俱成化間任 （主

簿）郭貞見名宦志 賈思 劉獻上二人俱永樂間任 袁文宣德間任

唐禮正統初任 馬璘 陳燦 栗茂天順初任 張文 蘇

坦 陳弘 譚銓 趙堅 孫敬 王文忠俱成化間

任 劉□弘治元年任 （典史）蔣德輝 季咸俱洪武間任 衛秉

初 李仲和 王玫 孔觀賜 沈忠宣德間任 張義

項孟善俱正統間任 陳廣景泰間任 施振 石嵩俱天順間任 樊

華 張灝 王讙 何廷獻 張謙俱成化間任 陸雄

弘治初任

儒學 教諭 方德舉洪武初任 徐鐸 余濟俱宣德間任 朱敏 危嶽俱正統間任 馬陞景泰間任 樊義天順間任 王器 任簡 楊瓘 程鳳儀俱成化間任 訓導 林稪 方德舉 阮良玉 陳振 勒思恭俱洪武間任 鍾鏞宣德中任 郭曜 朱子彰 郭應祥 謝震俱正統間任 陳璁 應進修俱天順間任 謝榮 余肆 楊廷用 潘紹俱成化間任 吳瑄 吳興貴俱弘治元年任

仙遊縣

知縣 周從善 顧思敬見名宦志 安處善 張溥俱洪武間任 李弼永樂間任 王彜見名宦志 丘孟貞 楊信 朱

華俱正統間任 龍禧景泰末任 孫廣 趙鑾俱天順間任 張勝
黃璨 彭昭俱成化間任 縣丞 岳仲芳 黃伯威 謝
有立 張寅 方寧保 張誠 龔鑑上二人俱永樂間任
薛本宣德初任 主簿 張鑫 張謹永樂間任 梁通 劉敏
聞聰宣德間任 典史 李宗侃 王信 洪忠 練閑
葉清宣德間任 李春 倪敬敏 葉本俱正統間任 葉德明
張威俱景泰間任 夏忠天順間任 汪肅 吳諄 林永通
胡昂俱成化間任 儒學 教諭 楊士良 張文淵
譚子敏俱洪武間任 葉原生 蔡陽俱永樂間任 熊宗性

陳光　張侗俱宣德間任　侯尚震　曾添恕俱正統間任　胡縉景泰間任　歐陽潘天順間任　楊庸　歐廷瓚　周高俱成化間任

訓導林壽　方夢　游宗　方文正俱洪武間任　沈玘　蕭瀌俱永樂間任　黃韺宣德間任　沈宗　鍾潮俱正統間任　仲順天順中任　黃孜　王琰　陳傳俱成化間任

廢興化縣

知縣吳旭　楊武俱見名宦志　劉泰正統間任

縣丞祝芳年見名宦志

典史王源正統間任

儒學

教諭黃灝永樂中任

訓導倪正正統間任

武職

興化衛指揮使司（指揮使）俞良輔　王允　盧鎮俱洪武間任　張廣永樂間任　張剛襲父廣職　張宏俱正統景泰天順間任　張瑄襲父剛任　張魁襲父宏職俱成化間任（指揮同知）李景齊洪武初任　王得法海　洪亮俱宣德正統景泰間任　王俊天順間任　法廣襲父海職成化弘治間任（指揮僉事）趙端　陳綦　呂德　程用　呂謙　胡敬俱洪武間任　黃聚由本衞右所百戶陞　胡瑛襲父敬職　陳用俱永樂間任　丁忠　徐忠　闞興俱宣德間任　丁晟　胡忠襲兄瑛職　闞能襲父興職俱正統間任　闞盛襲從弟能職　胡瑄襲父忠職俱天順間任　丁遠襲父晟職　闞玉襲父盛職　丁賢襲父遠職俱成化弘治間任　（鎮

撫鄧斌　阮忠俱洪武間任李福　會敬俱永樂間任會貴

景泰中任

左千户所（副千户）孫遇洪武間任（百户）孫斌　林得宗

羅繼孫

右千户所（千户）鄧忠永樂間任（副千户）陳明洪武間任（百户）黄

聚後陞本衛指揮僉事

中千户所（正千户）管綱正統景泰間任管瑄龔父綱職調福州右衛王

福成化間由本衛指揮同知降任（副千户）姚成洪武間任（百户）柳興

劉傑俱永樂間任

前千户所（正千户）王良洪武間任（百户）丁實洪武間任謝忠

林長俱永樂間任

後千户所（正千户）夏文洪武間任（百户）翁信後陞本衛所副千户永樂間任

平海衛指揮使司

（指揮使）張甦襲父宏職成化七年調

（指揮同知）王昊襲父輔職成化十二年任錢璧替兄堂職弘治二年任

（指揮僉事）朱熙襲父能職成化八年任孫禺襲父紀職成化十四年任張欽襲父濬職弘治二年任（鎮撫）胡紀襲兄綱職成化二十二年任

左千户所

（正千户）丘綱襲父福職成化十二年任（副千户）賈英襲父宏職成化間任魏輝替父椿職弘治間任（所鎮撫）戴宏成化間任（百户）姚洪　沈端　張清俱成化間任　平隆　温慶俱弘治間任

右千户所

（正千户）馮璟襲父能職成化間任（副千户）李杲襲父通職成化間任　林昂襲父瑛職弘治間任（所鎮撫）王璉　李信俱天順間任（百户）沈通　魯政俱天順間任　林明　馮清　宋榮　袁通　魏昇俱成化間任　謝鎮弘治間任

中千户所

正千户隋杰襲父俊職天順間任褚聦襲父斌職成化間任副千户劉勤替伯宣職李演替父鎮職俱成化間任百户呂聰王錠龐元鄭駛許震袁顯裼稚俱成化間任李旻張誠俱弘治間任

前千户所

正千户賈雍襲父昺職王玉襲父讓職俱成化間任副千户陳英替父貴職天順間任段玉替父讓職王儼替父勝職俱成化間任所鎮撫朱勇成化間任百户尹宏劉旺俱天順間任包旺許濬

裴鑑　張俊　陳宏俱成化間任　侯琮弘治間任

後千户所

（正千户）葉濃襲父禄職天順間任　劉俊襲父海職成化間任　（副千户）熊俊襲父清職天順間任　楊礎替父旺職成化間任　（所鎮撫）邵璇　孟禎俱成化間任

（百户）陳旻天順間任　繆能　宋珽　陳敬　戚源　史傑俱成化間任　錢賓　高崇　羅鎮俱弘治間任

莆禧千户所

（正千户）李琇襲叔舅職　梁通襲父杰職俱成化間任

副千户武智襲兄英職景泰間任曾昊襲父榮職天順間任王俊襲父昇職成化間任所鎮撫孟瑛成化間任

百户陳忠天順間任許銘黃暹王能李順俱成化間任

國朝

福寧州

文職

本州國初為福寧縣成化九年陞為州知縣郭徽趙仲名龍存仁尹昌隆上二入見名宦志已上俱洪武間任鄭不已陳思恭秦

海俱永樂間任 錢宥 婁希賢俱宣德間任 項智 劉淵俱正統間任 胡廷芳 韋志俱景泰間任 賀敬 易珪俱天順間任 岳俊成化初任 嚴述 郭淳見名宦志 宋昌 鍾晉 石名振 黃嘉齊 胡浚 吳得茂 儲錞永樂間任 范伯高 盧敏俱宣德間任 呂順 余忠 陰允 葉琬俱正統間任 梁惠 高必旺俱景泰間任 施□ 宣謙俱天順間任 胡惟一 劉福介俱成化初任 王濤 周常 盧中澤 張道善 彭友慶 朱暉俱永樂間任 陳灝① 王絖②俱宣德間任 夏穀 王薦 黃政俱正統間任 趙熙 高瑛俱景泰間任

校注：①灝　②純

楊安　吳㝎道（俱天順間任）　葉克恭　王存芳（俱成化間任）

〔典史〕陳九恩（洪武末任）　蔣政　王文　吳孟春　蔡㝎

剛　陳盛禮（俱永樂間任）　陳昉　唐鑑　朱昂（俱宣德間任）

劉釗　劉榮祖　宋安（俱正統間任）　胡湘（景泰間任）　陳亨（天順間任）　平文（成化初任）

〔儒學〕〔教諭〕陳子文　趙鼎（俱洪武間任）

章繆　趙聰　陳孟賢　詹叔長（俱永樂間任）　鄧燁（宣德初任）　程奎　程逵（俱正統間任）　彭素（景泰間任）　羅英祖（天順間任）　王臣　曾敏（俱成化間任）

〔訓導〕吳子恭　徐以年　龔昇（俱洪武間任）　李昕　陳啓　成規①（俱永樂間任）　王泗（宣德初任）

校注：①規

劉奭　林文昇俱正統間任　申宏景泰間任　葉永安天順間任　舒

洪①朴成化初任

知州劉豪　張遜　郭祥鵬俱成化間任　同知張翀　馬迪

俱成化間任　判官黄晟　蔣瑛俱成化間任　吏目顧平通

周綸　關錦俱成化間任　儒學學正丘秉中成化間任

訓導佘恒　陸齡　倪禹　聶綸俱成化間任

寧德縣知縣王溥　朱政俱見名宦志　陸仲蔚洪武中任　關司

誠見名宦志俱洪武間任　賈得善　張初　詹應　許希顏

俱見名宦志　鮑玄興　董景鳳　裴高　鄭文睿景泰間任

校注：①衍“洪”字

周暹天順初任 周鐘 胡麓 江偉 王緬 鄭鎬俱成化間任

縣丞 笪永醲宣德間任 顏清 董庸 潘貴景泰初任 謝榮天順初任 黃昭 危成 蔡鎰 潘璇 何壽俱成化間任

主簿 曾奉 劉福 楊恕 江思堡景泰間任 黃端暉 陳文信 徐靖 朱珎 嚴凱上三人俱成化間任

典史 黃明 何源清 姚崇正統間任 韓永 王曦俱天順間任 蔡滲 李璇 陳洪 謝俊 曾鑑俱成化間任

儒學 教諭 戴福海 丘伯安俱洪武間任 俞罙 戴本俱永樂間任 林約仲宣德間任 張協正統間任 楊思勉景泰間任 李

輔天順間任陳褒　羅恒俱成化間任（訓導）林載　陳山南
陳養之　林士琦俱洪武間任高德　周泰俱永樂間任陳
則中　蔡智宣德間任張景悌　盧純俱正統間任俞浩
董秀　劉貴俱景泰間任傅賢　彭鑾俱天順間任蕭玉
周鉉　戴肅　陳曇俱成化間任
福安縣（知縣）崔孚　葉禮　李讓　黃理　鄭齊上二
人見名宦志已上俱洪武間任李思明　周南俱永樂間任陳庸　史
昇　徐永進俱宣德間任沈鑄　葉誠忠俱正統間任孟充
景泰間任陳謨　陳震俱天順間任郭綱　劉順　駱善俱成

化間任

縣丞

王桂洪武末任　夏試永樂間任　劉宗勝宣德間任　項庸　何靖　胡晨見名宦志俱正統間任　楊瑾天順間任　曹銓　趙璉　項鎡　鮑恭俱成化間任

主簿

陳侃文永樂間任　杜琮諶宣德間任　張瑀正統間任　張源　陳恭　陳善俱天順間任　侯銘　陳禮　高球俱成化間任

典史

史迪　何靖俱永樂間任　張昌宣德間任　田清正統間任　周福　金孟遠俱天順間任　張敬　戴遠　沃愷　常瑤俱成化間任

儒學教諭

包廉永樂間任　孔鐸宣德初任　何擴　王政俱正統間任　包祥景泰間任　左惟德天順間任　俞瑛　項孔昌　成矩　戴讓

俱成化間任　訓導卓惟善洪武末任　王洇永樂初任　胡文秀　徐忠宣德初任　余昱　倪瑾　董仕顯正統間任　郭琬　樂洪俱天順間任　駱俊　嚴璇　黃節　趙漂　李堅俱成化間任

武職

福寧衛指揮使司　指揮使平宏永樂間任　周麟由本衛指揮同知陞　盧英俱正統間任　金昂　周琪襲父麟職　平容襲父宏職　盧清襲父英職　金璋襲父昂職　周鐸襲父琪職

指揮同知張政永樂間任　周彬　鄧林俱宣德間任　沈榮　周麟襲父彬職俱正統間任　張武襲父政職　鄧

榮襲兄沐職張翔襲父武職沈璡襲父榮職鄧剛襲兄榮職（指揮僉事）

張義　汪祥俱洪武間任王端永樂初任張忠襲父義職汪濬襲父

祥職張勝洪熙初任朱旺宣德間任王銓襲父端職張勳襲父忠職汪鑑

襲父濬職朱福襲父旺職張宏襲父勝職朱珎襲父福職王源襲父銓職張

麟襲父勳職汪茂襲父鑑職（經歷司）（經歷）梅旺永樂間任謝

子諭宣德間任劉冲正統間任鄭益景泰間任馮澄天順間任周立

周建　李瑛　楊序俱成化間任（知事）王護景泰初任白□

天順間任郜春　陳弘綱　王端　聶裕　余秀俱成化間

任（鎮撫）于諒永樂間任張成宣德間任于斌襲父諒職張旺襲伯

父成職　于俊襲父斌職　張福襲兄雄職　張昇襲父福職

千户所（正千户）高啓　李英俱永樂間任　李實襲伯英職　李龍襲父實職（副千户）穆雍　朱宏由右所調　朱俊襲父宏職俱成化間任

右千户所（正千户）吳真洪武間任　吳貴襲父真職　吳彤襲父貴職（副千户）朱真　焦玉　門貴俱永樂間任　門政襲父貴職　朱宏襲父真職　焦璟襲父玉職　門福襲□政職　焦定襲父璟職　焦壽襲堂兄定職　門韜襲父福職（百户）金廣成化間任　楊銘景泰間任　許政弘治間任

中千户所（正千户）張斌永樂間任　張瑄襲父斌職（副千户）謝暘

洪武間任謝員襲父賜職謝銓襲父員職（百戶）宋鑑 彭馨俱成化任

前千戶所（正千戶）王貴永樂間任劉忠宣德間任王綱襲父貴職劉榮襲父忠職劉壇保襲□榮職王俊襲父綱職（副千戶）平大文洪武間任平思敬襲兄大文職柯盛永樂間任馬驢兒宣德間任平思恭襲兄思敬職平江襲父思恭職柯源保襲父盛職馬翏襲父驢兒職柯俊襲父源保職馬潮襲父翏職平欽襲父江職（百戶）劉斌 張文

後千戶所（正千戶）劉壇保由本衛前所調天順間任（副千戶）丁文 劉泉俱洪武間任丁銳襲父文職劉琇襲父泉職劉銑襲父琇職丁琮襲父銳職劉鋹襲兄銑職（百戶）劉春天順間任耿亮 朱明俱成化任

大金千户所（正千户）佘春永樂間任　詹榮　佘亮襲父春職　張
得正統間任　詹福襲父榮職　張儀襲伯得職　佘宏襲父亮職　詹玉襲父福職
張觀襲父儀職（副千户）高信啓之子由左所正千户降　高翬襲父信職
（所鎮撫）李英天順間任　周裕成化間任（百户）高貴　易福俱天
順間任　宋璉　龔恵　李晏　劉英　朱榮俱成化間任
定海千户所（正千户）高雲襲兄勝職成化間任　湯淏替父瓛職　郭霖
替兄信職俱弘治間任（副千户）方宗襲祖義職　李榮襲父茂職俱天順間任
（所鎮撫）葛貴天順間任　張澄成化間任（百户）僉元　宋玘
盧順俱天順間任　朱景　楊濤　趙澄　丁禎　方春

任定俱成化間任

鎮東衛指揮使司（指揮使）丘宣替父讃職　劉綱襲兄釗職　盛裕替父

琮職俱成化間任　胡英襲父政職弘治間任（指揮同知）秦瑛襲父鄒指揮僉

職成化閒調（指揮僉事）黄剛襲父貞千户景泰間陞　閻陞襲父璇職　戴

昱替父琯職　高俊替父倒刺火只職賜姓俱成化間任　商玉襲父義職弘治年任　鎮

撫趙瑢替父震職天順間任　李俊替父誠職成化間任

左千户所（正千户）寇麟替父禎職　王平替父晉職　張勝替父瑛職俱成

化間任（副千户）甯傑襲兄俊職成化間任　龐鈺襲父鑑職弘治間任（百户）

郁旺景泰間任　徐斆天順間任　梅盛　孫壽　翟雄　李宣

謝源　莫俊　馬政　周潮俱成化間任

右千户所副千户王玉替父清職崔震替父福職俱成化間任百户

金玉　陳良　牛通　殷經俱天順間任林鈺　林義俱成化間任童廣弘治間任

中千户所正千户穆琮襲父晟職景泰間任顧寧襲父爽安兒職天順間任

李剛襲父誠職成化間任王佐襲父瑄職成化間任副千户呼志襲兄忠職成化間任

盧璁襲兄琭職劉[illegible]襲兄敬職俱弘治間任百户趙進　王恕

沈亮俱天順任劉鑾　紀順　葉錦　何俊　張傑

宋玉　楊福俱成化間任

前千户所（正千户）許昇替父政職任暹替父安職曹謙襲父綱職俱成化間（副千户）吳杰替父漢職林安襲祖瑄職俱謝鋼襲父崑職弘治間任（百户）朱興正統間任楊寧顧海俱天順間任王明夏勝黄仁俱成化間任

後千户所（正千户）陳良替父俊職趙鏞襲父嵩職俱成化間任（副千户）宋瑛襲兄璉職黄欽襲祖信職俱成化間任（百户）孫興馮慶俱天順間任李福黄鈺趙震鄭傑高福表珎俱成化間任

中左千户所（正千户）童瑛襲父政職姜安襲兄寧職俱成化間任（副

千户趙成襲父亮職成化間任（百户）鄧鏞天■間任姜清　林宏

趙淮　曾榮俱成化間任

梅花千户所（正千户）蕭慶替父旺職景泰間任王瑛替父貴職吳斌襲父榮職成化間任俱李洪替父廣職弘治年任（副千户）張泰襲父璽職景泰間任孫昇替父瑞職弘治年任（百户）龔瑄天順間任龔德　周景

李鏞　王通　陳裕　邢亮俱成化間任孫靖　黃鉉俱弘治間任

萬安千户所（正千户）張榮襲父順職天順間任夏昇替父璉職成化間任

（副千户）王釗襲父勝職天順間任陳恕襲父能職許震襲父宗職宋俊

襲□□職俱成化間任（百户）馮珊天順間任　李鎰　夏旭　侯昇

陳鑑　張俊俱成化間任（所鎮撫）王廣天順間任　汪浩　翁

福　郝鑑　陳禮　李彪俱成化間任

八閩通誌卷之三十五

秩官

名宦

方面

唐觀察使李椅○大曆間為福建觀察使崇學校勵風俗○按閩中記云李郕公錡大曆中廉按此①部乃大啓府學勸誘生徒而重修學記則云李椅考之唐書李錡未嘗有郕公之稱亦未嘗官福州疑當以學記為正

常衮京兆人建中初以前宰相起為福建觀察使始閩人未知學衮至為設鄉校使作為文章親加講導與為客主均禮觀游燕饗與焉由是俗一變歲貢士與內州等卒于官後閩人立祠郡學春秋祀之○是時不別置刺史多以福建觀察使守福州刺史衮蓋亦然也

吳湊濮州濮陽人貞元四年為福建

校注：①此

觀察使蒞政勤清美譽四騰湊起自外戚才敏銳
務所建白而謙畏自持富貴令終為世外戚表云**柳冕**
字敬叔蒲州河東人貞元中以立朝論議勁切執政不
善出為婺州刺史尋徙福建觀察使自以久疎斥乃上
表乞代且推明朝覲之意曰朝會禮之本也自安史亂
常始有專地四方多故始有不朝臣忝牧閩之寄憤不
朝之臣忍一入覲率先
天下表累上德宗許之**閻濟美**貞元末由婺州刺史為福州觀察使先是觀察
使栁冕奏於閩中置監牧
馬民間怨苦濟美奏罷之**李景溫**字德己并州文水人歷諫議大夫福建觀
察使能華州刺
史以美政聞

宋福建路安撫司

張浚字德遠漢州綿竹人紹興間以
前宰相充福建安撫大使兼知福州閩俗健訟浚入境
一切諭以義理飭守令誠意民事令鄉里老長知書者
率勸後生及强悍者毋為鄉黨羞民皆戴仰每出觀者
至升屋登木如堵凡細大之事必躬理之訟事清簡山
海之寇招撫無餘待引秀士與之講論復奏以寧德芹
溪籍沒田入學以贍養士去郡之日軍民送者咨嗟號

泣相屬於道

葉夢得字少蘊蘇州吳縣人紹興間以觀文殿學士知福州兼福建安撫使海寇朱明猖獗詔夢得挾御前將士便道之鎮或招或捕或誘之相戕遂平寇五十餘郡

辛次膺字起季萊州人紹興二十八年以左中大夫敷文閣待制知泉州明年移知福州兼福建安撫使為政貴清靜先德化所至人稱其不煩亦無絲毫掛吏議

汪徹字明遠其先新安人徙居饒州浮梁乾道間自寧國移知福州兼福建安撫使嘗自言其起寒遠所以報國惟無私不欺爾其自奉清約雖貴猶布衣特

陳俊卿乾道間以前宰相知福州兼福建路安撫使政尚寬厚獨嚴於治盜海道晏清轉運判官陳峴建議改行鈔鹽法俊卿懇書宰執極言福建鹽法與淮浙異遂不果行明年請祠歸淳熙初再知州事民習其政不勞而治始至帑藏空竭俊卿節省浮費用亦不乏會有旨盡發本路海船及揀中禁軍士俊卿皆奏止之俊卿治郡崇尚風教所至民相率為生祠且立碑以頌俊卿亟禁止而碎其碑

鄭僑紹熙中知福州以簡靜致理罷義倉和糴之需

減古田偏重之賦慶元中除本路安撫使再知州事

辛棄疾字幼安齊之歷城人始從耿京歸宋紹熙二年提點福建刑獄尋知福州兼福建安撫使棄疾為憲時嘗攝帥每歎曰福州前枕大海為賊之淵上四郡民頑獷易亂帥臣空竭急緩奈何至是務為鎮靜未期歲積鏹至五十萬緡牓曰備安庫謂閩中土狹民稠歲儉則糴于廣今幸連稔宗室及軍人入倉請米出即糴之候秋價賤以備安錢糴二萬石則有備無患矣又欲造萬鎧招强壯補軍額嚴訓練則盜賊可以無虞事未行為臺臣王藺所劾遂乞①詞歸

蔡幼學嘉定間知福州進福建路安撫使政主寬大惟恐傷民福建下州例抑民買塩以戶產高下均責者曰產塩以交易契紙錢科敷者曰浮塩皆出常賦外久之遂為定賦幼學力請蠲之不報提舉司令民以田高下藏新會子不如令者籍其②貴幼學曰罔民而可吾忍之乎惟有去而③巳因言錢弊未均秤提無術力求罷去

楊長孺吉水人嘉定間知福州兼福建安撫使理宗嘗問廉吏真德秀對曰莫如長孺之守閩今廉吏也

楊棟

校注：①祠　②貲　③已

字元極眉州青城人理宗朝提點福建刑獄尋權知福州兼本路安撫使棟之學本諸周程嘗進對帝曰止是正心修身之説乎棟對曰臣所學止此用之事親取友治凋郡察寃獄至為簡易

魏了翁字華甫卭州蒲江人嘉熙初自紹興改知福州兼福建安撫使累章乞骸骨詔不允疾華復上疏門人問疾猶衣冠相與酬答且曰吾平生處已澹然無營口授遺奏少焉拱手而逝

趙必愿字立夫汝愚之孫也淳祐五年知福州福建安撫使三辭不許必愿平易以近民康信以淳俗惻怛以勤政行鄉飲酒旌退士獎高年裁僧寺實封之數尤留意武事甫入境即以軍禮見戎帥申明左翼軍節制事宜措置海道修水教士卒知勸居官四年累乞歸及命召又三辭皆不許卒

徐清叟淳祐間以寶章閣直學士自溫州改知福州福建安撫使史稱清叟風采凛乎班行之間

吳潛字毅夫宣州寧國人淳祐間知福州兼本路安撫使①徙知紹興府後拜右丞相理宗在位長久命相寔多若潛之忠亮剛直才數人焉

吳淵字道父潛之兄也寶祐間知福

校注：①徙

州兼本路安撫使後以功拜參知政事淵有材略迄濟事功所至興學養士然政尚嚴酷故時有蝗蚣之謠

馬天驥字德夫衢州人景定初知福州兼福建安撫使以職事修舉升大學士改知平江府史謂其未見卓然有可稱道者

江萬里字子遠都昌人景定四年知建寧府兼權福建轉運使明年移知福州兼福建安撫使度宗即位累遷參知政事咸淳十九年元兵渡江先是萬里鑿池後浦扁其亭曰止水至是竟赴止水死

洪天錫晉江人初知古田縣行鄉飲酒禮邑劇牒繁猥多天錫剖決無留難有倚王邸勢殺人者誅之不少貸度宗初為福建安撫使亭戶買鹽至破家隕身者天錫首罷之民作佛事以報罷荔枝貢召為刑部尚書

王晞亮字季明莆田令保隆六世孫也紹興中為福建安撫司幹官兩任會山寇竊發焚劫郡邑帥獨委晞亮從軍俾授諸將方略時大將馬鈐韓京不相稟承寂難調護晞亮周旋其間處置得宜諸將或陷賊或罔上晞亮以輕重論罰功罪明允以故俞澂明五里龍數年逋誅之寇皆束手請命

李誠

之字茂欽婺州東陽人受學呂祖謙慶元間幹辦福建安撫司公事嘉定十四年守蘄州已逾滿代者不至欲先遣其孥歸聞金人犯淮南遂慨然為死守計料敵應變屢破金兵會黄州失守金人併兵攻蘄州城陷與其妻孥俱死之

徐鹿卿字德夫隆興豐城人嘉定間教授南安軍辟幹辦福建安撫司公事會汀邵寇作鹿卿贊畫備禦動中機會避寇者入城多方賑濟全活甚衆郡多火灾救護有方後改知尤溪真德秀守泉復辟宰南安鹿卿居官廉約清峻毫髮不妄取

燕度字唐卿青州益都人嘉祐中知州事閩故多盜度請假事①權制置一道遂加兵馬鈐轄度有心計所至善狀日聞

姜特立字邦傑麗水人淳熙中累遷福建路兵馬副都監海賊姜大獠②寇泉南特立以一舟先進擒之帥臣趙汝愚薦于朝除閤門舍人後與譙熙載俱得倖光宗特恩無所忌憚時人謂曾覿龍大淵再出

福建路轉運司

楊克讓字慶孫同州馮翊人太平興國初以兩浙西南路轉運使権知州事泉州民嘯聚為盜衆十餘萬克讓即率其屯兵

校注：①權　②閤

至泉州與王明王文寶共討平之〇三山志謂克讓以本路轉運使權知蓋是時錢氏初納土福建猶屬兩浙西南路也

牛冕字君儀徐州彭城人端拱初為福建轉運使建議廢邵武軍歸化金坑土人便之

陳世卿字光遠南劍人景德初知建州真宗知其才幹踰月授福建轉運使規畫南劍州安仁等銀場歲增課羨詔獎之

趙湘字巨源華州人嘗為福建路轉運使史稱其廉問疾苦按不稱職者世不多見也

龐籍字淳之單州武城人初為殿中侍御史數劾范諷罪諷貶籍亦降知臨江軍景祐中尋復官徙福建轉運使籍長於吏事治民頗有惠愛及為相聲望稍減

盧革字仲辛湖州得清人神宗時為福建轉運使請外①神宗謂宰相曰華廉退如是宜與嘉郡遂與宣州

朱宗字成德仙遊人紹興初建安盜起制置使誅捕無功除宗福建轉運使趣入對宗曰愚民窮困無聊弄陛下兵將吏養寇弗除誅斂益急將盡驅齊民為盜乞遐還制置使專付臣綏集之復移書責制置使辛企宗不當復募兵誅責粮餉卒如其策而盜平

祖

校注：①外

秀實浦城人紹興中為福建轉運使事之害民者一切革去賦入率先諸路

陳良祐字天與婺州金華人隆興初為福建轉運使後累遷吏部尚書朝廷議遣汎使請地於金良祐俱開釁端力止之忤旨竄斥而甘心焉淳熙間起知徽州尋知建寧府卒

陳良翰字邦彥台州臨海人隆興中知建寧府乾道初徙福建轉運副使良翰在臺府時歷詆奸倖直言無隱事上忠而自信篤足以當大任

高斯得字不妄邛州蒲江人寶祐中為福建計度轉運副使朝廷行自實田斯得言按史記秦始皇三十一年令民自實田主上臨御適三十一年而異日書之史冊自實之名正與秦同丞相謝方叔大媿即為之罷後以顯文閣待制知建寧府官至參知政事以論賈似道誤國留夢炎乘間罷之於是宋亡○自實田謂令民自具田畝實數

家鉉翁眉州人宋末知建寧府兼福建轉運副使後僉書樞密院事元兵次近郊鉉翁獨不署降表宋亡旦夕哭泣不食飲者數月成宗即位放還賜號處士錫賚皆不受竟以壽終

蔣之奇字永叔常州宜

興人新法行為福建轉運判官時諸道免後推行失平之奇約儆庸費隨筭錢高下均取之民以為便之奇為部使者及典會府俱以治辦稱且孜孜以人物為己任在閩嘗薦處士陳烈每行部必造之特以畀歐陽修之故為清議所薄

孫鼛字叔靜錢塘人徙江都徽宗時為福建轉運判官召為屯田員外道遇蔡京京逆謂曰我若用於天子願助我鼛正言拒之

趙令詪字君序宋宗室也紹興中由永豐丞累遷福建運判兼提點刑獄公事令詪涖事明敏有風采在朝多所建白但在廣東日嘗與副使章𡟉不協陰中以法陷𡟉於死世以此少之

林枅福唐尉攢九世孫也淳熙中除直秘閣福建路轉運判官申豁汀州無額經總制錢減放寧化泰寧兩縣鹽米論漳州子斗司收諸絕產為豁除諸縣稅色有旨兼領泉州

薛叔似字象先其先河東人後徙永嘉光宗時為福建轉運判官後為端明殿學士言者謂其迎合韓侂胄以開兵端又謫福州叔似雅慕朱熹窮道德性命之旨談天文地理鍾律象數之學

袁甫字廣微慶元府鄞縣人端平初

知建寧府尋兼福建轉運判官閩盬隸曹司例運兩綱供費後增至十有二吏卒並緣為奸且抑州縣變賣公私苦之甫奏復舊例丁米錢久為泉漳興化民患會知漳州趙以夫請以廢寺租為民代輸甫并捐三郡歲解本司錢二萬七千貫助之

陳塤字仲和慶元府鄞縣人嘉熙初為福建轉運判官塤輕財急義明白洞達一言之出終身可復雖為史彌遠之甥然不以私親而廢天下之公論

方大宗嘉熙末為福建轉判官時歲荒閩人艱食首發常平賑糶自鄉郡始上四州委寓士蔡抗措置糶事改創富沙廟學撤去建安魁星祠決滯訟禮高年閑防鄉郡撓政未嘗以公帑遺故舊

余祖奭主管福建轉運司文字時建卒葉儂叛逼漕臺官吏竄匿祖奭挺身諭賊曉以逆順賊感其誠遂退

趙彥橚字文長宋宗室也累官福建路運幹屬邑負振盬本錢數千萬累歲不能償彥橚白其長蠲之

提刑司

馬亮字叔明廬州合淝人淳化間知濮州會諸路轉運司置糾察刑獄官以福建路命亮覆訊寃獄全活者數十人遷知福州蘇易簡薦

亮才任繁劇召還後以太子少保致仕呂夷簡少時從其父蒙亨為縣福州亮見而奇之妻以女世以亮為知人但所至無廉稱

王陶 嘉祐中提點福建路刑獄以滌寃澤物為心日著聲譽但深詆陳烈為貪詐極攻韓琦如仇讎又忘故人姜愚布衣之義君子少之○按大明一統志及三山志俱不載其字及其州邑宋史有字樂道者京兆萬年人考其出仕正在此時疑即此人也

羅拯 字道濟祥符人提點福建刑獄泉州興化軍水壞廬舍拯請勿征海運竹木經一年民居皆復其舊遷轉運使邵武之光澤不榷酒以課賦民號黃麴錢拯均之他三邑人以為便泉商黃謹往高麗館之禮賓省其王云自天聖後職貢絕欲命使與謹俱來至是拯以聞神宗許之遂遣金悌入貢高麗復通中國自兹始

陳桷 字季任温州平陽人宣和七年提點福建路刑獄福州調發防秋兵資糧不滿望殺帥臣爕生倉卒吏民奔潰闔城震駭桷入亂兵中諭以禍福賊氣沮邀桷奏帥臣自斃桷詭從其請間道馳奏以前奏不實待罪朝以桷知變釋之叛兵既調行乃道追殺

黄忠二十餘人一方以安建炎間復除福建路提刑尋以疾乞祠紹興五年除直龍圖閣知泉州

廖剛建炎中丁父憂服闋除工部員外郎以母疾辭紹興初盜起旁郡官吏悉逃①去順昌民以剛為命剛諭從盜者使反業既而他盜入順昌部使者檄剛撫定剛遣長子遲諭賊賊知剛父子有信義亦散去除本路提點刑獄

鄭興裔字光錫開封人乾道間為福建路兵馬鈐轄過闕入見詢以守令臧否興裔條析以對帝曰卿識時務習吏事行當用卿會復置武臣提刑就命為之郡縣積玩檢驗法廢興裔剏為格目分畀屬縣吏不得行其奸因着為令建劍汀邵鹽筴屢更漕臣請易綱運為鈔法興裔極言其不可海寇倏去忽來調兵常無及興裔請置澳長寇至徑率民禦之○興裔舊志作興宗

王大寶字元龜其先系溫陵徙潮州紹興中提點福建刑獄道臨漳有峻嶺曰蔡岡叢薄蔽翳山石犖确盜乘間剽劫大寶以橐金三十萬募民抉藪鑿道十餘里行若使之

方庭實紹興中以論和議力請外補出為福建提刑時海盜竊發初以庭實為儒

校注：①逃

生易之庭實引用鄭廣輩得以盜禦盜之法遂相次遁去又奏除福建鋪例和買之害發泉州常平米斛以賑旱饑民賴以濟

謝師稷淳熙中爲福建提刑與判除弊有惠以及於民詳見邵武府人物志

周必大字子充廬陵人孝宗時權給事中曾覿龍大淵得幸並遷知閤門事必大力阻之遂出知南劍州改提點福建路刑獄後拜左丞相

李孟傳字文授越州上虞人寧宗朝爲太府丞兼考功郎以不附韓侂胃①出提舉江東常平移福建詔入對首論用人宜先氣節後才能並招徠忠讜以扶正論於人有在政府者折簡問勞勤甚孟傳逆知其意即謝曰孤蹤久不造朝獲一望清光而去幸矣對畢即出閩至閩大饑發廩勸分民無流殍嘉定初就遷提點刑獄

王爚字仲潛紹興新昌人淳祐中提點福建刑獄爚爲人清修剛勁賈似道歸天台塟母過新昌爚獨不見之後以元老入相位值國勢危亡之際天下所屬望也而卒與陳宜中不協而去

包恢字宏父建昌人淳祐中提點刑獄閩俗以九月祠五王生日輦金帛傾市奉之恢曰彼非犬豕

校注：①胄

安得一日而五子同生非不祥者乎而尊畏若是衆感悟為之衺①止恢歷仕所至破豪猾去奸吏政聲赫然

李伯玉 字純甫初名誠饒州餘干人理宗朝提點福建刑獄後又提舉本路常平度宗欲用以叅大政賈似道忌之而伯玉尋卒趙汝騰嘗薦伯玉謂銅山鐵壁立朝風節大較似之

余武弼 字直孺祖奭子以文林郎充福建提點刑獄檢法官適臨汀剽聚成擒多武弼之策

提舉常平茶司

鮑由 字欽止處州龍泉人徽宗朝提舉福建常平由常②從王安石學又覩象蘇軾以詩文名世

應孟明 字行實婺州永康人淳熙中為福建提舉常平陛辭帝曰朕知卿愛百姓惡贓吏事有不便於民宜悉意以聞孟明至部具以臨遣之意咨訪之帝一日御經筵因論監司按察曰朕近日得數人應孟明其冣③也尋除江東提點刑獄

蔡幼學 字行之温州瑞安人光宗朝為校書郎寧宗將進用之時韓侂④胄方用事指正人為僞學異論者立黜幼學遂力求外補特除提舉福建常平既至官日講荒政朱熹居建陽幼學每事咨訪遂為御史

校注：①衰　②嘗　③最　④胄

劉德秀劾羅奉祠

湯漢字伯紀，饒州安仁人。寶祐間提舉福建常平，劾福州守史嵒之、泉州守謝堇，後又判福建轉運，及兩知福州兼福建安撫使。漢介潔有守，恬於進取

趙逢龍字應甫，慶元之鄞人。歷提舉廣東湖南福建常平，每至官，有司例設供張，悉命撤去，日具蔬飯坐公署，事至即面問決遣。為政務寬恕，撫諭惻怛，一以天理民彝為言，民是以不忍欺。居官自常俸外，一介不取，賦有逋負，悉為代輸，尤究心荒政，以羨餘為平糴本

陸祐候官人，為福建茶盐司幹辦公事，其於茶法盡心講究，無所苟。每謂搉無良法，能以仁恕存心，寬其禁網，使公家不失大利之源足矣。泉南當海舶運輸之衝，部使者欲復市易，祐曰此漁奪之術也，言之切至乃止

南外宗正司**王邁**為南外睦宗院教授時，真德秀守福州，邁竭忠以裨郡政，相從甚懽

使臣**呂文仲**字子臧，歙州新安人。雍熙中以左工①言巡撫福建，後改刑部侍郎。文仲富辭學，器韻淹雅，嘗使高麗，善於應對，清潔無求，遠俗②脫之，然性頗齷齪，不為時論所許

方嶠仁宗

校注：①正　②悅

朝爲都官員外郎罷籍孫沔①交薦其可用余靖韓宗彦又以才行遺逸舉之會道使寬恤諸路民力乃以嶠使福建嶠詢訪利病條上者甚衆後赦令施行多嶠所言

元福建行中書省

高興字功起蔡州人少慷慨多大節世祖既滅宋充儹發招討使從帥臣平福建漳三州詔立福建行省而命興立行都元帥府②於建寧以鎮之遂平黄華高日新等叛亂遷浙東道宣尉使平處州福建及温台海洋群盜尋爲紹興福建等處征蠻右副都元帥平漳州高安寨及陳吊眼諸盜改制西宣③尉使黄華復叛興疾趍與福建軍合而平之後以參知政事行福建宣慰使降漳州盜歐狗遷福建行省右丞以征爪哇功拜福建行省平章政事

史弼字君佐一名塔刺渾蠡州博野人通國語膂力絶人至元二十一年黄華反建寧春復霖雨米價湧貴弼時任浙西宣慰使即發米十萬石以平價糶之而後聞于省省臣欲增其價弼曰吾不可失信寧輟吾俸以足之省不能奪益出十萬石建民賴以不飢二十九年拜福建行中書省平章政事

廉惠山海

校注：①沔　②③慰

牙字公亮畏吾人也布魯海牙之孫弼冠大臣欲俾入宿衞辭曰吾大父事世祖以通經號廉孟子方今設科取士願讀書以科第進至治初登進士第至正間累遷福建行省右丞以兵鎮延平邵武境内以寧居歲餘奉詔還治省事總備禦事且督賦稅由海道供京師朝廷賴焉

忙兀台蒙古達達兒氏宋二王航海世祖命忙兀台為閩廣大都督行都元帥府事與江西右丞塔出會兵收之降漳州守將何清尋拜參知政事詔與唆都等行省于福鎮撫瀕海八郡沙縣盜起忙兀台復討平之既而唆都召還中書言唆都在福建蠹下擾民致南劍等路往往殺長吏叛及忙兀台至招來七十二寨①建寧漳汀稍獲安樂有旨忙兀台仍鎮閩未幾轉右丞時宣慰使王剛中以土人饒貲頗擅作威福忙兀台慮其有變奏移之他道拜江淮行省平章政事

董文炳字彦明真定藳城人宋既亡文炳以中書左丞奉詔討未下郡縣師既踰嶺閩人惟迎載道漳泉建邵皆送款文炳悉慰撫之不妄殺一人惟興化汀未下文炳欲招之或曰遣一偏師如太山壓卵耳何以招為

校注：①寨

文炳曰：執迷不服，獨陳參政耳，民何辜？寧不能為數萬衆忽須臾哉？未幾，吳浚等以汀、泉歸，興化又不至，乃發兵討之。閩人室家相保，井里如故，業市不移，民德之，衆深建生祠祀焉。○陳參政謂文龍也。

忽剌出　蒙古氏。從伯顏取宋，屢立戰功。至元十九年，為福建行省左丞。黃華叛，同高興等平之。

唆都　札剌兒氏。驍勇善戰。宋亡，留董文炳守臨安，擇唆都為副。時備婺諸州兵起，唆都悉平之。又攻下建寧府松溪縣并懷安縣。遷福建道宣慰使，行征南元帥府事。令其子百家奴破宋兵於崇安，奪南劍州，降福州守臣王積翁，破興化軍，攻降漳州。進參知政事，行省福州。

焦德裕　字寬父，雄州人。通左氏春秋，拳勇善射。世祖時累立戰功，而宅仁恕，不事苛刻。拜福建行省參知政事。

虎都鐵木祿　好讀書，與學士大夫游，字之曰漢卿。仁宗嘗顧左右曰：彼字漢卿，漢名卿不讓也。其母姓劉氏，故人又稱之曰劉漢卿。至元末，為福建行省郎中。延祐中，大臣以浙東倭奴商舶貿易致亂，奏遣漢卿宣慰閩浙，撫戢兵民，海陸為之靜謐。

栢帖穆爾

宇君壽嘗古人居官所至以應能著聲至正中累遷福建行省左右司郎中　國朝兵至福州栢帖穆爾知城不可守引妻妾坐樓上慷慨謂曰丈夫死國婦人死夫義也今城且陷吾必死若等能吾從乎皆泣曰有死而已汝繼而死者六人有十歲女度其不能自死則給之曰汝擠顙拜佛庶保我無恙也甫拜即挈囊米壓之死獨念宗祀不可絕有男僅三歲命乳媼抱匿旁近民舍而斂金珠畀之曰即有緩急可以此贖兒命有頃兵入城即舉燈自燃四圍窓火大發遂自焚死

王翰字用文廬州人初襲父爵為領兵千戶省憲共言其才除廬州路治中改福州路適三胜賊起地險猝難用兵翰自造其壘諭降之陞同知又陞理問官綜理永福羅源二縣泉州土帥柳莽①跋扈連結旁郡邑民惧洶洶翰使人諭之莽②遂退擢福建江西行省郎中陳平章以翰威望素著表授潮州總管兼督循梅惠州元亡屏居永福山中十年洪武中有上書薦之者　命下翰嘆曰女可更適人哉乃為詩別其友曰昔在潮陽我欲死宗祀如絲我無子彼時我死作忠臣覆宗絕嗣良可恥今日

校注：①②莽

征書忽到門丁男屋下三人存寸刃在手固不惜一死了却君親恩遂自引決輸性强介精敏有膽略居官廉潔吏畏若雷霆而其行事則一以愛民為主

藍光 字仲晦江西人嘗受業於吳澄之門初為安南路知事江西陷光入閩轉行省照磨尋陞檢校綜理閩清邑事邑民慄之改行省都事時八郡搔①擾陳叅政方事興復光總藩幕獨謇謇持正偶一言不合遂拂衣而退曰吾豈貪祿者哉省憲交章薦之會 國朝兵南下全閩弗守光深衣幅巾隱居教授越三十二載卒光清淡寡欲延接士類不苟假借善詩文考古制度尤加精密

福建道宣慰使司

塔里赤 康里人幼穎異好讀書尤善騎射從丞相伯顏渡江塔里赤領軍至福建所過秋毫無犯降者如歸以功遷福建招討使時諸郡盜起而陳吊眼寇盛陷漳州行省承制命塔里赤為閩廣大都督征南都元帥總四省軍復漳州生擒陳吊眼誅之後改福建宣慰使

李恒 字德卿其先姓於彌氏唐末賜姓李西夏國主之後也元初為福建宣慰使尋改江西文天祥復取汀州圍贛州尤

校注：①騷

急或言天祥墳墓在吉州者遣兵發之以下恒曰王師討不服耳豈有發人墳墓之理

福建道宣慰使司都元帥府百家奴唆都之子也元初以平閩廣功為海外諸番宣慰使兼福建道市舶提舉守福建戡兼福建道長司宣慰使都元帥是時福建多水災百家奴出私錢市米以賑貧民全活者甚衆

王都中字元俞福寧州人泰定間由福建閩海道肅政廉訪使遷福建道宣慰使都元帥當世南人以政事之名聞天下而位登省憲者惟都中而已

搠思監怯烈氏元統初為福建宣慰使都元帥居三年通達政治威惠甚著後改江浙行省右丞福建鹽法久壞詔搠思監往究其私鬻盜鬻及出納之弊至則悉廉得其利病為罷行之搠思監早有才望後為相乃與朴不花夤緣為奸論者謂元之亡搠思監之罪居多云

彭庭堅字允誠至正中攝僉都元帥府事與邵武路總管吳按攤不花夾攻邵武寇道追斬渠魁董元帥等邵武悉平陞同知福建道宣慰使司副都元帥鎮邵武寇陷建寧縣庭堅率民兵降之江浙行

省檄廷堅節制建寧部武諸軍鎮撫萬戶岳煥隸麾下素悍縱卒為暴廷堅欲繩以法煥惧使部卒詐為賊兵突入衆皆潰廷堅獨留不去遂遇害死柩還崇安民立祠祭禱數降靈響旁邑立祠亦如之事聞贈福建道宣慰使都元帥封忠愍侯

○廷堅建寧志字舜臣

陳君用 字子材延平人少負氣勇猛過人初汀寇騷動

君用集壯士保其鄉里尋從征討屢獲賞海寇陸梁君用討平之及紅巾寇閩帥府授君用南平縣尹給楮幣五萬緡募兵擊之君用益以私財應者甚衆無不一當十每戰君用必先登陷陣諸邑為賊所陷者悉復之以功授同知建寧路事無何紅巾圍福州君用自建寧率兵來援大敗賊衆廉訪僉事郭興祖偑君用明珠虎符使權同知副都元帥遂引兵踰北嶺至連江阻水而陣率壯士六十人徒涉斬殺賊稍潰既而復合君用大呼轉戰中槍而死事聞贈懷遠大將軍同知浙東道宣慰司事副都元帥追封潁川郡侯謚忠毅

福建閩海道肅政廉訪司

王惲 字仲謀衛州汲縣人福建閩海道提刑按察使黜官吏貪汚不

法若凡數十人察繫囚之冤滯者决而遣之戒戍兵無得寓民家而劏營屋以居之每謂閩郡縣連山距海而治之本於得人乃上言請擇清望素著有文武才者為行省官以鎮靜之時行省討勦賊鍾明亮無功復上言宜選精兵申明號令專命重臣節制以計討之

程鉅夫初名文海後避武宗廟諱以字行建昌人至正三十年由侍御史授福建廉訪使興學明教士有才行者與之為禮至於正風俗恤民隱奬廉勤察貪殘表貞節尤加之意御史①甚嚴然不以懲罪棄人吏民畏愛之

烏古孫澤字潤甫臨潢人其先女真烏古部因以為氏澤性剛毅讀書舉大略一切求諸已不事章句才幹過人至元十四年從元帥唆都平閩廣累官至海北海南廉訪使至大元年改福建澤宿有德於閩閩人安之有芝五色產於憲司澄清堂士民以為澤所致

趙宏偉字子英甘陵人後徙頴川延祐三年為福建道肅政廉訪使未幾以疾辭宏偉以戰功致通顯然居官所至嘗擅發官廩以活飢民既禮名儒以教後學他善政尤多

答里馬高昌人泰定元

校注：①吏

年爲福建廉訪使朝廷遣宦官伯顔傳旨繡①段橫取民財宣政院判官朮憐亦取賂于富僧沓里馬皆劾之

拜降 字子謙至順元年爲福建廉訪使初閩有巨蹈志在專欲以計盡去同列民罹其害文宗聞之亟遣拜降蒞閩以拯塗炭時拜降任平江府尹視篆甫旬日聞命即行比至廉得巨蹈之狀聞於朝殛之而復耨剔其奸蘖撫摩其瘡痍閩人大悅尋遷使浙西閩人爲立去思碑

貢師泰 字泰甫寧國之宣城人至正十五年爲福建廉訪使未幾除禮部尚書二十年又除户部尚書俾分部閩中以閩鹽易粮由海道轉運給京師凡爲粮數十萬石朝廷賴焉

寶哥 畏兀氏至正初爲閩海道肅政廉訪司副使蒞官廉潔有風力官吏畏其威而修其職士民樂其政而安其生既去民爲立去思碑

張孝忠 僉福建廉訪司事至元三十年按郡至與化廉直守法摧擊奸貪發庾②以活飢民築堤以遏海潦③寬征均徭戢兵弭盜復置養濟院於望京門外官給廩餼以居養郡之疲癃殘疾顛連而無告者

范梈 字亨父一字德機清江人由翰林供奉改擢福

校注：①段　②庾　③潦

建閩海道知事閩俗素汙文繡局取良家子爲繡工無別尤甚㸔作歌詩一篇述其弊廉訪使取以上聞皆罷遣之其弊遂革㸔①特身廉正居官所至興學教民雪理寃滯甚衆吳澄爲文志其墓以東漢諸君子擬之

行御史臺韓準字公衡沛縣人登進士第歷江西湖南道廉訪副使江西行省參知政事行臺治書侍御史江浙行省左丞改福建廉訪使復爲侍御史請老未報國朝兵下閩城陷準藉藳堂下以喪禮自處吏來追其官勑準取而抗之厲刃向吏曰此吾所受於君者必欲取之并取吾首去吏不敢迫制度更新乃着帽終日及病遂不服藥而卒準性端嚴在江西時陳友諒攻破隆興來見準準疾面壁卧不荅既去使人致粮亦却不受平居端坐寡言笑然對賓客談論亹亹不倦爲文章簡古不事華藻所著有小學闕疑及水利通編

奉命征討帥臣完者都欽察氏其先彰德人至元十八年閩賊陳吊眼作亂由高郵達魯花赤擢鎮國上將軍福建等處征蠻都元帥命往討之遂擒吊眼至漳州斬以示衆加管軍萬户仍兼

校注：①持

本官

阿剌罕 札剌兒氏至元十三年以參知政事同左丞董文炳率高興等攻浙閩諸郡入建寧知邵武軍趙時賞棄城走知南劍州王積翁知福州王剛中俱以城降漳州亦送欵不妄殺戮閩人德之江南平仍以本官行江東宣慰使

使臣野訥 畏吾氏武宗時野訥以侍御史兼將作院使閩有綉工工官大集民間子女居肆督責吏因為奸利野訥奏罷之閩人感悅尋兼太醫院使

齊履謙 字伯恒泰定二年以太史院使奉使宣撫江西福建黜罷官吏之貪污者四百餘人蠲免括地虐加粮数萬石州縣有以先賢子孫充房夫諸役者悉罷遣之福建憲司職田每畝歲輸米三石民不勝苦履謙命准令輸之由是召怨及還京憲司果誣以他事未幾誣履謙者皆坐事免履謙始得直仍復其官

李士瞻 東安人為翰林學士承旨封楚國公嘗使閩適海酋據福州城王師攻之不下士瞻諭以禍福酋遂出降閩人立祠祀之

國朝福建等處承宣布政使司

鄭思先 洪武中為福建布政使學通經

史於為政寬嚴適宜務與民同其好惡人皆安之**蔡喆**洪武中為福建叅政廉明自持政事以正風俗合民心為要民皆慕之**楊景衡**永嘉人洪武間為福建叅政廉慎自持識達大體佐閩藩三十餘年終始不渝其美人皆稱之**王鈍**洪武中為福建叅議陞叅政寬慎廉介民懷其惠**房安**永樂初為福建叅政蒞政有方撫良善糾貪墨郡縣肅然**李顒**惠州博羅人景泰間僉福建按察司事公明而有斷一時風裁凜然陞福建布政司叅政提督海道興化有豪家隸戎籍連姻衛帥怙勢武斷鄉曲威奪人田地子女莫敢誰何顒廉得其實捕寘於法闔郡稱快郡有郭孝子墓祠久廢顒為重建之其他善政尤多後入工部侍郎**鄭湜**字仲持浦江人洪武中有誣其家交通賊臣者禍不可測湜與其兄濂爭下獄　太祖問之召見慰諭甚至拜湜為福建布政司左叅議湜至吏民稔聞其家聲相戒勿犯豪將病民者湜與之爭可否亦帖帖服南靖縣民為亂詿誤者數千人部曲多掠其婦女為婢湜言於諸將悉縱遣之有商為盜所殺盜既獲以

無屍可檢驗不服湜夜取盜鞫訊因縛置于庭而匿使案下俾聽其私語果得其藏屍之處閩人以為神

郭**璡** 洪武末為福建叅議咨詢民瘼興學勸士立政事覈官僚不同而和嘗遇祭祀猪羊已備御史退其小者民訴於璡璡乃大書硃字於頭角曰驗中卒用之

福建等處提刑按察司

陶垕**仲** 洪武中為福建按察使下車即進耆老諮諏民瘼禁豪強戢侵漁興師生講經習射執賓主禮嘗劾布政使薛大昉貪墨大昉亦誣垕仲始垕仲去軍民號泣拜留為之謠曰陶使若歸天有眼薛公不去地無皮比還迎者數千人歡呼遮道

邵玘 金華之蘭溪人永樂中為福建按察使用法平恕而嚴明之政廉潔之操二十餘年始終一致

李素 宣德中以副都御史調福建按察使剛方簡重憲度肅然秩滿民遮留之乃進二品祿及致仕去民思之

王璡 洪武中為按察司副使以激濁揚清為已任深得風憲體尤精於法律凡審獄不恃鞭撻必由理以探其情無有隱其慝者

吳中 眉州人天順初為福建按察司副使蒞官嚴毅

而不過於猛分憲所至官吏敬而憚之時未設提學憲臣中考校諸生黜陟允當人服其公明

鄭佑衢州常山人天順中為福建按察司副使正而不激嚴而不苛寬而不縱持憲務存大體時有旨命巡按御史會藩憲重臣考察郡縣官憲司因推佑以行所至黜陟甚當論著以為佑之助居多後以公事過家卒閩人惜之

游明字大昇南昌豐城人天順中為福建按察司僉事奉勑提督學校待諸生有恩義而尤以公廉著彌滿九載進副使仍提督學校未幾成化間卒八郡諸生皆為位於僧寺而哭之

謝肅洪武中為福建僉事質性端謹文詞雅贍與陶垕仲協持風紀聞望烜赫人皆稱仰之

沈鎰洪武中由僉事左遷閩縣典史公勤敬慎興學校恤下民永樂中復陞福建僉事持守如一日

吳昇永樂中為福建僉事篤學勵操獄多平僚從之類亦訓以論語孝經聲譽大著

詹穆台州天台人宣德中為福建僉事肅清憲度伸理寃抑除害推善作興人才入為①僉都御史穆剛正清謹內恕外嚴執法不回介然有守歷中外三十餘年被服

校注：①歟

一如寒上①

牟俸字公爵重慶巴縣人天順中僉福建按察司事行部所至郡縣肅然人稱其有風力福禕

建都指揮使司

趙奎洪武中爲福建都指揮使剛直忠厚訓練士卒號令嚴明能以恩威兼濟在任十年鎮之以靜軍民咸賴之

鄧安定遠人福建都指揮僉事多智計有威望正統己巳沙尤寇鄧茂七攻劫城邑諸邑民多避地入城城中群不逞將乘機爲奸利安捕殺其首惡數人而後精選將士勤訓練嚴譏察以警備之一城生聚咸倚賴焉

錢輅字廷用滁之全椒人初爲求寧衛指揮同知有才略以薦協輔都指揮下勝總督軍務特海寇嚴啓盛恃險爲亂輅躬率舟師追七日夜至黑水洋及之大小十一戰賊敗走尋復從征沙尤斬賊酋蕭政適以功陞福建都指揮僉事輅知書事母孝教子嚴治家有法閨門內外肅然

武成順天府通州人初爲泉州衛千戶有勇略善騎射正統末以沙尤寇起成累立戰功陞本衛指揮僉事天順間龍巖上杭寇竊發成復有戰功成化初當道薦其有將才召至京以母老乞歸養尋陞福建

校注：①士

都指揮僉事總督海道成性孝友王勝字子奇廬州合
又能禮賢敬士不類行伍中人肥人正統間爲
福建都指揮僉事奉 勑提督海道景泰初賊首陳寬
讓聚衆千四五百人寇海上勝悉招撫復業未幾賊首
嚴啓盛復聚衆寇海上殺掠官軍勝又奉宣 朝廷威
德諭之亦皆納款事聞俱有織金文綺之賜天順初巡
按御史夏塤復薦勝專署都司事勝事母甚孝蒞官清
介終始不渝尚書孫原貞鎮閩高其行嘗爲樹表於涌
衢扁曰孝廉後有司復以其（福建行都指揮使司）丁泉
孝行上請 詔旌表其門閭
東平汶上人爲福建行都司都指揮僉事天順六年上
杭草寇竊發泉往備禦之邑賴以全明年寇復攻城泉
躬率士卒且戰且守寇力屈退去未幾巡按伍驥奉
命督諸軍往勦捕之泉直擣其巢穴攻破石馬岐等寨
①□與賊遇力戰而死（鎮守孫原貞）江西德興人歷河南
邑民哀感像而祠之 参政浙江左布政使
陞兵部左侍郎巡撫浙江景泰間改鎮守福建寬而（巡）
有制廉而有爲尋復巡撫浙江陞兵部尚書致仕

校注：①泉

撫

高明字上達江西貴溪人累官南京右僉都御史成化六年以親老無他兄弟侍朝夕乞致仕歸不允章凡三上　朝廷勉循其意暫許歸養　命親終復來供職十四年汀之上杭草寇竊發　廷議明有才畧可委以平寇之任仍遣使奉　璽書就其家起之明聞命幡然就道未至聞寇已平乃躬詣其地招流亡撫齊①庚民既安輯復奏立求定縣以控制之事竣復　賜勑留巡撫福建明遂引疾遣人繳納其所奉　璽書乞骸骨不俟②俞命徑歸　朝③巡憐之特賜致仕卒于家

奉命征討帥臣

湯和鳳陽人剛毅有智略元末兵起率子弟歸附從征渡江領兵征伐所至克捷累功官至御史大夫由海道入閩市不易肆論者謂其全閩之功視元董文炳有過無不及也卒追封東甌王謚襄武

巡按

許仕達徽州歙縣人景泰初巡按福建時兵荒之餘仕達欲裁省郡縣冗費以紓民力乃創置簿籍官識以印章分給縣各里凡里中供應所出多寡皆令長里者自書於籍按臨所至輒取而稽考焉自是郡縣有所畏憚科徵頗省居一年巡

校注：①瘐　②俞　③廷

撫大臣可否事交上章爭辨有旨命仕達還朝閩之耆老相率詣闕乞留之因命復巡按一年仕達按閩風采凜然後陞福建布政司參政聲望遂減

夏塤台州天台人天順初巡按福建持憲簡重得大體嘗奏命考察方面大臣黜陟甚協輿論

伍驥字體馴吉安安福人天順六年巡按福建時上杭寇起驥不俟調兵僅以數卒自随直抵其地為備禦計尋奉命督諸軍勦捕寇至屢戰却之夙夜在軍不避艱險①已餘振旅而還竟以勞致疾抵京卒邑民感其功立祠祀焉

郡縣

福州府

後漢 **賀齊**字公苗會稽人建安元年孫策渡浙江以齊領南部都尉時會稽太守王朗奔東②治候官長商升為朗起兵齊告諭陳禍福升遂降既而建安興南平復亂郡發屬縣五千兵各使本縣長將之皆受齊

校注：①月　②冶

節度遂大破之斬首六千級名帥盡擒

晉嚴高太康中為晉安太守以寬惠得人心在郡嘗改築州城

劉琨字越石中山魏昌人為晉平太守後以戰功著名

劉宋虞愿字士恭餘姚人秦始末為晉平太守前政與百姓交關質錄其兒婦愿遣人於道奪取還之在郡不事生業立學堂教授郡舊出蚺蛇膽可為藥有遺愿蛇者愿不忍殺放二十里外山中一夜蛇還床下復送四十里外經宿復歸論者以為仁心所致海邊有越王石常隱雲霧相傳清廉太守乃得見愿往就觀清徹無所隱蔽

王秀之字伯奮瑯琊臨沂人元徽間為晉平太守遺書朝士曰此郡承虞公之後善政猶存遺風易遵差得無事朞年求還或問其故荅曰此郡沃壤珍阜日至人所昧者財財生則禍逐智者不昧財亦不逐禍吾山資已足豈可久留以妨賢路乃上表請代時人以為王晉平恐富求歸

梁范縝字子真南鄉舞陰人天監初為晉安太守在郡清約資公祿而已遷尚書左丞及還雖親戚無所遺

羊侃字祖忻泰山人南歸建鄴仕梁為監郡治蹟著

閩

宋

侯贇 并州太原人開寶中歷知建安軍①楊徐二州皆有善政太宗即位移知福州

謝泌 字宗源歙人景德初知州事代還卒民相與縞素立祠祀之繼守嚴辟疆詢其見思之故民曰侯於吾民天地也不張權不恃威兄弟相争者訓之頑很者責之訟幾乎息矣是時辟疆尚嚴聞其言刑亦為寬○陳烈為祠記

袁逢吉 字延之開封鄢陵人初知夔州會遣使川陜採訪因條上知州通判有治迹者七人逢吉與焉皆賜詔褒諭景德三年知福州

王平 大中祥符中知州事轉運使王贊言福州官田宜依漳泉例課租平奏贊額外增稅乃止民受其惠

王臻 字及之潁州汝陰人天禧中知州事閩人欲報仇或先食野葛而後趨仇家求鬬即死其處以誣仇人臻辨察格鬬狀被誣者往往釋去俗為之少變又民間數以火訛相驚恐捕首惡杖之流海上民乃定

胡則 字子正婺州永康人乾興初坐丁謂黨自太常少卿降知信州天聖初徙福州時張希顏奏請福州官莊田納二稅外仍輸租米則奏云官田多瘠少肥且地臨巨海風潮漂蕩州

縣難於催督乞仍納二稅不輸稅課詔從之民以為便則果敢有才氣但居官無廉名又崇信龍昌期異端之學君子病焉

章頻字簡之浦城人以雅善丁謂由侍御史降監饒州酒起知信州天聖中尋知福州王氏時賦民官田歲輸租稅而已至是轉運使方仲荀謂鬻之可得緡錢二十餘萬頻上䟽言錢數浩大督輸嚴峻有佃戶九百餘人俱訴貧乏無可輸價望賜蠲除則二萬餘家庶獲存濟詔悉除之

鄭載天聖末知州事時稱循良先是謝泌王臻章頻皆賢故民歌曰前有謝王後有鄭章

高覿字會之宿州蘄人初為京西轉運使徙益州奏罷彭州採金之役王蒙正恃章獻太后親多占田嘉州詔勿收賦又極論其不可坐失察嘉州守張約受賕貶通判杭州明道中徙知福州

沈邈字子山信州弋陽人初補大理評事知候官縣康定二年知福州邈䟽爽有治才立朝言事甚切然性少檢頗以酒失自累

蔡襄慶曆間由右正言直史館出知福州以便養親未幾改福建轉運使興水利減口稅值歲旱禳為文禱於鱔溪廟大雨隨至尋以外

艱去嘉祐初再知福州復疏導附城河浦溉民田至三千六百餘頃延禮名士誨諸生以經學作五戒以教民又教民醫藥而斷除其巫覡主病及蠱毒殺人等害閩俗重凶禮親亡或秘不舉至破産飯僧亦下令痛禁止之民刻石以紀其政仍立生祠祀焉

劉夔字道元崇安人皇祐中知州事郡人周希孟學行高古夔親至其學舍質問經義未幾請解官入武夷山為道士弗許知建州尋以戶部侍郎致仕

曹穎叔字秀之亳州譙人皇祐中儂智高寇嶺南朝議以閩中久弛兵備擢天章閣待制知福州穎叔所至能推恩行利剗煩去蠹其治不下古人

范師道字貫之蘇州長洲人嘉祐六年為兵部員外郎兼御史與諫官御史數奏樞密副使陳升之不當用升之罷師道亦出知福州頃之入為三司鹽鐵運使師道厲風操前後在言責俱有聞

元絳字厚之錢塘人嘉祐間知州事以文學為士民師範奏罷閩中錢氏時無名之徵凡其所蒞皆有異政但諂事王安石及其子弟時論鄙之

程師孟字公闢吳人熙寧初知州事先是郡守章岷奏

修築子城郡人皆以為費多役廣恐不可成師孟至謂轉運使曰第得錢二千萬半載可就乃拓舊基西南隅修築濬隍為橋果半載訖工一時治行為東南冣師孟累領劇鎮為政簡而嚴發隱摘伏如神所部肅然歷洪福廣越民皆為立生祠○宋史本傳謂其在福嘗建學舍考之舊志蓋郡人韓昌國等白師孟出己錢以建

曾鞏字子固建昌南豐人熙寧末知州事時劒將樂盜廖思①既降餘衆復合陰相結附旁連數州居人[illegible]恐鞏以計羅致之繼自歸者二百人又擒海道②數十人奏增並海巡檢員自是境內盜盡息福多佛剎其富饒爭欲為主守賕請公行鞏俾其徒相推擇識諸籍以次補之授帖於府庭却其私謝又禁婦女毋得入僧寺福舊無職田歲鬻園蔬收其直自入常三四十萬鞏曰太守與民爭利可乎罷之鞏嘗謂州縣困於文移煩數民病於追呼之擾故所至州不遣人至縣縣不遣人至田里所省文移至數倍令行禁止囹圄屢空吏民初或憚其嚴已而皆安其政既去久彌思之

孫覺字莘老高郵人元豐初知州事閩俗厚於婚喪其費無藝覺裁

校注：①恩　②盗

為中法使資裝無得過百千令下嫁娶以百數瘗埋之費亦率減十五

劉瑾字元忠吉州人元豐中知州事瑾素有操尚所莅以能稱然御下苛嚴少縱舍好面折人短以故多致訾怨

柯述元祐中知州事時社稷壇在烏石山之陰述闢而新之自景德建學大比例為集試所生員逡巡邸宿于外甚至先聖釋奠亦移他所述乃擇州治東南公廨及廢地為試院構室至百二十區士人便之為立祠院中後又嘗提點福建刑獄

陳軒崇寧初知州事以仁愛及百姓

鄧肅知福州有治績詳見延平府人物志

劉韐宣和五年知州事後入朝出使死國難

江常靖康初知福州有治蹟詳見泉州府人物志

程邁徽州黟縣人建炎末知州事時建寇倡亂邁乞師于朝合孟庾韓世忠討平之郡人立孟韓生祀於圓明寺野意亭而立邁生祠於圓明三門之中閣因更武備堂曰止戈堂節門內舊有六井歲久多堙邁悉濬之

張守字子固常州晉陵人紹興初知州事時右司員外郎張宗臣請築福州城守奏州人困弊請俟他年遂止閩自

范汝為之擾公私赤立守在鎮四年撫綏郡縣且奏罷福州所貸常平緡錢十五萬初僞閩以八州之產分三等上者給寺觀中下者給士着流寓守與士大夫謀為實封之說存留上等四十餘剎以待高僧餘悉為實封金多者得之歲入不下七八萬緡以助軍衣餘寬百姓雜料時實便之

張致遠沙縣人紹興初建寇范汝為已降猶懷反側而招安官謝嚮陸棠受賊賂陰與之通致遠謁告歸知其情還白執政捕棠等付獄詔孟庾韓世忠討之辟致遠為隨軍機宜文字賊平除兩浙轉運判官遷侍御史請罷權福建鹽累遷顯謨閣待制知台州朝廷以海寇鄭廣未平改知福州廣等降致遠選留四百人置營城外餘遣還業復遣廣討他郡諸盜數月悉平

薛弼字直老温州永嘉人紹興間福州大盜有號管天下伍黑龍滿山紅之屬其衆甚盛詔陞弼集英殿修撰知福州弼言昔守章貢有武夫周虎臣陳敏者丁壯各數百皆能戰視官軍可一當十乃以虎臣為副將敏為巡檢選丁壯千人號奇兵日給糗粮責以滅賊凡四年而賊平弼始為岳飛參謀秦檜誣

飛下吏弼以嘗游檜門下得免且為檜用世以此少之**王綸**字德言建康人紹興間為監察御史以忤秦檜罷去檜死召為起居舍人累遷資政殿太學士知福州高宗辯所御犀帶賜之**汪應辰**字聖錫信州玉山人紹興末知州事寬厚待民奏蠲一切苛征**趙子潚**宋宗室也隆興初知州事歲飢告糴旁郡米償頓平民賴以濟**史浩**字直翁明州鄞縣人乾道末以前宰相知福州淳熙五年再入相史謂其宅心平恕而不能相其君恢復之謀**梁克家**淳熙間以前宰相知福州在鎮有政績又嘗纂集三山志四十卷趙雄奏欲令再任降旨仍知州事克家才優識遠謀國盡忠亢留意民事不以貴顯自恭**趙汝愚**字子直宋宗室居饒之餘干縣淳熙中知福州仁厚愷悌持身潔白州西舊有湖瀕民田數萬畝後為豪消①堙塞為田遇旱則西北一帶高田無從得水遇澇則東南一帶低田淪為巨浸汝愚請復開濬從之越四載移四川制置紹熙初以敷文閣學士再知州事踰年召知樞密院事**林枅**紹興中主閩縣簿累調福清丞敏於

校注：①猾

為政以清惠稱每徵里正必下階與之語人人感激嘗出已俸以修學館後知福州前守馬大同趙汝愚欲甃城不果枡遂成之周圍四千丈浚事而民不知在郡簡訟寬賦民方便之

詹體仁字元善浦城人孝宗將復土體仁言永阜陵地勢甲下非所以安神靈與宰相輿議除太府卿尋直龍圖閣知福州言者竟以前論山陵事罷之在郡嘗出錢助修郡學以畢前守辛棄疾之功

陳居仁慶元二年知福州入境有飢民肅聚部分迓①兵遮擊之首惡計窮自經死治宗室之暴橫甲蠹毒之舊禁又明年被召去居仁風度凝遠處已應物一以誠信臨事毅然有守所至號稱循吏皆立祠祀之

李大性字伯和端州四會人累官至戶部尚書朝論將用兵大性條陳利害主不宜輕舉之說忤韓侂胄意出知平江移知福州後再知平江引疾丐祠

倪思字正甫湖州歸安人歷知泉州建寧府後為禮部尚書因論事忤史彌遠力求去遂以寶謨閣直學士知鎮江府移知福州彌遠拜右丞相陳晦草制用昆命元龜語思歎曰此舜禹揖遜也乃上省牘請貼

校注：①衙

改麻制詔下分折彌遠遂除晦殿中侍御史即劾思滿臣僭論麻制鐫職而罷史稱思直辭劘主又屢觸權臣三黜不變其風槩有可尚焉

黄度字文叔紹興新昌人嘉定二年知福州始至訟牒日千餘度隨事裁決日未中而畢史稱其守正不阿進退裕如可謂粹然君子也

曹彥約字簡甫都昌人嘗從朱熹講學嘉定末以寶謨閣待制知城①都改知福州史稱彥約可與建立事功

王居安字資道台州黄巖人寶慶間知福州尋提舉崇福宫將行塩寇起寧化居安以書諭汀守曰州土瘠民貧業於塩可盡禁耶且彼孰三首惡以自贖他可勿治部使者遣左翼軍將鄧起提兵往起貪夜冒險與寇角以死軍遂潰事聞命居安專任招捕居安既留募軍校劉華丘銳者授以計晝至汀而賊已至郡矣賊知帥有無納意即引退華銳出入賊中指期約降有以右班攝汀者倔强好大言以知兵自任欲出不意為已功賊知其謀敗降約而建劍諸郡並江西嘯聚蜂起矣居安議不合歎曰吾可復求焦頭爛額之功耶即拜疏而歸

真德秀字景元後更字景希

校注：①成

浦城人端平初知州事戒所部無濫刑橫斂無徇私賄貨罷市令司曰物同則價同寧有公私之異閩縣里正苦督賦華之屬縣苦貴糴便宜發常平振之海寇縱橫次第擒殄之復迎聘耆儒月臨講席以教郡之秀民去任郡人走送自譙門至舟次彌望數里不絕

余天錫字純父慶元之昌國人理宗朝知福州天錫性謹愿與其弟天任友愛尤至

曹豳字西士温州瑞安人初為左司諫與王萬郭磊卿徐清叟俱負直聲時號嘉熙四諫因論余天錫李鳴復忤旨遷起居郎進禮部侍郎不拜疏七上久之起知福州再以侍郎召為臺臣所沮遂守寶章閣待制致仕

趙葵字南仲荊湖制置使方之子淳祐二年以大學士知潭州改福州三年葬其母三上疏乞追服終制史稱葵自端平以來朝廷倚之如長河之勢及其筋力既老而繫國之志不衰亦曰壯哉

陳宜中字與權永嘉人景定中知福州在官得民心歲餘入為刑部尚書後拜右丞相元兵入臨安宜中隨二王航海景炎二年度國事不可為逃之占城元兵伐占城宜中走暹卒

王鎔景定

五年知州事先是州學火鎔至悉重建之廟學一新

吳革 咸淳二年知福州爲政雅重風化嘗剏道立堂祠濂溪以下諸賢而附以賢牧又剏經史閣官至戶部尚書

陳鑄 定①康初知南雄秩滿以毋老不復請郡求通判福州以便親蔡襄序其行卷謂鑄之孝足爲人子之勸福州自景祐建學絃誦無聞鑄亟賛其守延師增廩以教之一時學者靡然向慕詳見興化府人物志

林雱 字德浦深之之子也紹興中通判福州適朝廷計僧口給食悉籍餘財輸戶部雱以閩中地瘠民貧州郡色色取辦寺觀若餘財悉籍戶部則州之歲計歛必及民遂白府帥張澄乞奏于朝自計口外餘財充歲計朝廷如其請

姚希得 字逢源潼川人爲福州通判徒步至候官吏不知爲通判也希得

胡銓 字邦衡任忠亮平實清儉自持好引善類不要虛譽紹興間爲樞密院編修官上疏痛排和議乞斬秦檜孫近王倫檜怒黜銓監廣州鹽倉尋改僉書威武軍判官

林深之 字原叔莆田人爲福州觀察推官時觀察温定簡公事無鉅細一聽深之處裁嘗以疾在告定

校注：①靖

簡語客曰吾左右手今日病矣○按三山志紹聖四年温益知州事考深之為推官正在此時疑温定簡即益也

羅必元字亨父隆興進賢人嘉定間為福州觀察推官有勢家李遇奪民荔枝園必元直之遇為言官以私憾罷之必元學有淵源見理甚明風節甚高人尊慕焉

方嶠景祐中為福州司理參軍剛直自任州民鄭以誣繫獄守促令引服嶠力辯其無罪守不能奪鄭感泣像嶠祠之

張次夔為福州司理有直聲詳見建寧府人物志

劉翔為福州教授善於其職詳見建寧府人物志

元

能朋來字與可豫章人宋咸淳中登進士第元初隱處州里間江西省臣列薦為閩海提舉官而朝廷以東南儒學之士惟福建廬陵最盛特起朋來連為兩郡教授所至考古篆籀文字調律呂協歌詩以與雅樂制器定辭必則古式學者化焉既滿考以常格調建安主簿不赴晚以福清州判官致仕朋來視之漠如也

劉直內東武人大德間為府學教授嘗改創尊道堂以祀先賢而列祀鄉賢賢牧於其兩廡又鑿池構亭於其東為諸

生游息之所卒祠于學

陳旅篤志於學於書無所不讀用薦者為閩海儒學官

國朝

楊士英洪武初知福州府持身廉潔為政嚴明與禮讓厚風俗凡百建置俱有條理吏民感服清譽大振鄉郡皆取則焉

福州右衛陳旺字邦盛連江人自少篤於孝友兄興為副千戶卒未有子旺襲其職越五月兄子恭始生未五歲調為福州右衛鎮撫濵行其嫂氏俱涉瘴鄉負恭匿去旺泣下索之旬餘始得遂携以偕行又迎寡姑及嫂氏與俱巢以全其節比恭長即以其職歸之將卒囑其二子分家貲之半以與恭平生凡聞人語及其父母兄弟或接之於夢寐輒涕下竟日不樂居官以廉謹練達著名

八閩通誌卷之三十七

秩官

名宦

郡縣

福州府

閩縣【唐】李茸太和中令閩縣縣濵海潮水鹹鹵禾苗多死茸築堤及立斗門以禦潮旱則潴水雨則洩水其地遂爲良田【宋】黄德裕邵武人知閩縣詳見邵武府人物志陳麟大觀間知閩縣甚有治蹟詳見延平府人物志劉爚由連城令改知閩縣治以清簡廷無滯訟興利除害知無不爲胡巖起嘉定中知閩縣卓行危論竒文瑰句一時士大夫皆自以爲不可及杜杲

初授海門買納盐場未上福建提點刑獄陳彭壽檄攝閩尉民有甲之子死誣乙殺之驗髮中得沙而甲舍旁有池沙類髮中者鞫問子果溺死

國朝 **魏谷才** 永樂初知閩縣平易近民愛好士類事必詳審而後行民得以輸其情焉

候官縣

宋

方叔完 嶠之子也宋元豊中補知候官縣民以築港豬水害候安民田二邑交訟叔完往按之曰吾爲令豈私吾民耶乃命改築時會華以文章學術帥郡於人少與可叔完獨爲所信任檄權節度推官且上薦之移知祥符縣○按本志作方仲宇宇叔完而莆陽志及莆陽名公事述皆以仲宇爲叔完之兄而令候官則叔完也二書皆據其家傳纂輯有足信者今從之

吳及 字幾道通州靖海人年十七以進士起家爲候官尉閩俗多自毒死以誣仇家官司莫能辨①及悉爲讞②正前③後活五十二人提點刑獄移其法於一路

方伯騫 叔完之兄也補候官尉有盗殺人追捕無驗伯騫褱

校注：①辨　②讞　③前

里民各詢姓名至魯忍者熟視之曰田中殺人者汝也一訊而伏**余克濟**尉候官縣有聲①清謹見泉州府人物志

國朝**嚴毅**洪武中爲候官主簿以清謹著稱邑嘗旱禱雨輒應有盜摽掠殺遣捕之其徒甚衆有一渠魁欲害毅乃詐爲武官之任置酒延款毅悟就席擒之盜遂息

劉子敏洪武中由御史左遷候官典史持守不二民服其公嘗自署曰祿薄儉常足官卑廉自高求樂初復入爲御史

懷安縣

宋**吳評**治平中知懷安縣嘗興水利詳見建寧府人物志

魏必昌尉懷安縣有治蹟詳見泉州府人物志

國朝**薛武**龍泉人洪武九年由訓導遷知懷安縣蒞官清謹公勤時縣治始遷於子城之北武知民力已困益留心撫字不事刑罰民賴之如父母

周禧洪武中知懷安縣剛方端謹好爲民便時邑之奸民九十餘人夤緣充諸司爪牙恣爲民害號野牢子禧

校注：①稱

至察知悉擒罪之**蔣穩**慶遠宜山人洪武三十年知縣事爲人廉介嚴謹而政尚寬簡其於吏弊則痛懲之嘗置三等簿立循環簿凡有科差量畝里之高下審業産之重輕錙銖不爽暇輒留意學校以崇風化

胡節龍游人成化七年來知縣事懲隷卒入鄉擾民因爲木隷代之民有以不孝聞者懇懇論以天秉民彝其人卒感化暇則教其屬吏講律令尤以修舉廢墜爲務先學校次公署條理秩然爲政公謹廉勤民愛戴之甫踰年丁外艱歸耆民相率追送賻以白金鄭爲取少許瀕行投之於水抵家躬負土營葬而廬於墓上尋卒

長樂縣

宋

蕭竑熙寧中知長樂縣一新庶政百廢具舉興水利搜括東西南北四湖

袁正規字道輔元祐中知縣事持己臨民皆有足稱嘗濬港道以溉民田其他修弊舉廢興利除害惟恐不及暇則論文賦詩綽有古儒吏之風

陳可大知長樂縣有惠政邑人德之詳見興化府人物

志

陳維德天禧中爲長樂尉隣縣民有被誣當死者獄已成檄惟德覆驗惟德以計察其誣白之時年方十九吏民初以年少輕之及是乃大服詳見興化府人物志

元

呂復初爲江西行省左右司都事與廣東廉訪司僉事獲獨步丁皆閑居寓福州而復以行省命攝長樂縣尹國朝兵下福州復曰吾世食君祿今雖攝官若不以死報國則無以見先人于地下引繩自經死獲獨步丁亦投井死

國朝

王遵道蘇州人永樂中知長樂縣省刑薄歛興弊舉廢禮賢下士時稱賢令去任民懇留之

連江縣

唐

劉逵咸通初知縣事嘗奏復東湖水利民感其德立廟祀之

宋

鞠仲謀端拱二年知連江大興東湖水利邑民德之因與劉逵並祀焉

傅伯成字景初晋江人隆興初以進士調連江尉累遷知閩清縣丁父艱服除知連江縣東湖漑田餘二千頃隄壞即下流南港爲石

隄三百尺民蒙其利

趙善聃 登慶元第換宣教郎知連江有政蹟詳見漳州府人物志

趙善嵩 嘉定改元知縣事嘗析兩岀郊詢知南壇水利可以溉田遂琢石為斗門其澤甚遠民歌謡之

朱定 縉雲人嘉定間知連江疏東湖之水利祈劉鞠之祠宇決淹獄正役版威以肅奸盗惠以恤困窮吏服其明民樂其政

元

劉濬 字濟川河南人至正間為連江縣寧善鄉巡撿江西賊帥王善寇閩濬妻史氏有才識乃謀於濬盡出奩中物募兵以捍一方賊尋破羅源分道攻福州濬拒戰屢捷俄復與賊遇突其陣斬前鋒五人賊兵大至鏖戰三特頃濬中箭墜馬其仲子健即下馬掖之俱被獲濬忿戟手大罵賊漸次斫其手指且盡復斫兩脫以及兩足濬色不少變罵彌厲遂割其喉舌而死健亦以死拒賊善義而舍之使瘞其父屍健歸請兵帥府以復父讐弗聽乃盡散家貲結死士百人詐為工商流丐入賊中夜半發火大譟賊驚擾自相屠戮健手斬殺其父者并擒善等來獻磔之事聞贈濬福建行省撿校官

擢從古田縣尹官濬立祠福州北門外有司歲時致祭云

國朝 范希節 鄞縣人洪武中知連江視篆之初歲歉訟夥政務繁劇希節奮然力興其治以廉敏見稱在官嘗濬東湖水利

李鳳 海陽人洪武中知縣事蒞政公勤尤以安養爲首務嘗立觀稼亭於明德堂之後以寓省耕勸農之意

侯烱 南豐人洪武三十四年知縣事濬九井修道路吏服其能民懷其惠後擢僉陜西按察司事

楊廷芳 衡州南山人永樂間以進士知縣事恤民興學綽有政聲嘗自題其門曰治邑存三省爲官畏四知

福清縣

唐 林攢 字會道莆田人貞元間爲福唐縣尉母羸老未及迎而病攢聞棄官後以孝行旌表門閭

宋 郎簡 字叔廉杭州臨安人大中祥符間知福清縣以慈祥稱嘗捐俸錢市藥以飲病者又嘗築海爲湖民號曰郎官湖又嘗浚築石塘陂漑廢田百餘頃邑人爲立生祠○按三山志元

符陂注云知縣郎簡重修而名官志又謂簡嘗作永福陂考之宋史本傳則謂簡嘗浚築石塘陂豈本一陂而前後異其名歟令姑依宋史修之

方偕 真宗朝知福清縣吏至貧衣以自給縣人頌之性喜飲酒既醉聰明尤過常時吏常乘酒白事明日覆之吏隱其一偕曰有某事在吏叩頭謝

莊柔正 莆田人元符間知福清嘗改築天寶陂陂之旁有大榕柔正日聽訟其下以董役凡投牒者人負一石理之曲者輸石以贖罪陂疊石爲基而計鉄以錮之數月訖工改名元符陂○本志作正柔而莆陽志作柔正今從之

葉廷珪 知福清縣好讀書長於剸繁有惠政於民詳見建寧府人物志

顏師魯 龍溪縣人紹興中知縣事嘗決水利滯訟闢陂洫綿四十里歲大侵①發廩勸分有方而不過糴價船粟畢湊市糴吏平鄭伯熊爲常平使薦于朝帥陳俊卿尤器重之○四十里宋史本傳作四千里恐誤

劉朔 莆田人孝宗朝知福清縣縣吏兩令不治去朔至一以誠待之聽訟使兩辭自詰無追呼者市食挂

校注：①祲

錢於門民當其物持錢而去邑庭常空失械索**方棫**所在以疾請祠歸後除福建安撫司叅議官

莆田人知福清縣愛人下士嘗新學校捌祭器文章政事俱有可稱**趙希漢**邵武人嘗從朱文公

素學舉進士知福清為人清正有經畧常慕趙廣漢之為人以鈎鉅得事情吏民銖兩奸欺皆知之前有犯法雖公卿子弟亦不貸然頗以酷聞在縣人人皆側足而立時號趙閻羅○邵武科名人物志俱不載希漢未詳何謂

李元吉湖州人知福清頗以師儒自任為人仁明悄直不可干以私始視事每日二百餘狀未期月惟三狀時剏建盜起他處置隅官練兵盡激其變獨福清晏然監司亦不之責嘗曰我為政惟容吏輩一二人故一時鴈鶩棄逐殆盡

章伯奮温州人知福清縣為人風流①醖藉建義阡以葬遺骸捐家貲以貸國課

徐輝知福清縣聰明彊敏絕人每視事五更公服端坐望之若神明凡聽訟視其狀揮筆即判有乞詳狀者輝掩紙朗誦如流

校注：①蘊

在官三年無事遺忘凡有偽辭皆記其時日姓名折之無敢欺者

傅楫為福清縣丞郡守曾鞏負材倨視天下士獨與揖均禮

翁邵元祐間福清縣丞有賢聲詳見延平府人物志

林孝澤字世傳枅之父也宣和中嘗攝福清丞為政嚴不可犯後知漳州福建計度轉運副使

劉崇之字智父建陽人淳熙間為福清簿時梁克家為守嚚之檄攝幕屬後克家再入相薦于朝累官戶部郎中

傅大聲淳熙中為福清縣主簿有善政詳見興化府人物志

黃國鎮字子芳元符三年登第為福清尉孤介不可犯每遊佛寺僧瀹茗飲之必償以錢而去及去官一奴荷籠緵步南歸後仕至本路提刑

元

馬合馬沙字士達由泉州市舶提舉遷福清州達魯花赤至官出己貲貸民以給軍興之費痛屏隸卒之為民害者斷獄明允人不敢欺治蒜嶺宏路二驛馬政尤嚴瀕海有凶徒竄名兵籍搆亭戶之不逞者得私鹺輒誣良民以取賄不厭其欲訐諸漕司漕司拘閱文法雖知其罔不得脫

民懼受害無敢白者凶黨益熾乃毅然曰吾豈頋①身之利害俾千里罹其毒耶悉捕之痛懲以法不少貸境内大安民立石頌德

林以順後至元間知福清州事廉靜好禮爲政寬簡民不忍欺

林泉生永福人至正間知福清州性嚴重不容人吏過而潔己奉公愛民下士終始不少變州人戴之如父母在官嘗更創廟學士風爲之振起州有盜數十輩來海鄉泉生捕之賊皆懼曰我昨夜夢至一所見神官儼然甚似太守今日命絶不可迯②避乃盡殺之

曹道振爲福清州判官剛明公正無所回撓與知州林泉生協和政理民俗翕然

國朝

江仁後更名恕漢陽人洪武間知福清縣宣布教條使民知嚮善背惡性剛介廉潔遇事果斷人畏而愛之官終台州知府

古田縣

宋

薛琪宋初知古田縣在官以清操著後二十有五年李堪來知縣事自以爲不及

李堪字仲任常州人景德間知縣事務本抑末愛民重士建學立社尊高年行鄉飲毀淫祠黜

校注：①顧　②逃

異教以禮法變民俗以仁義淑人心暇復集諸生耆民討論政理由是治化翕然

陳昌期嘉祐間知縣事修學勸士平易近民民皆德之

廖天覺知古田縣有治聲詳見延平府人物志

陳諒字友仲仙遊人知古田縣一意撫字不忍苟取民號爲佛子及解歸以帑藏無贏幾爲司財賦者所沮朱文公熹爲言於帥曰陳宰廉吏也若以此逗留則爲善者何以勸乎事遂釋

傅康嘉定初知古田縣有政聲詳見泉州府人物志

薛舜庸知古田縣有惠政民稱頌之詳見泉州府人物志

蘇文本知古田縣平易近民不聽吏言不受豪貴請托民賴以安

留元亮泉州人淳祐間知縣事有仁惠及民民立祠祀之

許鑑溫州人淳祐間知古田縣有風力抑強扶弱人畏憚之嘗遷建本縣廟學

鮑友龍寶祐中丞古田嘗捐俸置田以贍學養士〇友一作文

吳公誠第大觀三年進士調古田縣尉政和初林利等首寇山谷公誠獨將數卒生擒利寘諸法而盡散遣其餘

黨譔舉何誼直嘉其功累章論薦改承奉郎**游九思**後更名九言乾道間爲古田縣西尉律已廉潔事敏撫民仁邑人愛之**趙希侒**開禧初尉古田有政蹟詳見漳州府人物志**楊士訓**清漳人開禧間爲古田西尉文行政事與游九思相伯仲九思亦常稱之**盧持**爲古田尉①常奉縣檄禱雨於藍田溪源龍井精誠感格見龍躍出露一爪須臾潛去雨亦隨至**林仲國**字定叟甫田人登進士第咸淳間爲古田西尉廉慎自持處事不經宿饋送雖微物亦卻不受月俸不給常典以充衣食在官三年無纖瑕可指士民敬而愛之

元**馬合麻**延祐中爲古田達魯花赤在縣三年民不見吏苞苴不入權勢不行聽訟明察如神邑民心服**王負**至元末尹古田多善政得吏民心嘗修學校建社壇功成而民不擾

國朝**花潤生**邵武人永樂中知古田縣美績甚著詳見邵武府人物志**張昱**平樂賀縣人由進士宣德間知古田縣疏煥文渠改楊梅嶺路建鳴玉浮梁葺

校注：①嘗

城隍祠宇其他功蹟尚多民為立碑而附主靈應廟祀之**姚孟璵**洪武中為古田主簿時邑人多①逃亡戶絕賦存艱於徵輸孟璵招徠撫摩為闢荒田千頃請于朝蠲其額民至今賴之**陳胤**字孝原錢塘人初以徐州訓導召入文淵閣纂修永樂大典書成陞古田教諭秩滿諸生跪留再任二十年間勤於訓迪科目得人視昔為盛

永福縣　**宋**　**林光朝**初為袁州司戶參軍乾道三年以名儒薦對頗及龍大淵曾覿二人罪由是攺左奉郎知永福縣而大臣論薦不已乃召試館職**楊楙**知永福縣有惠政詳見泉州府人物志**楊士訓**知永福縣甚有治績詳見漳州府人物志**方大琮**理宗時知永福縣值兵饑守臨立栅禁港發廩無虛日而時延致士友講論文義

閩清縣　**宋**　**黃琮**初尉福清邑有盧嶺峭險百丈琮捐俸倡民石其路人以為便陞知閩清

校注：①逃

縣時方興道藏安撫黃裳命十二縣分疏斂民錢縣各數百萬琮獨以巳俸輸之民爲立生祠改知同安俄被命爲福州方田指教官琮至均量無毫髮私閩清人喜其復來也聚落歡呼如出一口郡通判許景衡撫民謹爲公復來詞刻於生祠下繼以漕臺檄攝侯官縣縣有余太宰之香火寺倚勢不輸上供銀每移增於諸剎琮覈徵之如經數乃已①蒔諸司相與語曰黃君清廉無比執拗有餘餘見興化府人物志

元董積 至順中尹閩清爲政和易清簡恩威兼盡吏不敢爲奸在官六年逋流四歸野有新倉學有新宮邑人戴之如父母及歿民爲立廟歲時奉嘗之孝敬如子孫

蔡嗣宗 由晉江尉遷閩縣簿又陞知閩清縣事時邑有外寇嗣宗募民兵卻之百姓按堵乃歌曰彼寇來侁兮得吾侯而蒙休彼寇遠遁兮吾侯錫我室家之無憂

國朝沈源 字文淵湖州人洪武中由御史出知閩清縣立攀桂亭以勵諸生建渡沙橋以便行②㳺治狀上聞復舊職陞知韶州府

余珎 正統中知閩清縣沙

校注：①時　②旅

尤寇犯境珎率民兵捍禦之既而保定伯入閩征討珎整衆往迎焉保定疑其爲寇欲肆屠戮珎直前白其故保定始悟吏民得以全活蒲秩去父老遮留弗獲至今猶感念不忘

羅源縣

宋 **葉薦** 紹興中爲福建帥幕調羅源令有政蹟詳見建寧府人物志

林介鄕 登紹定第調羅源令羅源多巨族前令是者多徇①請託在直率不分介鄕遇事侃侃不少回撓細民爱之如父母焉

元 **丁德孫** 字惟一鄞縣人至正間知羅源悉政寬惠明信詞訟清簡尤能以興起斯文作新後學爲已任秩滿士民不忍眞去爲立碑頌德復繪像附饗舍而祠之

國朝 **郭宗文** 洪武中知羅源縣教民以孝弟忠信禮義薫耻民漸其化及卒民泣慕如父母

建寧府

吳 **王蕃** 仕吳爲太守建立郡治紀綱庶務多其功

齊 **何偘** 仕南齊建安太守政有恩信人不忍

校注：①狗

歎每伏臘放因遣家依期而還○①亂一本作嗣亂

陶季直 建武中守建安爲政清淨百姓便之

梁

何敬容 天監中爲守清白有美績

劉溉 天監末爲守其友任昉以詩贈溉求一杉溉答曰予衣本百結閩中徙八蠶假令金如粟詎使廉夫貪○劉一本作到

謝謁 梁末守建安郡爲立寇所焚因遷治溪西有惠政郡民悅之

晉

張華 建安從事以文學推重於特

唐

葉顗 唐建州刺史武德初郡妖賊武遇作亂顗嬰城捍賊城陷不屈而死郡人立廟祀之

張文琮 武城人永徽中州尚滛祀不立社稷文琮下教俾民祭春秋二社除去滛祀安靖而有惠政既去民爲立祠

陸長源 字泳②吳人建中初刺史明法令布恩信均賦役闢田疇勸農桑修城郭設學校立③布璽舉孝廉禮耋文民歌之曰令我州郡泰令我户口裕令我活計大陸員外又曰令我家不分令我馬成群令我稻滿囷陸使君既去民立祠祀之

于延陵 爲刺史宣宗曰建州去京師幾何對曰八千里帝曰卿到彼爲政善惡朕皆知之勿謂其遠

李頻

校注：①亂　②泳　③市

字德新壽昌人懿宗特刺史以禮法治下特更布教條于時政亂盜與相推奪而郡賴以安及卒父老相與扶柩歸葬立廟梨山歲祠之

李彥堅字成實乾符間爲御史中丞黄巢寇閩僖宗以彥堅閩人素知山川險阻命守建州未至刺史李乾祐棄城走彥堅招募長民兵與賊戰於政和不利賊進兵逼之遂自刃而死子

張謹字信美閩人累官至招討使黄巢寇閩謹率師迎賊多所衝陷後遇於政和之團連戰九合殺傷甚多賊以奇兵守隘絶道不得前士卒乏食疲困不能鬬謹意氣自若其偏將郭榮字景華者亦頗長髯頗類關羽勇敢有膂力能挽一石弓①與重千斤謹與榮及諸校江李曹葛許蔣等十八人持白刃突入賊陣直貫左右大呼聲震山谷斬首數百級賊皆披靡欲解去會探知王師兵矢且盡死者十八九賊乃蟻附奮擊未已自旦至晡十八人俱死榮亦死謹被創甚遂發乃搖刃箕踞瞠目大罵爲賊所害妻子及榮妻皆罵賊而死

宋

王鼎字②鼎臣館陶人知州事俗生子多不舉③鼎爲條教禁止時盜販茶鹽者衆一切杖遣之監司數以爲言④鼎

校注：①舉　②③④鼎

弗爲變吏治最諸郡**許章**知建州有聲詳見興化府人物志**陳闡**監建州豐國監爲帥臣畫策以弭盗及去民祠之詳見興化府人物志**黄伸**邵武人初知泉州調知建州俱有治蹟詳見邵武府人物志**鮑祇**紹聖中知建州決事如神吏民化服既去畵其像祠之**方叔完**由祥符令遷知建州命攝提舉常平奏能縣令監稅之不才者數人**陸蘊**知建州時其弟藻出爲泉州過蘊合樂燕欵閩人以爲盛事**李德昭**建炎初知建州治有勞蹟建人懷之詳見興化府人物志**韓元吉**字無咎潁川人初知建安縣自作廳壁記云用廣而賦畬貿遷鹹鹺以佐其費折獄蔽訟之外計量猶大商也至是知本州**洪邁**字景盧番陽人知府事富民有睚眦殺人乘刃篡獄者久拒捕邁正其罪黥流嶺外**龔茂良**初爲吏部郎官嘗極論龍大淵曾覿之姦家居待罪章再上除直秘閣知建寧府廉勤有爲自以不爲群小所容請祠不允**張大經**字彥文南城人初爲禮部尚書屢請祠孝宗曰卿公廉必能爲朕牧民以

徽猷閣學士鄭僑紹興中知府事以公使錢爲下户代知建寧府夏輸而力請捐諸縣版帳之太重者光宗謂留正胡晉臣曰使人人如僑民力其少紓乎尋移知福州○本志謂除本路安撫使而三山志但謂知州事未知孰是陳居仁知府事歲飢出儲粟平其價弛逋負以巨萬計代輸畸零爾税有因告糴殺人者會赦免居仁曰此亂民也釋之將覆①出爲惡遂誅之觀察推官柳某死貧不克歸二子行乞于道聞而憐之予之衣食買田擇師以教養之傅伯成嘉定中知府事有治聲○按宋史本傳但言伯成知漳州不言其知建寧或記述之畧也陳韡福建招捕使兼知建寧府衢寇汪徐來二破常山開化勢張甚韡命將提兵夜薄其砦賊出迎戰驚曰此陳招②補軍也皆大哭急擊之衢寇悉平袁甫知建寧府郡屯左翼軍本倚峒寇招捕司移之江西帥檄使遷營俄寇作唐石即調之以行而賊悉平王埜字子文金華人知府事陛辭理宗命之曰游胡宋真流風未泯表宅里以率其民則予汝懌至郡創建安書院祠朱熹以真德秀乃配

校注：①復　②捕

包恢以建寧守袁甫薦爲府學教授監虎翼軍募土豪討唐石之寇淳祐中提點福建刑獄兼知建寧府

孫夢觀字守叔慈溪人理宗時知府事蠲租稅省刑罰郡人徐清叟蔡抗以爲有古循吏風民有夢從者甚都迎祠山神出視之則夢觀也俄而夢觀得疾卒

葉夢鼎字鎮之寧海人開慶初知府事作橋梁置驛舍建大安閣決疑獄甚有善政

李覺字仲明益都人通判建州秩滿州人借留太宗詔褒之

陳俊卿以宰相出判建州者三人俊卿王淮梁克家皆名重于時

方旬通判建州究渠范仙桂肅聚騷動境內旬平之詳見人物志

汪應辰字聖錫玉山人紹興中爲秘書省正字以言事忤秦檜出通判建州有政聲

陳洪通判建寧府攝府事有治蹟詳見泉州府人物志

洪天錫通判建寧府大水①壇發常平倉振之

陳綱淳化中登第爲建州觀察推官嘗奏鹽畫茶事有法民受其惠詳見泉州府人物志

鄭格福清人理宗時爲建寧司理豪貴有強取官地爲屋者格力與之爭同僚謂之曰千年常

校注：①擅

住一朝僧何自苦如此格曰寧可壞一朝僧莫壞千年常住卒復其地於官　陳中復熙寧六年登進士第初①謂福州懷安尉再監建之茶務植茶百萬本國課立辦

元　彭庭堅至正中尹崇安時鉛山冦周良竊發犯閩閩庭堅禦之有法冦不入境於暇日重新廟學立文定書院修文公社倉嘗有蝦蟆至縣廳向庭堅鳴祝之遣人隨以出果得一屍盖其妻有外私而害之也遂正其罪陞同知建寧路總管府事江西冦燬平浦城尋攝僉都元帥府事庭堅率民兵克復建陽又進兵　陳君用至正中紅巾起江淮由撫盱入閩閩閫授君用南平縣尹給錢五萬緡俾募千兵君用散家財繼之導官軍復建陽浦城等縣以功授同知建寧路事

國朝　芮麟洪武間知府寬厚而文歲飢勸富民出粟賑濟全活甚多郡學災麟卜地重建規制宏儒士風益振　劉敬永樂間知府律己廉明涖政勤慎崇學校修祀典郡中大治　張瑛正統中知府存心愛民多善政嘗以巡撫巡按檄掌福建按察司事亦有聲景泰間陞福建布政司叅政仍掌

校注：①調

府事沙尤逆賊鄧茂七寇建寧瑛憤①不顧身親率兵拒戰陷陣而死

劉鉞 安福人翰林侍講諭忠愍球之冢子也登周旋榜進士累官兵部職方員外郎天順間知府事為政豈②睇平恕尤以興學敦化為首務公暇輒詣學課勸諸生躬為講析疑義凡先賢祠宇有傾圮者皆修葺之又嘗纂修郡志未及脱稿遷廣東布政司叅政卒

陳永 建寧推官治獄平允請謁不行朝廷遣官旌賞之擢本府同知

建安縣

宋

方偕 權知建安縣復為汀州判官唐肅使福建建之建安多訟日數千百人繳偕權涖旬月而清縣筅茶山歲先社日發民數千鼓譟山谷中助達陽氣偕以為害農奏罷之

留元圭 知建安縣有政蹟詳見泉州府人物志

上官端義 卲武人建安縣丞詳見卲武府人物志

國朝

張準 永樂初知建安縣有惠政嘗因飢歲靖③以鈔折狼④及蠲户口盐稅免旬⑤補軍役以恤民困皆見允納郡民使之

校注：①憤　②愷悌　③請　④粮　⑤勾

甌寧縣【宋】陳震 知甌寧縣有惠政詳見泉州府人物志【國朝】喬銘 天順間知甌寧縣剛明而有斷吏不敢欺嘗值歲飢勞心賑恤民賴以安巡撫大臣課其治行為八閩最九載考績卒於道民思之不忘

浦城縣【宋】江淹 字文通為吳興令政尚文雅○方輿勝覽謂淹為吳興令本志以為建安令未詳【宋】辛次膺 紹興初閩冦范汝為陷建州宰相呂①順浩以次膺宰浦城遏賊衝比至冦巳焚其邑於是披荊棘坐瓦礫中安輯吏民料丁壯治器械阸險阻號令不煩邑民便之朱藻 處州人知浦城縣首延耆宿周詢幽隱約民墾荒田蕪滿三載乃征政事一決於巳吏無所售其奸比三年户統增倍興學校③修夫子廟公暇輒訓吏屬讀書②諳法歲旱③祖跣祈雨三歲三禱皆應黄杞 初尉寧化改知浦城縣詳見漳州府人物志謝邦彥 知浦城縣紹熙間旱邦彥精誠祈禱以詩投百④文山

校注：①頤　②識　③祖跣　④丈

龍湫即雨

陳襄 浦城主簿攝令事縣多世族以請托脅持爲常襄每聽訟必使數吏環立於前私謁者不得發興學勸士親爲講說士之自遠方来者至數百人民有失物者捕偷兒數輩相撐拄襄曰某廟鍾能辨盜犯者捫之輒有聲乃引偷兒詣鍾所祭禱陰塗墨鍾上而以帷蔽之命其暗捫出視手一人無墨扣之遂服

元

葉景仁 松溪人尹浦城閩中盜起景仁率民兵捕之爲賊所害其子儁傾家貲募壯士從間道入賊境殲厥渠魁載父屍以還事聞授以官不受

吳元芳 浙江人至正間尹浦城愛民下士以廉能稱每歲旱禱雨輒應去官民思慕之

國朝

張鵬舉 鍾離人洪武初知浦城縣端方公恕有惠愛於民時邑初歸附學校壇壝公署多其所剏也

張宗顔 冠縣人洪武中知浦城縣公勤廉恕吏不敢欺嘗開拓邑城以賓居民廬舍民至今德之

徐瓚 吳縣人洪武中知浦城縣學問優贍而心尤公恕爲政務先德化不尚刑罰嘗因歲旱躬禱于百丈山甘雨隨至

史

志可寧波人洪武間知浦城縣以公恕存心以寛和爲政刑罰不施奸弊屛息尤以興學禮士爲意

周原慶麗水人宣德間知浦城縣公忠清介一時囹圄幾空吏民悦服

裴思明淮安人洪武初浦城縣丞禮士恤民勤於政務時邑初歸附流移未復思明躬詣傍邑以招徠之

張玉成廣濟人洪武間浦城縣丞除弊釐奸勤於撫字民敬仰之

呂昭字克明崑山人浦城縣丞嬸勵奸穢培植善良境内帖息

何俊字士高金谿人浦城縣丞廉平果断有政聲正統己巳處州盜賊屢侵縣境俊築城塹備器械率民安拒之既而嶶徃崇安搗迎□王師賊遂乘間攻燬縣治俊聞亟奔回賊乃黨去民頼以安鎮守藩臬上其治狀擢本縣知縣

建陽縣

（宋）杜杞字偉長無錫人知建陽縣強敏有才閩俗老而生子輒不舉杞使保伍相察犯者得重罪俗爲之易

蔡襄大中祥符初進士知建陽縣邑民愛之詳見泉州府人物志

蕭之敏字好學乾道間知建陽縣首崇學校以邑人游酢陳洙陳師錫皆有學行建三賢祠祀之以風勵後學後卒于官邑人懷之合祀于三賢祠

儲用知建陽縣邑民甚愛戴之詳見泉州府人物志

方伯鷟嘗爲建陽丞①特部使者行縣欲撫令事延伯鷟使言令所爲且許薦之伯鷟曰塹人以自進所不敢爲且實不知知亦不當言也部使者慚而罷

元

陳天錫福寧州人尹建陽文學優贍政理公勤尤篤意斯文邑人稱頌其德

辛思謙建陽尹長於儒術勸於吏治興學校廣生徒輕徭薄賦興利除害民愛之如父母

國朝

郭伯泰洪武間知建陽縣廉介明審愛民好十②時東黄有軍旗道經其邑甚爲民擾伯泰執付於獄以其③上聞朝廷特賜勑嘉獎擢泉州府同知

陳敏永嘉人知建陽縣愼刑罰均徭役興學勸士除害恤民嘗歲歉發廩勸分濟之民賴以活又值天旱齋沐禱于上下神祇一兩三日是歲大稔

張光啓建昌人知建陽縣勦強去暴尤篤意

校注：①時　②士　③罪

斯文邑民畏服**陸鎰**洪武中建陽縣丞處事明決有方嘗與知縣郭伯泰奏東廣軍旗之爲民害者同被嘉獎擢福州府通判**何景春**建昌人宣德中建陽縣丞有爲而善謀豪強帖服民賴以安其於興學勸士尤所留意擢本縣知縣**丘松**洪武之季主簿建陽佐政有方吏畏民服嘗新學校手書文公白鹿洞學規揭之於壁以教學者**陳宗源**和門人建陽典史蒞官尤①載民服其公正相與白於憲司留之遂擢本縣知縣

松溪縣

元

阿思蘭色目人松溪達魯花赤撫民興學戢盜剔蠹以良吏稱嘗以大府檄往蒞戎事縣爲土冦所擾阿思蘭亟請以兵歸平之浦城冦池元甫猖獗阿思蘭单騎往說元甫遂降未幾復叛冦松溪阿思蘭遣將士刺殺元甫率兵襲破之隣邑之民悉頼以安

李榮實汶上人松溪尹學問該傳②性簡重好禮有節操邑民舊多詭寄田畝與後奸點③之徒悉去其籍以逃租稅榮實力爲

校注：①九　②博　③黠

覈實邑民德之○大明一統志作桀實本志作桀昉未詳

崇安縣[宋]范雍字伯純河南人祥符三年以殿中丞知崇安縣有惠政後贈太子太師謚忠獻紹定間祀于學宫

趙抃字閱道衢州人康定元年知崇安縣爲政簡靜本於孝悌邑舊多水害抃作石隄捍之又嘗鑿陂以溉田民號清獻陂今祀于學宫

翁谷字子靜建安人權知崇安縣廌介善幹宣和初浙寇遍閩境甚熾谷團結鄉兵於分水寮竹二寨以控扼之邑賴以安時與黃琮陳麟皆以善治邑有聲閩部號三循吏

諸葛廷瑞字麟之泉州人乾道初知崇安縣時朱文公方家食廷瑞猶及登其門故其治邑以教化爲先邑人賢之

趙彥譝福州人淳熙中知崇安縣學舊無田彥譝覈發寺田二頃有奇給之朱熹爲之記

傅雍字仲珎伯成子嘉定三年知崇安縣聽訟率得其情吏不能欺嘗增築舊隄以過水患增糴均惠倉粟以備荒歉立祠以祀朱熹買田以益學廩立義塚

以葬露骼邑人祀之

趙必愿字立夫餘干人嘉定間知崇安縣剖判如流吏不能困修學政興水利立催科法革胥吏鬻鹽之弊復出私帑建繼賢橋及增羅均惠倉粟嘗歲歉擅發社倉以活飢民力主義役之法上下便之朝廷因下其式於八郡秩滿民共立祠刻石

林士尹溫州人嘉定間知崇安縣政平訟理禁暴戢奸百里肅然

趙崇萃福州人嘉定間知崇安縣愛民興學嘗捐俸請買閑平廢寺田以充學廩又為請佃西林興福二廢寺租以抵納餘羨助養士之費

趙善鄺信州人寶慶三年知崇安縣政尚嚴明人號趙鐵面紹定初汀州寇亂邑當孔道應給軍需不擾而集

鄭思忱字景千泉州人紹定初知崇安縣喜讀書聽訟猶不釋卷俗吏多迂之有譖于州者移浦城丞真德秀與語知其賢乃言於太守復其任有惠於民詳見泉州府人物志

馮端榮字景莊福州人淳祐間知崇安縣勤恤小民病則給之藥死則施之棺民至今祀之

曾賀孫淳祐間知崇安縣有惠民

之政民甚愛之詳見泉州府人物志○按泉州志賀作荷

林天瑞字子輯溫州人景定二年辟知崇安縣政尚嚴明嘗勸人户助綱錢給孤貧錢米其於邑之前賢尤所崇重

劉漢傳字習甫會稽人景定五年知崇安縣禮士愛民嚴於馭吏重建廟學及先賢祠置田立豐惠倉修建橋梁開闢道路築義阡瘞養濟院請撥舉子米以贍孤貧邑人生祠之

翁邵元豐間尉崇安縣詳見延平府人物志

朱某名逸倬之大父也尉崇安日獲寇二百坐死者七十餘人某謂此飢民剽食尔鳥①可盡縲以法悉除其罪不以徼賞

元

任德用許州人至元十四年從丞相唆都入閩充軍民達魯花赤留鎮崇安時兵後極力撫摩軍還俘掠甚衆德用詰軍前釋歸附男女五百餘口邑草寇騷動德用平之民賴以安呼爲任佛

鄒伯顔字從吉高唐人為崇安尹崇安賦役不均小民重困伯顔率以粮之多寡均之邑有趙清獻所鑿溝歲久湮塞田卒蕪廢伯顔復之而田爲常稔安慶路嘗遣卒械囚至崇安

校注：①烏

求其黨因肆虐良民伯顏執而歸諸安慶民無濫及者時稱循吏第一

楊靚至元間尹崇安廉勤公謹愛民如子禮士如友同官有貪虐立威者靚以德柔之卒不爲暴時和買木綿布限嚴數夥靚區畫有方不厲於民先是平黄寇之亂邑民妻孥俘于北者甚衆至是民廉知其處列訴於靚亟移所屬咸得釋還政平訟理民至于今稱之

彭好古字德明維揚人泰定二年尹崇安每朔望及上下旬暇日輙率邑儒與吏詣學講習經史立惠民局新廣福橋多所興建

伯顏唐兀氏大同人尹崇安至正末江西紅軍猖狂伯顏理軍治民兼盡其道一時軍戢民安　國朝混一徵至京師以老乞歸崇安老稚皆知敬愛而以故侯稱之

周禮崇安簿定六班役法按籍品配高下一夕而畢吏不能欺人服其公

國朝

張子彬吉水人知崇安縣留意學校招致明師以教學者所造就甚多

曹端華州人洪武間知崇安縣廉以律己勤以莅事首置二簿紀民善惡時加勸懲民用感化他如興利

除害恤災植弱課農桑修學校政蹟尤多

安慶善 徛氏人洪武初崇安縣丞以勤政稱

陳讓 字克遜錢塘人宣德間崇安縣丞勤於贊佐徵輸徭役皆處之得宜

政和縣

宋

袁采 淳熙間知政和縣廉敬有惠澤嘗著政和雜誌及縣令小錄

呂祖愨 其先東萊人祖謙從兄弟也光寧間知政和縣有廉名

朱松 徽宗時爲政和縣尉民賴以安嘗建雲根書院延師以敎邑人子弟又建星溪書院爲藏修之所丁外艱去政尉尤溪

元

馬忽速 色目人爲政和達魯花赤廉善有政聲嘗驗民田所産厚薄定租稅爲九等民甚便之

真寶 字朝用蒙古人由崇安主簿遷政和達魯花赤律已嚴而待物恕設施舉措侃然不違於理凡閩中諸郡疑獄難折者行省必以屬於真寶經其訊讞無弗允也後調南平政和之民相與集錄其政蹟爲書名曰東和善政錄

馬哈麻 回回人尉政和法令公明盜賊屛跡秩滿父老借留之夷兵入寇馬哈麻

率鄉兵拒戰弗利被執瞋目罵賊賊怒剖其腹腸出委地猶罵不絶聲而卒

李鉉字伯鼎父名①潛州衛縣人至正間兄鈞字伯衡者累功至懷遠大將軍郢復上萬户府副萬户討寨寇於清流而殁鉉襲職守延平擒寧化寨寇魏梅受解福州海寇圍進擊福安寨寇戰於政和泗州橋弗克鉉賦詩戰敗誠宜死沉思恨復牽君親恩莫報忠孝事難全埋骨應無地知心②秖有天孤䰟托明月夜夜白雲邉遂死之事聞追贈鎮國上將軍江東道都元帥護軍隴西郡公

國朝

李子春山東人洪武初知政和縣廉慎勤敏在任三載妻自執爨無異布衣時人以爲難

張惠字澤民平南人永樂中知政和縣首以學校爲務每三日輒課生徒學業多所造就蒞官以清謹著稱

黄裳字廸吉番禺人永樂中知政和縣嘗值歲③歉勸富民發粟以貸貧乏官爲置籍令其秋成每石出息二斗償之民以不飢

江顕字顕中建昌人正統中知政和縣下車首革里胥濫徴之弊流民有以白金三百兩求私採銀鑛者

校注：①缺“郢”字　②祇　③歉勸

顯悉却之歲歉即勸富民出粟以賑飢民懷其惠至于今不忘**許穆**上饒人洪武初政和縣丞有惠政左以廉潔著稱**郭斯垕**字伯載會稽人永樂中政和典史嘗纂修邑誌邑人重其文學稱爲會稽先生

泉州府

唐

薛登清源太守以清德著郡人歌云郡號清源官有清德**趙昌**字洪祚天水人貞元間刺史鑿塘水灌田三百餘頃後昌爲尚書民思之因名曰尚書塘**趙棨**太和中刺史開晉江縣天水淮灌田百八十頃民德之**姜公輔**愛州日南人貞元末宰相因論唐安公主造墖德宗怒謫爲泉州別駕卒於官

宋

韓國華字光弼安陽人貞宗特知州事性純直有特譽**陳靖**大中祥符及天禧中兩知泉州左重農事民德之**方慎言**知泉州有惠政泉人甚愛之詳見興化府人物志**陳偁**兩知泉州

有治蹟詳見延平府人物志**沈周**康定初知州事治尚簡易訟有可已者輒諭以義使歸思之獄以故少州舊多盜日暮市門盡閉禁民勿往來周至除其禁而盜亦止**蔡襄**至和及嘉祐中兩知州事州有萬安渡絕海而濟往來畏其險襄立石爲梁其長三百六十丈種蠣於礎以爲固又植松七百里以庇道路閩人刻碑紀德立祠祀焉**陳偁**兩知泉州有治蹟詳見延平府人物志**陳覺民**知泉州有惠政尋遷本路提點刑獄詳見興化府人物志**陸藻**宣和中知州事崇尚高年招致郡中謝事五老藻賦詩云五老三百九十七俱生仁祖承平時名齊盧阜①文傳世身異商山深採芝○藻歷官志作宣和二年任名宦志又作嘉祐中任今合二志考之歷官志似爲有據**孫夢觀**字守叔慈溪人知州事兼提舉市舶重名節蠲租省罰爲政有循良之譽**陳戩**紹興中知泉州踈遠權勢朝廷聞而嘉之**劉子羽**紹興中以徽猷閣待制知州事子珙亦嘗知是州民愛之如父母○子羽按朱熹所撰墓誌銘珙以集英殿修撰知泉州

校注：①文

來行改知衢州自此以後未嘗復知泉州也而本志云然未詳

趙鼎 字元鎮聞喜人高宗時爲相秦檜惡其逼已罷知紹興府尋徙知泉州

汪藻 字彥章德興人父穀嘗任晉江丞于時藻始生後爲郡守藻謝表有曰訪六十年之父老恍若前生佩二千石之印符敢期今日

趙令衿 宋宗室也傳學有能文聲紹興中知泉州泉屬邑有隱士秦系故廬唐相姜公輔葬邑傍令衿建堂合祀之郡人感其化

陳康伯 字長卿戈①陽人紹興中知泉州時海盜間作朝廷遣劉寶成閔逐捕康伯以上意招懷之盜多出降藉②爲兵久之不逞者陰倡亂康伯訊得實論殺之州以無事

范如圭 字伯逵建陽人紹興中知州事南外宗官奇治郡中挾勢爲暴占役禁兵以百數如圭以法義正之

陳俊卿 紹興中爲泉州觀察推官服勤職業同僚宴集恒謝不往一日郡中失火守汪藻走視之諸掾屬方出飲俊卿與卒亦假之行例以後至被詰俊卿啀③推謝已而知其實問故俊卿曰某不能止同僚之行又忍自解以重人之罪乎藻歎服以爲不可及隆興間

校注：①弋　②籍　③唯

以禮部侍郎知州事。

趙子瀟乾道初自福州移知泉州。吏有掠民女爲妾者，其妻妒悍，殺而磔之，貯以缶，抵其兄興化掾安解中。妾父請郡訴，吏不央。子瀟訪知狀，亟遣人往興化，果得缶以歸，獄遂決。其發摘槩類此。

王十朋字龜齡，永嘉人。知泉州，初到任，會七邑宰，勸酒，歷告以愛民之意，出一絕云：九重天子愛民深，令尹宜懷惻怛心。今日黃堂一盃酒，使君端爲庶民斟。其爲政甚嚴而能以至誠感動人心。士之賢者詣門以禮致之。朔望會諸生學宮講經，詢政。訟至庭，曉以理義，多退聽者。僚屬間有爲不善者，反覆告戒，俾之自新。又嘗創俸錢，創貢闈，他善政尤多。去之日，父老兒童攀轅者不計其數，十朋亦爲之垂淚。泉人懷之如父母。

汪大猷字仲嘉，鄞縣人。乾道中知州事。毗舍耶嘗掠海濱，歲遣戍防之，勞費不貲。大猷作屋二百區，遣將留屯。故事，蕃商與人爭鬬①，非傷折罪，皆以牛贖。大猷曰：安有中國用島夷俗者？苟在吾境，當用吾法。

程大昌字泰之，休寧人。淳熙中知州事。江州賊沈師作亂，戍將蕭統領戰死，閩部大震。大昌趣統制裴師武

校注：①閧

討之賊遂散去民賴以安**趙必愿**知州事罷白土課及免差吏權鐵諷諸邑行義役秋旱力講行荒政乞撥求儲廣儲二倉米賑救**林枅**淳熙中知州事以清德律貪除諸色無名科擾訟牒盈庭剖決無留一時豪強斂迹莆泉密邇親故不敢干以私後①師閩卒民立祠以祀餘見興化府人物志**顏師魯**淳熙中知州事專以恤民寬屬邑為政始至即蠲舶貨諸商賈胡尤服其清泉人塑像祀之**倪思**字正甫歸安人嘉泰初知州事新學校修城郭繕器械訓士卒浚河渠造橋梁葺候館立養濟院百廢俱興**真德秀**嘉定中知泉州時番舶畏苛征至者歲不三四德秀首寬之至者驟增至三十六艘輸租令民自槩聽訟惟揭示姓名人自詣州泉多大家為閭里患德秀痛繩之海賊作亂官軍敗衂德秀祭兵死者乃親授方畧擒之紹定中再知州事深村百歲老人亦扶杖出迎歡聲塞路諸邑二稅嘗預借至六七年德秀首禁之諸邑有累月不解一錢者郡計赤立或咎寬恤太驟德秀謂民困如此寧身代其苦決訟自卯至申未已或勸留養精

校注：①帥

神德秀謂無力惠民僅有政平訟理事當勉耳前後兩任他善政尤多**宋鈞**嘉定間知州事州舊爲台信建昌邵武抱納上供銀大爲民病奏乞各從初賦從之蠲逋賦紓下戶翔局講荒政所活萬計鈞代①貞德秀治郡善繼其政民戴而祠之**喬維岳**字伯周南頓人太平興國初陳洪進納土以其子文顯爲泉州留後而以維岳爲通判會盜起仙遊衆十餘萬攻城城中兵裁三千勢甚危急監軍何承矩王文寶欲盡屠其民燔府庫而遁維岳挺然抗議堅守既而轉運使楊克讓率兵破賊圍遂解詔褒之**林孝淵**字全一孝澤之兄也建炎間通判建州再通判泉州亂卒②褻無禮於守而信孝淵之言不敢暴提舉市舶邵邦建薦孝淵曰材術疏通吏事詳練協贊郡治綏靖兵民千里帖然内外按堵蓋實録云嘗按收舶貨歸吏循例取腦一匣以納孝淵厲聲曰公則官物私則商賈何例之有斥反之舶庫**張闡**字大猷永嘉人紹興中通判泉州累官工部尚書贈端明學士謚忠簡**李韶**字元善漳州守彌遜之曾孫也端平初通判泉州忠厚純實郡

校注：①真　②屢

守游九功秦清嚴獨異顧韶後又以寶章閣學士知泉州

游酢 泉州僉書判官以道學淑士心以公勤奉官長尋召爲監察御史

傅榘 泉州僉判蒞官有聲蹟詳見興化府人物志

黃公度 紹興間簽書平海軍判官有流民數百自汀①虔下守將疑其變盡縶之行②旅騷然公度力爭以爲此皆平人飢餓流③徙出於下計奈何又急之使聚而爲盜如其言縱去數百人得全性命而軍亦賴以安

李方子 嘉定中泉州觀察推官詳見邵武府人物志

杜純 字孝錫甄城人泉州司法參軍泉有番舶之饒雜貨山積時官於州者私與爲市價十不償一惟知州關詠與純無私買後事敗獄治相牽繫獨兩人無與詠猶以不察免且擿參對純償贓陳書使者爲訟冤詠得不坐

朱松 字喬年婺源人文公熹之父監泉州石井鎮抱負經濟恥於自售後胡世將撫輸東南見松奇之以聞於朝召試館職

鄭俠 神宗朝以言新法不便竄英州哲宗即位放還用蘇軾孫覺等薦除泉州教授秩滿諸生借留得再任元符初再竄英州徽宗即位赦歸

校注：①虔　②旅　③徙

復爲泉州教授崇寧初又爲蔡京所奪

王文寳陽武人宋太宗時監泉州兵郡盜大起文寳與轉運使楊克讓知州喬維岳共討平之

元

偰玉立字世玉畏吳人至正中知泉州路達魯花赤時元綱陵夷偰玉立築城浚河爲捍禦計而復興學校修橋梁賑貧之舉廢墜政績甚多郡人立祠祀之

國朝

李鳳洪武間知府凡徵輸期會不事鞭笞督責而民信服嘗疏通河道之湮塞者以便灌溉而於祀事尤致精嚴

胡器洪武末知府力拯病民之事每判死刑及徒配籍案輒嚬蹙不樂或問其故曰吾爲民父母不能化民以德而使之至此此吾所以不樂也

蔡錫鄞縣人宣德末知府革奸弊均徭役奏除洛陽東山大橋三鎭守兵民甚便之

尹宏字克寬豐城人正統初知府廉正公勤深得民心及卒民爲刻石立祠

熊尚初南昌人正統末知府剛忠廉勤有善政汀寇犯境尚初率民兵討之不克遇害郡人立祠祀焉

歐陽復桂陽人天順末知府廉明寛厚事集而民不擾其訊決獄訟平反尤多忽遘疾

郡人咸走謁群祠爲之祈禱及卒老稚悲慟思之至今不忘

洪保字子厚新城人洪武末泉州通判一時政教賴其贊理郡以治稱及卒民爲立祠祀之

歐陽初字遂初潮陽人府學教授其教人必先德行而後文藝故及門之士出而見用於時者多矜名節嘗葺禮殿及文公祠凡學之廢墜者多修舉之滿考改教授柳州卒泉人思之祀於先賢祠

黄結字資友東莞人景泰間任府學教授篤意教人克舉其職泉舊無讀春秋者結至始以授於其徒若包文①土瑱皆以是經取科甲實結所造就也遷遼府長史卒

顏賢高安人洪武初泉州府司獄性温良而果毅郡人翁彦立繫獄通判胡釗以私憾囊沙將壓之賢正色曰彼罪不至死不敢聞命彦立獲免有阜六秀者與其黨八人皆重罪而獄未成一夕獄隣火郡守欲誣以因火反獄而盡殺之賢力拒曰因非反獄豈可誣之獄猶未成豈可殺之守慚而退獄囚貧餓者輒給以食每重囚引決必詣賢謝而去時稱能舉其職

泉州衛丁遠字士毅全椒人先爲興化衛指揮僉事廵按藩臬以

校注：①王

其能調署泉州衛事清白勤慎以撫恤軍士爲心尅剥有禁訓練有方老幼有養勞逸有節號令明賞罰信驕卒悍兵一時畏迹甫三年復歸興化尋卒泉人思之

晉江縣

唐　趙順正　開元末爲晉江縣令縣有晉江順正鑿溝通舟楫至城下民德之○按唐書地理志以順正爲别駕本志以爲縣令未詳

宋　傅佇　政和末爲南安縣丞紹興中知晉江縣俱有美績詳見興化府人物志

鄭鼎新　知晉江縣詳見興化府人物志

元　陳駿　至正中爲泉州潯美塲塩官以恩信得民調晉江縣尹抑豪右恤凋瘵境内寧謐後陞廣東塩課提舉代還父老因留居泉及卒立祠祀之

國朝　徐瑛　杭州人正統末知晉江縣秉慎寬平汀寇作亂寧陽侯統軍駐延平檄調晉江民兵瑛恐民心騷動躬詣軍前陳其利害得免及保定伯統軍至泉瑛從容酬應於民無所擾邑人德之

南安縣【宋】葉賓知南安縣人稱其明詳見興化府人物志余武弼知南安縣子視其民民至十百成群禱叢祠祝其勿遷去提點刑獄吳某適出旁郡民爭詣乞留武弼以父老力丐歸養

徐鹿卿①肖德秀守泉以其道同志合可以拯民辟宰南安既至首罷科歛之無名者明版籍革預借決壅滯達寃抑邑以大治歲饑處之有法富者樂分民無死徙德秀薦帥閩疏其政以勸列邑

【元】廼穆泰字景善蒙古人至正末以同知延平路總管綜理南安縣事當寇盜之際調度轉輸以給軍餉勞徠綏輯以復流亡復以其暇日重新廟學時稱良吏

同安縣【宋】黄宗知同安縣邑民祠之詳見興化府人物志朱熹主同安簿選邑秀民充弟子員日與講說聖賢修己治人之道禁女婦之爲僧道者蕭里慶元間爲同安縣尉詳見漳州府人物志

【國朝】時執亮東平州人洪武中知同安縣公勤廉恕以禮讓道民不事刑威

校注：①真

吏民安之

德化縣

國朝

應復祥奉化人洪武末知德化縣廉謹平恕勸學獎士尋遷吏部郎中〇大明一統志名應平未詳

古彥輝洪武末爲德化主簿性敏而果精吏事識大體盡心於民不爲苛察尋遷監察御史

永春縣

宋

黃瑀紹興中知永春縣時當寇亂凋瘵之餘首蠲宿負民有業去稅存者悉釐正之輸賦後期則揭其姓名於市期日而至不使吏與其間豪強侵刻細民必窮治之不少貸所聽斷發擿隱伏如神卒亦歸於仁恕大治學館延擇修士課試以時遭旱出俸錢具牲酒躬走群望不以勞爲憚雨爲立應愚民私立塔廟與僧雜處者輒按律令撤之丞有女病巫言城隍神役者爲祟瑀杖其土偶而投之溪女病即愈瑀爲政公廉強介察見微隱吏不能欺而民不忍欺

元

盧琦至正十二年尹

永春始至賑飢鐽止横歛均賦役減口鹽一百餘引蠲包銀権鐵之無徵者已而訟息民安乃新學宮延師儒課子弟月書季考文風翕然時兵華四起列郡洶洶獨永春晏然歳四五載調寧德尹去之日民遮道涕泣

國朝温琇新會人永樂中知永春縣勸農興學平賦均徭嘗奏減歳造皮張壮民德之

安溪縣

宋孫昭先淳熙中知安溪縣爲政簡易催科有程其於差役必親按戶籍第其先後又多方以寬恤之民至有先期願充者又修學舍躬課程斥廢剎之田以贍教養邑人德之

國朝顔振仲　黄朴俱知安溪縣有政蹟詳見漳州府人物志

潘靖金華人正統初知安溪縣恤煢獨抑豪①逋逃者来歸強悍者懾服邑嘗大飢靖禮諭巨室各輸羨餘以賑貧乏全活者衆卒于官民爲立石

戴玠安溪縣丞興學校課農桑立條約除煩苛招復流移梗化者喻之不悛然

校注：①右

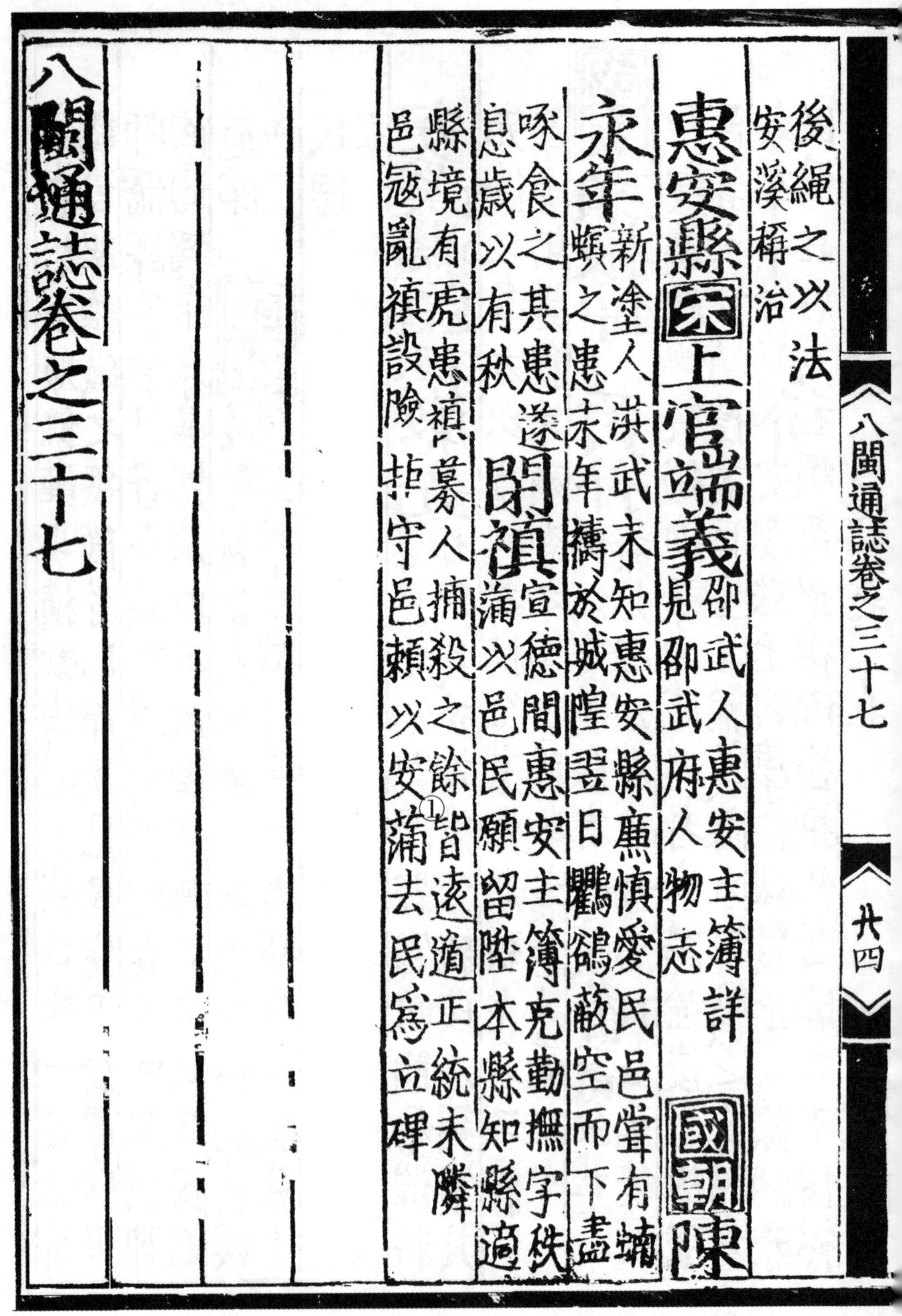

後繩之以法

安溪稱治

惠安縣

宋

上官端義　邵武人惠安主簿詳見邵武府人物志

國朝

陳永年　新淦人洪武末知惠安縣廉慎愛民邑嘗有蝻蝦之患末年禱於城隍翌日鸛鴿蔽空而下盡啄食之其患遂息歲以有秋

閔禎　宣德間惠安主簿克勤撫字秩蒲以邑民願留陞本縣知縣適縣境有虎患禎募人捕殺之餘①皆遠遁正統末隣邑寇亂禎設險拒守邑賴以安蒲去民爲立碑

八閩通誌卷之三十七

校注：①滿

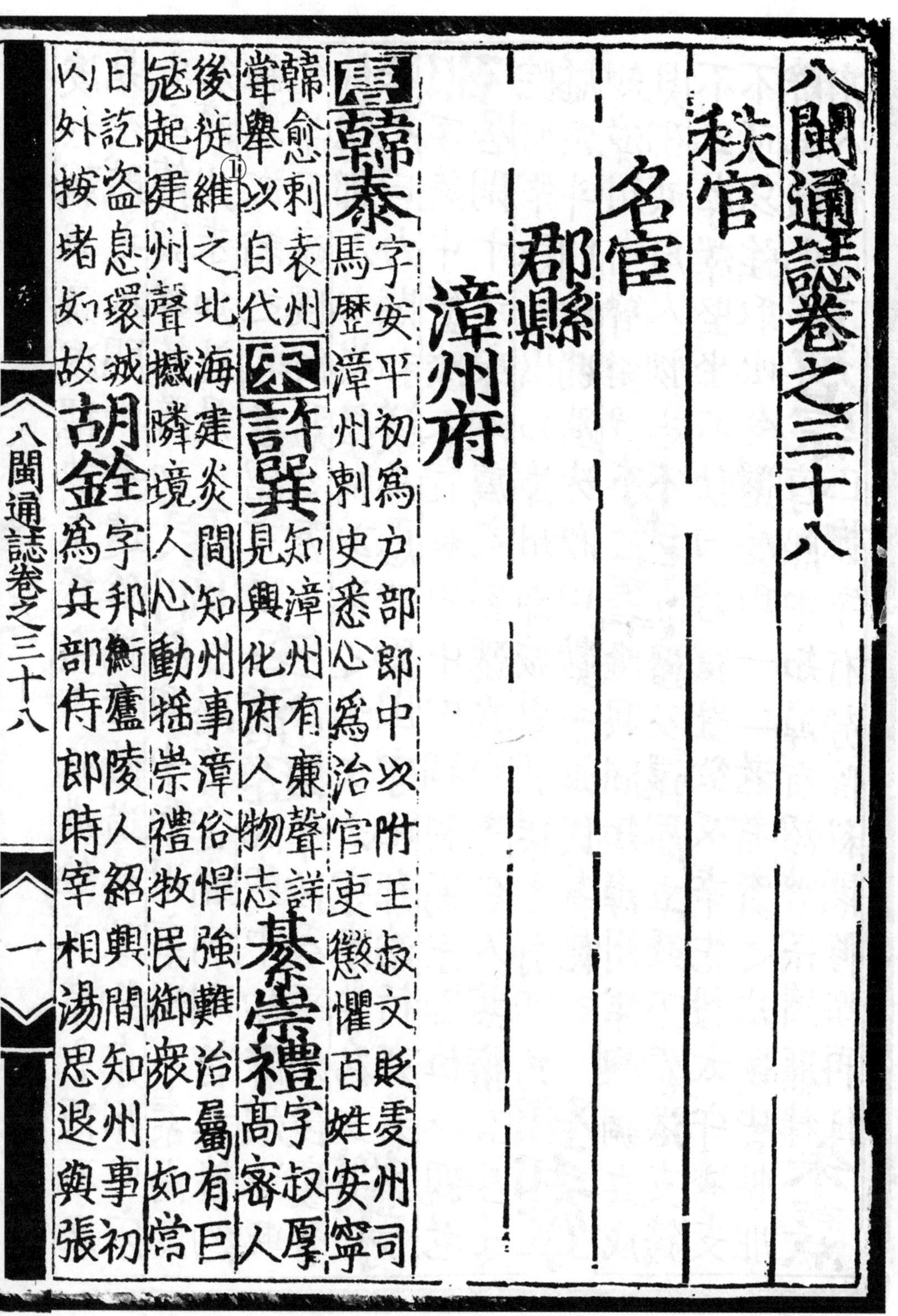

八閩通誌卷之三十八

秩官

名宦

郡縣

漳州府

【唐】韓泰字安平初爲户部郎中以附王叔文貶虔州司馬歷漳州刺史悉心爲治官吏懲懼百姓安寧韓愈刺袁州嘗舉以自代【宋】許巽知漳州有廉聲詳見興化府人物志綦崇禮字叔厚高密人後徙①維之北海建炎間知州事漳俗悍強難治屬有巨寇起建州聲撼隣境人心動摇崇禮牧民御衆一如常日訖盗息環城内外按堵如故胡銓字邦衡廬陵人紹興間知州事初爲兵部侍郎時宰相湯思退與張

校注：①雍

浚和戰異議浚罷政未幾金人犯淮銓上章言臣不忍見今賊之入門由是遣銓措置海道尋改知泉州○宋史本傳謂銓乾道初知漳州未知孰是

廖剛 紹興中知州事州人素尚後靡婚葬皆踰制剛首立條約親爲文諭之嘗應詔言事乞早正建國儲君之號

李彌遜 紹興中知漳州以興學校爲事始復慶曆舊規郡人立崇學祠以祀之朱文公守漳嘗爲文祭之曰力闢和議見忌群臣出守此邦治行亦著

劉才卲 字美中廬陵人宣和中中宏詞科高宗即位以親老居閑十年廖剛薦之累遷爲中書舍人兼權直學士院時宰忌之出知漳州即城東開渠十有四爲牐以瀦匯決溉田數千畝民甚德之

鄧邦寧 知漳州有聲稱詳見邵武府人物志

林孝澤 隆興間知漳州軍興調兵戍邊及還羅立廷下索添支錢不去孝澤堅坐不動曰若輩豈欲反幸先殺太守添支不可以強取叱令還營取一二老者賓之法遂皆帖服餘見興化府人物志

黃啓宗 淳熙中知漳有詔啓宗清廉律己撫字有勞除秘閣修撰再任

朱熹

淳熙中知州事奏除屬縣無名之賦七百萬減經制錢四百萬以胥俗未知禮采古喪葬嫁娶之儀揭以示之時即學校訓誘諸生請業問難者親接不倦士俗崇信釋氏男女聚僧廬爲傳經會女不嫁者爲庵舍以居熹悉禁之治漳逾期年僚屬勵志節而不敢恣所欲仕族奉繩檢而不敢千①以私胥徒易慮而不敢行奸僞豪猾斂跡而不敢冒法禁一時政化大行熹常病經界不行之害會朝論欲行泉汀漳三州經界熹乃訪事宜擇人物及方量之法上之而土居豪右侵漁貧弱者以爲不便宰相留正泉人也其里黨亦多以爲不可行因相與沮之明年遂以子喪請祠去漳民懷其德立祠祀之

趙伯逷 知漳州有惠利於民詳見泉州府人物志

傅伯成 慶元中知州事以律己愛民爲本推朱文公遺意而遵行之創惠民局濟民病以革機鬼之俗由郡南門至漳浦爲橋三十五治道千二百文②嘗勸人户糶有林仁壽者告其兄堯壽匿錢之高令先糶穀伯成判曰官司寧可無二百石穀而兄弟告訐之風不可長

趙汝讜 嘉定中知州事修學校廣生徒造南

校注：①干　②丈

門石橋奏蠲經總制無名錢○譡一本作讜按宋史汝讜有傳并不言其嘗知漳州恐作汝譡爲是

莊夏

嘉定中知州事始建通濟橋奏罷高荒俵寄產錢納苗米聽民自槩量

危積 字逢吉臨川人舊名科淳熙中舉進士孝宗更今名嘉定中知州事漳俗視不葬親爲常往往棲寄僧刹積命營高燥地爲義塚三約期責之葬其無主名若有主名而力弗給①者官爲葬之九二千三百有奇廢淫祠創龍江書院橫經自講人用歆動邑令有賄聞者劾去之籍其財以還民郡有經總制無名錢悉奏罷之

趙以夫 字用文長樂人端平初知漳州始下車鄰寇猝至諸道之女皆會于郡調度繁興應之裕如卒生擒其渠帥檻車以獻勞賜吏士費以千萬民不加斂先是漳民苦於丁錢以夫奏以廢寺租代民輸之安撫貟②德秀聞而擊節上于朝曰漳州此舉可爲分符守土者法詔可其奏

李韶 嘉熙初知州事捐己俸置學田創虎渡口石橋治以廉平稱民號爲李

章大任 淳祐中知州事興利除害知無不爲而尤崇重學校獎勸諸生郡人爲立生祠生佛

校注：①給　②真

柯述 熙寧中通判漳州以救飢得民有雙鵠棲其廳事逮去鵠亦送之漳人異焉 黄琮 宣和初通判漳州時鄉人方翼爲守琮與之可否相濟卒成美政會金虜入寇命琮統習建劍土兵以備攻守尋更益法

蔡襄 天聖八年擢甲科爲漳州軍事判官處之以靜公餘吟咏最多 彭汝礪 字器資鄱陽人治平二年舉進士第一歷漳州軍事推官有能名王安石見其所著詩義補國子直講 趙善綍 慶元中司理參軍屬邑鹺商有群聚殺人者内二囚俱曰陳十三蓋同姓名而與其首從吏受賂故出入之獄成下左院善綍引囚訊問得其實力爭于郡不聽遂投印而去郡守臥容從之莅官三年無私交獨與郡人陳淳游獲蒲淳賚爲序送之 陳可大 漳州工曹兼右推讞獄有聲詳見興化府人物志 完顏忽難 元至元中爲漳州路達魯花赤築城以御不虞保民以安其業民至今德之 迭理彌實 字子初合魯温氏西域人也生剛介事母至孝至正①末爲漳州路達魯花赤時兵餘民困迭理彌實乃釐無務之利病而興除之敏

校注：①末

於吏事而務存忠厚不事苛細居三年民甚安之國朝兵既取福州興化泉州皆納款迭理彌實仰天嘆曰吾何恩厚有死而已及聞招諭使者至乃具公服北面再拜引斧斫其印文又大書手版曰大元臣子即端坐取佩刀剌喉中以死既死猶手執刀按膝坐儼然如生時郡民相聚哭奠中斂其屍葬東門外

張景逸延祐間爲漳州路總管寬以恤民嚴以馭吏以學校爲已任漳人翕然向化

金璵後至元初爲總管淳厚廉謹吏不敢欺在任百廢具舉

烏古孫良楨澤之手也初以蔭補江陰州判官調武義縣尹有惠政改漳州路推官獄有疑者悉平反之上言律徒者不杖今杖而又徒非恤刑意宜加徒減杖遂定爲令移泉州監以能稱復轉延平判官

關文興爲漳州萬戶府知事至元庚辰陳吊眼寇漳州招討傅全及其一家俱遇害官軍死者十八九文興力戰死妻王氏被掠義不受辱詒曰葬吾夫即汝從賊爲積薪焚尸王氏赴火死事聞褒贈立廟額○按翰林揭傒斯所撰雙節廟碑有云文興不知何許人至元十三年從賈萬户

戍漳州而判官後安所撰旌表烈婦王氏祠記則云文興以建康土軍隸傳招討爲軍府知事出戍于漳二説微不同未知孰是

國朝

潘琳山西平陽人洪武初漳州知府歷十載治政卓然一時郡守無能出其右者

王仲謙洪武初知府事廉謹自持而爲政有方訟亦清簡又崇奬士類學者用勸郡民德之

錢古訓洪武中知府事以文章飾吏事表著忠孝激勵風俗當時甚有聲稱

甘瑛豐城人正統間知府事興學校舉廢墜時軍衛擯取其弊日甚瑛奏革之海門山民恃險爲非瑛復奏移近地而籍廢寺之田給焉

謝騫當塗人景泰間知府事爲政以鋤奸惡舉善良爲務海民通番船爲盜騫下令隨地編甲置牌而設長以統之復印烙其船以五六尺爲度聽其生理一時境內盜息民安

王禕字子充義烏人洪武初爲漳州通判文學政事推重一時嘗作風俗十詠

陳思賢廣東茂名人洪武末府學教授以忠孝禮義帥諸生隨才教育多所成就

漳州衛

顧斌鳳陽人襲父職爲漳州衛指揮僉事有勇略正

統戍辰沙元寇鄧茂七倡亂其黨揚福率衆數萬圍漳城吏民震慴無敢出敵者時城督兵備倭海上聞之夜率兵冒圍入城盡散其家①貲募敢死士親督爲前鋒開門進戰賊大②散斬首及溺死者甚衆餘悉奔潰城賴以完事聞擢福建都指揮僉事

龍溪縣

宋

林迪 知龍溪縣縣人愛之詳見興化府人物志

翁德廣 淳熙中知龍溪縣朱文公熹嘗奏薦之謂其天資剛直才氣老成不爲赫赫可喜之名而每有懇懇愛民之實其於刑獄能上體國家哀矜庶獄之意其於詞訟能使百姓無丞抑不伸之訟其於財賦能足用裕民而無③抑配科歛之患蓋庶幾乎古之循吏者

儲惇叙 龍溪縣丞民愛之詳見泉州府人物志

元

唐天年 以行省知事攝龍溪尹事寬以惠下毅以任重吏不敢欺以私民不敢違其令

鄧朝陽 龍溪縣丞爲政以興利除害爲務又擇學行之士爲師以教民獷悍之俗因以盡革民甚愛之

校注：①貲　②敗　③抑

國朝 劉孟雍洪武末龍溪知縣革諸弊政吏畏民懷秩滿陞知祁州龍溪民奏乞還任 朝廷從之○祁州一本作安州

漳浦縣

宋 呂璹知漳浦縣有治政邑民祠之詳見泉州府人物志 傅希龍字廷允知柔從父扡知漳浦縣開河建縣學之前人為立石為學曰傅公河 沈造字次仲縉雲人知漳浦縣特海冦作亂將及境聞造政聲悉引去 陳舜申知漳浦縣大有惠利於民部使者以治狀聞累遷著作郎

龍巖縣

宋 楊中立知龍巖縣有惠利於民詳見泉州府人物志 林介卿知龍巖縣治蹟甚著詳見泉州府人物志 吳珏知龍巖縣治有嘉蹟詳見興化府人物志 傅知彖知龍巖縣鄰冦憚其威名詳見興化府人物志

國朝 趙榮祖淮安人洪武初龍巖知縣

爲政以安民爲首務弊無不革利無不興九百陂隧悉皆修舉

長泰縣

宋　黄頴　知長泰縣兼權龍溪縣尉二邑之民皆愛之詳見興化府人物志

王序　知長泰縣政尚愛民民蒙其惠詳見泉州府人物志

南靖縣

元　危海　至正中南靖縣尹興學校均賦役撫字勤勞政清訟簡時畬寇竊亂海屹不爲動既而賊夜入海罵曰尹承上命以父母汝者汝欲殺父母耶賊皆駭散其後盜息民安民爲立去思碑○至正一本作至元

國朝　楊通　洪武間南靖知縣均平賦役興起學校毁淫祠創廨宇既去民有遺思焉

劉深　洪武末爲南靖縣典史練達有爲堅於特①守撫字勤勞民懷其惠教諭植士謙上其績陞知宜興縣

汀州府

校注：①持

唐 陳劍大曆中刺史汀自開元置郡累遷東坊口歲晏不登民多疾疫咸謂治非其所劍乃更卜白龍之白石即今之郡治也

劉岐大中初刺史自遷郡以來庶事未備岐乃築子城瀕羅城敵樓郡之壁壘至是始具

林披初爲臨汀曹掾郡多山鬼披著無鬼論刺史樊晃表爲臨汀令廉使李承昭奏授臨汀郡別駕知州事

五代 王繼業其父延宗嘗爲汀州刺史天福初繼業復出守父子相代俱有治績

宋 王嗣宗字希阮汾州人太平興國中知州事太宗遣武德卒潛察遠方事有至汀者嗣宗械送京師因奏曰陛下不委任天下賢俊猥信此輩以爲耳目臣竊不取太宗怒遣吏械嗣宗下吏劾殺既而怒解寘其直節特遷其官

方嶠英宗特汀憂盜寇剽劫爲暴朝廷急擇守遂除知汀州嶠至悉以計平之詳見興化府人物志

陳軒字元輿建陽人①見豐中知州事治尚清靜黃庭堅詩云平生所聞陳汀州蝗不入境年豐晏

陳粹字伯光福州人元符間知州事勸農桑興學舍禁博戲及宰殺耕牛尤申嚴溺子之令奏

校注：①元

課爲天下第三賜書褒寵蒲考民借留之詹時升知州事有治蹟詳見建寧府人物志鄭疆字南美長樂人紹興初知州事時廟學荒圯疆首卜地建之且市腴田以贍餼稟擇嚴師以職教導於是升堂者數倍於昔人以不學爲恥越三年登進士四人後立祠稽古閣下春秋祀焉張昌紹興間知州事政尚寬和民不忍犯時以張佛子呼之程大昌徽州休寧人淳熙中知汀州賊師作亂戍將蕭統領與戰死閩部大震漕檄統制裴師武討之師武以未得帥符不行大昌手書趣之曰事急矣有如帥責君可持吾書自解時賊謀攻城先使諜者衷甲縱火爲內應會師武軍至復得諜者賊遂散去後知建寧府江璊淳熙中知州事先是銀坑發洩歲代建昌臨川輸銀六千兩二郡歲償綿絹後經兵火二郡綿絹不至坑場停閉仍取於民璊疏陳其害獲旨蠲免陳曄①字日華長樂人慶元初知州事爲治精明歲以郡帑錢二百貫助學又以隷官田百畝充諸主稟餼或②戶口食鹽價以紓細民作義冢以掩遺骼殯無所歸者以千數汀俗尚鬼信巫曄

校注：①曅　②減

痛懲禁之

陳映 曄①之弟也嘉泰初知州事爲政一守其俗爲不變兄之法首蠲積逋以寬屬縣苑五營壘千餘間甃清流路百四十餘里②曄嘗剏橋于南山高灘角上流至映方畢工邦人因以棠棣扁之秩滿皆遷廣東憲人以爲榮

趙彥橚 嘉泰間監登聞鼓院時韓侂胄方柄用朝士悉趨其門彥橚切嘆惋出知汀州州民葉姓者嘯聚汀贛間彥橚遣將捕戮之

李華 字實夫建安人紹定間以安豐倅來攝州事有才畧時盜寇猖獗禁卒讙呶華悉勦平之朱積寶爲亂歲且荐饑華移粟給食全活甚衆復念民力凋瘵乃削苗斛鹽價置濟倉邦人賴焉

胡太初 寶祐間知州事愛民好士有古循吏之風開慶間值歲歉捐米數千斛入均濟倉以活飢民大興學校規制偉然士民德之爲立生祠

郭祥正 字功父當塗人通判汀州有善政公暇輒與太守陳軒登山臨水觴咏酬唱極多

陳吉老 紹興間丞清流以績最遷通判軍州事贛寇侵郡境勢甚熾吉老誓衆與戰大破之時境内寇旁午吉老每督捕長子希造即爲先鋒累戰皆捷後

校注：①②曄

與賊胡保鍾十四花戰于武平偶爲兵後期遂遇害吉老忍痛再率兵破賊凱旋郡將道迎慰問吉老笑曰馬革裹屍南八男兒吾人所喜慕大丈夫特患死不得其所耳吾兒報國死得其所又何憾耶六縣感之皆爲立祠至今父子血食於汀

趙師璦 通判汀州有靖冦功郡人祀之詳見泉州府人物志

王杆 字元佐無爲軍人紹定初通判汀州時郡將陳孝嚴引外冦朱積寶兄弟爲腹心仇視禁卒黄寶等憤而叛杆諭以禍福不從俄有欲殺孝嚴者杆怒叱之曰若欲殺守須先殺我衆感動解去孝嚴度不爲衆所容因付郡章于杆杆固辭弗獲乃權攝州事衆遂安既而積寶兄弟失勢亦叛嘯聚幾萬人屢犯州域杆指受方畧力捍禦之汀賴以全民感其德比二祠之曰權郡王生佛

劉師尹 字伯任長樂人紹興間爲汀州録事參軍時長汀縣令陳夢遠誣郡士葉椿等以死罪郡倅向士俊黨夢遠欲傅致其獄師尹知其寃抗辨再三士俊怒督之益急師尹乃取欵狀書其尾曰吾寧棄官不可陷人於非命毅然納禄而去後帥司体究得實夢遠士俊俱謫

秩椿等始獲免邦人德師尹繪像祠之

黄樵仲淳熙中爲汀州録事參軍詳見漳州府人物志

趙公迥①紹興末汀州司户有政蹟詳見泉州府人物志

趙希錧字君錫汀州司户峒寇李元礪方起汀人震懼郡會僚佐議守城希錧言距城三十里有關曰古城若悉精鋭以扼其衝賊不足慮矣守以付希錧遂審形明間申令謹候賊遣諜窺關希錧縱其舉火相示而羸②以誤之然後嚴兵待賊夜半賊數百衘枚突至希錧命矢石俱下賊無一免者餘黨聞風而遁詔升州推官治疑獄決滯訟攝下邑弭亂卒去之日軍民遮道泣送者數十里

李光字泰發上虞人靖康初以侍御史極論蔡攸朱勔謫監汀州酒稅

國朝

宋忠崇陽人洪武間知清流縣興學勸農剔奸剗蠹有惠愛於民以艱去尋陞户部員外郎清流民思之奏于朝陞汀州知府

王得仁宣德間汀州府經歷陞推官正統末沙縣寇攻城得仁畫策捍禦之民匿山中者守禦官以爲賊欲擒殺之得仁力争乃止又老稚三百餘人来避者官軍亦誣爲賊得仁辨

校注：①迴　②羸

而釋之未幾卒于營民哀慕不忘請於朝立祠祀焉

汀州衛黄敏洪武中爲汀州衛指揮僉事廣賊謝在真寇武平敏率軍勦捕賊驚走因追擒之又於武平築城分軍守禦境内卒以無虞

長汀縣　**宋**　**張景休**其先洛陽人初爲荆南戎判公貞雍謹手不釋卷館閣知名秩滿以著作佐郎爲長汀令

楊朏字持正閩縣人元符初以渭州推官攝長汀縣事催督租賦不擾而集時多盜賊嘯聚朏捕治首要境内肅清

吴櫪紹興初知長汀縣有治效詳見建寧府人物志

謝周鄉嘉定初知長汀縣剏縣治建社壇給田以贍學職除諸鄉逃絶户鹽

宋慈有剸繁治劇之才紹定間招捕使陳韡檄慈同監軍李華平汀寇參贊之功居多遂辟知長汀縣時當師旅飢饉之餘慈明於聽斷境内大治

陳顯伯淳祐間宰長汀有惠愛於民增廣學舍規錢以養士士民愛戴生祠之

張振古清江人淳熙間長汀主簿剛正有守郡督諸鄉稅急甚振古憫小民困窮且多逃絶户歴

數告於郡將乞寬期限郡將怒欲加譴責振古曰我不忍奉上官暴貧民即納印而去

寧化縣宋危建侯元祐間知寧化縣三年民懷其德生子有以危爲名者

鄒括泰寧人知寧化縣詳見邵武府人物志

施禔建炎間知寧化縣有治蹟詳見建寧府人物志

周堯卿紹興間知寧化縣提刑楊紘入境見有被刑而耘苗者就詢其故對曰貧以利故爲人直其枉令不我欺而我欺之我又何怨紘以所聞爲之

趙時錧紹定間知寧化縣當寇亂之後修學築城刱縣治及諸官廨舍復舊觀

國朝梁璉永樂間知寧化縣視民如子不事苛刻涖任數年政修利舉

常清景泰初知寧化縣清儉勤慎植弱抑強勤於撫字未三載卒于官民哀慕之

榮清洪武間寧化縣典史奉職勤敏存心篤實政務舉案牘清人以爲賢

景忠永樂間寧化縣典史廉公愛民守法尤謹

上杭縣［宋］孫瑞紹興末知上杭縣首剏學舍給田以養士暇日輒矣①學與諸生講論經史自是士風稍振陳朝章乾道間知上杭縣先是宰鄭稷從民之請將遷縣治於郭坊方任始遷以憂去繼之者未暇及也朝章至慨然以爲已任於是區處分畫②壘井塗徑俱有條理趙彥挺嘉定間知上杭縣嘗重新學舍增置學田趙時鉞紹定間知上杭縣寇平之後城壘縣治官廨鮮有完者時鉞悉營剏以復其舊李務行寶祐間知上杭縣嘗葺廟學剏朱楊二先生祠于學之西何鎬上杭縣丞有惠政詳見邵武府人物志［國朝］顧詳永樂初知上杭縣常祿之外一無所需其爲政以崇儒士撫弱抑強爲首務故吏不敢欺而民畏愛之岑嵩德慶州人正統末知上杭縣寇亂之後綏懷有方流亡悉復胡鉞嵊縣人成化初知上杭縣清勤公正不喜諛佞時初調千戶所守禦茲邑悍兵驕卒往往肆虐於民鉞白於當道而以法繩之自是軍民各安其業

校注：①莅　②畫

武平縣宋翁仲通知武平縣有治蹟詳見建寧府人物志陳閶知武平縣洞獠手刃販鹽久爲民害閶立斥堠訓丁壯境內晏然上官損武平主簿詳見邵武府人物志孫蘇字叔靜錢塘人武平縣尉捕獲名盜數十謝賞不受

清流縣宋劉叙元符初知清流縣時縣初剏叙實經理之撫民處事俱有條法黃藻延平人乾道間知清流縣興學養士躬課試而激勸之縣有貼銀鈔鹽錢素爲民害藻請于朝一切蠲免凡有催科尤必究其利病惟恐厲民歲嘗大歉藻行勸分之法民以不飢瀨寇作亂自相戒曰彼有善政慎勿犯也秩滿而去老稚攀轅數日始得出境

國朝朱仲恭江西①與國人洪武初知清流縣時當元季寇亂之餘招徠流亡勸課農桑修學校延明師以訓學者政事卓然可見李庠西安人求樂間知清流縣先是縣燬于寇庠至新縣治建學官定役法以均差徭嚴課試以勵學者涖任九十

校注：①興

有五年始終如一民至今思之

呂鏞湖廣蘄水人正統間知清流縣撫字有方邑民悅服歲己巳沙尤賊鄧茂七寇縣境鏞盡力保障民或從賊黨則躬巡歷招撫之未幾賊衆二萬餘攻縣鏞率民兵與戰衆寡不敵爲賊首陳正景所執欲逼降之鏞大罵不屈而死邑民哀思遂於其被害之處構草舍祀之成化丙午復請于

朝爲立祠

連城縣　宋

卓產紹興間以長汀丞攝連城縣事時縣初剏産揆方審勢悉自指授壘井塗徑條理秩然

丘欽若紹興間知連城縣未期年勦寇竊發欽若經畫地勢築城三百丈率其民捍禦之寇不得入境

劉國瑞紹興間知連城縣肇建學舍給官田百畞以贍弟子員士由是知學

劉爚由饒州録事調連城令罷添給錢及綱運例錢免上供銀錢及綱本二稅甲葉鈔盐軍期米等錢大修學校乞行經界尋改知閩縣

米巨宏紹定間知連城縣當寇亂之餘剏解宇修學宮給田

以養士定綱運額立賣鹽法郡守李華上其功特改合入官

國朝

鄧昇南豐人洪武間知連城縣性嚴恪勤於撫字國初郡邑草創凡廨舍壇墠祠宇皆刱建一新

劉羅平陽人洪武間知連城縣勤於政事暇即讀書首建學校崇禮師儒教民耕種民愛其惠去任之日老稚攀留不忍釋

孫麒海寧人洪武末知連城縣為人謙謹廉勤尊禮賢士招徠逋逃自奉日蔬食而已卒于官邑人哀之

馮源仁和人永樂間知連城縣政治精明廢墜修舉而尤以學校農桑爲先

吳衡江陰人宣德初知連城縣爲政明恕廉勤而於學校尤加意焉

許利海陽人永樂初連城主簿公平勤慎佐政有方決壅如流去任之後民猶思之

延平府

宋

劉滋天聖中知州事多善政詳見建寧府人物志

曹修古天聖中知州事始建學館市田

毓士爲諸郡倡政平訟理吏民畏服**葛源**慶曆間知事州屬吏嘗有階於源源同進者因讒之源察其旨不聽而以爲舉首人服其明**葛宮**字公雅江陰人皇祐間知州士豪彭孫聚黨數百憑依山澤爲盜出害吏民不可捕宮遣沙縣尉許抗諭降之並溪山多產銅銀吏挾奸罔利歲課不登宮一變其法歲羨餘六百萬三司使聞於朝當賞卒不言**程博文**元豐間知州事政尚寬平以僧牒募人鑿灘澮灘往來者自此無覆舟之患○博文元豐間知州事一本作皇祐术①詳**王汝舟**元祐間知州事廉明不阿興學校獎進士類賑恤孤貧時有治聲**蕭伯儀**元祐間知州事性通敏廉明不苟治事愛民訟至庭曉以義理多退聽者僚屬有不法反覆善諭之俾之自新時稱其德**上官愜**知州事有時名詳見邵武府人物志**林適**宣和間知州事治尚清簡荷福州兵叛害其帥擁衆數千道出南劍適遣司錄謝如意諭以禍福衆乃縛渠魁至斬之**張鸞**建炎初攝郡事郡卒丘寘等結黨爲變鸞得其籍捕而殺之無漏網者後守劍州會

校注：①未

建寇范汝爲謀擾福唐遣葉徹寇南劍時統制官任士安不肯力戰賊衆獨率州兵分爲數隊將戰則先食之更迭交戰兵力不乏徹中流矢死衆潰賊知士安懼無功函徹首與之州兵皆憤賊曰賊必再至非與大兵合力不能破也士安得之大喜後徹二子引衆聲言復父讎士安遂與州兵夾攻大敗之賊賴以全瀕海四郡皆不罹其禍及卒南劍民爲立廟。宋史本傳謂廟食邵武未詳

林積知南劍州嘗送張天師子獄中而奏云其祖乃漢賊不宜使子孫襲封紹興中仕至侍郎朱文公舉其事以告門人謂一時人皆信之而彼獨能明其爲賊其所奏必有可觀者

劉子翼紹興間知州事政尚清簡發奸適伏如神州學兵燬子翼卜地改營之功成民不告勞詳見建寧府人物志

曹樞紹興間知州事有善政修學增置學田以贍生徒

李文淵紹興間知州事治尚簡易訟有可已者輒諭以義使歸思之獄無滯囚修學養士新閣以藏御書

路採紹興間知州事律已甚嚴爲政以愛民爲本重興學校以循廉名

鄭椿年紹興間知

州事修學廣生徒政尚平易吏民率服

胡舜舉紹興間知州事清靜豈弟吏不忍欺嘗置田於學以充養士之費

翟紱乾道初知州事興利除害獎勸士類以善治稱

王綱乾道間知州事政善民安冦盜屏迹公餘親詣州學爲士子講說經義

李庚乾道間知州事廉勤有爲刱叢塚爲掩骼理胔之地分男女左右兩塔造庵宇命僧守之

張次尚淳熙間知州事廉敏有爲興學校賑貧困士民頌其德政

葉筠嘉泰間知州事性慈惠州俗貧家生子多不舉筠請立舉子倉賑給之爲政大率以愛民爲本

余嶸嘉定初知州事性清介爲治簡嚴疾惡如仇而樂道人之善桀驁之徒屏氣善類賴焉

趙崇祉嘉定間知州事寬平公直布上恩恤民隱興學勸士親爲講說經義儒風振於東南

劉允濟嘉定間知州事州俗貧家生子輒不舉允濟善誘而嚴戒之舉者給粟賑貸不舉者罪焉俗爲之易

留應祖嘉定間知州事廉慎有治聲嘗以士之肄業于學者焚膏繼晷費無所出月出公帑錢二十千給之

朱端常

嘉定間知州事爲政貴寬和先德化人稱其惠嘗刱惠民倉歛歲民賴以濟

林潔己 嘉定間知州事強敏有才置漏澤園聽民從便安厝戒民火葬及弗得委柩僧舍郡民德之

陳密 嘉定間知州事特大旱疫蠲逋賦十數萬且弛新輸三之一躬率僚吏持錢粟藥餌户給之倣白鹿洞規制刱延平書院延明儒主教事置田以贍生徒他善政尤多

趙汝造 嘉定間知州事通敏博學遇事剖决如流黠吏不能困沙縣有地曰巖前山僻民獷悍特或竊發爲盜汝造據險立寨置絡更養士兵防禦之患遂息

傅康 寶慶初知州事廉慎自持刱祠堂祀周敦頤張載程顥程頤司馬光陳瓘楊時羅從彥李侗朱熹廖德明黄榦諸君子籍廢寺田入延平書院以贍生徒刱安福庵遇有喪不能舉者爲備衾櫬歛瘞焉詳見泉州府人物志

趙遵夫 紹定初知州事政專恤民寬屬邑始至郡蠲逋租興學校節縮他費之贏入學充養士之費縉紳頌焉

陳韡 紹定間知南劍州兼福建路招捕使親提兵至沙縣順昌將樂清流寧化督捕盜賊所至克捷

黄垺紹定間知州事廉介自立爲治嚴而有則汀冦丘文通會合晏頭陀冦將樂垺挺身入賊壘諭以禍福郡冦遂降

董洪端平初知州事治身嚴奉法令甚謹州治凋弊勤而拊之遂復舊觀州有延平書院頽圯且其址逼危山臨急湍洪遷於邃焉而新之淜劒浦弓兵營營卒感其德爲立生祠詳見泉州府人物志

徐元杰淳祐初知州事會峽陽冦作元杰擒斬其渠魁餘釋不問郡有延平書院會諸生親爲講說民訟以理化誨多感悅而去

楊告字道之綿竹人皇祐間通判南劒州曉法令而輸苗聽其自槩闔郡德之

吴逵初知順昌縣繼通判南劒州俱不事苛刻時號能吏有治效詳見建寧府人物志

朱倬字漢章閩縣人紹興間通判南劒州建冦阿魏衆數千劒鄰於建兵①懦不可用倬重賞募卒擒獲境内迄平

董居安淳熙間通判南劒州多惠政先是州有物力錢州縣兩處差科吏肆其奸民不堪命逋負者逃亡居半其積弊蓋百餘年矣居安攝郡事盡爲釋去郡民感悅相與繪像于梅福院祠之

林深之熙寧間爲

校注：①懦

建州松溪尉歷南劍州録事參軍特侍御張汝賢案訪閩部①緫按建劔訟牒堆積欲擇吏閲定或謂深之有吏能汝賢②亟委之深之為一一條具曰某事可行某人當治時他郡連起大獄追逮相屬于道二州獨頼深之以免

謝如意 邵武人宣和間爲南劍州司録參軍嘗以太守林遹命往諭福州叛兵之在南劍者叛兵聽命縛其渠魁二十餘人至斬之一郡帖然

辛炳 字如晦候官人登進士累官殿中侍御史以疏蔡京發運之弊謫監南劍州新豐塲持巳廉慎有善政後復召爲侍御史時福建八州添差至八十餘員炳言艱危多事之時冗食之官無益當罷從之

方偕 監南劍州石碑塲月入白金餘三萬兩

陳師孟 紹興間教授南劍州襟懷③冲曠外物不能攖嘗曰官以教名不教人則實喪名也教不本諸身教猶不教也朝夕飭勵羣行以倡諸生閩郡稱賢師

薛舜俞 同安人早攻文藝登進士教授南劍州晚年問學淹貫爲文長於表啓有文集三百餘卷

張敦頤 紹興間教授南劍州性精密不妄嬉笑讀書務明義理士子翕然從

校注：①纔　②函　③沖

化學贍士田久籍於僧寺敦頋力請當路復之

嚴有翼 紹興間教授南劍州學精理明動以師道自任捜剔經髓講授諸生意融而言隨聞者爭聽戶外之屨常滿

黃穗 紹熙中教授南劍州詳見漳州府人物志

楊宏中 候官人開禧初教授南劍州復楊時故宅祀羅從彥於楊李之間

林公俊 紹定間教授南劍州博學善屬文其教人則一以誠篤為本學者多慕效焉

蔡念成 九江人嘉定初長延平書院學惇而精行誼尤明粹一時學士倚為斯文禎幹西山真德秀帥長沙未上亦來預講冠屨趨蹌絃誦洋洋聞朝夕

元

趙肇 縉雲人前至元間劍州路總管時兵戈甫息肇至蘇瘵起痍一以廉靜不撓為先務及三年乃完城郭剏候館建浮梁百廢具舉尤重學政簡職員勵課業士風復振諸生立碑頌焉歷邵汀建漳劍五路總管爵豢城郡侯謚懋康

文富 廬陵人宋丞相天祥之孫至正間守延平路博學善文慷慨重節義重新廟學奬勸士類蒞民多善政士論歸之

朱彬 崇安人文公四世孫至正間為延平路知

事讀書有文克紹家學士子從游者甚衆譽流列郡

郭圭至正間為延平路學錄德器溫粹所交皆當世名士於六經百家之書無不究之雖事物度數之微亦皆討覈其異同大抵其學以濂洛諸儒為宗粹然一出於正

國朝

唐鐸虹縣人洪武初知府首建學校以崇風化撫綏凋瘵不事苛刻吏不忍欺及召赴京師民懷其德不忍舍去留一韡懸于儀門之右

俞庭芳麗水人洪武間知府政尚簡易尤篤意學政蠲役勸士儒風漸振民多其德既去而尤思之

李顯樂平人洪武間知府秉明寬厚存心愛民長於吏事而不尚苛刻比及三載囹圄幾空尤好尚德見一善士輒傾身下之卒于官吏民悲泣如赤子之失慈毋

胡壽昌字子祺吉水人洪武間知府政尚實平修飭學校躬勵士子建祠祀李愿中務以禮化期年百廢具舉郡民敬信

雷誠豐城人宣德間知府性廉介不阿不詭撫民以仁為政務植善良而抑強暴興學校修祠宇

孟釗泌陽人天順間知府剛正廉明不喜譽聞燁然諫佞汀寇起官兵道延平需餉嚴甚

郡民震怖劍度有方秋毫不取於民民按堵如平時

馬文饒金華人宣德正統間延平府經歷廉明正直勤於贊政務以恤民為先尋陞髙州府通判民思之不忘

艾廉長沙人宣德間延平府照磨好讀書用儒飾吏有聲於時

李珽濟寧人正統間延平府學教授有學行勤訓廸沙尤寇叛攻郡邑生徒遑遑思竄匿珽甄以龔遂所謂小醜弄兵潢池不足深慮之言開諭之講課弗輟

延平衛丁泉汶上人正統間為延平衛指揮同知沙尤寇羅不衆倡亂甚泉率兵禦敵倡勇而先殺獲甚多搗破巖賊壘俘首惡蕭政通林福禄以功陞都指揮僉事

金廣固始人景泰間為延平衛指揮僉事沙尤寇鄧茂七就戮餘孽宋矜廣躬率壯兵追至政和縣力戰俘首惡金洪三餘黨悉平以功陞本衛指揮同知

南平縣元王益子元貞間為南平縣主簿持身廉潔以文學飾吏事士民敬愛之

國朝劉石信揚州人洪武初知南平縣廉慎勤敏撫恤凋瘵仁意備至九百建置俱有條理而①九

校注：①尤

急於興學校振士風清譽聞於列郡**朱孟常**餘姚人永樂間知南平縣性豈弟為政不尚苛嚴有古循吏之風西芹河泊所業戶凋殘魚課累歲逋負孟常奏蠲之縣有強寇趙子貴數為民患購置于法士民悅服如父子然**徐中**鄞縣人正統間知南平縣慈惠廉明箠楚不施一毫不取諸民民甚悅服

歐陽興安福人景泰間知南平縣性簡靜為政先德化而後鞭朴有古循吏風未四載力請致政士民留之弗得**劉昇**萬州人天順間為南平縣丞寬惠有幹才持身謹遇賢士甚謙捌廟學修壇壝條畫有方而民不告勞在官僅六載力請致仕歸昇一本作靈山人**楊忠**青州人洪武間為南平縣主簿廉靜質直不苟阿同於人麤衣糲食泊如也尤恤民重士君子以清貧苦節高之

將樂縣

五代

郭顯忠固始人偽閩王延政時為鏞州刺史政尚清簡化民以德民有喪不舉者捐俸賻之歲歉輒發廩賑貸民不知飢及卒立祠祀焉

宋

上官基光澤人知縣事

有治蹟詳見邵武府人物志

傅汶　初尉清流①捕盜改秩知將樂縣朝廷以軍興鬻僧責之縣他邑視民產均敷之汶遣吏賫度牒往三山減直而售官出餘直以足數不擾而②辨餘見興化府人物志

陳攄　四明人紹興間知將樂縣性敏達仁恕政尚寬平初邑民貧者生子多不舉攄嚴禁止仍給官錢周之歲歉輒發廩賑貸民賴以存活者甚衆卒立祠祀焉

方大琮　開禧初南劍州學教授上官送所昵士拒不納後為將樂知縣其教授南劍時已封崇羅仲素墓至是式楊時廬偕其孫曾欽謁松楸祀八賢于學務以禮遜迪民

葉堯賓　知將樂縣有治蹟詳見建寧府人物志

黃去疾　邵武人咸淳間知縣事詳見邵武府人物志

國朝

王克綱　臨淄人洪武間知將樂縣持身廉絜為政仁明知民疾苦吏不敢欺由是民獲力農漸致富庶

吳信　進賢人洪武間知將樂縣公明廉慎政尚寬恕均徭省賦視民如子凡所施為酌之以禮而斷之以義黠吏不得少逞其奸民甚德之

校注：①捕　②辦

尤溪縣 宋

宋咸 建安人慶曆初知尤溪縣端慎公廉剖决無滯能名冠一時重建廟學教養有方多士翕然從化邑人林積始以文學登進士實咸誘掖之力也

王廷彥 字英臣廬陵人 元祐間知尤溪縣性明敏力鋤強悍縣人王象爲郡都吏不輸租廷彥以事謁郡退即館吁象至示以斷案械之乃趍郡庭請罪守蕭伯儀因是益器重焉監司有滯訟疑獄輙奏决於廷彥漕使陳宗按部過縣境不入留詩犖洋驛云畬田高下趁春耕野水消消照眼明莫道深山最深處人人解說長官清

張溥 字道濟開封人紹聖間知尤溪縣曉達吏事剖决如流庭無留訟公餘手不釋書卷嘗取孝欽慈愛謙遜忠信勤儉五善作文以諭俗

劉正 字道醇候官人建炎間知尤溪縣廉明不阿紹興初建劍寇起正訓練民兵以衛縣境弓手余招酗酒躍馬入隊擾其衆隊長不能止正斬以徇部下肅然未發①鄉民林悌鄭郁招集亡命欲爲亂正廉得其情執而戮之民賴以安

彭億 字宋延福州人紹興間知

校注：①鄉

尤溪縣明敏有幹才嘗從建縣學增置學田及建縣治隣封盗起民多流竄億募精兵固守賊不敢犯諸生立祠於學民亦立祠祀焉

林行可三山人紹興間知尤溪縣博學敦行為縉紳所重時尤溪政務蠹壞殆不可為銓曹無肯就注擬者諸司以行可薦至官修政事辦財計禁苛擾振士風其政治術業可以歷世遵行

石𡼖字子重會稽人乾道間知尤溪縣始至官吏以財匱請借民租𡼖不答但日治税①簿九民逃絶而田入見户及鬻産而不能更其籍者正之又謹視其出納之際吏不得容其奸闌市之征亦損其數縣學校久廢𡼖命其友古田林用中来掌教事而增其弟子員親率佐吏賓客往臨之因為陳説聖賢修己治人之學而講求其義理至當之歸聞者興起異邦之人亦或裹糧就學乃廣學官買田市書以充入既成為考古制舉鄉飲酒禮以落之於是士始知學而民俗亦變遠鄉有據險自豪數十年不輸租賦月與隣比為仇敵者𡼖為榜諭之即歛手聽命民有犯罪具獄上府吏邀求無厭欲致之

校注：①簿

死黠爭之不聽則請自對獄代民死民乃得免歲大疫多治藥餌遣醫散之村落賴以活者甚衆及代去民畫像祀之

黃揆字端甫三山人淳熙間知尤溪縣爲人勤敏濟以仁厚時縣乘累年弊政之後困匱不支揆理財撫民不爲表暴家給人足而田里相安陞知瓊州民爲立生祠於福星堂

濮坦淳熙間知尤溪縣廉明有吏才至官當縣凋弊之餘每事振刷自立井井可觀士民頌之

朱松宣和間補尤溪尉時承平日久境内絶桴鼓聲且一邑居僻左終歲無將迎松於公事之餘讀書力學無一息少廢子熹生於尉之官舍是爲文公

林用中乾道間教尤溪學博通經史極深性理之學以餘力爲文辭暢而粹其篤行類鄒魯士民彥率化而頑傲之徒亦翕然服之

元

文殊海涯字貫道南昌人至正間監尤溪縣廉介明敏時寇難屢作規畫措置悉有方軌平徭簡賦戢奸抑暴有陳十軍陳合一者素獷悍各聚黨爲亂海涯捕其渠魁置于法餘黨盡釋之尤重儒雅興學政增置弟子員九鄉

社俱令立學釋師儒以主教事士民感慕爲立祠于南溪書院

金剛奴至元間爲尤溪主簿廉慎有幹濟才賑貸飢荒扶植善良挫抑豪猾政有不便者輒改爲之

曲惠字順①卿真定人至正間爲尤溪尉郡守鄭文瑞重其才擻攝縣事不越月決滯訟六十餘事紅巾寇壓境惠謂其子師善曰臣死忠子死孝大節也吾父子皆食君禄萬一不幸願以闔門徇乃行保甲編伍之法發常平賑民勸巨室出粟贍兵首倡勇敢拒戰邑賴以全後承閫檄率兵抵晉安死于賊聞者痛悼

國朝

張可大將樂人洪武間知尤溪縣廉明公直遇事條理不遺先是山民頑獷不輸賦税不供徭役可大示以約令諭以禍福民始帖然歸順

葉字宗素蘇州人洪武間由監察御史改知尤溪縣政尚寬恕先是縣用市民拘繫甲胥以集事来即釋之示以信義事集民安逃亡者亦皆復業後復召爲監察御史

梁觀增城人永樂間爲尤溪縣丞廉直有吏才爲政寬簡不事苛刻心一於愛民民多德之

張奉

校注：①卿

先偃師人洪武間尤溪縣主簿廉明而寬黠吏畏之不敢欺輕刑簡役興學勸士民仰之如父母既去尤眷眷不忘

張敏徐州人正統間尤溪主簿蒞政廉勤存心忠厚沙寇羅丕犯縣敏率衆禦之或以賊勢猖獗戒勿行敏曰吾受命蒞職茲土忍視民患而不救乎吾盡吾職即死無憾遂倡勇而先賊據險與戰兵少力憊而死民痛惜之

陳仕淵紹興人永樂間爲尤溪英果寨巡檢剛毅有膂力尤溪賊吳十師寇德化諸縣仕淵謀於耆老兼文禎等率衆往捕之十師就戮餘黨復起勢張甚官兵至惧不敢進仕淵倡勇力戰于羅畬場兵敗死焉

沙縣 名宦

曹朋字仲鎰固始人中和中以汀州司録攝沙縣事與崇安鎮將鄧光布協謀徙縣治于沙簀坂即今縣治是也有功德於民民多愛之

鄧光布字明遠固始人乾符初爲崇安鎮將智畧絕人與攝沙縣令曹朋協謀徙縣治後黄巢破閩光布率衆禦之悞中流矢而死沙民立祠祀焉

宋

謝濤 邵武人紹聖間知沙縣多善政吏民悅服嘗捐俸剏平津橋 **王瓘** 字元玉明州人崇寧間知沙縣改福建轉運司主管領縣事歷任歲久多善政民爲立生祠于太平興國寺今寺僧祀爲士神○瓘一本作權 **郭汝賢** 字舜卿建安人宣和間以興化軍通判攝沙縣事治績彰明遂實授知縣廉明簡重吏民懷其德而畏其威 **葉先** 處州人紹興間知沙縣政尚寬厚嚴於除害革弊秩滿民欲留弗果爲立祠於靈衞廟 **萬諤** 字叔康饒州人紹興間知沙縣寬厚有惠愛於民廣寇犯閩境諤被漕檄督餉事慨然率巡檢吳鑄尉陳永忠以鄉兵千餘人逆拒之賊遁追躡逾日復險隨空從身還治卒民感其忠義爲立祠 **連三益** 知沙縣民愛之詳見泉州府人物志 **王潯** 字景淵台州人嘉泰間知沙縣政尚寬簡民得其惠嘗捐俸建石橋開禧初辦職去民立祠祀之 **王洪之** 建寧人嘉定間知沙縣廉明不苛吏畏民懷時稱能吏召拜大理評事 **宋南強** 字子居山東人

寓紹興淳祐間知沙縣治專德化不事刑罰勸農桑興學校繕修橋梁道路幾一考解職去民爲立祠堂路碑以表去思之意○**趙希倰**開禧間爲沙縣丞有碑在縣東南感義里治聲詳見漳州府人物志

黎靖德永嘉人嘉祐間爲沙縣主簿攝縣事清謹善理繁劇博學能文詞嘗修沙陽志

劉純建陽人沙縣主簿持身廉而遇事果適歲大疫躬治粥藥救療存活甚衆其死者作大塚瘞之

許抗字損之南城人宣和間爲沙縣尉時草寇彭孫嘯聚亡命阻山爲固抗挺身入賊壘說而降之轉運使陳榮言於朝曰若許抗者可謂能臧九重之焦勞救一方之塗炭擢大理評事改知仙遊縣亦有能聲

李綱閩宣和初以起居舍人疏陳時政出監沙縣稅務題詠甚多畧不以黜謫自沮官至宰相謚忠定

元

陳洪至正間尹沙縣爲政廉明而濟以寬簡民訟紛糾剖決無滯久而民自畏服無敢至訟庭者進士曹道振嘗作平獄頌以美之

國朝

陳善夏邑人洪武初知沙縣廉勤仁恵捕賊馮

谷保寇黨民獲安息興禮讓重賢良華奸暴吏不欺而民悅服焉

倪峻字惟岳無錫人洪武末知沙縣廉靜寡慾禁淫祠興學校廨宇壇壝莫不一新郡五邑秋粮先是悉轉輸鎮東衛山民不諳海道舟多覆溺輙責使陪①償民甚苦之峻爲疏其狀于朝遂改輸福州衛及延平衛民感其德不忘

彭修洪武間爲沙縣丞持身廉潔爲政務先愛民自奉甚薄無異布衣時尋召爲監察御史

張善敎瓊山人永樂間沙縣學教諭學行粹潔嶷然以立師道修明職業弗踰年士皆從化倡諸生以新文廟縣父老聞之欣然來助迄底于成

順昌縣

五代

林撰僞閩王延政時爲永順場官南唐陞場爲順昌縣仍以撰爲令當干戈相尋之際政尚簡易民多德之

宋

俞儒字仲寛四明人元祐初知順昌縣初縣民生子多不舉儒集耆老諭以理貧者許贍以粟所活不可勝封②多以儒之姓字名之俗婚娶尚侈儒戒以儉而省浮

校注：①賠　②計

費民有健訟者，常反覆開諭，悉感謝去。縣治前大溪艱涉，僦率富民出資編舟爲梁以濟之。復籍廢寺田數十畝，儲租以備繕修。爲縣幾兩考，木生連理，粟一莖十二穗，民歌誦焉。

丘之立 字斯行，建陽人。紹興初知順昌縣。廉明仁惠。縣遭寇亂之餘，民多困饑之，立力撫摩之政，先農業，田之荒者借種與牛，寬其租限，未幾訟息，刑簡而民日阜安。

趙公峴 字唐卿，紹興間知順昌縣。廉明勤敏，而政尚寬簡，庭無留訟。歲歉，輒發廩賑貸，民不乏食。有辛大者謀竊發，怨者踵至公。峴陽叱之以爲妄，衆皆愕然，密遣擒捕，盡獲其黨。民有停柩者，諭之葬，而貧甚不能舉者，則官助其費。修學養士，文風大變。張魏公帥閩，薦于朝，遂改秩去。

王奎 字景文，四明人，紹興間知順昌縣。政尚寬簡，心先愛民，不深鞭罰，而民畏服焉。

董居安 字子安，松溪人，乾道間知順昌縣。清儉如寒士，遇事明敏不倦。時縣之罏冶法更變，帑藏空虛，吏請如舊令計民產貨錢，謂之綱本，居安以爲賦外之斂，不聽。優監謀①晝不煩而辦，九追所逮傳符下

校注：①畫

里①木嘗一遣役擾民間其先是令以隻日晨興收訟牒居安無事②日夜又有人寃枉易達訟者多飾詞九所連逮吏規以③案弊可要推摘一二切要餘無所問民為之立祠祀之壽考

能適字述之建陽人紹興初為順昌縣丞明敏絕人而渾然有長厚之德令丘之立適同里人甚相友善適事事與之協濟故當兵亂之後政無不舉而又持己廉待人恕吏服其斷民被其惠時以循吏名

許安仁字仲山少從蘇軾學詩有聲稱晚以累舉授官政和間為順昌尉甚得士民之譽

陳煥字其華建陽人紹興間為順昌尉寬和廉靜不迫不擾邑政賴以裨益者甚多而未嘗自以為能人樂其政號之曰陳佛子

元

劉思禮字季和高唐人至順間為順昌縣尹廉明公正疾惡如仇民有親屬因財而訟者以理諭之遂悔悟息爭江西民有為鈔者事發妄攀指別郡平民縣吏因乘機詐為文移追逮無辜以射利思禮一見印文洞知其詐人以為神

曾崇仁字子元蜀郡人至正間為順昌縣尹為政簡易深得

校注：①未　②昕至則進之　③為利居安

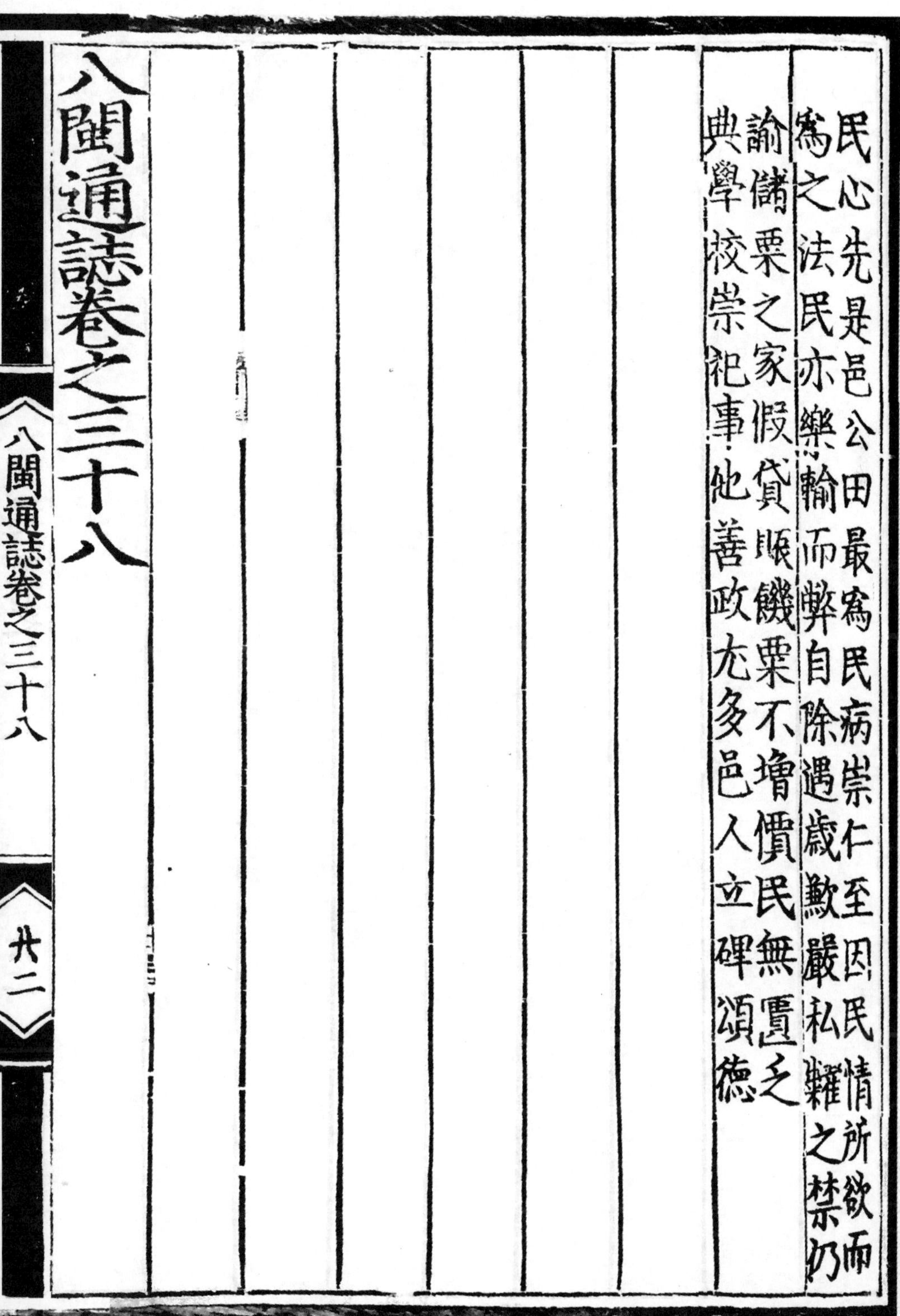

民心先是邑公田最爲民病崇仁至因民情所欲而爲之法民亦樂輸而弊自除遇歲歉嚴私糴之禁仍諭儲粟之家假貸賑饑粟不增價民無匱乏興學校崇祀事他善政尤多邑人立碑頌德

八閩通誌卷之三十八

秩官

名宦

郡縣

邵武府

唐 **陳巖**字夢臣建寧縣人慷慨有智畧乾符間黄巢寇福建諸州巖聚衆數千號九龍軍保鄉里巢不能爲害時邑爲黄連鎮巖表爲義寧軍置鼓角賜牌印遂剪除餘寇境内悉賴以安○資治通鑑綱目謂巖建州人盖是時邵武猶未置郡地屬建州故也

上官泊乾符末爲鎮將時黄巢自浙東踰江西破饒吉虔信等州因刋山開道直趍建州泊與子蘭率兵勤王誓曰不收黄巢不敢見先君於地下遂直趍建昌拒賊

力戰父子皆被害事聞並贈將軍

五代　**鄒勇夫**　固始人隨王審知兄弟入閩及審知王閩勇夫爲陳大義奉梁正朔時南唐有併閩意而歸化鎮適當要衝審知遣勇夫鎮遏之至則荊榛滿目煙火僅百家勇夫招集流亡葺理宅舍民襁負而至始遂生息五代干戈相尋是邑獨不被兵人物蕃阜田野墾闢勇夫之力也○歸化鎮後爲泰寧縣

宋　**張度**　太平興國中知軍事首創軍治有治績

陳從易　字簡夫晉江人專務以德化民召修冊府元龜

石中立　字表臣洛陽人淳化間知軍事後拜參知政事謚文定

蘇爲　祥符間知軍事政尚清簡在郡多題詠人傳誦之後袁轂爲守嘗有詩云手搠樵溪壘可濯根無雉筆繼蘇爲

曹修睦　天聖初知軍事性廉介自立首建學校有善政杜衍薦爲侍御史

滕宗諒　字子京河南人天聖間知軍事文章政事皆可紀○按宋史本傳但言宗諒知邵武縣而本志謂知軍事未詳

吳師服　知邵武軍有惠於民詳見建寧府人物志

宋咸　慶曆間知軍事①篤意愛民尤拳拳於

校注：①篤

勸學雖喋訴盈庭必躬詣學與諸生講論酬應不倦學徒至者日益多乃爲增廣學舍復買田以給之李泰伯作庄田記他如公署橋梁路道亦多所修建

張師中字吉老嘉祐間知軍事治尚簡要

袁轂元豐間知軍事蒞官清介嘗有詩云滄浪不須濯纓上本無塵

林豫知邵武軍有遺愛於民民祠之詳見興化府人物志

王洋字元渤楚州人紹興間知軍有吏才俗生子多不舉洋奏立舉子倉九貧民當產者例以錢米給之民有袁氏夫死詣庭投牒丐他適洋見衰經之下紅裳微露且無戚容命械繫之一掠而服果毒一死其夫徙問如初遂決之人服其明○按□大明一統志洋知邵武縣而本志以為知軍事未詳

趙子木紹興間知軍事時上官愔守延平魏矼守建安而子木守昭武俱剛介有政聲當時有鐵鐺脚刺史之號

張毣知軍事時金人犯順遣使約毣歸附毣怒斬其使人皆壯之

李聞之開封人知軍事多治功

芮立言嘉泰初知軍事爲①清廉明決

陳彭壽天台人嘉定中知軍事廉介明勁鋤擊橫

校注：①缺“政”字

暴聞井肅然尤盡撫摩惠養之方郡人德之祠于大乾廟之右廡

蔡開崇德人知軍事政尚寬和

王遂字去非一字潁叔金壇人紹定間福建寇擾甫定朝廷選賢牧吏勞來安集以遂知卲武軍兼福建招捕司參議官遂過江山浦城道中遇卲武避地之人即遣金爲歸資從者如市至郡撫摩瘡痍又檄建陽劉純攝卲武縣剪平兇孽民恃以安

趙以夫紹定間知軍事治尚安靜時下瞿賊猶據險戕縣令拒官軍以夫慨然以夷難葺廢爲已任既清溪洞遂再造府治○以夫一作訪夫

王埜紹定初汀卲盜作辟議幕參贊攝卲武縣有政績後復攝軍事盜起唐石埜親勒兵討之屢挫其鋒初恐從其遁去與以自全賊復益其黨來侵埜乃率兵直擣其巢穴賊大潰首惡自縊死餘黨俘戮殆盡民賴以安埜後嘗知建寧府○王埜歷官據宋史本傳如此而本志謂先宰卲武縣紹定間倅本軍尋知軍事疑當以宋史爲正

劉克遜知卲武軍有嘉政詳見興化府人物志

王邁淳祐間知軍事嘗因歲歉作勸糶歌制置杜杲自江右載米數

千斛歸聞其歌遂減價賤糶民賴以濟州倉①校稅米盡削斛面聽民自槩民允德之**方岳**淳祐間知軍事有德政詩名尤著**葉宋**建安人知軍事以學行稱嘗作郡乘買田築祠祀文公於郡泮復給田若干頃祠文公於光澤縣而以其師李果齋配他政績多可紀**方澄孫**淳祐間教授邵武軍賓禮耆宿作成後又一經賞識後多知名嘗裒學廩贏錢及校官例卷置貢士庄景定間知軍事時郡歲三易守公私亦立澄孫躬清苦節縮支吾乏絕拊柔獷俗表倡儒行建樵川書院祠李忠定以廣教養**林經德**字伯大福唐人初知建寧縣政尚文雅每詣學啓迪諸生士民德之以最聞陞知本軍事**廖邦傑**字懷英順昌人淳祐間知建寧縣修學宮增學廩闢貢士庄建惠寧倉刱仁壽廬歲飢疫治藥餌糜粥以濟民全活者甚衆咸淳間以帥參攝軍事嘗修圖經他政績亦多**宋秉孫**字彝仲建安人初知建寧縣適值義歲歉秉孫悉力賑給有勸民穀者即尸諸市以狥境內肅然邑舊無城壁乃度地興築不期年而成後倅本郡又撥餘鹽

校注：①收

錢置田爲繕修費民懷之不忘

趙時賞字宗白宋之宗室居太平州景炎初知軍事時賞風神明俊議論慷慨有策謀尤爲文天祥所知空坑之役兵敗爲元兵所執不屈死之

陳之茂紹興間軍學教授先是郡罹兵燹而學獨存有撤以爲吏舍之茂請於部使者因給以漕臺鹽運而重建之廟學一新

葉儀鳳三山人紹興末軍學教授時稱其有學

徐元德永嘉人淳熙末軍學教授嘗闢講堂之東掛李忠定祠朱文公爲記雅稱重之

戴式之天台人軍學教授有學行尤工詩

謝望建寧縣人爲鎮將嘗領兵討賊縣舊有將邑寨蓋望遺跡也其子彥斌黑面長髯禦寇有功人以鐵龍目之累官至招討使

胡斌潮州人紹定間以殿司裨將從童德興討汀寇德興盡銳而進留弱卒不滿五百人屬斌守邵武俄寇大至斌奮身迎戰賊敗走尋復益兵四集斌率殘兵死戰大呼曰我死救百姓手揮雙刃殺賊甚衆血凝兩肘雙刃既折復以鐵鞭擊之至蓮塘前遇害猶執鞭殭立數日始仆郡人賴其拒戰獲奔免者以萬計賊退民

爲殮葬仍即其地祠之事聞賜額忠勇○五百人一本作二百人殭立一作殭坐

元 **曲出**繼揚人邵武達魯花赤儉朴寬仁清心寡慾爲政不擾僚屬化之汀寇犯境賴其保捍郡以無事

吳按攤不花三華人至正間建寧賊應必達召江西余一童等陷建泰遂據邵城衆數萬剽掠順昌將樂諸處按攤不花方奉省檄募兵擦江浙有卒三千遂與弟子顗姪完者禿千户魏淳帥之進討殪賊數千復順昌宣閩因命專意克復按攤不花乃分兵水陸并進俘斬數千進逼城下殺達及賊黨千餘人未幾賊合衆復數萬自阪嶺薄城按攤不花身先士卒追斬殆盡必達等悉就擒事既定議者謂城汙於賊當悉焚棄以新觀聽按攤不花惻然曰民爲賊脅持耳豈得已哉悉置不問賊黨猶有狙惡嗜亂者按攤不花從容應機悉掃蕩之疆境底寧

魏天祐字吉甫益都人至元十二年爲福建路管軍總管兼知邵武軍事特①西邑民作亂天祐以身扞禦郡賴以安省府上其功遂升軍爲府會叛寇入境天祐發兵②投復城燬于亂天祐再至乃重建府治後

校注：①兩　②收

爲福建行省參政獻計發民一萬鑿山鍊銀乃賦民鈔市銀輸官而私其一百七十錠爲臺臣所按○至元十二年元史本紀作十三年

廉恂延祐間邵武總管崇學宮飾從祀像有政聲

西達字善鄉①濮人邵武總管廉靜簡質

吳克忠按攤不花之兄至正間以宣慰元帥同守邵武路修學校周匱乏均酒酤賦建至正橋

萬不花至元中邵武路同知嘗創樵溪書院請於省注山長以誨生徒

劉泰亨至正間邵武路推官時汀寇嘯聚泰亨署府事撫輯賑濟且募民義扞禦寇暴境內以安

郭瑛邵武路經歷嘗置惠老慈濟堂於城②西以居窮民之無告者而後買田若干頃贍之又買山下水北爲義塚以葬貧人及無後若

魏淳至正中邵汀翼萬户府千户建寧賊應必達等陷邵武諸郡淳與吳按攤不花率兵討之境土遂安

國朝

周時中江左人洪武初知府時郡承元季兵革之餘民多流離時中撫馴安揖③俾各遂其生養之樂郡人愛之後擢史④部尚書

張文昱字克敏應天府人洪武間知府廉介愛民

校注：①卿　②于　③輯　④吏

善詩文後擢刑部侍郎**徐齊**蘇州人洪武間知府公勤儉約善楷書**葉仲賢**奉化人永樂初知府慈祥勤慎後改福建布政司參議**劉士傳**南海人永樂間知府公勤廉慎興學勸士多所造就他政績亦多**劉復**南昌人宣德初知府慱學能文政尚簡靜**楊衡**嵩嵐人正統間知府剛果有爲沙寇鄧茂七亂衡選民兵協武臣守備一日賊衆奄至城南即勒兵討之賊退順昌及諸鄉民來避賊武臣拒不納衡曰城池爲衞民設奈何拒之乃啓鑰悉從其入時大軍經邵武部校有索賄者衡以時難民困正辭拒之未幾建泰二邑爲賊焚蕩賊既去衡慮重擾民不報監軍大臣讓之前索賄小校因售其誣遂遇害郡人至今哀**尹昜**淮安人洪武初邵武同知廉謹公勤**單鼒**永平之爲政有方吏民敬愛之陞漳州守

人洪武間邵武同知**聶用乂**豐城人正統間以監察御廉能果斷吏民敬服史出同知邵武府事公平廉介撫**章文旭**武進人洪武間邵武通判廉絜有幹材民有方時承兵燹之餘學校廨舍橋梁創建修

節皆其功也張幹祥符人洪武間邵武通判性篤孝爲政有方而廉潔之操始終如一洪瑛淳安人成化間邵武通判廉潔耿介常理湘陰人洪武間邵武推官存心廉恕故用刑不濫而獄無滯因亦精於詩鄭侃浙之平陽人洪武間邵武推官廉明果斷決獄平允周仲斌宜春人天順間邵武推官誠信孚感刑不妄施郡人悅服李春正統間邵武檢校沙寇鄧茂七亂一日其黨入寇至城南陵嶺郡守楊衡命春率民兵出戰春親冐矢石爲兵卒先連發輙中賊遂却又屢提兵出討賊郡人賴之林必忠洪武初府學教授時以元千户魏劉家奴①弟宅爲郡學其地甚湫隘必忠請于省府以樵溪書院建焉程禧樂平人洪武末府學教授有學有爲嘗撤三皇廟材建大成殿請府前總鋪地建明倫堂贖民地爲先賢祠楊昇錢塘人永樂初府學教授善於誘掖作人爲多方嵩咸寧人永樂初以進士教授郡學條約嚴明頑鈍者畏威改行得人爲多時稱郡傅之最嘗兩司江西文衡及預修永樂大典陳巽繁昌人永

校注：①第

樂間①郎學教授②侍諸生有恩義人樂從其教。**崔盛**字志瑶，清江人。景泰初府學教授，條教嚴明，嘗修廟學，建泮橋。**張濟**字公濟，③亭人。成化初府學教授，性簡嚴，每以忠義廉恥激昂諸生，嘗奏請以郡人李綱入祀典。**李文輝**化州人。永樂間府學訓導，勤於誨人，多所造就。**王弁**南城人。景泰間府學訓導，性豪宕不④羈，至官未幾即引疾家居，三年復來任，則沉潛淳篤，講授之⑤暇，竟日靜坐觀書不少輟，或論及財利輒赧然不出一語。諸生有所奉，亦却云：士大夫咸敬服之。**邵武衛高鑑**宣德初邵武衛指揮使，武畧精熟，操守嚴正，愛恤軍士，不輕差遣。**楊廣**泰州人。正統間邵武衛指揮同知。沙縣鄧茂七亂，廣領女守將樂。賊數萬至，以車攻城，其車之制高約與城齊，冐以牛革，上用大竹二交搽繫之，如抱手狀，竹之上置版數片，及城則發竹以闘。兵校隨行而下，跨城以度。衆廣積鐵鎔之，而植木城上以俟。比至，竹為木所捍，不得發。乂⑥以鐵⑦貓鈎其車⑧々不得進退，取草畧竹燈爇投其上，乃以所鎔鐵澆之，草著鐵即熾，車悉焚毀，賊潰。廣與千

校注：①府　②待　③華　④羈　⑤暇　⑥又　⑦錨　⑧草

户徐昇乘勝出戰勦殺甚衆城賴以完

邵武縣

宋

張仕遜字順之光化軍人景德初知邵武縣以寬厚得民縣嘗旱禱雨歐陽太守頵朝去城過一舍仕遜撤蓋雨霑足始歸嘗手植海棠於聽訟之所因以名亭後登台衮邑人方植之以方甘棠卒謚文懿民為立祠于大乾廟

宋張字成材莆田人紹興初知邵武縣時盜毛湜龍范汝為者始出就招所過需丁壯負荷小咈意即署割啖食之棐先寇至令空邑遁去寇既無所獲夜持兵群譟直至臥内棐徐起喻遣不為調一夫去邑二十年龔茂良為法曹見邑人每語及棐猶涕下

陳元平紹熙初知邵武縣性英邁強毅立言必信而熟於民情軍政雖老吏宿將不能難之尤向慕儒術甚為黃勉齋所稱許

陳孔碩紹熙中知邵武縣聰明慈愛甚得民心

劉純建陽人紹定間寇晏頭陀等蕭①聚汀郡陷南劍犯建寧純發家財募士得一千三百餘人號忠勇軍與陳韡擊破潭

校注：①嘯

飛傺諭降蓮城七十二砦頭陀伏誅尋以郡守王遂檄剪除邵武餘寇有功更號其軍曰忠武未幾建寧下瞿之寇猖獗統提兵直抵其巢①宂兵敗死之詔贈三官與一子下州文學封義壯侯詳見建寧府人物志

謝源字資深臨川人淳熙間邵武縣丞靜重有守喜愠不形政用翕和民以不擾卒朱文公銘其墓

蔡充字公度南城人邵武縣尉好自絜清平居衣冠容貌肅然臨事以沉默慎靜爲主無或過差人以廉節稱之

劉燊邵武縣尉有惠政

元

耶律惟一字用中許文正之高第弟子也至正間達魯花赤興學獎士後以其學②數教成均

王應祚字舜卿清源人泰定間邵武縣尹性廉溫直諒文而有才器恒以陳古靈令仙居者教民嘗新縣治葺學宮

陸文英③攜李入至正間尹邵武縣政浹民和嘗重新廟學

孔公俊字師道曲阜入宣聖五十三代孫至正間尹邵武縣時邑新被寇公俊存恤勞徠惠化兼施嘗曰逆節之萌由教養之無法也乃輕徭薄賦愛重民力首

校注：①穴　②敷　③檇

輸佐費之泉旦①會廩稍之羨大修學宮俾攝學事傅李宗屋董其役役不及民財不斂衆而功告成

士謙臨川人至正間尹邵武縣當兵革之餘悉意撫綏尤以興學化民爲務未朞月流竄歸呻吟息②皇有新居公無逋稅政通人和聲稱籍甚

國朝

水甦民無錫人洪武初知邵武縣廉明慈愛爲政有方

薩九疇寧波人洪武間知邵武縣廉勤公正愛民好士善楷書尤長於詩

夏祥鳳嘉興人洪武末知邵武縣以文章政事著稱嘗曰廉爲士之大節居官而不能守廉大節虧矣雖有政事何足尚哉

李復觀饒州人永樂初知邵武縣能以文學飾吏事不假鞭朴而民信服及代去囊篋③蕭然

鄒良樂安人宣德間知邵武縣有治才後陞衢州守及去猶思慕之

同④□交址人景泰間知邵武縣廉愼愛民鯁直不阿

傅礪錢塘人永樂間邵武縣丞清謹精勤有政績⑤□陞知建寧縣亦以廉能著稱

校注：①且　②廛　③蕭　④蠡　⑤績後

泰寧縣①末章元振知泰寧縣建炎初盜賊四起縣賴以全詳見建寧府人物志

黃琮知泰寧縣廉訪使楊安時數于②以私不答安時切齒圖報琮不爲動

呂賁藍田人知泰寧縣治尚簡靜政不煩苛○按宋史作呂賁本志賁作責恐非

周居權知泰寧縣俗有生子不舉者居權爲文勸戒民多感而從之

林育知泰寧縣沉靜寡慾政績可稱

吳達知泰寧縣愛民如赤子馭吏如束濕邑人德之爲立生祠詳見建寧府人物志

徐壽知泰寧縣有惠愛詳見建寧府人物志

吳畀知泰寧縣用儒術飾吏事

江鈿知泰寧縣時值寇亂鈿躬率兵討平之

趙時舘慶元中知泰寧縣撫治有方民俗安帖

國朝

陳撝金谿人洪武初知泰寧縣時承兵亂之餘撝披剃榛集流散興學校課農桑鋤強暴不期而百廢具舉

定定字伯安高昌人洪武間知泰寧縣尚行實敦風化作士氣凡公署學舍壇遺多所修建以考最陞廣德州同知致仕歸泰寧卒

校注：①宋　②干

邑民爲之營葬**王可宗**溧陽人洪武末知泰寧莊重廉介均賊①薄斂得爲政之體**張淵**華②亭人永樂初知泰寧縣倜儻廉潔勤於撫字邑自元季以來學官廢弛淵銳意作興多所造就民有訟於庭者必從容開諭使自悟焉**周英**字子傑合浦人永樂間知泰寧縣愛民訓士政尚寬平去之日民遮道不忍舍

建寧縣　**宋**　**王永壽**皇祐初知建寧縣有能聲**上官掾**至和間知建寧縣聽訟明敏奸黠無所肆其巧爲**李山甫**南城人嘉祐間知建寧縣嘗遷建學校擇士以充弟子員勸督有術儒風以感**王述**建陽人治平間知建寧縣以治行聞**高正卿**高密人元豐間知建寧縣有治才**謝潛**知建寧縣治聲最著詳見汀州府人物志**吳播**延平人紹興間知建寧縣謹③□有吏才而飾以文學省科役擊強暴奉法愛民民甚便之**黃唐佑**江夏人紹興間知建寧縣當④□

校注：①賦　②華　③厚　④兵

亂之時撫摩鎮定邑民按堵眷翔建廟學**林宗顯**字孝揚長樂人乾道間知建寧縣聽訟精明庭無留牘用度省節縣計以饒而復爲民興利除害民甚德之**江默**知建寧縣有政聲後卒于官邑民像而祠之**趙師崇**汴州人寄居福建慶元三年任首闢學宮市民地以①盆之後守漢陽**錢衢**字守道錢塘人開禧間知建寧縣敬以事神誠以滋民增修學校士風以振**林孝聞**字質文福州人知建寧縣為政廉明尤工於文嘗斥俸置田以充學計號林公莊**趙紡夫**初尉本邑有才名後中法科歷大理評事節制往來兵馬單車入境撫摩制馭並得其宜繼合諸路兵直入勤竹洞掃蕩賊窠元惡授首邑境肅清勞來流離重創公宇學校**林公玥**字自明福清人淳祐間知建寧縣為政精明吏不能欺不科斂橫費尤留意學校**林潮孫**字伯鳳閩縣人寶祐間知建寧縣滋事精勤深達民隱邑鄉飲酒禮久廢潮孫復舉行之**程夢桂**咸淳間知建寧縣政尚愛民尤重儒

校注：①益

雅嘗捐巳俸二千餘緡增新邑學又為祠以祀先賢政化翕然士民之感悅

謝公旦臨川人紹定間建寧縣丞安靜不擾號稱賢佐郡守趙虛齋檄為幕賓後為福建漕　趙虛齋疑即趙以夫也

段霆字能可漢陽人建寧縣丞振廢滯有遺愛在民亦以文學稱

余炳紹興人初為建寧縣尉歲巳丑汀兵壓境令佐皆宵遁炳獨護縣事親率士卒首挫賊鋒用能繫一邑遺黎之望以待王師後以功升知泰寧縣

洪天驥字逆仲溫陵人建寧縣尉邑之上下坊夙有町畦爭訟天驥喻以威福而訟遂息周平虎溪二保之民交隙天驥沿臺檄體實折以一言而定尤重儒學每以文章課邑士

洪振龍三山人建寧縣尉剛明不可犯嘗累請寬敷鹽事雖觸時諱不顧所至屏絕饋遺鷄犬不驚鄉人德之

國朝

李協中河南人洪武初知建寧縣撫字有方斷決明敏庭無留訟吏不①□□

畢原洪武初知建寧縣敬神愛民甚得政體

崔仕昭洪武中知建寧縣有政②□

校注：①敢欺　②聲

劉士傑　蒲縣人永樂間知建寧縣均賦愛民剛毅廉介無所阿附

劉進　青邑人永樂中知建寧縣興學勸農尚廉恥不任刑罰

汪榮　歙縣人正統末知建寧縣曉①沙寇殘燬治邑民亦有從賊者榮多方撫□②悉復其業

傅恭　分宜人正統末建寧主簿沙寇境民多被其脅從丞典以下皆遁去恭獨挺身護縣事率民兵悉力保障反覆以利害開諭其民民於是鮮有從亂者

光澤縣【宋】

尹洙　字師魯河南人康定間知光澤縣內剛外和博學有識度邑之學者專務程文洙以古文勉勵之學者大悟文體一變為治尤有績效

上官均　初為監察御史裏行以論蔡確謫知光澤縣有巫託神能禍福人致貲甚富均焚其像杖巫出諸境又嘗立義倉甚有治績

江逌　陳留人知光澤縣定經界於民無所擾民感戴之

張碩　民知光澤縣勤恤民隱賑濟尤最

張訢　毗陵人紹熙間知光澤縣嘗倣社倉之法立倉君境內以濟市里之民無蓋藏者及中下之家生子不

校注：①時　②諭

舉者又附倉列屋以待行旅之疾病無所歸者其法甚精朱文公為之記

趙善珏 宋宗室知光澤縣以風化為先

包恢 以邵武守王遂辟光澤主簿嘗平寇亂

元

沈該 至治中光澤縣尹有惠政

況逵 字肩吾天曆間尹光澤興崇儒學善決訟嘗有兄弟爭田者逵曰吾視若貌非不恭友者授以伐木之詩親為諷詠解說於是兄弟皆感泣求解知爭田為深恥

朱萬初 江西人至正間尹光澤政浹民和時致嘉瑞

國朝

林孔孫 山東人洪武間知光澤縣興學校崇教化課農桑修廢墜政平訟理民賴以安

盛瓚 錢塘人正統間知光澤縣為政得體吏民懷之

陳子良 邵武縣人永樂中光澤教諭學規嚴整訓迪有方邑士以經術顯者多其所造就

尹安 字①□安上饒人宣德初以進士教諭光澤剛介慎默勤於訓導

段永 字仕悠餘干人宣德中以進士教諭光澤好古守禮條敎嚴明人雅敬之

鄒啓 字迪善廬陵人洪武末光澤訓導恭謹篤實勤於啓誨□

校注：①士

朱徽字文徽，新城人，有文學，善書，嘗修邑志

興化府

宋段鵬太平興國中知興化縣事教民以禮樂忠信舊染之俗爲之一新隣郡之民亦望風向化柔①加著作佐郎知興化軍軍治自游洋遷莆田縣皆鵬之所經理也李及知興化軍性清介所治簡嚴喜慰薦下吏而樂道人之善曹脩古字述之建安人明道初知興化軍卒家貧不能歸葬郡寮屬吏民相與聘②錢五十萬季女泣語其母曰君子不家於喪且吾先人③忠節名天下不幸以直言謫死安可受此以涴其全德哉卒拒不受劉諤宋嘉祐中知興化軍大興水利創建太平陂溉田萬餘頃人蒙其惠詹時升初通判興化軍後復知軍事有惠政詳見建寧府人物志廖剛宣和中知軍事鎮以清靜時郡人蔡京當國未嘗一造其門張讀字聖行晉江人靖康中知興化軍以儒雅飭吏事時國步方艱卒伍驕恣有不

校注：①尋　②賻　③忠

逞者肆凶謀讀誅其渠魁一郡震肅建軍變始窺福唐覘知我有備望風遁去境内帖然恃之如長城然吳偉明紹興中知軍事有政聲詳見邵武府人物志汪待舉紹興中知軍事夜宿公寢五鼓晨興燈下讀中庸一過乃出涖事嘗奏蠲本軍諸色漁人所輸稅及浦生之草采者毋出錢從之張允蹈隆興初知軍事先是盜發建劍汀郡間轉運司取撥本軍苗米二萬五百石輸於福州以應軍期急缺遂沿襲爲例謂之猶剩米允蹈具其利害於朝詔蠲其半郡民德之鍾離松乾道中知軍事退然自下治郡如治劇邑窮日之力爲不足以火繼之先是知軍張允蹈奏除本軍猶剩米之半松繼其後奏盡除之郡人深感焉潘時字德卿金華人乾道中知軍事時郡民多爭訟時究其利病施置之方爲科條以屬吏簡易嚴密無所偏倚郡以大治有女官道士求勅額挾貲樞張說①書屬上其事不從嘗奏蠲紹興中虛增經制錢一萬一千九百八十貫有奇又奏蠲歲輸丁米錢千萬築洋城陳覇斗門及木蘭陂以溉田歲旱訊得冤獄二人釋

去大雨立至遂歲苻飢募客舟興錢傳糴而寬其限人始良諭其意既而糴者得以其間往還一再然後及期則糴價久已自平矣人服其有謀

姚康朝字廷賓吳興人淳熙中知軍事爲政平易不寬不猛年登盜息閭里晏然郡初無貢院康朝爲相地於軍治之西屬通判趙善仁督而成之

汪作礪淳熙中知軍事嘗葺軍學改建廬浦斗門溉田五百餘頃

張淵淳熙中知軍事爲政以農事爲先嘗建涵①頭斗門

趙彥勵字懋訓浚水人紹熙初知軍事遂春夏雨澇奏撙節官錢代民輸稅又奏蠲僧道免丁錢修郡學建廩藏作輿梁砌衢路築斗門以興水利斥廢刹田以贍學廩復以其餘力施諸亭傳坊陌而一新之又嘗編莆陽志十五卷莆人繪其像於學宮祀焉

何紘字文伯永嘉人慶元中爲守甫二年凡事關教化而利在農桑者悉次第爲之新桂籍堂修人物志創平潭橋雨暘祈禱輒有應驗時稱儒吏

王克恭知興化軍有治蹟詳見泉州府人物志

王居安開禧中知興化軍既至條奏便民事乞行經界且言番船

校注：①涵

多得香犀象翠崇侈俗洩銅鏹有損無益宜遏絕禁止皆要務也通商賈以損米價誅剽盜以去民害又葺修郡①撥廢剎田以佐學廩

吳炎 知興化軍政績甚多詳見卲武府人物志

曾用虎 紹定中知軍事立平糴倉捐楮幣萬六十緡爲糴本益以廢寺之穀歲歉價高則發倉以糶之歲豐價平則散諸寺易新穀爲藏焉莆舊未有城屬盜起汀卲郡人陳宓倡板築之議前後守倅皆有意未就用虎以興利除害爲已任遂經理而成之他若除盜以衛民給役以贍學浚陂蠲稅鋤姦植善善政尤多民爲立生祠詳見泉州府人物志

楊夢信 廬陵人端平中知軍事天資豈弟待僚屬如子弟右禮下士户庭坦夷有前輩風簡澹清苦未嘗一毫妄取妄費而獨拳拳於學校嘗捐公帑錢六十萬贖學田之入於巨室者

張友 毗陵人嘉熙中知興化軍脩學校割廢剎田租三百斛以佐學廩郡人德之繪其像於學宮祀焉

楊楝 字元極青城人淳祐中知軍事孔子之裔有居②涵頭者楝爲建③朝關田訓其子弟後歴本路帥漕入參大政

汪元春

校注：①志　②涵　③廟

字景新奉化人咸淳初差知興化軍妻妾不之官部例冊禁官員每食蔬飯一盂事至即面[①]問而立決之爲政率以教化爲先抑强扶弱修弊起廢甫二月而卒卒後三日衆爲立廟祀之且以金助其道理之費其弟與子恐汚元春泣辭不受衆因刻其祭誄哀詞雜著爲遺愛錄

郭汝賢 通判興化軍有政績詳見建寧府人物志

劉子翬 建炎中通判軍事誠心愛民爲政務存大體尤汲汲於勸民興行時逸冦楊勍犯閩子翬與郡將張當世晝討備禦如素服戎事者賊不敢犯事聞詔還莅故官子翬始執父喪致疾至是以不堪吏責辭歸武夷山

顏振仲 通判軍事有政績詳見漳州府人物志

王孝遵 嘉定中通判軍事時蕭學弟子員日衆而歲屢不登庖廩告匱孝遵攝郡事因以廢刹田一頃有奇贍之

王顯世 爲興化軍錄事叅軍以公廉稱詳見泉州府人物志

魏必昌 興化軍錄事叅軍剛毅廉正人不敢干以私詳見泉州府人物志

劉汝舟 政和中興化軍司法有善政

魏公壽 興化軍司法有時名上二人俱

校注：①問

詳見建寧府人物志

元

郭朶兒延祐間爲興化路總管嘗自木蘭陂濬溝引流環郡東北與延壽溪會溉北洋田萬餘頃又盧浦重建斗門二視旱潦而閉泄之民獲其利復即陂下建通濟橋以便行者

烏古孫澤至正十五年知興化軍繼改軍爲路授澤行總管府事先是澤從唆都攻興化唆都欲屠城澤以計說止之及蒞興化民歌舞迎候于道曰是吾民復生之父母也郡新殘于兵首令瘞暴骨衣食其流離之民置慈幼曹以字孤幼民戰死者田產並給其族姻郡中惡年少求竄名卒伍冀後得計功廕授澤嚴禁戢之初江南盜起民自相什伍保衛鄉里至是行省議籍爲兵澤白其利害罷之尤留意學校召長老及諸生講①肆經義行鄉飲酒禮士咸知嚮慕後以澤與常袞方儀並肖像祠于學宮○按郡志以澤爲興化路同知而元史謂行總管府事今從之

李約字審初吉之廬陵人至正中興化路總管府經歷其爲政多直民寃仙遊令馬其扈其民陳一壺謀變焚其官署着馬②超匿山澤中大府檄約捕一壺仙遊開約至共③縛一壺④寘鑑車縣境

校注：①肄　②趨　③縛　④置檻

帖帖部使者檄約攝縣事民讙曰父母來矣會亢旱約徒步禜雨於龍湫既而大雨約遘疾趍①具湯沐浴正衣冠呼其子曰今日午時吾將終言畢約所乘馬淚下如注約遂逝薄暮民爭見約乘白馬揚青旂入城隍祠中初約攝仙遊馬心憾之至是夜使人投石爲妖怪民列挺②爲備乃止一日馬同其黨五人禱城隍神五人見約擐案坐其色毅③然驚怖④而出未幾皆暴卒馬亦爲盜所殺

國朝

孟天麟洪武三年知興化府時天下初混一天麟既定郡邑公署重新廟學乃更政事變風俗功澤在人至于今未泯

李春字崇義開封滎澤人洪武中知府事爲政仁恕簡易時甚築郡城貧民以爲憂春第民賦多寡均其工役民以不擾又修築陂堰及西湖等十斗門凡可以利民者無不爲之後卒于三山民聞之無不涕泣謀欲歸樞⑤營葬於莆其妻不許因留其衣冠窆焉

徐濟蘇州人洪武中知府寬厚長者而蒞官勤慎公清視編氓如子至於顛⑥連無告者尤加惠養秩滿去官民思之不忘

李至剛松江華⑦亭人永樂末由禮部尚書左遷興化府

校注：①趨 ②梃 ③毅 ④怖 ⑤柩 ⑥顛 ⑦華

知府度量寬洪日惟留意文事而簿書期會之務不屑爲也然時方清明居民無事人以卧治稱焉

潘本愚　惠州博羅人天順初知府郡有無徵之税歲里甲陪輸小民往往困斃本愚悉根究其受産之家輸之間有無從根究者則令里長陪①輸不以累小民民以爲便嘗重建府治功成而民不知人稱其有政事才

岳正　字季方順天府漷縣人正統戊辰進士及第累官翰林修撰天順初命入文淵閣預機密重務尋以言得罪謫戍邊成化初復起爲修撰出知興化府性豪邁不羈文章詩詞才氣飄逸亦似其爲人民投牒②訴訟一經於目是非立辦③但好理財事興作人以是疑其營私謗讟蜂起及其去任蕭預備倉積穀數萬石凶荒有備民始德之而其身後家計蕭然濱於貧困人始服其居官有清操云

張旭升　撫州人永樂中興化府同知天資剛介有學有守吏服其能民懷其惠嘗以藩憲檄攝泉州府事除奸革弊政治肅然泉人愛之一夕無疾而卒囊無餘資

尉遲潤　肇昌人洪武中興化府通判勸農桑興學校以公勤清白著稱藩憲嘗檄

校注：①賠　②訴　③辨

潤覆勘漳泉户口田粮潤審覈有條不煩而理

董彬字文質廣平人洪武中通判爲人剛直遇事處之以公而行之以勤嘗修築木蘭陂民不勞而獲其利

丁泰海州人天順中由户部主事調通判興化府爲政頗有風力如清理戎政提督籍冊科徵税粮之類皆處之有法

黄敏字彦材常州江陰人正統中興化府經歷廉正自持吏不忍欺時屬邑有專擅用刑傷於嚴苛者一時號稱能吏莫敢誰何敏恒戒飭之不悛乃繩之以法不少假貸一郡肅然嘗督造户口食鹽冊驗丁論税立法有方在任①末久卒郡人思之相率立碑城外通衢以紀其善政

歐陽寧吉安吉水人景泰間經歷風度閑雅政事平實興化民數最少而貢獻供億皆與福州建寧諸大府一例科徵民以爲病寧嘗奏請欲以民多寡爲等差雖不能盡如其言然自是一切科徵比舊亦稍減

丁纘宗蘇州人洪武中興化府知事贊畫郡政一循乎理未嘗阿意取容凡郡有所委繼宗約民以信不事鞭朴而事自理以清勤明敏見稱後卒於官民哀悼之

校注：①未

莆田縣[宋]薛奎字宿藝絳①州人真宗朝以大理丞知莆田縣盡蠲南閩時無名之稅以便民後入參六政王保隆其先自泉州徙莆田以大理評事知縣事開下坊塘溉南洋田百餘頃仍築堤塘上民獲其利廖德明淳熙中知莆田縣民有奉淫祠若罪之沉像于江會有顯着欲取邑地廣其居德明不可守會寮屬諭之德明曰太守天子守土之臣未聞以土地與人若守乃懟服陳洪知莆田縣有惠政見泉州府人物志陳仲微字致廣瑞州高安人寧宗時爲莆田縣尉值歲凶部卒并飢民作亂仲微戮其首謀者籍閑糴抑強糴一境以肅囊山浮屠與郡學爭水利久不決仲微按法曰曲在浮屠他日沿檄過寺其徒久揭其事鐘上以爲冤旦夕祝詛仲微見之曰吾何心哉質明首僧無疾死寓公自誦仲微於當路而密授以薦牘者受而藏之踰年其家貧縣租竟逮其奴寓公有怨言仲微還其牘封緘如故其人慚謝終其任不敢撓以私陳宇字伯愛其先閩人襄

校注：①絳

之諸孫後徙常熟以蔭補莆田縣尉得剽賊格當露
賞字愀然曰吾其可籍①人命爲自進之階卒辭之
祝洙景定中爲涵②江書院山長郡守徐直諒薦其趍
向不凡學問有本其祖姑實朱熹之母而其父
穆嘗從熹於雲谷之間微言緒論目染耳濡洙在家
庭講論精密比來涵③江闡揚師訓發明經旨士論稱
之
國朝 **任益**陳州頓丘人洪武初莆田知縣平賦
均徭而持身廉潔民愛之如父母
董仁仲金華人洪武中知縣莅政精勤而持之以公
於民一毫無所取公庭簡朴雖設不施民大
悦服後卒于官貧不能歸葬民相與營葬于邑之西
劉山○按郡志仁中作仁仲今從大明一統志作
仁
中
胡克恭南昌府南昌縣人洪武中莆田縣丞戢吏
撫民以嚴明著稱秩滿莆人愛之不忍舍
後陞永
福知縣
郭貢杭州人洪武中莆田縣主簿性重厚質
直而爲政一以節用愛人爲主時賓拓
部城眞董其役處
之有方民不知勞

校注：①藉 ②③涵

仙遊縣 五代 賈郁 閩王審知時初仙遊簿秩滿爲令正身奉法邑人有饋果者辭之曰某家新果衆人未知郁曰古人畏四知今君家子弟及携來者皆知之是倍於古人也竟不受及受代有一吏酗酒郁怒曰吾當再典此邑以懲汝輩吏揚言公欲再來猶造鐵船渡海也郁後果復任時酔吏盜庫錢獄具郁批曰竊銅鑪以潤家非因鼓鑄造鐵船而渡海不假鑪錘移知福清召爲御史中丞 宋 鄭昭叔 紹興中知仙遊縣適朝廷行經界法昭叔講究詳審諸邑差役未定而仙遊已有次第矣朱文公守漳①曰朝廷復欲行經界乃備録其説下之屬部以爲經量官吏之法○昭叔一本昭慶誤 周春年 紹興中知縣事有政績詳見建寧府人物志 高禾 知仙遊縣有惠政詳見泉州府人物志 段全 温陵人咸平中仙遊縣尉爲人簡重而有②文首以興學化民爲事 凌景陽 爲仙遊縣尉嘗以事出近郊有道士挾二童子來見其眉目疎秀精神爽朗因留於邑躬教以經二子③曰進不

校注：①③日　②文

已景陽秩滿屬太守置郡學中後二子俱擢高科即蔡襄與其弟高也

黄巖孫字景傳温陵人寳祐間仙遊縣尉興學校通水利葺輿梁爲政一本於儒者之道尤邃文學嘗纂輯仙溪志十五卷行於世

國朝

顧思敏洪武中仙遊知縣通曉世故凡學校廨宇壇塲咸昂新之歳嘗歉蹙囊易穀以賑之民賴以全

王彛寧波鄞縣人宣德中知縣事先是縣之田多荒蕪民賦税不給則稱貸以益之久而益困流亡者多彛至先區畫代民輸逋賦然後招集流亡使墾荒田不二年公私給足民悉復業痛革諸色侵漁之弊奏蠲邑民歳編吉了号①兵之役以至學校壇宇凡有關於政教者莫不一新時以循吏稱之甫三年卒于官邑人哀慕不已立碑頌德

興化縣附

宋

許世昌慶曆中知興化縣

張彥博嘉祐中知興化縣按縣令梅澤壁記云由太平以來至元豐歷百餘年臨是邦者惟聞許公世昌張公彥博稱爲賢令

丘

校注：①号

鐸温州人紹興中知興化縣

曹勳字上達應天府人紹興中知縣按尉朱謀書丘鐸祠堂碑陰云勳每自言其能守前政故至今稱賢尹若必曰丘曹

黃逸字德俊晉江人紹興中知縣爲政根於至誠尤崇尚學校建議道堂日集諸生刮劘切至邑人鄭僑以文章魁天下實其所造就云

梁錄字廷堅處州縉雲人淳熙間知縣廉平公直馭吏嚴而愛民如子縣觧發官錢入郡例敷保甲勞擾特甚錄處之有道民爭趨之後遂爲成式

林振字宗玉福清人慶元中知縣資禀冲粹政事詳明興滯補弊不動聲色藹然儒者之政在任三載百姓無犯重憲徙犴屢空臺憲以聞①持與减磨勘二年

顏師曾紹興中興化縣主簿時黃逸知縣事有賢名師曾與縣尉葛元樵恊力賛之邑以稱治

孫昭先淳熙中主縣簿民有寃枉率於郡自列願求直於昭先郡守器之

元

蔡真延祐中興化縣尹邑民刻碑頌之稱其律已廉宅心仁視事勤敏執法嚴明均賦役建義倉興學校表先賢百廢具舉

吳

校注：①特

孚字德載泰定間興化縣尹去之日邑民思之爲立遺愛碑其畧曰邑有賢尹前蔡後吳蔡如子賤吳若易于淮我吳侯來握縣符燗如玉鑑凜若氷壺能使鴟梟化爲鳳雛邑無流移官無負逋蔡侯去矣有吳大夫吳侯之去繼者誰歟

葉衡字仲興饒州德興人後至元間興化縣尹秩滿而去民立碑頌之其畧曰民苦賦歛侯爲優卹民苦盜賊侯爲戢捕治其吞併仁讓以興治其虛誕訟獄以清獄犴罪已旱暵斯息泣告于神郡虎屏迹我有田野侯闢耕之我有學校侯作興之侯之愛民如毋護子民賴受墨襁負而至三年善政感人至深前蔡後葉實獲我心

宋熹字仕明後至元中尹興化縣治民以誠而濟以威愛秩滿父老不忍其去立石頌之

趙文煥字有章眞定武邑人至正中興化縣主簿恤民隱察獄情勸農桑興學校懲奸惡息盜賊時有僞稱百户巡鹽者比屋騷動文煥詰之遂伏辜一時政化大行詞訟自簡部使者審讞獄無一囚

國朝

吳旭字旭旦撫州臨川人永樂中興化知

縣時歲歉政煩旭區畫有方民以不擾尤敦學校之教而申以孝弟忠信之行不踰年化行政舉

楊武平陽曲沃人永樂中知縣懲惡植善處之以公而行之以簡先是邑之歲糧歲輸於平海舟楫不通民甚病之武陳其利害之狀遂得輸之於郡

祝芳年廣信玉山人洪武三十三年興化縣丞廉謹寬恕視民如子後致仕去邑人稱賢佐者必曰芳年云

福寧州

宋

潘中靖康改元知長溪縣政舉化行民安其業後爲建寇漁濃所執大罵不屈而死民立祠祀之詳見建寧府人物志

黃龜朋慶元中知縣事興學校以育才置學田以養士政有顯蹟

楊志嘉定中知縣事視篆數月百廢具舉公暇輒吟咏以自樂邑人仰慕之

方之泰知長溪縣治蹟甚著詳見興化府人物志

姚東慶元中主長溪簿詳見漳州府人物志

蔡高景祐中爲長溪尉爲政人稱神

明詳見興化府人物志

黄琮尉長溪縣戢吏使民每出巡警鄉民不知也未幾丁父憂邑令閔其貧鳩①□②剎錢千緡以賻琮固□③不受徒步護喪歸

趙時煥嘉定中尉長溪縣政聲大振詳見泉州府人物志

元

張伯顔字正卿其先河間人後徒吳門泰定間至順初知福寧州均賦役革冗濫禁侵漁社弘④謁清剛之操終始如一在任嘗修學校粉學田士民感德其惠

王伯顔字伯敬濱州霑化人至正九年知福寧州首革猾吏飛糧之弊興學校課農桑德政甚多在官踰三載賊自邵武間道來偪乃與監州阿撒都刺募壯兵五萬伯顔與子相馳破之賊帥王善擁衆直壓州西門伯顔與戰被執善欲其仍尹此州伯顔叱罵不屈善亦執阿撒都刺責其拒鬭噤不能對伯顔復唾善曰我殺賊何言拒耶我死當為神以殺汝遂挺頸受刄頸斷涌白液如乳暴屍數日色不變州人哭聲連巷賊既殺阿撒都刺釋相欲官之相亦罵賊死相妻潘氏挈二女被獲亦罵賊母子同死伯顔既死賊時覩其引兵出入竟敗御史余闕以狀聞追封太原郡侯命

校注：①鳩　②諸　③辭　④私

本州立廟祀之

國朝

龍存仁湖廣人洪武十八年知福寧縣修廢墜恤孤寡興學校崇禮義舉賢才祛民害理冤獄均賦役民愛戴之

尹昌隆字彥謙吉安泰和人洪武三十二年以御史調知福寧縣處心清白蒞事公勤①尤有科差必驗其丁產而高下之吏不②得售其奸公暇輒召諸生為之講解民敬服焉

郭淳絳州絳縣人洪武中福寧縣丞廉以律己勤以蒞政民懷其惠吏畏其威

寧德縣

宋

宋棐政和五年進士調福州士曹③掾改知寧德縣縣久不理民輸送率歸吏手群不逞持文書叫嚻里中至二三百輩真偽不復辨棐至立革去邑人德之

儲惇叙知寧德縣有惠政詳見泉州府人物志

趙侁之字宗盛紹興初知縣持法明謹臨期獨斷吏不能欺獄無冤抑歲飢勸富民賑貸民賴以濟暇則延耆老行鄉④□之禮與孝弟之教邑有群不逞為民害者侁之嚴禁戢之乃陰謀欲焚邑治乘機為亂侁之廉得其實設方畧捕殺其首謀十又四人邑以安靖

趙善

校注：①凡　②得　③掾　④飲

悉字壽卿宋宗室也淳熙初知縣其律已廉其待人寬作興學校勸課農桑後以治行陞嘉禾太守

徐夢發建安人淳熙中知縣有學有守爲政以禮士愛民爲首務嘗脩學校建先賢祠邑人至今猶感慕焉

趙善封知寧德縣有治蹟詳見漳州府人物志

李澤民淳祐中知縣居官一以愛民爲心政平訟簡民安其業嘗築堤九百七十餘步以便行者

葉衡字夢錫婺①州金葉②人紹興中爲寧德簿攝尉以獲盜冦改秩知於潛縣後至宰相史稱衡才知有餘亦一時之選云

陸游字務觀越州山陰人蔭補登仕郎鎖廳薦送及試禮部俱在秦檜前列由是爲檜所嫉檜死始赴寧德薄③後以寶章閣待制致仕游才氣超逸尤長於詩

元

徐賜由建寧西安④延檢遷寧德主薄⑤俱有治蹟詳見延平府人物志

國朝

王溥字孟周洪武四年知寧德縣建學校禮師儒重農務本以公勤著稱

朱政字文正安慶望江人洪武中知縣人稱其有守有爲

關可誠惠州歸善人洪武二

校注：①婺　②華　③⑤簿　④巡

十二年由監察御史調知縣事守巳奉公愛民禮士後陞湖廣僉憲**賈得善**紹興蕭山人永樂初知縣抑豪強興學校聰明有爲**張初**湖州安吉人宣德中知縣明直仁恕百姓安之嘗大新學校**詹應**撫州金谿人知寧德縣有政蹟吏民畏懷**許希顏**懷慶人知寧德縣綱紀嚴明仁威並著民倚賴之

福安縣

〔宋〕**鄭黼**①字文甫崇安人淳祐五年知福安縣時縣始置綿蕞爲治黼經畫邑居設施政令井井有條而民不知勞去任邑人送之無不垂涕**林子勳**字巽之婺州永康人淳祐八年知縣事時縣治經畫已定而公署未建子勳踵而成之居官以廉謹得名

〔元〕**忙兀歹**回回人皇慶中尹福安以廉潔正大律身以孝弟忠信導民敬老愛士務農重穀邑民相率立善政碑**高琛**燕山人至順初尹福安縣為人剛毅正直表孝弟以勵風俗興學校以敦教化鋤強植善厚本抑末秩□②

校注：①黼　②滿

而去民不忍舍胡璉懷孟人至大間福安主簿①□□爲立去思碑

胡璉廉謹而以德化民嘗遷建廟學朔薛補闕②初

造溪口諸橋

國朝

黄理徽州歙縣人永樂中福安知縣禮士愛民政平訟簡

鄭齊衢州江山人永樂中知縣事興學校均有公勤

徭役恤鰥寡而濟之以廉勤邑民懷之之譽

胡晨盧州英山人正統末③福安縣丞時沙寇鄧茂七倡亂旁近愚民乘機嘯聚侵掠縣境晨設方畧

備禦民賴以安景泰初歲歉民飢倉廪匱④請晨立券稱貸於富家猶未足乃議盡借際留倉米賑之同官

欲俟申請然後發晨曰申請待報動經旬日民死亡過金⑤矣有罪晨請獨當之誓不以相累也遂開倉賑

給民得全活者甚衆

校注：①持身　②祠　③末　④竭　⑤半

八閩通誌卷之四十

公署

閩爲東南一藩鎮，環數千里，郡縣之地，而統數百萬之民。於是乎有岳牧以宣政化，有臬司以正百度，有帥臣以詰戎兵，而復蒞之以重臣，察之以臺憲。其間百僚庶職，分任其事者，又紛然不一，而莫不有公署焉。公署者，凡其聽事之堂與其燕處之室皆是也。雖職位有崇庳①，而等威有隆②殺，然堂必高明，室必靜深，皆足以爲聽事安

校注：①卑　②隆

身之所悬豈徒尊崇其身而已哉實所以蹠視
瀹聽澄神凈慮以清政令之源也自版圖入我
皇朝初仍元舊其後漸次改作迄今百二十餘年自藩
省以及列郡大小諸司公署著盖罔有不備而亦
罔有不飭矣諸君子攸芋於是者必勉其力之
所能爲而盡其職之所當爲使夫俯仰無怍如
羔羊大夫之委蛇自公斯可矣攸寧於是者必
端于而身刑于而家使夫隱顯一致如衛武公
之不愧屋漏斯可矣若乃刑賞出於愛憎曲直

徇於貨財假公以營私矜已以淩人則處非其據曹風候人之刺周易負乘之譏其能免乎

朝廷崇公署以處有位其意蓋如此而凡吾徒皆不可以不知也乃志公署

方面

統藩使臣公署

鎮守衙門

在福星坊内宋尚書王祖道故宅也　國朝洪武初駙馬王恭居之正統間遂爲鎮守内臣公署其東爲花園其中門外左爲供應所右家屬居室○按三山志并續志僞閩五州諸侯館所宋帥屬廨舍元都轉運塩使司俱在福星坊内疑即此也

巡撫公署在府學大成殿後舊貢院地也其前古府學杏壇之址洪武十七年布政使薛大昉剏以爲貢院成化七年遷建貢院於平山之下八年遂改剏爲察院今爲巡撫都御史公署

提督市舶衙門在光澤坊內舊織染局地也初建於府治西南法光寺東成化十六年提督市舶都知監太監韋查與織染局互易創建上三公署俱布政司東南

巡按監察御史察院在布政司西南舊在按察司西偏永樂十九年巡按監察御史陳紹燮以都指揮僉事楊□宅剏建至正統十年御史陳永始奏遷焉即今所也其廳堂南向自儀門外折而西復折而北通西街爲外門天順間乃廣其南偏地建外門於儀門之外而通道於外門前之東西舊通西街之外門遂塞焉成化八年改建舊貢院爲察院遂以爲按察分司弘治元年改察院爲巡撫公署仍以此爲巡按公署今俗呼西察院

清軍監察御史察院在布政司之東百步許永樂間爲都指揮錢貴宅正統六年以創軍器局其後知府吴信徙局於府治之西遂曠其地景泰三年布政使黄懋重修葺之以爲往來使客寓宿之舘今爲清軍御史公署俗呼東察院

文職公署

福建等處承宣布政使司在子城坊當三山之中晋郡守嚴高建爲刺史衙唐爲都督府又爲觀察使衙又爲威武軍衙五代梁爲大都督府僞閩僭號改作踰制宋興錢氏納土悉廢撤①焉獨明威一殿僅存守臣避不敢居以爲設廳几②勑設宴集乃在於此而即其西建大廳以爲視事之所天聖五年郡守章頻始於其東剏都廳九年郡守鄭載重建大廳景祐四年郡守范亢復於大廳之西建小廳後更名清和堂宋末端宗即位于此以設廳爲垂拱殿元或爲行省或爲宣慰司

校注：①撤　②凡

更置不常至元十九年火二十年右丞蒙古歹建省廳於設廳舊址置左右司創誠心堂立儀門列東西吏舍軍廡　國朝洪武初爲福建等處承宣布政使司正堂扁曰宣政後堂扁曰退思永樂中東廊火布政使吴福重修正統中西廊火布政使孫昇重修儀門前東西舊各有門東即古東康門今塞之而以其地建分守便廳西即古西園門今亦塞之而以其地建巡海便廳外爲譙樓其下即外門也

經歷司在宣政堂之左

照磨所在宣政堂之右

理問所在儀門外西旁元至元二十年右丞蒙古歹建廳之東有吏目廳

司獄司在理問所内西南又西為監房

廣積庫在布政司西廊後西南隅

福建等處提刑按察司在布政司之南少西即宋提刑司也按舊記公宇有上下衙盖提刑與同提刑各爲一司皆明道二年提刑劉立之建乾道間增置武臣初寓轉運行司淳熙三年

武提刑兼南仲始分建公宇為東西兩廳以視事元初改為福建廣東道提刑按察司後復改為福建閩海道肅政廉訪司並以東廳視事以西廳為南臺監察分治行司大德八年憲使普化增築東廳故址建公廳扁曰中正復建後堂扁曰欽恤仍葺兩廡而新之至治三年儀門火憲使咬咬重建

國朝洪武二年改為福建等處提刑按察司十七年僉事謝肅重修更前堂之扁曰澄清而移中正之扁於後堂建福寧道於中門之東偏以舊監察行司為察院巡按監察御史居之正統五年移福寧道於錢局移察院於西街其地皆入本司第二門及儀門舊皆折而東出天順三年按察使胡新更為儀門於中門之南以舊儀門前之地易民居闢為廣衢東出其西通西衙小巷成化元年按察使馬文昇復鬻民居闢為廣衢西出又以舊二門儀門之間空地建便廳西向以為分司

經歷司在正堂之東

照磨所在正堂之西

司獄司在按察司中門外之西南

贓

罰庫　架閣庫俱在照磨所之西北

屬司附

福建都轉運鹽使司在譙樓之西即宋西外宗正司也按舊記宋轉運行衙在威武門西南東為運判司西為轉運司而於其南同一門曰西摠熈寧既築子城併二司為一更其門東向時提刑二司實在其北政和間始併入提刑司而遷轉運行司於府東迎仙舘靖康元年又以廉訪使者衙為之在試院之西即舊駐泊廳地也而迎仙舘遂為轉運東行司尋廢元更置福建等處鹽課市舶都轉運使司于福星坊内舊福星舘後或為福建等處都轉運使司或為福建鹽課都提舉司或為福建等處都轉運鹽使司更改不常皇慶元年始移置今所延祐四年運使郭朵喜建

國朝洪武初改為福建都轉運塩使司成化十四年運使康驥重建正堂之東夾室二十三年運使金

迪重建後堂及外門外門之前舊有坊扁曰國計亦重新焉又剏建運使及添設同知廨舍各一所

經歷司在正堂之東**架閣庫**在經歷司之東**廣盈庫**在正堂之西南

臺鹽倉在閩縣時昇里宋天寧寺遺址也元延祐五年剏建國朝洪武五年重建凡為廒二十又四繚以周垣天順八年運使劉琰增建廒六弘治元年運使金迪重修復剏建官廳并鼓樓外門

福建市舶提舉司在布政司西南侯官縣之西都指揮僉事王勝宅也舊置司于泉州後番舶入貢多抵福州河口成化五年巡撫副都御史張瑄奏請移建于此內有吏目廳**進貢廠**在府城東南河口國初創建凡番國貢獻方物初皆貯於此然後轉以上進**懷遠驛**在進貢廠之南國朝創建以為番國使臣館寓之所

武職公署

福建都指揮使司 在布政司之東南即宋試院地也元為福州路總管府國朝洪武元年改為福州衛八年更為福建都指揮使司駙馬都尉王恭闢而新之三十一年前軍都督府都督僉事署福建都指揮使司事陳俊重建正堂宣德八年都指揮僉事劉海重建後堂景泰間都指揮同知劉寬重修成化十九年都指揮同知馬澄都指揮僉事辛晟建吏舍三十六間二十二年復修葺後堂並曾建左右廂房四間

經歷司 在正堂之左

斷事司 在都指揮使司之西亦宋試院地也元為錄事司國朝洪武元年改為福州衛鎮撫司八年始以為斷事司廳之東有吏目廳

司獄司 在斷事司之西

烽火門等五水寨造船廠 在府城東南河口舊福州三衛各置一廠左衛廠在廟前中衛廠在象橋右衛廠即今所是也景泰間鎮

守監丞戴細保議悉併於此每歲選委清濟指揮一員操督修造各水寨備倭舟船

郡縣

福州府

上司公署

布政司分司 在府治東北一里許與按察分司相並洪武二十一年指揮僉事柏堅等剏建倉厫名曰常儲後廢成化間改建以爲布政司清理軍政官視事於此俗呼清軍館長樂縣一所在縣治之西洪武初建成化二年參政趙昌撤而新之連江縣一所在縣治西福寧道之左舊在欽平上里成化十年知縣章武改建今所福清縣一所在縣治東南舊爲際畱倉天順七年參議丑淳建古田縣一所在縣治北①又登坊內正統間建羅源縣一所在縣治西衮②肅坊內舊爲稅課局正統

校注：①文　②繡

元年典史華崇改建爲①司
成化十七年知縣陳瓊重修

按察司分司

在府治東北一里許與布政分司相並洪武二十一年指揮僉事栢堅等刱建倉廒名曰常儲後廢成化間改建以爲按察司清理軍政官視事於此

福寧道

在布政司西南三山驛之西即元西驛也舊在按察司中門内之東正統五年遷於錢局成化七年改建爲貢院遂移今所　長樂縣一所在縣治東儒學之北洪武初建爲按察分司二十八年改今名後倣此　連江縣一所在縣治西洪武十一年士②簿由祐建　福清縣一所在縣治西南元捕盜司也國朝洪武十二年改建　古田縣一所在縣治西洪武十一年知縣王安建　永福縣一一所在縣治西洪武十四年建後燬藩臬行部至邑俱寓治重光寺　閩清縣一所在縣治東洪武九年建成化五年知縣左輔重建　羅源縣一所在縣西衮繡坊内洪武九年署縣事税課局大使

校注：①缺"分"字　②主

楊清鄉建

貢院

貢院在布政司東北平山下舊在譙樓之東宋元祐五年郡守柯述剏建　國朝洪武十七年布政使薛大昉移於城南興賢坊内即今巡撫公署也成化七年移建今所其地元時爲三皇廟洪武二十九年以古帝王非郡縣宜祀遂廢永樂九年爲鑄錢局正統五年改爲福寧道至是盡撤其舊中建至公堂後爲衡鑑堂兩旁為廂房堂之東爲謄録受卷彌封之所西爲對讀供給之所衡鑑堂之北爲内簾中堂扁曰公明堂東西列屋數間為考官閱卷之所兩旁庖湢列焉至公堂之前爲試場場之中爲明遠樓南爲門三重前臨長街中建一坊扁曰貢院兩旁爲二坊對立東曰①論秀西曰登俊莆田柯潜爲記

文職公署

校注：①掄

福州府在布政司之西即宋安撫司春臺館忠義堂之地也元爲亳州萬户府　國朝洪武二年改建爲福州府七年闢廨宇二十一年火二十六年知府廖崇德重建中門外西南爲營造軍器庫東為①土地廟直南為外門外門直街出百步許臨西街立坊扁曰宣化經歷司在正堂之西照磨所在正堂之東司獄司在府治中門外之西大儲庫在照磨所之東架閣庫在穿堂之西稅課司在府治東南安泰橋北西偏常豐倉在府治西南舊爲雪峯寺廨院五代時王審知改爲羅漢寺後廢國朝洪武十七年遂以其址建常豐倉正統五年火八年重建為廒凡二十有六織染局在府治西南地平寺東舊為提督市舶公署洪武八年建於府治東南光澤坊內成化年以其地建提督市舶公署遂以此為織染局陰陽學在布政司譙樓之東醫學在譙樓前街西景泰三年鎮守奉御来住重建上二

校注：①土

學①俱洪武十八年設後倣此**僧綱司**舊在府治東南閩縣左二坊石井巷後廢今寓于開元寺內**道紀司**在府治東南九仙觀上二司俱洪武十五年設○後凡僧綱僧會道紀道會司俱倣此**三山驛**在府治西南即宋提刑司團結軍寨之故基宋時城中為驛五後盡廢元至元間以宋趙資政府為在城驛元貞二年平章高興移今所創東西二驛今驛即東驛也其西驛成化七年改為福寧道**三山遞運所**在府治西南三山驛前少東**申明亭****旌善亭**上二亭在府治前宣化坊之左右也舊俱在布政司東今東察院地也正統六年知府吳信移建今所

閩縣在府治東南秀實坊內淨業寺故址也舊在閩都坊內宋嘉祐七年重建元大德二年縣尹郭升之復建 國朝洪武二年知縣路圓玉移建今所□□□年知縣邵奎重建典史廳在正廳之東

校注：①俱

縣獄在中門外之西五虎門官毋嶼巡檢司在府城東南嘉登里洪武二年建閩安鎮巡檢司宋為監鎮衙元為巡檢司國朝洪武二年建稅課局在府城南時昇里中洲今省其稅閩安鎮稅課局領之閩安鎮稅課局洪武二年建上二公署俱在府東南江左里大田驛在府城南西集里江南河泊所在府城南嘉崇里洪武十六年建旌善亭申明亭上二亭在縣治外門之左

右橫山鋪在嘉崇里江南鋪在時昇里白湖鋪在光德里龍卧鋪在開化里方北鋪圓屯鋪上二鋪在永福里方南鋪

鋪梁山鋪在積善里大田鋪在西集里義溪鋪在□□里左模鋪在□□里已上十二鋪俱府城南

候官縣在府治南官賢坊內唐貞元間始自舊縣□①入郡城元至大間又徙建於城西舊澄瀾閣之址至大十六年爲普平章衙國朝洪武三年復爲縣治二十九年火知縣張繼重建永樂元年復火乃權構以蒞事宣德七年主簿張鐸典史李傗始建廳宇廳之東為典史廳西為庫中門外之西為縣獄正統五年知縣梁叔蒙增建穿②堂

竹崎巡檢司在府城西北十六都正統六年建十四年火景泰五年重建

洪塘稅課局在府城西二都洪武三年建

小箬驛在府城西北三十四都

白沙驛在府城西北三十四都上二驛俱元時置國朝因之

旌善亭

申明亭③二亭在縣治之左右

城西鋪在西關廂

陳湖鋪在三十五都

葉洋鋪□□□□□□□□

白沙鋪在二十四都

馬坑鋪在三十四都

大瀨鋪□□□□□□

松嶺鋪在十九都

豐鋪

校注：①徙　②穿　③上

在三十四都湯池鋪在二十三都小箬鋪在三十四都橫路鋪在府城西北嵩灘鋪在二十五都上十二鋪俱在府城西北

懷安縣在府治北子城坊內初治芋原江北洪武十一年縣丞張希閔奏移入城十二年知縣薛武始建于今所景泰五年知縣吳益重修正廳之東為典史廳又東為庫中門外西偏為縣獄

五縣寨巡檢司在府城西北十七都以其地接閩侯官閩清古田縣界故名元至元三年設國朝因之

楊崎稅課局在府城西南九都洪武元年設舊無廨宇十七年以沒官卓子康宅為之

芋原驛在懷安遞運所之西北一都

懷安遞運所在府城西南一都即舊縣治也洪武十二年縣治移入府城遂為遞運所

旌善亭　申明亭俱在登雲坊內

總鋪在布政司譙樓內之東洪武初建

梅亭鋪　土塸鋪

上二鋪在二都洊嵜鋪在十二都葛嵜鋪在十四都鐵嶺鋪在十五都上六鋪俱府城西來宜鋪在二都北嶺鋪在三都宦溪鋪在四都任溪鋪在五都上四鋪俱府城東北

長樂縣在六平山之前唐武德間置于敦素里平川上元初防禦使董玠以其地湫隘移建今所至元三十年達魯花赤答失蠻重建扁其正堂曰承宣後堂曰退思　國朝景泰元年知縣龍韶修建一新正堂之東為典史廳西為庫中門外之東為縣獄石梁蕉山巡檢司在縣東南十五都舊在梅花千戶所城洪武二十年遷今所小祉山巡檢司在十八都龍江松下巡檢司在一十都大祉上二司並洪武初建在縣南稅課局在縣治西洪武間建成化十七年知縣羅叙重建長樂倉在縣東二十四都梅花千戶所城東

門内舊隷於所正統六年改屬本縣○後凡衛所倉俱倣此陰陽學 醫學上二學在稅課局前今毀河泊所在縣東南十五都僧會司在縣治西天王寺內際留倉在縣治中門外之西旌善亭 申明亭上二亭俱在縣東隅總鋪在縣治之西沙逕鋪在十都沙頭鋪在十七都梅花北逕鋪在三十四都梅花城東上三鋪俱縣東巴頭鋪在縣東南十九都

連江縣在龍際山之南鰲江之北百步許唐武德間建宋治平四年重建元至元三十一年縣尹董政重修至正六年燬于寇惟儀門譙樓存國朝洪武元年知縣王得欽重建扁其正堂曰新民後堂曰明德正堂之西為典史廳二堂之間東為庫西為架閣庫儀門之外東為土地祠西為縣獄

北茭巡檢司在縣東二十六都舊為荻蘆巡檢司洪武二十年衆今名二十三年巡檢

李朝英重建稅課局在縣治西欽平上里通濟橋西舊在縣治前大街東古收稅亭內洪武十八年圮於水遂移建今所定海倉在縣東定海千戶所城內東北隅洪武二十年刱建陰陽學在縣治西小龍津坊內醫學在縣治前大街西即舊惠民藥局也蛤沙河泊所在縣東二十七都洪武十六年河泊官衛文傑建僧會司在縣治西欽平上里天王寺內道會司在縣治東欽平下里龍興觀內府公館在縣治西欽平上里舊爲布政分司成化十年知縣章武遷分司於福寧道之左遂以此爲府公館際留倉在縣廳西偏耳房內洪武三年知縣王得欽建於縣西天王寺永樂十四年知縣董庸移建於欽平上里陳厚得沒官房地後改建今所旌善亭申明亭上二亭在縣治前之左右俱洪武十六年建成化十八年知縣凌玉璣重建縣西鋪在縣治西百五十步許羅崙

鋪在清河里潘渡鋪　陳山鋪上二鋪在光臨里陀嶺鋪　俞家鋪上二鋪在清河里赤崎鋪在仁賢里上六鋪俱縣西北丹陽鋪東禅鋪上二鋪俱在縣北中鵠里已上九鋪俱元至正十五年建　國朝洪武五年主簿張入鄉修東湖鋪在欽平上里賢義鋪在賢義里上二鋪俱縣北財橋鋪在縣東北嘉賢下里松塢鋪在二十九都官嶺鋪　麗澳鋪　埕角鋪上三鋪在縣東二十七都已上七鋪俱洪武二十七年主簿楊安建

福清縣在鷟峯山之麓自唐嗣聖以來名號數易縣治不改宋熙寧三年縣令崔宋臣始大新之簿廨舊在鷟峯路口亦遷于縣門內之東明年置丞又明年縣令胡景道爲創丞廳於中門內之西七年復建尉廳於中門外之左元至元二十八年燬大德四年知州毋逄辰同知馮喜重建　國朝

洪武四年仍改爲縣稱曰正堂曰公生明後堂曰燕清典史廳在正堂之東縣獄在中門之左

壁頭山巡檢司在縣南江陰里元至元間置于南日里名南日巡檢叼①

牛頭門巡檢司在縣東南平南里嶺前元至正間置于逕江名逕江巡檢司

澤朗山巡檢司在縣東化北里元至元間置亍②練門名練門巡檢司上三巡檢司俱國朝洪武十二年移建今所改今名

南門稅課局在縣南龍首橋之北元至元元年置舊名南門務

海口稅課局在縣東南方民里鎮頭元至正間置舊名海口務上二局俱國朝洪武初改今名

逕江稅課局在縣西南靈得里宋元豐元年建於逕江名逕上務國朝改爲稅課局洪武十八年圯於水明年乃徙建於逕橋之北

福清倉在鎮東城內東南隅洪武二十一年指揮同知王得建爲廒凡二十有三

萬安倉在縣萬安城內千戶所之南洪武二

校注：①司　②于

十一年正千戶王忠建

陰陽學醫學在縣南隅場前

宏路驛在縣西善福里宋時建於太平鋪之左元至元十六年徙建今所名宏路站　國朝洪武十二年改為驛

蒜嶺驛在縣西南光賢里宋時建于漁溪市之南元至元間徙建今所名蒜嶺站　國朝洪武十二年改為驛

蒜嶺遞運所在蒜嶺之旁

宏路遞運所在宏路驛之旁上二所俱洪武十二年設後並省入各驛

河泊所洪武二十年設

海口場鹽課司元延祐六年司丞龍証建上二公署在縣東南方民里海口鎮

牛田場鹽課司在縣南時和里元延祐間司丞趙煥卿建後燬于兵至正十年司丞劉志重建上二司舊名司令司俱國朝洪武初改為福建都轉運鹽使司分司二十五年改為鹽課司

鹽廠在東西南北團之左右共九十一間

僧會司在清遠里黃蘖寺

道會司在方民里福真觀

際

留倉在縣門內即舊縣庫也　旌善亭　申明亭上二亭在縣門外之左右

縣前鋪在縣治南五十步　常思鋪　磨石鋪上二鋪在方興里　太平鋪　高車鋪上二鋪在脩仁里已上四鋪俱縣西北　金鴈鋪　玻瓈鋪上二鋪在清遠里　漁溪鋪在萬安里　蘇溪鋪在安香里上四鋪在縣西南　蒜嶺鋪在縣南光賢里已上九鋪俱元至元間設　宏路鋪在善福里　浯溪鋪在清源里上二鋪俱縣西　店頭鋪在縣南仁壽里　海口鋪在縣東新安里　三山鋪在縣東南化北里　桃林鋪在平北里　後坑鋪　城西鋪上二鋪在平南里已上三鋪俱縣南　薛田鋪在縣東永賓里已上十鋪俱洪武間增設

古田縣在平山之南雙溪之匯唐開元二十九年建宋初尉簿並置簿廳在縣之側尉廳在縣之

東南紹興十年復移尉廳於行衙右元豐元年增置西尉又建治於教場間崇寧間復置丞又爲廳於縣西元至大二年達魯花赤木薛重修縣治並建典史幕於正廳之西至正十六年達魯花赤剌會薩重修　國朝因之改典史幕於正廳之東外爲譙樓樓之下爲縣門其左右爲縣獄洪武三年知縣韓東嘉

杉洋巡檢司在縣東三十六都宋元始建廨舍間設　國朝洪武十二年巡檢袁興重建成化十九年巡檢陳□修

陰陽學在縣治西雲洋坊之東久廢

醫學在縣治北蘭魁坊即舊惠民藥局也今廢爲民居

黄田驛在縣西二都宋名使華①亭元改黄田驛　國朝因之

水口驛在縣南一都宋時置名嵩溪驛其地即太平興國所遷縣治之故址也元改今名

水口遞運所在水口驛旁　國朝洪武初重建洪武三年設署所事水口驛驛丞姚斌建成化間驛丞胥安書修

僧會司在縣治西北吉祥寺內

道

校注：①華

會司在縣治北賢興坊佑聖宮西畔府公館在布政分司之北洪武二十二年縣丞魏肅建成化十五年福州府通判羅鍔重建際留倉在縣治北兼善坊元大德七年創國朝因之嵗儲米以給官吏月俸而廩使客給孤窮皆取諸此成化十六年重修旌善亭洪武十六年設申明亭洪武三年設上二亭在縣治前之左右總鋪在縣治前洪武初建成化十七年重建曹陽鋪茶亭鋪嶠嶺鋪上三鋪在七都湯壽鋪常瀨鋪宋初建在水口驛下成化十七年移建于水口驛上一里許上二鋪在一都朱坑鋪秀嶺鋪已上七鋪俱縣西預洋鋪谷口鋪竹園鋪雲頂鋪上六鋪俱在縣西北二都

永福縣在雙溪之上宋初建尉廳於鼓樓門內之西元豐二年建簿廳於縣治東隅崇寧中又建

丞廳於鼓樓門内之左建炎三年燬縣令陳炎僅
立廳宇紹興初王禹同繼之乃建鼓樓二十一年
縣令葉秉彝修建始備宋末復燬于兵元至元十
六年達魯花赤扈全重建國朝洪武間又燬草
𠛬以視事成化□□年知縣□□重建典
史廳在□□□□縣獄在儀門内之西際門巡
檢司在縣西三十三都宋建於①皋嶺名②皋嶺寨元至元間移建於此改今名　國朝因之陰
陽學在縣治北大街醫學在縣治南僧會司在縣治南重光寺内西菴道會
司在縣治北香山堂府公舘在縣治東洪武二十四年建今廢際留倉在縣
治内元時建名常平倉
國朝洪武十四年改今名旌善亭中明亭上二亭在縣門
外之左右今俱發總舖在縣治前洽口舖在十都葛嶺舖在六都峽
上舖在三都上三舖俱縣東創領舖在縣東南一都

校注：①②皋

閩清縣在梅溪之南里許即梅溪場故址也五代梁乾化中草創宋大中祥符初史温爲令政通人和大性①四十四人鳩財大建廳宇熈寧元年悉爲洪水所蕩縣令徐緯謀欲締造有僧思遠等八十餘人以甘院遺積復鼎新之淳熈四年燬明年縣令朱啓建尋復燬十年縣令胡特重建②祐四年又燬獨鼓樓存是年重修寶祐改元又燬縣令陳仅復建獨鼓樓未備國朝洪武九年主簿鄭本始搆廳宇及譙樓正統十三年悉燬于兵獨儀門六房僅存景泰元年知縣余禎搉於舊址搆小屋三間涖政天順七年典史余銘始建縣廳及幕廳成化四年知縣左輔八年知縣黄瀅相繼增葺其所未備

陰陽學在縣治東昇平坊醫學在縣治東和豐坊上二學俱成化十三年燬

僧會司在縣西十六都普賢寺

府公館在縣治南洪武二十五年建成化四年知縣左輔重建八年圮於洪水

際留倉在縣治內之西成化四年知縣左輔重建

梅

校注：①姓　②缺“淳”字

溪鋪在縣治前二十步 眠石鋪在縣東昇平坊 甕口鋪在縣北和豐坊上三鋪俱洪武元年建成化六年知縣左輔修

羅源縣在東戴坑南宋慶曆八年縣令陳侢建建炎初燬于建冦三年縣令吳確仍建淳熙六年縣尉施炎重建尉廳元至治元年主簿劉秉仁復新縣治　國朝洪武二十五年縣丞甘志和重加修葺成化八年知縣施弘又撤而新之十六年知縣陳瓊改建視舊有加

陰陽學在縣治東三皇廟之北元至治元年主簿劉秉仁建　國朝洪武二十九年圮寓于縣北天慶觀法堂之左今亦廢

醫學在縣治西急遞鋪之東即元時惠民藥局也

河泊所在縣治南泧尉橋之北洪武十一年縣丞龎益建景泰七年河泊官張用成重建

僧會司在縣北徐公里仙茅寺

道會司在縣東北起步橋北天慶觀上二司俱廢

府公館在縣治之東城隍廟

之西舊三皇廟址也成化十年知縣施弘建

際留倉在縣東隅跳尉橋之北洪武二十九年縣丞田敬建

旌善亭 **申明亭**上二亭在縣治譙樓之左右俱洪武十一年縣丞龔益建成化十九年知縣陳曖重建

縣前總鋪在縣治西五十步

嶺頭鋪 **三源鋪** **護國鋪**上三鋪俱在縣治東北徐公里

鼇峯鋪 **應德鋪**上二鋪在縣西梅溪里

黃沙溪鋪在新豐下里

新豐鋪在新豐上里上二鋪俱縣西北

武職公署

福州左衛指揮使司在都指揮使司東南宋爲薦福寺元時廢至正十九年以其地建勉齋書院國朝洪武八年指揮僉事宋允創爲右衛內立五所十八年復增一所二十一年改爲左

衛正統二年指揮王智重修**經歷司**在正堂之東**鎮撫廳**在中門外之左**左右中前後中左六千戶所**俱在衛內列于兩廊前之東西各有十百戶所

盛儲軍器庫在候官縣右一坊英蓮坊內**成造軍火器局**在閩縣南津坊內

屯田新舊共三十九所洪武二十八年并永樂二年制令分軍屯種以贍軍儲共田地四百九十七頃三十八畝八分計旗軍一千六百九十七名左所屯五所俱在候官縣二都西禪鋪起至二十二都嶺柄白沙①上右所屯五所俱在閩清縣昇平坊渡口起至十都魚坑止中所屯五所閩清縣三所在二十六都大樟起至二十一都林浦門止永福縣二所在一都大樟起至四都牛斜止前所屯五所俱在永福縣八都鄭洋起至十二都魚坑止後所屯五所俱在永福縣十九都鐵場起至二十四都北洋止中左所屯五所俱在永福縣二十五

校注：①止

都界竹口起至三十九都葛洋止新屯九所俱在泉州府永春縣十都卓埔起至二十都前窓止

福州右衛指揮使司 在都指揮使司之東即元福州路總管府司獄司故址也國朝洪武八年省以其公署為左衛二十一年復設二十四年指揮僉事韋弘始改建於此

經歷司 在衛堂之東

鎮撫廳 在衛南百步許子城坊內

左右中前後中左六千戶所 俱在衛中門外列於東西各有十百戶所

盛儲軍器庫 在候官右三坊合潮橋西

成造軍火器局 在懷安縣小古樓

屯田新舊共三十九所 共田地五百七十六頃六十四畝三分三釐計旗軍一千九百二十六名 左所屯五所俱在懷安縣二都杜塢洋起至十三都官口止右所屯五所俱在懷安縣十五都前衢起至二十都下沖坑止中所屯五所懷安縣一所在三都上洋古田縣四所俱在五都破寨乾起至十都

前山止　前所屯五所俱在古田縣十二都起至四十四都赤粧止　後所屯五所古田縣一所在四十五都胭脂　羅源縣四所俱在二都小獲起至七都小橋止　中左所屯五所俱在羅源縣黄董里霍口起至靈濟里官口止　新屯九所俱在泉州府永春縣五所俱在二十都梅坂起至二十四都湯頭止惠安縣四所俱在十都長輪起至十四都大中止

福州中衛指揮使司 在左衛之東宋太平寺故址也國朝洪武八年指揮僉事張得創爲左衛二十七年改爲中衛景泰五年指揮李善重修 **經歷司** 在衛堂之東 **鎮撫廳** 在衛中門外 **左右中前後五千戶所** 俱在衛內列于兩廊前之東西各有十百戶所 **盛儲軍器庫** 在閩縣左三坊法海寺前原在法海寺內正統間本寺重建爲殿造移今所 **成造軍火器局** 在閩縣南津巷內 **屯田新舊三**

十所共田地五百四十頃一十四畝計旗軍一千五百九十三名左所屯四所俱在閩縣南嘉崇里吉祥洋起至嘉登里劉崎止右所屯四所閩縣一所在瑞聖里埔頭長樂縣一所在二都姿嶺等處連江縣二所俱在永貴里王孫至二十六都澚裏止中所屯四所俱在連江縣集政里敦玻山起至賢義里桂林止前所屯四所俱在連江縣沱市起至仁賢里了然止後所屯四所俱在連江縣中鵠里杜塘起至仁賢里鯉溪止新屯一十所泉州府惠安縣一所在二都塗嶺興化府仙遊縣九所俱在光山里砂溪起至來蘇里上董止

教場在府城南門外九仙山之南周圍約四里許中有都帥廳事并福州左右中三衛廳事城西舊亦有教場廢

水口關在古田縣南一都宋初設鎮有監鎮官元時革今本衛委百戶一員守禦

鎮東衛指揮使司在福清縣方民新安二里間鎮東城內洪武二十年江夏侯周德興奉

旨創建經歷司在正堂之左鎮撫廳在正堂之右左右中前後中左六千戶所俱在衛內列於兩廊前之東西各有十百戶所教塲在衛之東門外五十步方廣二百步中有演武亭埠寨三處松下寨在縣東永賓里大丘寨在南平里白鶴寨在平北里上二寨俱縣南屯田新舊一十八所共田地四百二十七頃九十二畝三分八釐計旗軍一千四百三十二名左所屯三所長樂縣一所在永福里等處福清縣二所俱在遵義里右所屯三所福清縣二所俱在平元里興化府莆田縣一所在□□里中所屯三所福清縣二所俱在靈得里起至新豐里止莆田縣一所在延壽里前所屯三所福清縣二所俱在脩仁里莆田縣一所在常泰里後所屯三所福清縣二所俱在善福里莆田縣一所在合浦里中左所屯三所内福清縣二所俱在靈得里莆田縣一所在合浦里

烽燧凡七處九松下峯前上二處在縣東永寬里大丘後營上二處在平南里白鶴大壤壠下上三處在平北里已上五墩俱縣南

萬安千戶所在福清縣南平南里萬安城內洪武二十年江夏侯周德興奉旨創建吏目廳在所廳之左鎮撫廳在所廳之右十百戶所在儀門左右教場在所城西門外三里方廣三百步堡寨四處俱洪武二十年置沙塢寨連盤寨長沙寨上三寨在平南里峯頭寨在光賢里已上四寨俱縣南

小埕澳水寨在府城東北連江縣每歲分附近衛所軍士更番備倭於此方岳重臣合議推擇閩諸衛指揮之有才畧者一人以總督之其因合分軍衛所又各推指揮一人以分督之亦終歲而更後各水寨倣此福州右衛官一十一員旗軍一千三百八十九名鎮東衛梅花萬安二千

戶所官一十七員旗軍二千五百四十二名
福寧衛定海千戶所官四員旗軍四百名

建寧府

上司公署

鎮守公館在紫霞州之西南行都司之左舊名黃衙本建陽衛公署也洪武十二年衛調於太平府始改為公館九郡所造貢獻品物悉藏於此及鎮守內臣按部煎銷各坑銀課亦居焉

布政分司在宣化坊府學東左備倉故址也景泰四年知府賀沈創建　浦城縣一所在縣治東西山精舍之後正統六年主簿周聚刱建　建陽縣一所在建寧道之東正統五年以舊三官堂刱置成化十三年參政劉觀建洛度坊於其左　松溪縣一所在縣治南臨大溪正統五年刱建　崇安縣一所在軍營嶺之左宋省倉址也成化十一年知縣王肅創建　政和縣一所在縣治西正統五

年知縣江顯創建壽寧縣一所在儒學之
東天順七年按察副使郎勝命知縣沈能建

建寧道

在府治東宋徐參政元李萬戶居第也國朝洪武初剏爲福建按察分司二十三年更爲寧武道二十八年改今名宣德七年副使劉棨重建後廳增庖湢及吏胥之舍天順間僉事牟俸增建外門成化十八年僉事談俊并知府張正增建花亭并小廂廊〇按舊志徐參政李萬戶俱不言其名考之人物志及名宦志疑徐清叟及李鉉也

浦城縣一所在縣治東洪武二年知縣周鵬舉剏建　建陽縣一所在縣治東南隅洪武二年知縣吳義建永樂十四年圯于水宣德三年重建　松溪縣一所在縣治東洪武初即舊城隍廟地剏建　崇安縣一所在縣治左洪武初創建　政和縣一所在縣治東天順四年按察副使沈訥重建　壽寧縣一所在縣治西景泰七年按察僉事沈訥建

福建行都指揮使司

在府城內宇和平理二坊之間舊府治也唐建中初刺史陸長源建

乾符間燬於巢寇郡守高傦重建廳宇天祐中節度王崇文乃建大廳爲視事之所宋建炎四年守韓琡始建便廳紹興三年守向伯奮增創設廳儀門東西兩廊東置架閣甲仗軍資上供常平諸庫西置僉廳吏舍及支塩庫十四年雙門譙樓圮於水守張銖重建二十六年守宋畯搠射圃建堂於其中曰正巳孝宗登極乃升潛藩更置府額於門上門之外有二亭左曰宣詔右曰頒春淳熙間守韓元吉蘇嶠相繼繕治紹熙元年守鄭僑建儀門至正十七年改建寧路總管府二十二年又改爲建寧分省　國朝洪武初改爲建寧衛八年更爲行都司

經歷司在正堂之左成化十二年經歷葉壽重修

斷事司在儀門外之右宋爲西通判廳元改爲甌寧縣　國朝洪武八年始改爲斷事司歲久寖壞成化十四年斷事夏彝白于行部大臣遂給公帑而命府同知李明共修葺之廳之東有吏目廳

文職公署

建寧府在府城宣化坊内，即宋提舉司、元肅政廉訪司故址也。舊在中和、平理二坊之間。國朝洪武元年改爲衛，尋改爲行都司。府治寓於建安縣。八年，知府胡禎始移建今所。堂之北爲架閣，儀仗二庫。後堂之東北爲元明廟。宣德七年知府張慎重修。成化三年知府劉鉞於府門之前爲平政坊，又前臨大街建

經歷司在府堂之右。照磨所在府堂之左。司獄樓爲府外門。

司在府治之右。舊在行都司前，宋之左獄址也。國朝洪武八年設。十四年移建於府治西，從化坊之東南。景泰四年知府賀浤又奏遷今所。

稅課司在府城中興仁坊，即宋瑞華館故址也。國朝洪武八年剏建。永樂十四年圮于水。署司事廣實倉副使周闓復建。成化十六年同知李

明重建。

廣實倉凡五所，一所在府城中宣化坊，即宋西倉舊址也。國朝洪武八

年知府胡禎建十九年改爲建陽衛倉三十一年改今名知府芮麒翀建厫十又五爲間凡七十又五一所在府城中朝天門德勝坊黄華山即宋盐倉故址也　國朝洪武八年知府胡禎建厫一爲間凡五　一所在府治之右從化坊内洪武二十三年知府魯仁傑建厫四爲間凡二十　一所在府城中親賢坊内永樂五年知府劉敬建厫九爲間凡四十又五　一所在府城中德勝坊内永樂三年同知楊志銘建厫十又一爲間凡五十又五十年知府劉敬建厫三爲間凡一十又五十三年又建厫八十

新倉在府城中宣化坊舊爲指揮楊爲間凡四十畢居室没入於官成化十八年知府張正同知李明建厫一十又二爲間凡三十又六

永豐倉在府治之右舊白雲寺址也洪武十三年建今不設官原降銅記李府經歷司兼領之

織染局在府城中崇儒坊洪武六年撤建於黄華山下永樂六年遷府學於其地遂以舊府學地爲之永樂十四年圯於水正統

十二年重建弓箭局洪武九年設舊寓通玄觀正統十二年移附織染局陰陽學舊景福堂址也醫學匕二學俱在府城中定安坊僧綱司在甌寧縣西隅開元寺洪武十五年設於大中寺二十八年寺燬徙城南光孝寺永樂十四年寺圮於水因徙今所道紀司在府城東報恩觀建寧遞運所在府城通濟門外敬客坊洪武八年建永樂十四年圮于水宣德四年重建公館在府城內從化坊成化七年通判李明建爲清理軍政之所扁曰東甌書院旌善亭洪武十六年設申明亭洪武三年設

建安縣在府治東從化坊即宋東通判廳址也初治黃華山下唐大曆間州寄治於縣署自是遂不知縣署徙於何地宋治平三年折置甌寧縣建署於寧遠門內熈寧中甌寧縣廢遂即其址爲建安縣署建炎間燬于兵紹興二年知縣石廉重建中門外之左爲丞廳右爲簿廳元至正二年縣尹

徐屬移建今所　國朝洪武元年重建正廳之東爲典史廳西爲縣獄正統十二年知縣胡欽重建儀門及三門景泰六年知縣葛珫重建後堂及解舍成化七年知縣徐宗重建穿堂九年又建車房於後堂之右

壽嶺巡檢司 在縣南南才里龍門橋頭宋建炎間建於嶺上名壽嶺寨元改爲巡檢司　國朝洪武初因之九年巡檢穆毅移建今所

東遊稅課局 在縣東安泰里元至正間始設　國朝洪武八年重建

太平水驛 在縣西南登仙里元爲太平站　國朝洪武二年改爲驛

北苑茶焙 在府城東吉苑里鳳凰山之麓僞閩龍啓中里人張暉居之以其地宜茶悉表而輸於官由是始有北苑之名北苑之茶爲天下第一而鳳凰山所産者又冠於北苑山之旁曰壑源外曰沙溪皆産茶官私之焙凡千三百三十有六官焙三十有二以北苑冠其首苑之中宋有漕司行衙後經兵燹惟茶堂星輯館及前二門尚存門之左有倉受建寧北苑二

里秋苗以給春夫之食茶堂之後有御泉亭蓋造茶時取水於此景祐間重修立荷爲記亭之前有紅雲島元時重加修葺國朝洪武十年建御茶亭於其中亭之前爲茶塲塲之前爲儀門扁曰清風門之左爲茶焙右爲庫房前爲外門南直鳳凰山之麓爲御泉亭外門之東爲執事者棲息之舍宣德八年知縣戴肅建茶堂三間成化元年縣丞馬建貯茶之室九六間三年知縣周正重建御泉亭并建門樓成化十八年知縣桂鎬建焙茶之室凡三間

申明亭在縣治南崇儒坊內洪武三年建

報恩鋪 赤岸鋪上二鋪在登仙里 莒口鋪在房村下里巳上二鋪俱宋時設國朝因之 劉坑鋪 謝坑鋪上二鋪在登仙里 八仙鋪 房村鋪上二鋪在房村下里巳上七鋪俱府城南 尾口鋪 橫谷鋪上二鋪在吉苑里 棗林鋪 井岐鋪 篁溪鋪上三鋪在

建寧里

馬鞍鋪 **東遊鋪** 上二鋪在安泰里 **牛頭鋪** **龍逢鋪** **蕉坑鋪** 上三鋪在川石里已上十鋪俱府城東通上一十四鋪俱洪武四年設成化十四年重修

甌寧縣

在府治西宣化坊元白公主衙故址也按舊志宋治平三年始置縣治在寧遠門側撫寧中縣廢遂爲建安縣治元祐四年復置乃建治於城北朝天門外後燬於兵紹興四年知縣范晴重建乃移其故址稍前以便坊市後廢 國朝洪武元年知縣展鑑因舊址重建十二年知縣王迪還于今所正廳之右爲幕廳儀門內之右爲縣獄天順七年知縣喬銘重建正廳幕廳及兩廊明年復建縣獄修儀門外門成化九年知縣林鴻建庫房於後堂之左

營頭巡檢司 在縣北禾吉里正統四年設九年巡檢鄭寬建成化十五年巡檢蔡恂剏建鼓樓

稅課局 在縣西高

陽里上洋口元至正間建國朝因之洪武十四年知縣王迪重建成化十四年大使高子輝重修

城西驛在府城西通濟門外敬客坊之右元爲城西站國朝洪武二年改爲驛

葉坊驛在府城西北豐樂里元爲葉坊站國朝洪武二年重建改爲驛永樂十二年圮於水惟前廳及庖房僅存成化十六年驛丞夏璥重建兩廊及鼓樓

河泊所在府城西臨江門外移忠坊洪武十四年設十六年始建永樂十四年圮于水成化四年河泊所官羅俊建

公館在縣北營頭巡檢司之右成化十八年知縣陳英建爲上官止宿之所

旌善亭洪武十六年知縣王迪建

申明亭洪武三年知縣畏鑑建上二亭俱在縣治西南管門之側正統丁卯知縣蕉從周重建

總鋪在府治前之左元劉萬戶居第故址也國朝洪武四年建宣德八年災正統五年知府張瑛重建

縣前鋪在舊縣治前太平坊

城西鋪在敬客坊

長汀

鋪　後沙鋪即舊白沙　交溪鋪　豐樂鋪　中黄鋪上五鋪在豐樂里已上七鋪俱縣西　雷石鋪　横山鋪　黄屯鋪　花橋鋪　沖村鋪　溪頭鋪上六鋪在崇安里　北坑鋪　箬村鋪　營頭鋪　實磨鋪　西䃾鋪　滸洲鋪　羅灘鋪　瀛洲鋪上八鋪在禾供里　郭道鋪　北平鋪　北津鋪上三鋪在慈惠里已上一十七鋪俱縣北　塔嶺鋪　蓬嶺鋪　井後鋪　新嶺鋪上四鋪俱在縣西北禾義里

浦城縣在縣城光禄街之東建寧道之西漢建安中建宋紹興四年燬于寇知縣吴中美重建元至元中達魯花赤倚南海涯重修歲久而圮國朝洪武元年知縣張鵬舉重建廳之左爲幕廳譙

樓之西爲縣獄正統十四年悉燬于寇知縣張鏞重建未就而卒景泰二年縣丞何俊踵而成之

盆亭巡檢司在縣西北安樂里宋元豐三年建爲盆亭寨元因之國朝洪武三年改今名知縣張鵬舉建

高泉巡檢司在縣東高泉里洪武三年知縣張鵬舉建

溪源巡檢司在縣東北登俊里宣德八年巡視銀場監察御史楊禧以地連江浙寇盜出沒奏請增設寓縣東萬安橋局以視事

稅課局在縣治北皇華坊元至正間建名稅課司國朝洪武三年改爲稅課局宣德七年省正統十三年復設官僦民居以視事

陰陽學寓縣治譙樓之上

醫學在縣治正街之西

僧會司在縣治西北天心寺

道會司在縣治東玄妙觀

府公館在縣治東南成化九年府通判李明以玄妙觀左隙地剏建

公館四所一所在縣治之西正統丁卯知府張瑛命主簿阮茴建凡達官貴客宦遊經過者皆

寓宿于此 一所在縣治南石岐 一所在縣治南臨江上二所俱成化十八年府同知李明建凡上官行部皆寓宿于此 一所在縣北安樂里宋爲枸木鋪元廢今改爲公館

際留倉三所 一所在縣治西北宋爲常平倉元因之國朝洪武二年知縣張鵬舉重建改今名 一所在縣治東半里許羅漢寺故址也正統十年知縣甘際以舊際留倉狹隘增置于此

教場在縣治西西隅爲民快演武之所

旌善亭 申明亭上二亭俱在縣治南

縣前鋪在縣治南舊名縣下鋪宋時設元因之國朝洪武四年知縣張鵬舉建

十里鋪在登雲里

舍鋪在孝弟里

臨江鋪 石嶺鋪上二鋪在清湖里

大湖鋪 蔡家鋪上二鋪在靖安里

張家鋪在人和里

衆家鋪在東禮里

南岸鋪在總章里已上九鋪俱縣南

公署

郡縣

建寧府

文職公署

建陽縣在交溪之西北晉太元中剏於建忠里今保大寺址是也唐嗣聖中徙於今所宋建炎初燬於范汝爲之亂紹興二十一年知縣傅穎重建其縣額則朱文公手書也元復燬于兵至正十四年達魯花赤黃火兒不花復建國朝洪武元年知縣吳義重修永樂十四年圮於水十八年知縣梁溥仍舊址草創視事宣德四年知縣張光啓重建成化十七年知縣海澄增建譙樓規制悉復其

舊

建陽稅課局在縣治北街宋時建於南隅名曰稅務　國朝洪武初改爲稅課局十三年大使王貞移建今所永樂十四年圯於水正統六年省十三年復置成化十三年火十五年知縣海澄重建

石山稅課局在縣治西崇泰里宋大觀三年設名曰稅務　國朝洪武三年改爲稅課局後燬三十年大使趙益謙重建正統六年革十三年復置十四年大使萬伯軒重建

陰陽學寓縣治前譙樓上

醫學在縣東隅即舊惠民藥局也

建溪水驛在縣南三桂里宋時建於水南政和間遷於縣西改名東陽驛元因之　國朝洪武二年更今名知縣吳義重建永樂十四年圯於水十八年驛丞羅瞟復建宣德六年知縣張光啓復新之成化十七年府同知李明增建後廳幷驛丞廨舍

東峯馬驛在縣西崇泰里宋時建於永忠里名麻沙驛元因之　國朝洪武二年知縣吳義移建今所改今名

建陽遞運所在縣

南三桂里洪武九年知縣范子疇建永樂十四年圯於水宣德三年大使胡澤成重建**僧會司**在縣治西隅景福寺舊在三桂里靈峯寺後改今所**道會司**在縣治西關崇玄道院**府公館**在縣治南隅水陸寺故址也舊在縣治前之東正統五年奉工部檄兩建天順六年燬成化十一年知縣項旻移建今所成化十三年又燬十五年府同知李明擬知縣海澄重建二十二年又燬**際留倉**在縣治前之左宋時建元因之國朝洪武初改今名**新倉二所**一所在縣治西福山寺門內即舊白衣寺址也一所在縣治北驛節門內即舊河泊所址也**申明亭**在烏石街**旌善亭**在申明亭之左上二亭俱洪武三年建**縣前鋪**在縣治鼓樓前洪武元年知縣吳義建**白槎鋪**在縣東南均亭里**長湍鋪****黃口鋪**上二鋪在興賢下里**李墩鋪****桃芝鋪**上二鋪在三桂里**黃**

陂鋪在興賢下里已上五鋪俱縣南大闡鋪在興賢中里南溪鋪在興賢上里已上二鋪俱縣西南石山鋪杭橋鋪崇化鋪東峰鋪上四鋪在崇泰里盧渚鋪渡頭鋪上二鋪在永忠里已上六鋪俱縣西

葉墩鋪江源鋪上二鋪在北洛里轉水鋪河船鋪上二鋪在崇仁得里酙口鋪横金鋪上二鋪在崇文里已上六鋪俱縣北

松溪縣在東關里五斗金五代時王審知建於皈伏里以爲松源鎮周廣順元年南唐陞爲縣宋開寶八年始遷今所建炎末燬于兵紹興二年知縣林敏元重建元至正九年達魯花赤阿思蘭修

國朝洪武二年知縣常欽祖重建正統十二年復燬于兵景泰二年知縣張紳主簿吳岱規畫重建正廳之右爲幕廳儀門之外東爲儀仗架閣庫西爲縣獄又前爲譙樓

二十四都巡檢

司在縣北豪田里二十四都元皇慶間設爲寨國朝洪武二年改爲巡檢司東關巡檢司在縣南東關里五都元皇慶間設於本里遂應塲名東關寨國朝洪武二年移今所改爲巡檢司

稅課局在縣治前直街之西正統六年省課額縣兼領之

陰陽學正統十二年燬于兵

醫學在縣治西上二學俱

僧會司在晉載寺

道會司在南山觀上二司俱縣治南

府公館在縣治南

際留倉在縣治儀門之東即宋省倉常平倉故址①也國朝洪武十四年置正統門圮於風雨今併於預備倉

旌善亭

申明亭上二亭在縣治譙樓之左右俱景泰四年建

總鋪在縣治前之西

杉溪鋪

南坑鋪

第四鋪

官橋鋪上四鋪俱在縣西杉溪里

水口鋪

巖下鋪上二鋪在縣東皈伏里

寨嶺鋪

鐵嶺鋪上二鋪在縣東南關

校注：①間

里

車上鋪在杉溪里　**劉源坑鋪**在慶源里上二鋪俱縣北

崇安縣

在黃石山之麓宋至道間創建紹興六年知縣蔡傳素重建其後知縣王純諸葛廷瑞王齊興趙時鏢相繼增廣之端平二年知縣章端子重建一新宋季燬于兵惟前後二廳僅存元至元十三年達魯花赤任德用修建其後知縣張茂續潘忭古顏銳典史林晋又相繼增廣之元末復燬於兵亦惟前後二廳僅存 國朝洪武初知縣陳觀邵文昂張子彬相繼修建典史廳在正廳之東架閣庫在正廳之西縣獄在儀門之右

分水關巡檢司在縣西北石雄里古有寨宋因之嘉定間郡守史彌堅重修後廢開慶元年郡守葉夢鼎即舊址立爲大安驛元時廢 國朝洪武初又即舊址建爲巡檢司

稅課局在縣治西營嶺之左即舊省倉址也宋時建於宣化坊之左名稅務嘉定十五年火寓于民居元因之

國朝洪武初即舊址重建改爲稅課局二十一年圯

於水明年知縣張子彬改建今所正統六年華因改爲布政分司十三年復設寓於文定書院内

陰陽學寓縣治前譙樓上

醫學在縣治南即舊惠民藥局也元泰定二年縣丞彭好古建國朝洪武間初設醫學寓於三皇廟二十九年遷今所

長平水驛在縣治南四隅里舊溪光亭址也元至元十六年縣尹張茂建於挹清亭之北名崇安驛國朝洪武元年改今名驛丞李從議重建八年縣丞安處善遷建今所

大安驛在縣西北石椎里宋時設元因之國朝洪武元年驛丞李旺重建

興田驛在縣南豐陽里黄亭街初在興田以地不便牧養遂遷今所洪武元年驛丞張克修重建

崇安遞運所在長平驛之後即元時崇安驛故址也國朝洪武八年縣丞安處善建

大安遞運所在大安驛之後洪武八年建

河泊所在縣治南舊接官亭也洪武十四年設

僧會司在縣治西仁義坊光化寺内

道會司在縣治北里仁坊太清宮內府公館在縣治西營嶺布政分司之前成化十一年府通判李明買地創建際留倉在縣西興賢坊舊為常平倉元改今名 國朝因之

御茶場在縣武夷二曲之西即宋希賀堂址也元時剏設大德七年奉御高久住以其地隘陋乃相前岡得石泉一泓甚清且冽遂取建安縣北苑鳳山泉以權衡度之茲泉差重於是闢基建殿于內以儲新貢扁曰第一春殿之前二廡東為焙扁曰焙芳西為竈扁曰淳光前建堂三楹扁曰清神又有二亭對峙于庭前左曰燕嘉右曰宜寂二亭今俱廢外設大門扁曰仁風山之右構亭以覆井扁曰通仙泉門之首作梁以跨池扁曰碧雲橋南北建二門一在第一曲瞰大溪一在第九曲臨星村里扁曰御茶園 國朝洪武初重修并建喊祠思敬二亭于仁風門之左每歲驚蟄日縣官率所屬祀山神畢令執事者鳴金鼓揚旗同喊曰茶發芽自是龍井之泉漸發而滿造茶畢泉漸渾

而縮武當張真人落魄至飲其水曰非武夷茶之美乃慈泉之力也旌善亭申明亭上二亭俱在縣治譙樓之西隱漿鋪在縣治左宋頒春亭故址也國朝洪武二年知縣陳顯立乾溪鋪舉富鋪楊莊鋪小漿鋪大安鋪望仙鋪分水鋪上七鋪俱在北石雄里新洋鋪梅溪鋪石鼓鋪中畬鋪上四鋪在會仙里界牌鋪興田鋪黄亭鋪上三鋪在豐陽里巳上七鋪俱縣南小寺鋪在大渾里寺口鋪羊角鋪吴屯鋪上三鋪在吴屯里梨口鋪在石曰里巳上五鋪俱縣東

政和縣在感化上里東岸口舊在政和西里大王寺北即古關隸鎮之署也宋咸平三年徙建今

所建炎末燬于兵紹興四年知縣張民彝重建元至正間再燬于兵主簿楊璿新之　國朝洪武初重修正統十四年復燬于兵景泰五年知縣顧讓重建七年縣丞楊啓建幕廳及譙樓

赤巖巡檢司在縣東政和東里十五都宋爲寨在政和南里十都　國朝洪武二年移建今所

陰陽學在柔遠門　醫學在登俊坊　僧會司在柔遠門龜巖寺上三公署俱縣西

府公館在縣治西六十步許　際留倉在縣治南洪武初剏建後遷城隍廟東今仍徙①舊處

旌善亭　中明亭上二亭俱在縣南星溪橋南　縣前鋪在縣治前之西　桐嶺鋪在東衢里　倪屯鋪在高宅里　西津鋪在長城里上三鋪俱縣西

后里鋪在縣西北東平里　東峰鋪　池坑鋪上二鋪在感化上里　魏屯鋪　胡屯鋪　黄嶺鋪　暖溪鋪上四鋪在政和南里已上

校注：①徙

六鋪俱景泰六年析置壽寧縣增設

壽寧縣 在鎮武山之南嶺溪之北景泰四年按察僉事沈訥相地立縣邑民葉伯銘以其田十又九畝入焉知縣陳醇剏建而主簿史立正贊襄之力居多天順四年知縣王肅始增建官僚廨宇弁土地祠

漁溪巡檢司 在縣東官臺山舊在漁溪屬福安縣景泰四年奏請遷建今所仍舊名

陰陽學 在縣治南街天順四年建 **醫學** 在縣治南 **僧會司** 在縣坊隅三峯寺景泰四年設

府公館 在縣治南成化六年府通判李明建 **公館三所** 漁溪公館在縣東福安里一都蕉潭公館在縣南福安里四都南溪公館在縣西南政和里八都

際留倉 在縣治南街景泰七年建 **教場** 在縣治東 **旌善亭** **申明亭** 上二亭在縣治南街俱景泰七年建

縣前鋪 在縣治南 **葉洋鋪** 在縣治西南上二鋪俱在

坊隅　芹洋鋪　允溪鋪上二鋪在十都　平溪鋪　南溪鋪上二鋪在八都已上四鋪俱縣西南

武職公署

建寧左衛指揮使司在府城中和坊行都司之東元魏參政故第也國朝洪武八年指揮僉事包懋建　經歷司在正堂之東成化十四年指揮黃文重修　鎮撫廳在本衛之左宋添差幹官廳也國朝洪武八年鎮撫毛榮建正廳之西爲監房監房之後爲卷庫　左千戶所洪武八年千戶盛成建左右兩節列十百戶所　右千戶所千戶宋成建　中千戶所①千戶章滿建　前千戶所千戶方文建　後千戶所即宋司理院也千戶朱欽建上四所亦各有十百戶所創建年歲俱與左千戶所同已上五所俱在中和坊

校注：①滿

倉三所 俱在府城中儲積建安等縣糧米以備本衛官軍俸糧 一所在宣化坊洪武八年署衛鎮撫事所鎮撫毛榮建廒六為間凡二十有七一所在中和坊府學之後永樂三年衛委百户黃良等相繼創建廒五為間凡二十又四一所在黃華山親賢坊永樂三年衛委百户陳貞等相繼刱建廒十二為間凡二十又三

軍器局 在中和坊朱文公祠之西洪武八年建

屯田二十一所 共田地四百六頃七十三畝四分八釐計旗軍一千三百五十五名

浦城縣一所在縣南清湖里

福州府古田縣一十八所在一等都寶石等處

福寧州寧德縣二所

一所在縣南二都飛鸞渡

一所在縣西一都白鶴嶺

建寧右衛指揮使司 在府城中平理坊行都司之右宋為觀察推官廳元錄事司故址也

國朝洪武八年指揮朱懋改建

經歷司 在正堂之左

鎮撫廳 在中和坊之右洪武

八年鎮撫張義建左爲監房後爲卷庫**左千户所**千户楊亨建廳之右爲所鎮撫廳**右千户所**千户徐瑞建**前千户所**千户孫寧建**後千户所**千户陶廷建已上二所俱宋左司理院址也已上四所俱在平理坊**中千户所**在中和坊千户常倹建已上五所俱洪武八年建亦各有十百户所**倉二所**俱在府城中儲積甌寧等縣糧米以備本衛官軍俸糧一所在宣化坊洪武十九年鎮撫張翔建爲厫凡三十又六一所在德勝坊永樂三年衛鎮撫王貞等相繼刱建爲厫凡四十又二**軍器局**在平理坊宋之都監倉也元改爲軍器庫國朝洪武八年改爲局**演武場**在府城威武門外萬安洲洪武十三年都指揮使施春建永樂十四年圯於水十六年都指揮僉事徐信重建**屯田七所**共田地四百二十頃五十畝五分三釐計旗軍一千四百一十二名浦城縣一所在縣西新興里福州府

羅源縣六所一所在招賢里二冊西洋上二屯俱縣東一所在羅平里洪洋一所在善化里一冊梨洋上二屯俱縣西一所在新豊上里西洋一所在林洋里水溝上二屯俱縣西北

浦城千戶所在縣西天長坊前街瑞龍庵後園地也成化十年巡撫副都御史滕昭奏設十二年參政劉觀僉事高崧命府推官戴春翔建儀門之左右列十百戶所**鎮撫廳**在千戶所東後街成化十八年推官李時新知縣許澄建**軍器庫**在鎮撫廳之右成化十八年府推官李時新知縣許澄建**教場**在縣南隅成化十三年建中爲演武亭

泉州府

上司公署

察院 在府治西城隍廟之左成化十二年知府徐源刱建外門東西各置公館爲府僚官屬候謁之所十八年知府陳勉復割東公館之地增創後堂三間

布政分司 在府治西北舊東倉庫址也先建於府治東南集賢坊內成化十二年知府徐源改建于此

同安縣一所在縣治東正統九年知縣張節重修成化十一年副使劉城命知縣張遜重新修葺

安溪縣一所在縣治東城隍廟一左正統五年知縣邵公陽建天順間圮

惠安縣一所在縣治左賓賢坊之右正統六年知縣閔禎以統課局舊址改建成化十八年知縣張桓重修

福寧道 在察院東宋觀察推官廳也元初改爲提刑按察司至元二十八年改爲肅政廉訪司至正十年監郡偰玉立修建一新國朝洪武八年改爲按察分司二十四年改爲漳泉道二十九年改今名

同安縣一所在縣治東正統九年知縣張節重修成化十一年副使劉城命知縣張遜重新修

葺德化縣一所在縣治東洪武九年知縣王禎建景泰五年知縣李青重修今圯　永春縣一所在縣治東洪武九年設十三年主簿雷賢重建正統十四年燬于冦知縣車振重建成化十八年爲洪水所衝知縣方敏重建　安溪縣一所在縣治東城隍廟右正統五年知縣邵公陽建成化二十一年知縣方汝榮重建　惠安縣一所在縣治左洪武八年知縣安景賢剏建正統十一年知縣閔禎增建寢堂復於外門左右立肅政激揚二坊

文職公署

泉州府 在行春門內洪武二年知府常性等以縣學及風雲雷雨壇州東倉等故址改建正堂左右爲六房并儀仗庫繕工局後堂左右爲架閣庫豐衍庫永樂十七年正堂及右廊儀門火宣德六年推官董敬重建正堂正統十一年知府熊尚初重建右廊及儀門天順三年知府張岦於儀門外左右

建公館二所**經歷司**在府堂之右**照磨所**在府堂之左舊爲推官廳**司獄司**在府治內西偏舊在譙樓內東北成化十八年知府陳勉移建今所**稅課司**在府治南鎮雅坊外街之左即宋都稅務也熙寧八年創建

國朝洪武六年改今名正統十三年知府熊尚初重修**廣平倉**在府治東北舊泉州衛軍倉也中建廳堂東西爲廒二十又八廳後又爲大廒一正統六年改今名**織染局**在府治西忠孝坊內正統三年知府尹宏奉例以宋南外宗正司故址剏置景泰五年大使李敬增建後廳及儀門**陰陽學**在府治南崇陽門內左巷舊在府西北靈感坊內成化二年知府李宗學移建今所**醫學**在府治西南崇陽門內舊有惠民藥局在郡譙門內西偏洪武十八年改爲醫學尋移建今所正統三年知府尹宏重修**僧綱司**在府治東承天寺元時爲僧錄司**道紀司**在府治南玄妙觀元時爲道錄司**晉安**

驛在府治西肅清門內即宋之貢院也元改爲清源站國朝洪武九年知府張灝即其故址建晉安驛其東爲遞運所驛兼領之正統十一年按察僉事陳祚規措重修

公館在府治東南集賢坊內正統十三年知府尹栄建爲布政分司成化十二年改爲公館

織染所在府治東南南俊坊內宣德三年內使阮禮督造至郡令有司買民地創建以爲織染之所內有清玉泉井其水染深青爲天下最舊有二碑記其事

旌善亭 **申明亭**上二亭在府治外門之左右俱正統元年知府蔡錫重建成化十五年知府沈①海重修

晉江縣在府治西四十餘步舊在州之子城東南宋大平興國七年司諫錢熙移建今所紹熙五年知縣方丞增建元延祐二年主簿孟天祐重修國朝洪武初知縣韓居復修正廳之東爲典史廳後堂之後爲縣庫并架閣庫儀門之右爲縣獄成化六年知縣蔣濬重建

園頭巡檢司

校注：①沈

在府城南十四五都宋時為寶蓋寨後廢國朝徙永春縣陳巖巡檢司置于此遂更今名

烏潯巡檢司在十六都舊在安溪縣大西坑徙置于此

洋芝巡檢司在二十一都舊在石湖徙置于此

深滬巡檢司在十六都舊在港邊徙置于此上三巡檢司俱府城東巳上四巡檢司俱洪武二十年剏建

稅課局在府城南門外新橋頭舊為晉江務洪武六年改今名知府張灝建正統元年省十二年復設

福全倉在十五都福全千戶所城內洪武二十年立為福全所軍倉正統六年改隸晉江縣

河泊所在三十五都法石市洪武十四年建

旌善亭　申明亭上二亭舊在縣治外門東西成化十六年知縣吳雲移置儀門內左右

總鋪在府治前之東舊為東門鋪在仁風門外洪武二年移置今所

古樓鋪在三十七都

洛陽鋪在三十八都上二鋪俱府城東

雙路鋪在三十五

都石龜鋪在三十一都泗行鋪在四都潘徑鋪在六都上四鋪俱府城西南寶月鋪在二十九都新亭鋪在二十五都白塔鋪在十九都秀山鋪在二十都永寧城外山前鋪在十七八都蘇村鋪在十六都福全鋪在十五都福全城外西湖鋪在十一都白山鋪在十都安平鋪在八都上十鋪俱府城東南

都轉運鹽分司在府治西肅清門外宋為兵馬都監廳後改為行衙又改為添差通判廳元延祐七年改為運鹽分司國朝因之今漸頹圮

潯美場鹽課司在府城東南十七八都元至元十六年置管勾司至大二年改為司令司國朝洪武元年改為潯美場二十五年置鹽課司所豁①倉埕共二十所南崇倉前索東倉安下倉

校注：①轄

前索西倉　埕前倉　青石倉　徑山下滿倉　壁兜倉　溪浦倉　崙頭倉　大南倉　大北倉上十二倉俱在府城東南十七八都　西釜倉　西鑾沙美倉　沙美倉　阜通倉　阜通東倉　東埕倉　南埕倉　北埕倉上八倉俱在府城東南二十都　汭洲塲鹽課司在府城東南十一都建置更改①年代俱與潯美塲同所轄倉埕共十四所　東埕二倉　西舊埕倉　西新上埕倉　西新下埕倉　西新埕二倉上七倉俱在府東南十二都　新市上埕倉　新市下埕倉　蔡埭北倉　園頭後埭倉　蔡埭南倉　園頭北倉　園

校注：①轄

頭南倉上七倉俱在府東南十四都

南安縣在黃龍溪之北半里許晉太康初建宋大中祥符間重建紹興及元至正間兩燬于兵國朝洪武八年知縣王罕修永樂九年知縣余慶相繼修葺正廳之右爲幕廳儀門之西爲縣獄外門爲譙樓成化十八年知縣陳廷忠增建吏舍

澳頭巡檢司在縣西十一都正統間設

陰陽學在縣治西闤闠坊外

醫學在縣治西甘棠坊內上二學元時俱附三皇廟中國朝洪武十八年遷建今所

東店驛在縣南三十六都舊爲大榮馬驛宋嘉定十四年縣令宋鈞重建改今名國朝洪武三十年驛丞戴景宗重修

僧會司在縣西延福寺

公館二所一在縣儀門右天順二年知縣鄧璉建一在縣儀門左成化八年知縣張鐸建

旌善亭

申明亭上二亭在縣儀門外之左右舊在武榮坊左右成化十七年知縣陳廷忠改建今所

武榮鋪（在縣前譙樓內）黃坂鋪（在九十都）大姑鋪　澳頭鋪（上二鋪在十一都）塔口鋪（在十二都）汰口鋪（在十六都）澗程鋪　鄭山鋪（上二鋪在十九都）錦亭鋪（在二十一都巳上八鋪俱縣西北）後田鋪（在二十一都）大師鋪（在二十四都）大禹鋪（在二十五都）珠淵鋪（在二十六都）溪口鋪（在二十二都上五鋪俱縣西）大盈鋪（在三十六都）康店鋪（在四十都）東嶺鋪（在四十一都上三鋪俱縣南）石井鋪（在縣西南四十三都）

同安縣在大輪山之南五代唐天成四年刱建宋大中祥符間縣令宋若水元至元間縣尹蘇進俱嘗修建　國朝宣德十年知縣張琦成化九年知縣張遜相繼修葺正廳之左爲幕廳右爲濟留倉穿堂之左爲預備倉右爲庫穿堂之後爲清心堂清心堂之後爲高士軒朱文公有記儀門左

爲土地祠右爲縣獄高浦巡檢司　塔頭巡檢司上二巡檢司在縣南二十二都田浦巡檢司　陳坑巡檢司　峰上巡檢司上三巡檢司在十八都官澳巡檢司在十七都烈嶼巡檢司在二十都已上七巡檢司俱在縣東南洪武二十年刱建苧溪巡檢司在縣西十三都正統元年設金門倉在縣東南十九都金門千户所城中嘉禾倉在縣南二十三都中左千户所城中高浦倉在縣西南十四都高浦千户所城中上三倉俱洪武二十年刱建陰陽學在縣治南權賢坊内醫學在縣治東城隍廟之右舊在縣張伋徙建今所大輪驛在縣治西宋時為大同驛在朝天門外元時移今所更名同安國朝洪武九年改今名知縣吴銘重建深青驛在縣西南十五都宋時為魚孚驛在安民鋪之

側元時移建今所 國朝洪武十四年知縣方子張修景泰元年主簿蔡璘重修 河泊所在縣南三都浦頭村洪武十六年設 旌善亭在縣譙樓之左 申明亭在縣譙樓之右舊在縣南上二亭俱成化十年知縣張遜買民地於此遷建 東門鋪在縣譙樓之東舊在朝天門外成化十年知縣張遜移建今所 洪塘鋪在五都 沈井鋪在六都 店頭鋪在十一都 小盈鋪在十都上四鋪俱縣東 烏泥鋪①在二都 新塘鋪在九十都 苧溪鋪 安民鋪上二鋪在十三都 魚孚鋪在十五都 深青鋪在十六都 仙店鋪在十九都 草市鋪在十五都 北門鋪在十四都上九都俱縣西 五通鋪在二十二都 永豐鋪 中左東門鋪上二鋪在二十三都已上三鋪俱縣南 官灣鋪在十七都 平林鋪

校注：①缺“十”字

在十八都金門北門鋪在十八都上三鋪俱縣東南巳上一十九鋪俱成化十九年知縣張彶重建浯洲場鹽課司在縣東南十七都建置更改年代俱與潯美場同所轄倉埕共一十四所永安倉　官澳倉　田墩倉　沙美倉　浦頭倉　李保倉　南埕倉　古寧倉　寶林倉　東沙倉　方山倉　斗門倉　烈嶼倉　南北二倉

德化縣在丁溪之北五代唐長興四年以舊善業寺址創建越八十年宋縣令陳居方重建紹興十三年縣令吳崇年鑿山以開拓之自淳熙迄于元至治凡一百四十六年一厄于火二燬于寇修建不一　國朝正統十三年復燬于寇明年典史王志安重建正廳之左為幕廳右為濟留倉儀伏

庫儀門兩旁爲縣庫景泰五年署縣事安仁巡檢李海倡民樂助重建二門及六房漸復舊觀高

鎮巡檢司在縣北東西團安仁巡檢司在縣西黄認團上二巡檢司俱正統間典史李昌奏請刱設陰陽學醫學上二學俱在縣治西今圮僧會司在縣治東南程田寺道會司在縣西南永豐里崇道宫旌善亭申明亭上二亭在縣治譙樓外左右俱洪武八年建縣前後①圮于水成化十九年府知事狄鍾重建

鋪在縣治前之東芰洋鋪在縣東南靈化里

永春縣在康山之南五代晋天福間始建宋開寶初迨元至正末縣令林滂姜明安吝泉等修建者八國朝洪武四年知縣蔡暹重建正廳之左爲幕廳右爲庫房譙樓門之左爲濟留倉右爲縣獄永樂十五年知縣温琇重修正統十四年燬景泰五年典史陳受重建譙樓儀門天順二年知縣

校注：①圯

張銘復建正廳後堂成化十八年後堂并六房俱圮於水知縣方敏重修**陰陽學醫學**上二學俱在縣治南舊皆附於縣東三皇廟內洪武十八年始移建今所**僧會司**在縣東十五都太平寺**旌善亭**洪武十六年主簿張文昇建**申明亭**洪武八年縣丞崔巖建上二亭在縣治前之左右俱成化十八年重修**縣前鋪**舊名官田鋪在縣儀門外之東**長安鋪**舊名小姑鋪在縣東南十三都**劉頭鋪**在縣西二十都

安溪縣在鳳山之下五代周顯德二年南唐建為清溪縣宋宣和三年改名安溪紹興淳祐及元至元間縣令常能惠黃堅叟趙琖夫何克名相繼修建國朝洪武正統間知縣侯士舉潘靖復相繼修建正統十四年燬于寇惟儀門獨存景泰間土官巡檢李森捐貲建正廳天順間知縣楊紀復建後堂譙樓并修葺六房天順七年典史謝日新始建幕廳并幕廨**源口渡巡檢司**

在縣西龍興里舊嘗裁省正統五年知縣邵公陽奏　請復設巡檢馬郁剏建

醫學在縣治西即舊爲惠民藥局也今圮

僧會司在縣西清水寺

道會司在縣南龍津觀左成化十九年道士劉時靜重修

丁溪書院在縣學前溪上景泰五年知縣李青建以爲往來縉紳憇寓之所

旌善亭　申明亭上二亭在縣門左右俱正統三年建

惠安縣在螺山之陽宋太平興國六年建縣門外東西爲丞簿尉廳元後至元二年燬於兵至正五年重建正廳　國朝洪武四年知縣時汝楫闢正廳之東建幕廳　西爲庫房東南爲縣獄儀門之前爲譙樓宣德正統間知縣高顯閉禎相繼修建後堂及廨舍成化十九年知縣張桓重建一新

峰尾巡檢司在縣北八都舊在十都沙格徙置于此成化十八年巡檢劉森重修

獺窟巡檢司在縣南二十五都舊在南安縣蘆溪徙置于此成化十八年巡檢俞琮重修

黄崎巡檢司在縣東南三十二都舊在德化縣清泰里徙置于此成化十九年巡檢孫約重修

小岞巡檢司在縣東三十都舊在小岞徙置于此成化十八年巡檢孫約重修上四巡檢司俱洪武二十年剏建

崇武倉在崇武千戶所城中之西北洪武二十三年建厫八爲間凡二十又七永樂二年千戶錢忠增建

陰陽學在縣治南

醫學在縣治北文明坊之右即舊惠民藥局也

錦田驛在縣治西南一里許舊爲皇華驛在縣東郭宋太平興國中創元元貞間遷今所更名龍山驛又置龍山站國朝洪武八年更今名其西爲逓運所驛兼領之

河泊所在縣東北三十四都輞川澳洪武十六年設後圯今寓海潮菴署事

僧會司在縣治東北乾峯寺内

道會司在縣治東北東嶽宫之東

旌善亭在縣治北登龍坊内洪武十六年建

申明亭在縣治南名賢坊内洪武八年建上二亭俱正統六

年知縣閉禎重建

惠安鋪在縣治北忠厚坊舊名牛塘鋪洪武四年移建于此更今名

居仁鋪　驛坂鋪上二鋪在三四都　塗嶺鋪　白水鋪上二鋪在十二三都巳上四鋪俱縣北　盤龍鋪在一都　前埔鋪在二十都巳上二鋪俱縣南　上田鋪在縣西南二十都　黃田鋪在二十五都　青山鋪在三十二都　崇武鋪在二十七都崇武千户所城中巳上三鋪俱縣東南

惠安塲鹽課司在縣東南二十二都建置更改年代俱與潯美塲同所轄倉埕共八所

廣運倉　西湖倉　林内倉上三倉在二十二都　前坂倉在二十二都　坂西倉　上倉上二倉在二十五都　下倉　下坂倉上二倉在二十六都

武職公署

泉州衛指揮使司在府治西鎮雅坊之北即宋州治也元改爲泉州路總管府　國朝洪武元年改爲衛衛署三年指揮同知李山重建正堂之東爲架閣庫譙樓之東爲鍾樓宣德十年指揮使王濬修天順三年指揮使王振指揮僉事趙立復相繼修建

經歷司在衛堂之東架閣庫之後洪武三年指揮同知李山建成化十五年指揮僉事丁遠重建十七年指揮使王炫復建經歷廨舍於衛儀門外之東

鎮撫廳在衛儀門外西南即宋通判廳也洪武六年改爲鎮撫廳鎮撫曹義重修歲久而圯成化十八年指揮王炫督鎮撫徐祝重建未克就

左千戶所在衛儀門外東南宋簽書判官廳故址也　國朝洪武九年千戶周勛創建東西兩廊列十百戶所成化十八年副千戶何禎購工修葺

右千戶所在左千戶所之東亦宋簽書判官廳故址也景泰二年千戶方清重修成化十二年重建儀門

中千戶所在鎮撫廳之東正統十二

年正千户武成重建正廳成化十二年副千户李景壽重建儀門十八年正千户宋安重修正廳及兩廊

前千户所在右千户所之東宋市舶司庫故址也景泰元年正千户秦傑重建正廳及後堂成化十二年副千户章欽重修兩廊十八年正千户秦昇重建兩翼及儀門

後千户所在前千户所之東宋司法參軍廳故址也宣德十年副千户趙立景泰五年正千户翟紀相繼修葺成化十九年千户江宏同百户湯泉重建東廊工未克就

收料庫在衛西廊成化十三年巡按監察御史戴用令指揮童源刱設以貯出海休息并軍器等料銀

軍器局在衛署之東宋南天王堂故址也元時爲軍器庫後廢國朝洪武初即其址建軍器局正統二年指揮使王瀋修建

教場在府城南門外天妃宫東北中爲演武亭洪武三年指揮同知李山刱建宣德十年指揮王瀋重修并建五所官廳於亭之東西成化十六年指揮同知陶琨重修十七年指揮使

王炫復增建後廳弁東西南北四隘門

營五處俱洪武初創建後每所各撥六百户半軍士屯種舊營遂多頽圮左千户所營六百三十間在通淮門左右沿城邊建置今僅存三百一十間右千户所營七百一十間在東門内左右沿城邊建置今僅存二百二十間中千户所營七百一十二間在南門及水仙門左右沿城邊建置今僅存三百三十間前千户所營六百九十間在西門及臨漳門左右沿城邊建置今僅存三百一十間後千户所營七百七間在北門左右沿城邊建置今僅存三百一十間

寨二處俱在惠安縣北十二都白水寨其地甚峻險元季擾攘鄉人因壘石爲寨以自固　國朝正統十三年鄰境盜起知縣閉禎重修建門樓其上晨昏啓閉召兵守之邑人因呼寨嶺　東坑寨其地亦險固元季兵亂邑人多避難於此因爲寨以自衛

屯田新舊共四十二所左所屯新舊九所共田地二百一頃三十八畝六分

計旗軍七百二十八名晉江縣三所一在四十一都一在四十二都官洋一在四十五六都微口俱縣北南安縣一所在縣西北十七都蘆溪同安縣一所在縣西安仁里地倍德化縣三所一在縣西歸化里窯頭山一在小尤中團一在黃認團俱縣西南惠安縣一所在縣西十五六七都大中右所屯新舊七所俱在德化縣共田地二百一頃三十八畝六分計旗軍七百二十八名一在東山一在窯頭一在宏祠一在董坂一在茭洋俱坊隅一在楊梅中團割坑一在東西團法林寺前俱縣東北中所屯新舊九所共田地二百一頃三十五畝六分一厘計旗軍七百二十八名德化縣七所一在泊竹一在小溪一在什二岸俱坊隅二所在縣西新化里上洋一在楊梅上團一在清泰里東漈俱縣東北漳州府南靖縣二所一在縣東南田義里北坑一在縣西北習賢里銅山院　前所屯新舊八所共田地二百一頃七分七厘計旗軍七百二十八名德化縣五所一在大地一在黃西坑

俱縣坊隅三所在清泰里高際蕉溪湖邉俱縣東北漳州府龍溪縣二所一所在馬嶺一所在龍山漳浦縣一所在縣南八都南洋後所屯新舊九所共田二百一頃二十四畝五厘計旗軍七百二十八名德化縣七所一在石磜一在程田俱坊隅一在縣東北清泰里鄭地一在東坑一在湖嶺一在吉嶺一在石坑俱縣西新化里漳州府長泰縣二所一在蘇坂一在楊山俱縣西北仁和里

永寧衛指揮使司在晉江縣東南二十都宋為水澚寨元改為永寧寨　國朝洪武二十年江夏侯周得興改創為永寧衛架閣庫在儀門內之東軍器庫在儀門內之西鼓樓鍾樓俱在衛之左

經歷司在衛堂之左

鎮撫廳在衛北門內之右監房在西廊之後

左千戶所在衛西譙樓之左東西兩廊列十百戶所宣德五年火景泰四年正千戶張俊重建工宋①克就天順八年復壞於風雨

右千戶所在衛西門內之右景泰間圯惟儀門僅存

中

校注：①未

千戶所在衛東南小東門內前千戶所在衛南門之右上二千戶所皆圮後千戶所在衛西譙門之右亦景泰間圮惟儀門僅存公館在衛城西門內正統十二年指揮同知錢輅剏建以為上司及使客館寓之所收料庫在衛西廊成化十三年巡按監察御史戴用令指揮使楊晟剏設軍器局在衛城中城隍廟左歲久圮壞成化間指揮使楊晟移於衛之西廊教場在衛城西門外坡上舊在大東門之東永樂四年指揮僉事沈瑾移置今所中為演武亭成化十七年指揮楊晟增建左右翼房繞以周垣營五處俱洪武二十年剏建後多頹圮左千戶所營八百五十間在海寧門東街今僅存四百七十八間右千戶所營八百四十間在永青門西直街今僅存四百三十間中千戶所營八百四十九間在東瀛門東南街今僅存五百一十三間前千戶所營八百四十間在金鰲門南街今僅存四百八十九間

後千戶所所管八百四十九間在玉泉門北街今僅存五百二十六間

埠寨二十五處

洪武間勑建本衛撥軍士守①嘹以備要害俱在晉江縣東南 吳山寨 中寨 坑尾寨 沙堤寨 新寨 尾寨 古雲寨 沙浦寨 倉後寨 東店寨上十寨在二十都 龍婆寨 湖邊寨 東浦寨 深蘆寨 龍尾寨上五寨在二十一都

屯田新舊共二十四所

左所屯二所在安溪縣共田地三十三頃六十畝計旗軍一百一十二名一在縣西光德等里一在縣西南永安等里 右所屯四所共田地六十七頃二十畝計旗軍二百二十四名晉江縣一所在縣西南一二都磁竈南安縣一所在縣西三十都八尺安溪縣二所一在縣西新溪等里一在縣東北來蘇等里 中所屯二所共田地三十二頃六十畝計旗軍一百一十二名同安縣一所在縣東一二三都豐塘等處安溪縣一所在縣西北新溪等里 前所屯二所俱在安溪縣東北崇善等里共田地

校注：①瞭

三十三頃六十畝計旗軍一百一十二名後所屯四所俱在安溪縣西北共田地六十七頃二十畝計旗軍二百二十四名二所在崇信等里二所在龍涓里三洋南斗烽燧二處俱在晋江縣南二十都龍坡、古雲

福全千户所在晋江縣東南十五都洪武二十年江夏侯周德興剏建兩廊列十百户所成化五年正千户蔣輔重建教場在所城東門内北偏營八百五十三間在本所城中今僅存五百八十一間埕寨一處在晋江縣南十都潘徑洪武二十一年剏建

屯田新舊二所共田地六十七頃二十畝計旗軍二百二十四名南安縣一所在縣北九十都東埔惠安縣一所在縣北二三等都塗嶺等處烽燧十處俱在晋江縣安平在縣西八都坑山在十六都東門外洋下上二處在十五都陳坑在十一都石悃潘

徑　隘埔　石頭　蕭下上五處在十都已上九處俱縣南

金門千戶所在同安縣東南十九都洪武二十年江夏侯周德興剏建兩廊列十百戶所

教場在所城北門外營八百六十間在本所城中今僅存五百六十五間埕

寨八處俱在同安縣洪武二十一年剏建　劉五店寨　灣頭寨上二寨在十七八都　牛嶺寨　纖林寨上二寨在三四都　[illegible]山寨在五都已上五寨俱縣東　洪山寨在七八都　西山寨在一二都　天寶寨在九十都上三寨俱縣西屯田一所在漳州府龍溪縣南二十一等都共田三十五頃三十畝計旗軍一百三十名烽燧六處南安縣四處　石井在四十三都　溪東在四十五都　街內　下吳上二處在四十六都已上四處俱縣西南同安縣二處　白石頭在縣南十都　菓了在縣東南十九都

高浦千户所在同安縣西南十四都洪武二十三年徙永寧衛中右千户所刱建更今名兩廊列十百户所教場在所城北門外營一千二十五間在本所城中今僅存八百八十五間堡寨三處俱在同安縣西十五六都洪武二十三年刱建高浦寨大員堂寨馬鑾寨屯田新舊二所共田地六十六頃二十二畝計旗軍二百二十四名南安縣一所在縣東南三十二都三峯等處同安縣一所在縣西一二三等都蕭田等處烽燧五處俱在同安縣下埼在三都東關潯亭泥上二處在四五都巳上三處俱縣北劉山西盧上二處俱在縣南十一都

中左千户所在同安縣西南二十三都洪武二十七年都指揮謝柱徙建寧衛中左千户所刱建兩廊列①千百户所教場在所城南門外營九百八十七間在本所城

校注：①十

中今僅存七百一十四間**堡寨二處**俱在同安縣西南二十二等都洪武二十七年剏建東灣寨伍通寨**烽燧八處**俱在同安縣西南厦門①□浦　徑山上三處在二十二都　東渡　下毛　流礁上三處在二十三都　井上　龍淵上二處在二十四都

崇武千戶所在惠安縣東二十七都洪武二十年江夏侯周德興以小兜巡檢司舊址剏建兩廊列十百戶所**教場**在所城東門外**營九百八十七間**在本所城中今僅存七百一十七間**堡寨一處**在惠安縣東南二十六都青山洪武二十一年剏建**屯田新舊二所**共田地七十二頃計旗軍二百四十四名晉江縣一所在縣北四十一都下庄惠安縣一所在縣西北十五都大中**烽燧二十二處**俱在惠安縣海頭在六都　下頭在七都　後黃　峯尾上二處在八都　大山　高山上二處在九都　蕭山在十都　爐頭

校注：①高

下朱上二處在十一都　後任在三十四都上十處俱縣東北　白沙在縣西南十九都　白崎在二十三都　柯山在二十四都　瀰窰在二十五都大岞　古雷上二處在二十七都　赤山在二十八都　埕埭　小岞上二處在三十都　尖山在三十一都　青山　馬頭上二處在三十二都巳上一十一處俱縣東南

浯嶼水寨 在府城西南同安縣嘉禾舊設於浯嶼後遷今所名中左所每歲分永寧漳州二衛軍士更番備倭於此　永寧衛官二十六員旗軍二千二百四十二名　漳州衛官一十二員旗軍六百五十六名

八閩通誌卷之四十二

公署

郡縣

漳州府

上司公署

布政司分司在府治西北卅霞驛之右龍華招善寺故址也舊在府治之西正統四年知府甘瑛建天順八年布政司叅議尹淳移建今所

漳浦縣一所在縣治東北街舊税課司地也正統五年剏建成化十八年叅政馮遵命縣官增建東西兩廊

龍巖縣一所在縣治東漳南道之右成化十一年知縣帛濟剏建

長泰縣一所在縣西街漳南道之右宣德十年知縣劉奎建

南靖縣一所

在縣治東正統十一年知縣傅平典史周鼎建成化十年圯於水　漳平縣一所在縣治東

漳南道在府衙二署之間元廉訪司分司故址也國朝洪武二年知府潘琳建為按察司分司永樂元年改為福寧道成化七年改今名　漳浦縣一所在縣治之左　龍巖縣一所在縣治東布政司分司之左成化十一年知縣帛①濟重建　長泰縣一所在縣西街布政司分司之在宣德十年知縣劉奎建　南靖縣一所在縣治東後街即元肅政廉訪分司也　國朝正統十一年知縣傅平典史周鼎重修　漳平縣一所在縣治東布政司分司之前

文職公署

漳州府在府城南唐嗣聖三年始建在漳浦縣梁山之下開元四年徙于李澳川貞元二年又徙于龍溪即今治也元因之　國朝洪武元年知府潘琳重建後堂之西為架閣庫義門之前為廣濟庫正

校注：①左

統八年知府井瑛以府之外門偏出奏改闢之遵遷廣濟庫於儀門外之左遷土地祠於儀門外之右而建外門於當中又樹坊於外門之外扁曰德政後改曰師正成化十八年知府姜諒重建正堂及後堂十九年復重建土地祠

經歷司在正堂之右

照磨所在正堂之左上二署俱洪武元年知府潘琳建

司獄司在府城內萬盈西坊舊之西洪武七年司獄干①庸重修成化七年知府王文建樓於西監之後十八年知府姜諒復建樓於外門

稅課司在府治之南府學之西舊在府治之西宋為都商稅務元因之　國朝改為稅課司洪武三年知府潘琳徙建今所成化九年大使余源重修

常平倉在布政司分司之西舊在府治內之右洪武十七年知府徐克敬移建今所廒一十又二為間凡一百日又一今僅存廒四為間凡四十又一

鎮海倉在鎮海衛城內東畔洪武二十年始置正統八年府通判高輝重建成化十年知府張瓚令照

校注：①于

磨何齊重建倉廒二十六年知府姜諒命耆老雒陳伯清增建倉廒一并修葺舊廒之敝壞者

造局在府治西南舊布政分司地也舊在府治西北龍華寺東偏今布政分司外門之左天順八年叅議尹淳移建今所

陰陽學在譙樓下左偏總遞鋪之西舊在府治北三皇廟傍洪武初剏建尋燬三十三年知府錢古訓鑄銅壺置于譙樓之左學因寓焉正統三年陰陽正術郭崇斌請于巡按御史方端以開空府廨為之即今所也

醫學在府城南隅司獄司之右治元時為惠民藥局國朝洪武十八年改為醫學景泰間典正科蔡奏①成請重建

僧綱司在府治西北開元寺內

道紀司在府治西玄妙觀內

丹霞驛在府治之西布政司分司之東舊在朝天門外宋淳祐間郡守章大任建元至正間徙于府治之東國朝洪武三年知府潘琳移建今所九年改為清漳驛尋改今名正統九年按察司僉事陳祚重修遞運所附於驛右驛兼領之

校注：①申

龍溪縣在府治之西按舊誌縣治之建未詳其所始宋淳熙十二年縣令趙不病重修嘉定四年縣令陳士會復修紹定四年縣令蘇應衡增修元因之國朝洪武初知縣楊保誠重修扁其正堂曰道愛堂之東為幕廳西為架閣庫儀門內之東為縣獄儀門外之東為土地祠正統二年知縣顧鳴重建正堂及架閣庫成化五年知縣張寧重建後堂十五年縣丞吳鵬市民屋增廣吏舍并以舊架閣庫址增建公廨

濠門巡檢司在縣東一二三都洪武初設於本都海倉洋二十年徙置于此

柳營江巡檢司在縣東二十七都柳營江之西洪武三年設為柳營江掣制所隷福建都轉運鹽使司十四年改為柳營江批驗鹽引所正統九年巡按御史張淑奏改為巡檢司

海門社巡檢司在縣南四五都青浦社舊在海門山正統六年知府甘瑛以其地民悍時為患海上奏置巡檢司以控馭之七年盡徙其民散處近地遂移巡檢司於今所

鄉

洲稅課局在縣北二十三四都元為商稅務國朝洪武初改為稅課局宣德間省正統十二年復設成化十年圮於水

江東馬驛在縣東二十八都宋為通源驛元至正二十二年改今名國朝洪武七年知府許榮重建正統十年驛丞洪瀚重修舊有馬①廐在驛前街南歲久將壓成化十五年縣丞吳鵬易民地於驛丞廨舍之右而改建焉遞運所在驛外門楼之左驛兼領之

甘棠驛在縣南六七都元至正二十五年刱建國朝洪武八年知府許榮重修正統十四年寇燬景泰五年知府謝騫重建

申明亭在府城內南隅文昌坊洪武三年知府潘琳建

旌善亭在府城內東北隅洪武十七年知府徐克敬建上二亭俱正統七年知府甘瑛重修

府前鋪在府治之西　赤嶺鋪在二十六都　鶴鳴鋪　馬岐鋪上二鋪在二十七都　江東鋪　石井鋪上二鋪在二十八都　板橋鋪

校注：①廐

龍江鋪上二鋪在二十九三十都已上七鋪俱在府城東　茶鋪在二十六都　月嶺鋪在二十一都已上二鋪俱府城西　橡林鋪　木綿鋪上二鋪在十二三都　馬平鋪在六七都已上三鋪俱府城南　連浦鋪在十二三都　西陵鋪在十一都　祖山鋪在九都　月溪鋪在八都　龍灣鋪在六七都　官樓鋪在四五都已上六鋪俱府城東南

漳浦縣在縣城東西兩街之中唐開元四年初建景龍間縣令李圭繚以周垣官廨始不與民居混宋紹興二十三年縣令陳貫通重建淳祐八年縣令楊浩然復大而新之　國朝洪武初重建正堂之左爲幕廳右爲庫房東廊之南爲際留倉西廊之南爲縣獄正統十四年燬于兵景泰初知縣林瑛重建正堂成化七年知縣劉璧續建後堂幕廳獄舍及際留倉

古雷巡檢司在縣

南九都洪武二十年江夏侯周德興刱建舊屬南靖縣正統六年改隸本縣

洪淡巡檢司在縣南五都元時設於四都汚洲　國朝徙置于此

後葛巡檢司在縣東南九都

青山巡檢司在縣東十五都

井尾巡檢司

島尾巡檢司上二巡檢司在縣東北二十三都

金石巡檢司元時設於龍巖縣聚賢里　國朝徙①置于此

東沉赤山巡檢司元時設於南靖縣埔平定南寨徙置于此上二巡檢司在縣南五都已上七巡檢司俱洪武二十年刱建

盤陀嶺巡檢司在縣南八都正統間以其地鄰潮廣山林深邃草冦出沒奏置巡檢司於此六年始建

玄鍾倉在玄鍾千戶所前洪武二十一年千戶毛麟建廒五爲間凡二十又一舊名常積隸千戶所後改今名隸本縣

陸鰲倉在陸鰲千戶所之北洪武二十一年千戶耿瑜建廒五爲間凡二十又一舊名常盈

校注：①徙

隸千户所後改今名隸本縣銅山倉在銅山千户所之東洪武二十一年千户樂全建廢

四為間凡十又九舊名永豐隸千户所後改今名隸本縣陰陽學在縣治南孝義坊醫學在縣治西仙雲坊舊惠民藥局也上二學俱圮臨漳馬驛在縣治西北仙雲坊內宋置名仙雲驛元改名臨漳國朝因之洪武三年知縣張玉文重建正統十四年燬于寇景泰七年知府謝騫重建雲霄驛在縣南六都元時置國朝因之洪武十一年署驛事南詔驛驛丞黒中重建成化十年圮于水十三年府同知蔣曠復建南詔驛在縣南三都南詔城內宋時置於城外之西北名臨水驛元因之國朝洪武九年遷建於此改今名僧會司在縣治西興教寺內申明亭旌善亭上二亭在縣譙樓門外之左右舊在縣門內洪武三年知縣張玉文建二十二年知縣孟美移建今所縣前鋪在縣前舊名北亭羅

山鋪　飯盤鋪　長林鋪　三鼓鋪舊名横章　甘棠鋪上五鋪俱在縣北二十八都　梅林鋪　無象鋪舊名蓮山　盤陀鋪上三鋪在八都　黄堵鋪舊名火田　徑口鋪　雲霄鋪　鐵塘鋪舊名白泉上四鋪在六都　徑深鋪　深田鋪　大陂鋪　古林鋪　半沙鋪上五鋪在四都　洪坑鋪　雙港鋪　可湖鋪　土橋鋪上四鋪在三都　雲頭鋪在六都　陳平鋪　張塘鋪　銅山鋪　崎嶺鋪上四鋪在五都　玄鍾鋪在四都已上二十二鋪俱縣南　昇仙鋪在七都　西湖鋪在十五都　梅月鋪在十七都　石鼓鋪　鴻江鋪　長嶺鋪上三鋪在二十三都　東山鋪　峰山鋪　青

山鋪 上三鋪在下五都 巳上九鋪俱縣東

龍巖縣 在縣城中布政分司之西唐乾寧天祐間始置屢經兵燹宋紹興十七年以後寓廨于僧舍乾道六年知縣林鼒剏建淳熙三年知縣陳煥增建宣詔頒春二門紹定三年燬于寇五年知縣趙性夫重建端平元年又燬于寇嘉熙二年知縣陳椿壽重建元後至元三年縣尹魏德閏增修至正十年監縣捏古栢建譙樓十七年監縣馬合麻復更其方向重建二十七年□□朱季鍵重修譙樓仍建樓於正堂之後未就國朝洪武三年知縣趙榮祖繼成之正堂之左爲幕廳右爲架閣庫儀門之前爲譙樓左爲土地祠三十一年正堂圮永樂五年知縣程鵬即其舊址前建小廳後建小堂七年譙樓圮正統間知縣李昊重建成化八年以来知縣常濟陶傳相繼修葺

鴈石巡檢司 在縣東節惠里

東西洋巡檢司 在縣東集賢里

陰陽學

醫學

上二學俱未建
僧會司在縣治東報恩寺
道會司在縣治西東嶽行宮
公館三所上坪公館在縣西龍門里成化十七年知縣陶慱重建鎮平公館在縣東萬安里大池公館在縣西龍門里上二公館俱成化八年知縣常濟重建
際留倉在縣治之左成化九年知縣常濟剏建
申明亭
旌善亭上二亭在縣門外之左右俱成化十三年知縣常濟重建
縣前鋪在縣治前
登途鋪
崎瀨鋪
馬坑鋪
三井鋪
石羅鋪
古樓鋪
南墩鋪
板寮鋪上八鋪俱在縣南龍門里已上九鋪俱成化十七年知縣陶慱重建
鐵石洋鋪在坊
惱林鋪
東山鋪
小吉鋪上三鋪在節惠里
福村鋪在萬安里已上五鋪俱縣東
新嶺鋪
牛欄隔鋪
蒲山鋪
溪西

鋪上四鋪俱在縣西龍門里巳上九鋪俱成化十一年知縣常濟刱建

長泰縣在縣城東北宋紹定三年燬于汀寇國朝洪武二十年知縣張壽重建正統元年知縣劉奎復建正堂之左為幕廳右為架閣庫儀門之左為土地祠右為縣獄知縣廨舍舊在縣後山之麓成化十年知縣劉鐸改建於縣堂之後

朝天嶺巡檢司在縣東欽化里正統五年知縣劉奎奏請刱建

陰陽學在縣門之東

醫學在陰陽學之東

僧會司在縣治東報親院

道會司在縣治東慈濟宮

申明亭宣德十年知縣劉奎重建

旌善亭成化十六年知縣劉鐸重建已二亭在縣門前之左右

武安鋪在南門西偏舊在南門外洪武二十年刱建正統十年圯于水成化十七年知縣劉鐸移建今所

南靖縣在雙溪之①北②至元治間始建于清寧里九團社後至元三年遷于琯山之陽至正十六年

校注：①北　②元至

始遷今所國朝正統六年典史周鼎重建十四年燬于寇惟鼓樓及各官廨舍尚存景泰二年主簿卜應麟重修成化十五年知縣張本重建一新正堂之左為幕廳儀門之前為鼓樓

小溪巡檢司在縣南清寧里元時設國朝洪武二十年江夏侯周德興移建于漳浦縣古雷山以備倭寇正統五年因小溪草寇竊發復設于此

九龍嶺巡檢司在縣北居仁里

和溪巡檢司在縣南永豐里界南靖龍巖二縣間

永豐巡檢司在縣南永豐里寒婆徑初名寒婆巡檢司景泰二年改今名上三巡檢司俱正統五年剏設

陰陽學在縣治東南舊慈濟宮地也

醫學在縣治東舊聖侯廟地也

平南驛在縣北永豐里金山社成化六年剏設縣丞陳崇建

僧會司在縣治西習賢里安福寺

道會司在縣治東前街佑聖宮

府公館在縣東第一坊成化十九年知縣張鵬舉以縣前鋪舊址剏建

申明亭在縣治北後街洪武三年縣丞雷祥建　旌善亭在縣治東北後街洪武十七年知縣郭友仁建上二亭今廢

縣前鋪元時設國朝洪武三十三年知縣揚通重建成化十年圯于水今附府公舘　南平鋪　湧口鋪上二鋪在君賢里　湯坑鋪已上三鋪俱正統五年增設　新店鋪　金山鋪　和溪鋪上三鋪俱宋時設隸龍巖縣今隸本縣　隱溪鋪　圓沙鋪上六鋪在宋豐里已上八鋪俱縣北

漳平縣在九龍溪之北成化七年知縣陳粟刱建正堂之左為幕廳後堂兩傍為庫房東廊之前為土地祠西廊之前為縣獄儀門之前為譙樓十六年知縣李斌遷建吏舍於知縣廨舍之後十九年典史劉宣遷其廨舍於主簿廨舍之前　桃源店巡檢司在縣北聚賢里桃源店舊

在龍巖縣集賢里通源，元時設名聚賢、和睦等處巡檢司。國初因之。洪武四年，巡檢党誠遷今處，因改今名。十四年寇燬。十八年巡檢畢舉重建。二十年，江夏侯周德興以其不當要衝，遷①于漳浦縣王都金石寨。二十五年，知縣季仁本以其去縣之遠，請復設于故處。巡檢劉禎即舊址重建。

溪南巡檢司 在縣東感化里。

歸化巡檢司 在縣南永福里。

府公館 在縣治之左。

際留倉 在縣治之東。成化七年知縣陳栗刱建。

縣前鋪 在縣東五百步許。

瀨州營鋪

黄番鋪 在居仁里。

飯坑鋪

磜頭鋪

田尾鋪 上三鋪在永福里。已上五鋪俱縣南。

南洋鋪 在縣西居仁里。已上六鋪俱成化七年知縣陳栗創建。

武職公署

校注：①于

漳州衛指揮使司在府治西元新軍萬户府也至元九年改為宣尉司都元帥府分府十五年改為福建等處行中書省分省十九年改為福建江西等處行中書省分省國朝洪武三年改為漳州衛指揮同知劉廣指揮僉事尹海龍重建正統初灾指揮覃庸重建**經歷司**在正堂之東**鎮撫廳**在正堂之西正統七年指揮使楊隆重修**左千户所**正統十二年千户王誠重修**右千户所**成化十八年千户李嵩重修**後千户所**正統九年千户馬雲重修上三所在衛西廊之南**中千户所**正統十六年千户劉鎮重修**前千户所**景泰元年千户管瑛重修上二所在衛東廊之南**鎮撫廳**在衛治之東北舊丹霞驛故址也成化八年指揮黎震重建**軍器局**在府城後街之北**教場**在府城西一里許北有演武亭舊在南門外溪南成化十年壞於水後移建今所**屯田凡**

三十二所龍溪縣一十二所一在縣東門外東廂一在林坑一在林前上二屯在八都一在九都蘆邊已上三屯俱縣東一在謝溪一在高林一在天寶一在林前上四屯在縣西二十一都一在六七都排浦一在十二三都蓮浦上二屯俱縣南一在赤石一在洋尾上二屯俱在縣北二十六都漳浦縣六所一在南門外溪南一在長脚營一在北江上二屯俱縣東七都一在長橋一在下徑上二屯俱在縣北二十八都一在縣東南七都楓林南靖縣一十五所一在歸德里大寨一在習賢里官洋上二屯俱縣西一在歸德里五峯一在黃井一在洪瀨一在高際上三屯在清寧里一在居仁里上乾庄一在新安里禾平已上六屯俱縣南一在縣北習賢里院前一在浮山一在草坂一在前坂上三屯俱在縣東南田義里一在縣西南習賢里湧口①一在吳宅一在金山上二屯俱在縣西北永豐里

烽燧凡九處九即烟墩也龍溪縣四處曰海滄在一二三都曰烏嶼

校注：①一

在二十九三十都俱縣東曰月港在縣東南八都曰青浦在縣東一四五都漳浦縣五處曰白塘曰大逕曰流會曰卓岐俱在縣東北二十三都曰烽火山一云燈火山在縣東十七都

守禦龍巖中千戶所 在龍巖縣西北成化七年始調鎮海衛後所官軍守禦改隷漳州衛知縣帛濟剏建軍旗營房環列於所之左右 **教場** 在龍巖縣城外之北中有閱武亭成化七年知縣帛濟建

鎮海衛指揮使司 在衛城中洪武二十年江夏侯周德興奉旨剏設時指揮僉事李實僅草創三間署事正統間指揮同知桂福始闢地營建衛堂東西各建一廳兩房為上司按臨寢息之所又買地以易衛前軍營剏建譙樓左右亦各建一廳兩房為使客往來棲息之所成化十六年以後指揮僉事張文復漸次修葺 **經歷司** 在衛治之東 **鎮撫廳** 在衛治之西 **左**

千户所　中千户所上二所俱在衛堂之東　右千户所　前千户所上二所俱在衛堂之西已上六公署俱正統間桂福剏建成化間張文重修　教場在衛城南門之外中建演武亭　屯田四所洪武二十四年制令分軍屯種共田地五十七頃七十九畝七分左所屯一所在南靖縣歸德里右所屯一所在龍溪縣十二三都神山尾中所屯一所在長泰縣石銘里前所屯一所在龍溪縣十二三都寺園林

陸鰲千户所在所城中洪武二十年江夏侯周德興奉旨剏建列十百户所於兩廊景泰五年本衛指揮使田旺闢所堂後空地增建公廨為使客棲息之所成化十四年指揮僉事張文重修一新　鎮撫廳　教場　營房　寨　屯田一所在漳浦縣東坡洋共田地一十二頃三十二畝四分六釐計旗軍四十二名　烽燧

銅山千户所在所城中洪武二十年江夏侯周德興奉旨剏建列十百户所於兩廊間

鎮撫廳

教場在所城西門之外

營寨

屯田一所在漳浦縣六等都林前共田地一十七頃五十畝計旗軍六十名

烽燧

玄鍾千户所在所城中洪武二十年江夏侯周德興奉旨剏建列十百户所於兩廊天順六年巡海按察司副使王凱增建屋宇於廳後空地以為使客止宿之所成化十七年正千户陳晃申請規措修建一新

鎮撫廳

教場在所城西門之外

銅山西門澳

水寨在府城南漳浦縣五都每歲分鎮海衛并陸鰲銅山二所軍士更番以備倭寇　鎮海衛官一十八員旗軍九百三十七名　陸鰲千户所官二員旗軍二百五十一名　銅山千户所官五員旗軍三百二十八名

營屯田一所在漳浦縣三都良峯山共田地一十二頃二十

三畝計旗軍四十二名

烽燧

汀州府

上司公署

布政司分司在府治東舊在開元寺中東畔成化八年叅政趙昌命遷建今所　寧化縣一所在縣治西二十步許正統三年典史洪清建後圯成化八年知縣吳綱廣其基而修建之工未就而去十年知縣鄭瑄踵而成焉　上杭縣一所在縣治東北小街射圃之西舊在縣前即今府公署也成化六年叅政趙昌以其迫隘令遷建今所知縣蕭宏復以其地僻在城隅乃易民地闢廣衢自司之前直抵大街皆砌以石　武平縣一所在縣治南禪果寺之東正統十二年剏建成化七年重修　清流縣一所在縣治西舊為九龍驛成化十年叅政趙昌以舊布政分司狹隘命知縣邢昊以九龍

驛互易剏建　連城縣一所在縣西門街成化七年叅政趙昌建　永定縣一所在縣治東三十步許成化十四年巡撫右僉都御史高明剏建

漳南道

在府治東舊在廣儲門内城下洪武初建為按察司分司二十八年改為建寧道成化六年又改為漳南道七年僉事周謨病其隘陋命移建今所　寧化縣一所在縣治東十五六步　上杭縣一所在縣治東二三十步許洪武十三年知縣鄧致中重建成化八年僉事周謨命同知程熈知縣蕭宏撤①而新之　武平縣一所在布政分司之東舊為肅政廉訪司分司洪武二年重建　清流縣一所在縣治之西布政分司之東舊與布政分司相對洪武二年建成化十年分守叅政趙昌分巡僉事周謨命知縣邢昊改創與布政分司並列　連城縣一所在縣西門明溪驛前成化七年僉事周謨建　永定縣一所在布政司分司之左成化十四年巡撫右僉都御史高明剏建

校注：①撤

行都司公館在府治東預備倉前舊建寧道也

文職公署

汀州府在卧龍山下宋建炎間燬於兵紹興元年郡守陳亢方始建廳堂廨舍十四年郡守陳定國剏設廳儀門两廊甲仗架閣諸庫紹定間郡守李華病其隘陋以次改作復增高譙樓建亭於两階左曰宣詔右曰頒春又復郡治前官街之見侵於民者國朝洪武初因其舊剏建正堂西北為慶豐庫後堂之後為架閣庫永樂八年知府宋忠重脩正堂後堂儀門譙樓并增高月臺甬①道成化十一年通判李祺重建譙樓

經歷司在正堂之左 照磨所在正堂之右 司獄司在儀門外之西 稅課司在府城東南惠政橋頭 陰陽學 醫學上二學在府治前之左右 僧綱司在府治東定光寺 道紀司在府城東南霹靂巖 公

校注：①甬

館在府治之東 申明亭 旌善亭上二亭在譙樓前之左右

長汀縣在府城南二百步許宋建炎間知縣黃湜修嘉泰間知縣謝周卿復修紹定間知縣宋慈重建國朝洪武三年知縣孫庸重建正廳之東為典史廳又東為土地祠西為宋閣庫西廊之後為縣獄正統十四年燬于寇景泰初知縣陳宗周重建未備成化十六年知縣謝珪縣丞鄭景華又郭而新之并剏譙樓前街道百有餘丈 古城寨巡檢司在府城西古貴里舊在何田市宋紹興間遷建今所 臨汀驛在縣治東崇善坊宋淳熙間郡守趙汝劼建元及國朝皆因之 館前驛在府城東歸陽里元時設名館前站至正二十二年站提領彭顯宗建國朝改為驛 三洲公館在府城西宣成里成化十六年按察司副使劉珂以驛路遙遠使客往來無所止舍命通判徐榮知縣謝珪規畫即三洲鋪址剏建 申明亭 旌善

亭上二亭在縣儀門之左右又館前驛之前亦有申明旌善二亭總鋪在譙樓前東畔百步鋪在左廂南田鋪胡坑鋪上二鋪在青巖里鴛鴦鋪大息鋪上二鋪在四保里新橋鋪歸仁鋪七良鋪上三鋪在歸陽里已上八鋪俱府城東黃館鋪何田鋪上二鋪在青泰里三洲館水口鋪翁心鋪上三鋪在宣成里已上五鋪俱府城南

寧化縣在大溪之北翠華山之前宋紹興間知縣王炳彥重建紹定間燬于寇端平間知縣趙時館復闢地營建後又燬于寇國朝洪武三年知縣陳特中重建正統十四年復燬于寇惟後堂及廨舍僅存景泰三年知縣常清重建六房天順二年知縣梁昂主簿鄭頲重建正堂後堂幕廳儀門譙樓并建僚吏廨舍及庫安遠寨巡檢司在縣北招得里舊名下土寨宋慶元間翔

建紹定二年燬于寇元初重建至正間燬于兵國朝洪武元年巡檢竇户重建改今名正統十三年復燬于寇天順間重建成化十一年知縣鄭瑄以縣去建寧二百餘里中無驛舍乃於正廳之後刱建公館為使客往来駐節之所

稅課局在縣東壽寧橋頭宋端平元年建名商稅務國朝洪武三十年知縣張忠誠重建改今名正統元年省課額縣兼領之

陰陽學在縣治前

醫學在縣治左舊惠民藥局也今圮

石牛驛在縣南會同里宋端平間剏元至正間圮國朝洪武二年驛丞華忠仍舊址創建成化九年同知程熈修十七年副使劉珂命驛丞潘遜督工重建後堂及東西房二十二年參議華褚僉事李□命署驛事陰陽訓術洪矩督工重修一新

僧會司在縣北光嚴寺舊在縣南慈恩塔寺後從今所

道會司在縣南凝真觀官久鈌印附道紀司

際留倉在縣治北與儒

學相連洪武十三年剏建凡為厰四

申明亭　旌善亭上二亭在縣治前之左右

縣前鋪在縣治之東　魚龍鋪在興善里成化十四年建　黃源鋪　立源鋪　安樂鋪　楊梅鋪上四鋪俱洪武初建　黃地鋪　黃栢鋪已上六鋪在新村里　夏坊鋪　石牟鋪　碑嶺鋪　羅溪鋪　滑石鋪　張地鋪上六鋪在會同里已上十三鋪俱縣南　下沙鋪　沙坪鋪上二鋪在永豐里　楊家鋪　寨前鋪　大覺鋪上三鋪在招得里已上五鋪俱縣北　栢坑鋪在縣東興善里

上杭縣在縣城中府公館之西宋乾道七年縣令陳朝章剏建後燬端平元年縣令趙時鉞重建淳祐三年圯于水寶祐五年縣令李務行重建正廳元至正二十年再燬二十五年達魯花赤伯顏

重建國朝正統間復燬景泰初知縣楊瑾重建正廳之左為典史廳右為儀仗庫儀門之右為縣獄前為譙樓成化十一年知縣蕭宏重修

新豐倉 在城內東北隅成化二年初建儲積粮米以備軍餉

陰陽學 在縣治譙樓之西景泰三年典史董慶始措屋二楹成化五年知縣石塘重建

醫學 在縣治譙樓之東舊惠民藥局也正統末燬于寇成化十九年知縣李日思重建

平西驛 在縣東勝運里小拔湯邊成化六年因合汀漳二府隸漳南道始闢路置驛于此府通判吳桓建

藍屋驛 在縣北平安里成化十年巡撫副都御史張瑄以縣去府道里頗遠中途宜有驛乃徙清流縣王華驛於此改今名府同知程熙建

僧會司 在縣西天王寺

道會司 在縣東東嶽宮

府公館 在縣治東十步許舊布政分司也成化七年改為公館十一年府通判李祺重修

際留倉 在縣治儀門外之左洪武十三年知縣劉享建

申明

亭（在縣治西大街洪武三年知縣夏煜建于縣門之右後遷今所正統末冠燬景泰初知縣楊瑾重建）

旌善亭（在申明亭左洪武十七年知縣鄧致中建于縣門之左後遷今所正統末冠燬今改建巡警鋪）

縣前鋪（在縣儀門前洪武十年知縣劉亨建成化十九年知縣李曰思重修）

大碌鋪（成化十年巡撫副都御史張瑄以舊鋪太遠令各鋪之半增置一鋪）

巖頭鋪

捲籠鋪（成化十年增置上三鋪在在城里）

山湖鋪　九華鋪（成化十年增置）

藍屋鋪　官莊鋪　迴龍鋪（上五鋪在平安里已上八鋪俱縣西）

坊村鋪　定塔鋪　張慶鋪　九泰鋪（內為公館）

茶田鋪　雙溪鋪　燈籠鋪　湯邊鋪　石銘鋪（已上九鋪在縣東勝運里成化六年新設漳南道四關路置驛并置鋪舍俱縣丞陳清刱建）

武平縣在人和坊之東興賢坊之西初在武溪里後遷今所宋隆興間縣令王正國乾道間縣令趙貢相繼營建嘉泰間縣令趙善綽用堪輿家趙吉備凶之説重新更造自是上下阜安民以為政作之利紹定間燬于虜寇端平初縣令趙汝理重建而變嘉泰之舊縣偶多事議者咎馬寶祐間縣令阮逢午復改卜其西偏刱建元至正二十三年知縣魏佩夫仍於舊基重建國朝因之正廳之左為典史廳右為土地祠穿堂左右為庫房儀門之東為縣獄前為譙樓正統十四年燬于寇景泰元年重建

象洞寨巡檢司在縣南盈塘里其地與潮梅接界峯巖象因而得名宋政和間置為寨嘉熙間改為南尉司國朝洪武初復置改為巡檢司正統十四年燬于寇成化九年重建

永平寨巡檢司在縣北信順團里帽①磜宋淳祐間郡守郭正巳刱建國朝洪武初改為巡檢司正統十四年燬于寇成化八年重修

所倉在所城東

陰陽學未建

校注：①磜

醫學在縣治西五六步許舊惠民藥局也　僧會司在縣治東南禪果寺　道會司官久缺印附道紀司　府公館在禪果寺內東西　際留倉四所東倉五間在縣南歸郡里黎畬俱成化九年建　西倉三間在縣北四上上二倉南倉九間在縣治東成化六年建　北倉五間在永平寨成化九年建　申明亭　旌善亭上二亭在縣譙樓之左右　縣前鋪在縣治譙樓前　三角鋪　忠田鋪　賴羣鋪上三鋪俱縣南　黃柏鋪已上四鋪在在城里　陳坑鋪上二鋪俱縣東　袁田鋪　黃背鋪　皂角鋪上三鋪俱縣東北已上四鋪在歸郡里　武安鋪在縣南千戶所城東門外

清流縣在屏山之陽宋元符元年縣令劉叙剏建乾道間縣令黃藻重修紹定間燬于寇端平元

年縣令王元瑞復建嘉熙間縣令趙櫄夫重建譙樓淳祐元年縣令林奕新建頒春宣詔①二亭翼于縣門東西元至正四年縣尹吳文淵重修六年悉為建城寇羅天麟所燬國朝洪武二年知縣朱仲恭重建正廳之東為幕廳儀門之西為縣獄十二年知縣蔡以謙復建譙樓於儀門之外永樂十四年為沙寇陳添保所燬惟知縣主簿二廨舍僅存後漸次修葺正統十三年復為沙寇陳正景所燬景泰七年知縣吳中重建寑②復其舊

鐵石巡檢司 在縣南夢溪里正統六年知縣康魁以夢溪山勢險阻草寇不時出沒奏置巡檢司於此以警備之

稅課局 在縣東龍津橋西右畔正統元年省課額縣兼領之

陰陽學 未建

醫學 在縣治前之右五通廟之左舊惠民藥局也永樂十四年寇燬今復修建

九龍驛 在縣治南元縣尉廳故址也國朝洪武十一年建為布政司分司成化十年參政趙昌病分司俠隘因命有司以舊九龍驛為分司而以舊

校注：①二 ②寑

分司為九龍驛十二年巡按御史葉棡叅政李昻按部復命有司增建屋宇於驛西隙地

僧會司在縣西西峯庵內

道會司在縣西登真觀內

府公館在九龍驛之南成化十二年巡按御史葉棡叅政李昻命同知程熙剏建

際留倉在縣南塔背巷元常平倉也國朝洪武二年改今名舊建廒五成化十八年增建廒二

申明亭　**旌善亭**上二亭在縣治前之左右舊俱在南門外正統十三年寇燬遂移建今所

縣前鋪在縣治前舊在縣南半里許洪武二十九年移置于此

雷公鋪　**小嵩鋪**　**吳地鋪**　**嵩溪鋪**　**王華鋪**　**子孫鋪**　**太平鋪**上七鋪俱在縣東北

吳家鋪在縣南

[illegible]水鋪在縣西

連城縣在縣城北宋紹興二年攝縣事長汀縣丞卓岸剏建紹定間為寇所燬縣令徐价經始營

建後縣令米巨宏踵而成之元至正六年復為邑冠羅天麟所燬　國朝洪武四年知縣鄧昇重建正廳之左為幕廳右為庫房儀門之外為縣獄前為譙樓**北團寨巡檢司**在縣南表席里朗村宋時設於縣北北安里後燬于兵權寓治縣市西隱庵元末廢　國朝洪武四年知縣鄧昇遷建于縣東崇儒坊十八年知縣丁良恭復遷今所**稅課局**在縣治南文川橋之側宋時設名商稅務建炎二年省元至正十八年復設

國朝洪武四年改為稅課局六年知縣劉雍重建正統元年省課額縣丞領之**陰陽學**寓縣治譙樓上**醫學**在縣治西舊惠民藥局也**僧會司**在定光寺內**道會司**在福仙觀內上二司俱縣治西**府公館**在縣治東北百步許舊預備倉址也**際畱倉**在縣署東廊洪武八年知縣劉雍剏建**申明亭****旌善亭**上二亭在縣儀門內之左右**縣前鋪**在縣譙樓前之左宋時設名縣下鋪

北安鋪　分水鋪上三鋪在縣北　新添鋪成化二年設　南柴鋪上二鋪在縣西北已上四鋪俱在北安里除新添一鋪外餘三鋪并縣前鋪俱洪武七年知縣劉雍重建

歸化縣在廣齊街東舊為明溪鎮巡檢司隸清流縣成化六年改為縣治按察司僉事周謨命通判吳桓明溪驛丞孫亮督建知縣郭潤繼而成之正廳之右為幕廳儀門內之右為縣獄前為譙樓

夏陽巡檢司在縣東中和里夏陽墟舊為明溪寨巡檢司屬清流縣宋紹興間知縣華夢得奏置國朝因之成化六年以其址為縣遂遷于此改今名八年知縣郭潤等剏建　陰陽學醫學上二學俱在縣治前　明溪驛在縣西門舊屬清流縣宋元符間設國朝因之成化六年改屬本縣　僧會司在縣東北覺林寺成化十七年設　道會司

在縣東東嶽宮成化十年設上二司俱在歸上里**公館**在縣西門儒學後街成化七年府通判吳桓督建**際留倉**在縣治東廣濟街**申明亭** **旌善亭**上二亭俱在縣治前之西**縣前鋪**在縣前泰和坊東成化九年知縣郭潤重建**興善鋪** **龍湖鋪** **鐵嶺鋪**上三鋪在縣東興善里**新興鋪** **永安鋪**上二鋪在縣西歸善里

永定縣在溪南里田心成化十五年巡撫右僉都御史高明按察司副使劉城布政司參議陳勍命府經歷黃瑺上杭縣知縣石璠經始營建及知縣王環至遂踵而成之正廳之左為典史廳右為儀仗庫及庫房東廊之前為土地祠儀門之西為縣獄**興化鄉巡檢司**在縣南溪南里古鎮洪武五年剏置後徙于雲凡岡改為太平巡檢司天順六年因寇盜竊發復設置于此**太**

平巡檢司在縣東太平里高陂正統間陵水教諭上抗縣人范金以太平虎岡山寇盜屢發奏從興化鄉巡檢司於虎岡改今名後為寇所燬景泰末巡檢何永通徙于今所三疊嶺巡檢司在縣南金豐里成化十四年巡撫右僉都御史高明以其地接廣東饒平之大小靖頑民恃險出沒為盜奏設巡檢司於此陰陽學在縣治後第①三街醫學在陰陽學之右僧會司在縣治東山川壇之西成化二十年建道會司未建府公館在縣治西六十步許知縣王環刱建際留倉二所一所在縣西廊一所在縣儀門之左申明亭旌善亭上二亭在縣治前之左右俱知縣王環建市西鋪在縣治西十餘步德化鋪在縣北溪南里信感鋪在縣西北勝運里

武職公署

校注：①第

汀州衛指揮使司在府治東洪武四年設指揮王主冊建宣德間指揮同知王禎重建正堂正堂左右為軍器庫儀門之前為譙楼經歷司在正堂之東鎮撫廳在正堂之西其後為監房左千戶所右千戶所成化二年調守禦上杭縣中千戶所前千戶所後千戶所上五千戶所在衛之西傍軍器局在各門兵馬司側教場在府城東朝天門外鄞河坊屯田五所共田地五十三頃七十九畝二分計旗軍二百六名江西贛州府信豐縣一所本府寧化縣三所一所在縣治東黄連峒一所在縣西龍上下里車田一所在縣北招賢里北安清流縣一所在縣北永得里

上杭守禦千户所在縣城北隅天順六年溪南寇攻陷縣治守臣奏請設兵以備禦之成化二年御史朱賢叅政張雄僉事牟俸都指揮揚訛①合議調汀州衛右千户所官軍守禦於此②

校注：①訌　②此

吏目廳在所廳之左　鎮撫廳在所廳之右　十百户所　軍器庫俱在所内　軍器局在城北門内　教場在縣城外西北隅二里許中建演武亭

武平守禦千户所在縣南豊順平里洪武二十八年剏建　吏目廳在所廳之左　鎮撫廳在所廳之右　十百户所　軍器庫俱在所内　教場在所城東迎恩門外二里許中建演武亭　屯田一所共田地八頃一十畝計旗軍二十七名

延平府

上司公署

布政司分司在府治之左正統六年知府王吉建景泰元年巡撫刑部尚書薛希璉以其址狹隘①割府照磨廨舍以廣之成化十五年知府王範重建　將樂縣一所在縣治南　尤溪縣一所在縣

校注：①割

治東舊三皇廟址也正統六年知縣蕭學敏建十三年燬于寇參政王仕華重建　沙縣一所在縣治東興義坊　知縣周敞建正統十三年燬干①寇景泰元年知縣余寛重建　順昌縣一所在縣治北書錦坊正統三年建　永安縣一所在縣治北景泰三年府通判楊季琦建

建寧道

在布政分司之左舊通判廳址也洪武十一年建為按察司分司二十八年改今名永樂七年火宣德六年知府雷誠重建成化十六年知府王範以其規制弗稱撤而新之　將樂縣一所在縣治北洪武七年知縣王克剛建　尤溪縣一所在縣治西舊縣尉司址也洪武二年知縣薛昉建為按察司分司尋改為延汀道行按察司又改為建寧道正統十三年燬于寇按察僉事張彥重建　沙縣一所在縣治東興義坊洪武十一年知縣許試建正統十三年燬于寇景泰元年知縣余寛重建　順昌縣一所在縣治西舊縣尉廳址也洪武九年知縣周政建　永安縣一所在縣治北景泰

校注：①于

三年府通判楊季琦建

文職公署

延平府在府城北隅舊鹽倉場址也宋南劍州治在今府治東元改為延平路總管府國朝洪武元年以為延平衛署三年知府唐鐸遂建于今所扁其正堂曰集思後堂曰高明

經歷司在府治之右

照磨所在府堂之左舊為推官廳洪武二十七年設照磨檢校遂改為照磨所

司獄司在府城北隅延平衛之東洪武元年知府唐鐸建永樂七年燬宣德六年知府甯誠重建

稅課司在府城坊隅府治前街元為商稅務國朝洪武二年知府唐鐸重建改今名永樂十年燬景泰二年知府胡欽重建

豐衍倉在府城東隅元至正二十六年建名太平倉國朝洪武二年知府唐鐸重建改今名東西為廒凡二十有三舊有延平衛永豐廣積等五倉

為厥凡七十宣德三年併歸有司俱燹經囬禄所存無幾成化十①五年知府王範重建陰陽學寓譙樓上宋時設元因之國朝洪武四年樓圮知府唐鐸重建永樂七年燬暫以普通嶺武安廟前小樓為譙樓學寄其中醫學在府治左舊急遞舖址也宋名惠安局在譙樓門內元改惠民局國朝洪武二年徙府治前二十三年燬通判錢宗禮徙今所永樂七年復燬景泰三年知府胡欽重建僧綱司在府城北隅天寧光孝寺道紀司在府城內東嶽行宮舊在城南玄妙觀後徙今所劒浦驛在劒浦遞運所之右洪武初知府唐鐸剏建景泰初布政司叅議趙象重建劒浦遞運所在府城東門外劒浦上河泊所在南平縣治西隅洪武十四年户部差人閘辦魚課即舊鐵局為閘辦所尋置今所十六年始設官吏永樂十八年為洪水所圮申明亭旌善亭上二亭在府治前之左右

校注：①五

南平縣在府治西去城二里許宋元在府城北隅今改為延平衛前千户所　國朝洪武二年知縣劉居信遷建舊貢院址即今所也正廳之右為典史廳左為庫房儀門之前為譙樓樓內之左為縣獄正統十四年燬于寇景泰三年知縣劉銘重刱卑陋弗稱成化十五年知縣王佐悉撤而新之

嵢峽巡檢司在府城東長安北里宋元豐三年建為寨　國朝洪武元年改為巡檢司四年刱建二十三年重建永樂十四年圯於水宣德六年知府雷誠重建正統十三年寇燬景泰元年重

大曆巡檢司在府城西北壽巖里宋淳祐中建元至正中兵燬　國朝洪武元年重設十六年巡檢劉貴刱建正統十四年寇燬景泰五年重建

西芹稅課局在府城西天竺里王臺館舊在長沙下里西芹洪武四年建永樂十四年為洪水所壞正統九年知府王彪重建十三年燬于寇成化三年知府鄭時徙今所廨宇未建

茶洋驛在府城東金砂里宋

淳祐中建名金砂驛元至正間改今名國朝洪武初知縣劉居信重建永樂中山谷水暴漲屋宇俱壞宣德初驛丞王叔安重建①上統中燬于寇景泰中重建

王臺驛 在天竺里宋淳祐中設名王臺站元因之國朝洪武初改為驛正統中燬于寇景泰中重建監陋弗稱成化十九年巡按監察御史張稷布政司參議黃澄按察司僉事談俊知府王範檄縣丞鄭賢易民地廣其基重建

大橫驛 在府城東汾常里洪武初提領程日新建正統間寇燬景泰間驛丞馮清重建○宋元驛站官名提領此猶云提領者或國初法制未立仍其舊名也

嶆峽遞運所 在府城東長安北里

中明亭　**旌善亭** 上二亭俱在縣治譙樓前臨溪成化十七年知縣王佐買民地剏建

府前鋪 在府治前之東

坵墩鋪 在演仙下里

高桐鋪 在仁州里

大橫鋪 在汾常里

城東鋪 上四鋪俱府城東

倪坑鋪 安

校注：①正

濟鋪上三鋪在崇福里 橋溪鋪在遷喬里 金砂鋪 茶洋鋪上三鋪在金砂里 白砂鋪 龍源鋪 清風鋪 武步鋪上三鋪在長安北里 嶮峽鋪在長安南里已上十鋪俱府城東南 秋竹鋪在府城西南羅源里 西芹鋪 發竹鋪 沙溪鋪上三鋪在長砂上里 呈坑鋪 王臺鋪上二鋪在大竺里 樟槎鋪 篔簹鋪上二鋪在資福里 三連鋪在建興里已上八鋪俱府城西 白塔鋪在大源內里 康陽鋪在杜溪里上二鋪俱府城南

將樂縣在含雲山之左麓宋時建元至正二十一年兵燬明年署縣事行省理問裴彥直重建正廳之右為幕廳左為庫房儀門之前為譙樓譙樓之旁為縣獄國朝洪武三年知縣司明重建僚

吏廨宇永樂十六年正德後堂燬宣德九年知縣蔣珉重建**萬安寨巡檢司**在縣北萬安上都宋元豐元年建為寨國朝洪武二十三年改為巡檢司**稅課局**在縣治左洪武六年大使楊琳建**萬安稅課局**在縣北萬安上都洪武六年知縣申文彝建**永豐倉**在縣治左舊名常豐後燬于兵元至正二十四年署縣事理問裴彥直建國朝因之改今名儲積粮米以備官吏俸廩**陰陽學**本建**醫學**在縣治前宣化坊之西舊惠民藥局也**三華驛**在縣治右舊名站元至正中提領許子美建國朝改為驛**白蓮馬驛**在縣東南池湖都舊將安館址也①元至治元年提領傅美改建為站國朝改為驛**河泊所**在縣東南水南都洪武十七年掬建**僧會司**在縣西含雲寺**道會司**在縣治前祐聖院**所倉四所**儲積粮米以備官軍俸粮二所在永豐倉左右洪武四年千户李

校注：①元

齊建二所在城隍廟之後永樂五年千戶徐斌建申明亭洪武三年知縣司明建旌善亭洪武十六年知縣王克剛建上二亭在縣治前之左右縣前鋪在縣治前舊為桃溪鋪在縣南三里桃源都今徙于此莒峽鋪在龍池都孔山鋪在積善都懿安鋪在富谷都高灘鋪黃坑鋪上二鋪在高灘都已上五鋪俱縣東桃源鋪在龍池都蛟湖鋪在蛟湖都郭公鋪在永康都裏灣鋪在南勝都陽嶺鋪在龍安都將安鋪在池湖都大里鋪盖竹鋪舊場鋪鐵嶺鋪上四鋪在大里都龍湖鋪興善鋪上二鋪在興善都已上十二鋪俱縣南

八閩通志卷之四十二

八閩通誌卷之四十三

公署

郡縣

延平府

文職公署

尤溪縣在縣市中建寧道之東宋紹興三年知縣宋咸建正廳之右為典史廳儀門之前為譙樓
國朝洪武三年知縣薛昉重建十年知縣張可大牛義相繼重新譙樓三十一年知縣黃采重建後堂
宣德三年譙樓燬正統四年縣丞周轍新之正統十三年悉燬於寇惟各廨舍僅存十四年知縣陳
孝軻復剏正廳儀門尋復燬于寇惟儀門僅存景泰七年知縣杜寯重建成化九年知縣蔣珏重剏

六房十三年知縣唐綸重搆後堂并吏舍

莫果寨巡檢司 在縣西七都宋元豐三年刱建元至元二十一年徙建四十都仕陽湯國朝洪武四年巡撿朱德亮復改建於舊址正統十三年寇燬景泰六年重建

高才坂巡檢司 在縣西三十都元時建 國朝洪武四年巡檢王有成重建正統十三年燬于寇惟譙樓僅存

稅課局 在縣治東積善坊元時為稅務大使亦速建 國朝洪武初改今名永樂五年燬寓治于民居景泰二年大使江子旺仍舊址搆茅屋署事

陰陽學 寓縣治儀門之傍初在三皇廟廟發遂徙今所

醫學 在縣治左舊惠民藥局也初寓三皇廟啓玄堂廟燬遂徙今所

河泊所 在縣治之東宣德廿省魚課縣兼領之

僧會司 在府治東北保安寺

道會司 在縣治東東嶽行宫①

公館 在布政分司之西

際留倉 在縣治之西舊在縣治東崇文坊洪武三年刱②後燬于寇因移建今所

校注：①宫　②刱

申明亭 旌善亭上二亭在縣治前之左右 總鋪在縣治左 馬坪鋪在八九都 白蓮鋪在十一都 丹溪鋪在十二都上三鋪俱縣東北 渚頭鋪在五都 芹溪鋪在四都上二鋪俱縣西北

沙縣在鳳崗山之南唐武德四年始建在沙原中和四年攝縣令曹朋崇安鎮將鄧光布以其地阻溪徙建今所宋元因之國朝洪武二年知縣陳善重建正廳之右為典史廳後堂之左為架閣庫義門之前為譙樓樓之西為縣試①三十三年燬于寇李烏紫惟譙樓及廨宇僅存永樂元年知縣倪俊重建正統十三年復燬寇鄧茂七景泰元年知縣余寬重建卑陋弗稱成化五年知縣張泰重建一新○按本志今縣治舊為西北鄉地名楊贊坂一名楊黨坂

北鄉寨巡檢司在縣北十七都宋元豐三年建為寨國朝洪武八年改為巡檢司巡檢馬中重建

稅課局在縣

校注：①獄

治南翔鳳橋之西**陰陽學**寓縣治譙樓上**醫學**在縣治東舊惠民藥局也**河泊所**在縣治東興義坊舊存恤院址也洪武十五年知縣許賦①改建**僧會司**在縣治西天王寺**道會司**在縣治東東嶽行宮**公館**在縣治東興義坊總鋪之右**新豐倉**在縣治東五十步舊名際留正統十三年寇燬景泰元年知縣余寬重刱改今名**申明亭**、**旌善亭**上二亭在縣治譙樓前之右**縣前鋪**在縣治東興義坊公館之左**琅口鋪**在八都**高沙鋪**在五都**館前鋪**在二都**青洲鋪**在一都上四鋪俱縣東**洋口鋪**在二十一都**尾歷鋪**在二十二都**荆村鋪**在二十三都上三鋪俱縣西

順昌縣在縣市中儒學之西初為永順場五代漢乾祐元年南唐升為縣建治于此宋建炎中兵

校注：①斌

①□紹興元年縣令丘之立建至正三年縣尹胥崇仁重建正廳之左為幕廳儀門之前為譙樓譙樓之西為縣獄　國朝洪武三年縣丞楊惟德重修并建條吏廨舍十年知縣周政徙幕廳於正廳西北正統間燬于寇景泰二年知縣錢道寧成化十一年知縣程揩十九年知縣馮子昌二十年縣丞蔣時萬相繼剏建

仁壽巡檢司 在縣西北仁壽都宋為仁壽寨　國朝洪武初改今名七年巡檢中原讓建

稅課局 在縣治之西宋為商稅務　國朝改今名洪武九年知縣周政建

仁壽稅課局 在縣西北仁壽都洪武九年設未置宮②吏其課額縣兼領之

陰陽學 在縣治譙樓上宋時以譙樓為陰陽學　國朝因之

醫學 在縣治左舊惠民藥局也

雙峰驛 在縣治之西舊為順興驛又為行衙宋時建　國朝洪武初改今名

富屯驛 在縣西富屯都上二驛俱洪武十年知縣周政重建

河泊所 在縣治之西洪武十四年

校注：①燬　②官

戶部差人閘辦魚課知縣胡乾翔建仁壽河泊所在縣西北仁壽鄉洪武十四年戶部差人閘辦魚課未設官吏其課米縣兼領之僧會司在縣治北正識寺道會司在縣治西玉隆道院府公館在縣治之西際留倉在縣治西聽邊舊爲常平倉元至正中縣尹魯崇仁重修建國朝因之乃改今名申明亭在縣治之西洪武三年縣丞楊惟德建旌善亭在縣治之東洪武十五年知縣胡乾建城南鋪舊名洄口在縣南水南鄉郭閘鋪石溪鋪上二鋪在縣東石溪都桂嶺鋪陳坂鋪舊名交溪杜原鋪上三鋪在請安都婁杉鋪在婁杉都巳上六鋪俱縣西南吉舟鋪在吉舟都順溪鋪在莒口都太平鋪在崧溪都陽坊鋪在壽榮都仁和鋪在仁壽都富實鋪在①杉溪都巳上六鋪俱縣西北

校注：①杉

永安縣在縣城中儒學之西舊浮流巡檢司址也景泰三年始置府通判倪冕建小屋三楹視事四年知縣韓隆㴱建正廳之左為典史廳右為庫房西南隅為縣儀門外為譙樓

安砂鎮巡檢司在縣西三十二都舊為浮流鎮巡檢司宋元祐五年建為浮流寨國朝景泰三年以浮流鎮為本縣治所①之徙巡檢司于此改今名

湖口巡檢司在縣南三十都永安連城龍巖三縣接界處也正統五年始置

稅課局在縣治之西

陰陽學 醫學上二學在縣治東北

僧會司 道會司上二司未設

公館在縣治東南申明亭之東

縣倉在縣治北

申明亭 旌善亭上二亭在縣治譙樓前之左右

總鋪在縣治東四五步許

黃坊鋪在二十七都

貢川鋪在二十六都上二鋪俱縣北

張關鋪 新嶺鋪上二鋪俱在縣東北二十五都

校注：①遂

武職公署

延平衛指揮使司在府治東宋為南劍州元為延平路總管府國朝洪武元年改為衛署　經歷司在衛正堂之左　鎮撫廳在衛署之西　左千戶所元錄事司故址也　右千戶所舊萬戶府故址也上二十①戶所在衛署之東　中千戶所　前千戶所舊南平縣址也上二所在衛署之西　後千戶所在衛署之東元劉萬戶宅故址池凡上五所東西兩廊各列十百戶所永樂七年衛及千戶所俱燬惟後千戶所獨存指揮僉事于鑑重建景泰元年衛及鎮撫廳中前二千戶所又燬指揮使侯本重建　演武場在府城東洐②仙下里　屯田凡九所共田地五百二十四頃五十七畝六分四釐計旗軍一千七百五十名　左千戶所屯二所一在本府永安縣一在福州府閩縣　右千戶所屯二所俱

校注：①千　②衍

在福州府一在永福縣一在閩清縣　中千戶所屯二所俱在福州府一在懷安縣一在永福縣　前千戶所屯二所俱在福州府一在候官縣一在懷安縣　後千戶所屯一所在福州府候官縣

將樂守禦千戶所在縣治之南洪武四年建　吏目廳在所廳之右　鎮撫廳在所儀門之側　十百戶所在所之兩旁成化十年千戶所并二廳十百戶所俱燬十七年千戶徐寿重建　教場在縣治南玉華都　屯田凡九所共田地八十頃四十三畝計旗軍一百五十二名

永安守禦千戶所在縣治東也景泰三年搠建　吏目廳在正廳之左　鎮撫廳在正廳之右延平衛指揮僉事張宣建　十百戶所在所之兩廊　教場在縣治北門三里許　屯田二所共三十七頃一十九畝七分計旗軍一百一十二名俱在

邵武府一所在邵武縣一所在建寧縣

邵武府

上司公署

布政司分司在府治東南隆賢坊舊延福院地也正統八年邵武縣知縣顔宗建　泰寧縣一所在縣治之右正統五年縣丞虞昇建成化八年知縣徐琛拓而大之　建寧縣一所在縣治東七十步舊醫學地也景泰初建　光澤縣一所在縣南半里許龍興觀左舊河泊所地也正統五年知縣盛塤建

建寧道在府治東百步許宋通判廳地也元為閩海道肅政廉訪司分司　國朝洪武三年改為福建按察司分司二十四年改為建武道二十九年改今名成化四年知府盛顒重修　泰寧縣一所在

縣治東南百步許洪武三年建正統十三年燬于寇天順七年知縣胡玻重建　建寧縣一所在布政司分司之左宋尉司地也　國朝洪武三年建正統十三年寇燬尋復建　光澤縣一所在縣治東二十餘步舊城隍廟地也洪武三年建

文職公署

邵武府在城中西隅宋太平興國四年郡守張度創建建炎間燬于兵紹興十二年守汪安止重建紹起①三年燬于寇明年守汪遂建正廳繼守趙以夫建譙樓儀門兩廊寶祐六年災惟兩廊儀門存守葉彦炳重建咸淳六年守廖邦傑復辨方正位而更作之元至元十四年復燬于寇是年總管魏天祐重建　國朝洪武元年知府周時中葺而新之後堂之西　為架閣庫儀門之西為富有庫儀門之肖②為譙樓二年改富有庫為興阜庫正統三年知府徐述重建後堂及譙樓天順間推官周仲斌改

校注：①熙　②前

建推官廳於儀門東先是以元推官廳為知事廳①舍別建於郡廳左後又以為照磨所至是復建即元舊址西偏也成化間知府盛顒移興阜庫於後堂之東九年知府馮孜重脩正堂後堂及儀門復撤推官廳而大之

經歷司在正堂之東元時在府治西南隅國朝改為照磨廨舍別創于堂右天順間知府何友改建今所

照磨所在正堂之西舊在堂東天順間知府何友改建今所

司獄司在郡治南治平坊宋曰軍牢元曰獄國朝以為司獄司

稅課司在府治東南百五十步許舊行用庫地也宋建于郡治東舊通判衙前名稅務建炎二年省稅額兼領於主簿廳元因之國朝洪武二年改今名徙于太平坊二十一年復遷今所

常豐倉在府治東南鎮雅坊按舊志府倉一所舊在鎮雅坊洪武六年改建于南隅亨道坊名新豐倉備倉三所一即鎮雅坊舊常豐倉基洪武十九年改建永樂十五年災一亦在亨道坊永樂十二年年建一在南

校注：①舍

隅下水寨永樂十三年建正統元年以備倭警悉屬有司遂以在鎮雅坊址基建即今倉也七年知府楊衡以亭道倉地卑濕撤併今所成化十二年推官廖鐸又增廣之

陰陽學在府治東南舊醫學地也元延祐間建至正中徙于城西三皇廟內南偏國朝洪武二十九年廟革學遂廢永樂中復建于舊址今圯

醫①學在縣治東南舊以司法廳址剏建元至元中教授黃必壽買民地改建于舊學之西延祐間徙于城西三皇廟內北偏國朝洪武二十九年廟革學遂廢永樂中復建于舊址今圯

僧綱司在城西大覺寺

道紀司在郡治南玄妙觀

中明亭在旌善亭南

旌善亭在譙樓東南

邵武縣在府治東二百餘步舊在郡城東三里大溪之北今故縣地宋太平興國四年置邵武軍隨軍遷今所後燬于兵慶元五年縣令史定之重建淳祐十一年縣令高斯衍②新之元至元十四年

校注：①醫　②衍

燬于寇尋復建至正十二年又燬于兵明年縣令孔克俊復建　國朝洪武二年知縣水甦民重新之宣德中知縣鄒良重修①正廳之左為幕廳西廊之西為縣獄東廊之末為十神祠成化十五年知縣王拯區畫工料具備未及脩建以憂去十七年知縣王濟因而成之

水口巡檢司在縣東十六都宋為水口寨元因之　國朝洪武二年改為巡檢司巡檢楊從德修建永樂十四年圯於水尋復建

楊坊稅課局在縣東六都界首元為稅課務　國朝改為稅課局

拿口稅課局在縣東二十二都拿口市西元為稅課務　國朝改為稅課局

樵川水馬驛在城東隅寧泰坊舊淨居寺址也宋建于縣治東百步許元至元二十三年達魯花赤明安答兒徙建于城外紫雲溪北　國朝洪武元年遷建于今所也

林墩馬驛在縣東六都宋設元因之　國朝洪武四年驛丞黃子忠重脩正統十四年燬于寇尋復建成化九年重脩

拿

校注：①土

口驛在縣東二十二都元時設國朝洪武三年驛丞端帝友成重建河泊所在城東行春門外洪武九年設所官游仕宗建永樂十四年圯於水尋復建申明亭旌善亭上二亭俱在縣治前總鋪在府治前右偏王堂鋪酒溪鋪官源鋪上三鋪在五都丁字鋪梅里鋪上二鋪在六都巳上五鋪俱府城東頒春鋪在縣西北五十三都藥村鋪漠口鋪上二鋪在五十一都龍闘鋪破石鋪上二鋪在五十都大乾鋪在四十九都巳上六鋪俱府城西城南鋪在二十九都香林鋪在三十都山口鋪山心鋪上二鋪在三十一都邢家鋪在三十二都河源鋪在三十三都巳上六鋪俱府城南

泰寧縣在鑪峰之左杉溪之陽舊歸化鎮地也五代唐長興元年建宋紹興四年縣令范根重建紹定二年燬于兵端平間復建元延祐三年達魯花赤也先重建至正十二年復燬于兵惟正廳譙樓存國朝洪武三年知縣陳橋重建譙樓九年知縣定定以正廳屋老基隘撤而大之正廳之左為典史廳後堂之北為架閣庫儀門之前為譙樓譙樓之西為縣獄成化九年知縣徐琛重建後堂

税課局在縣治南利涉橋西宋名稅務建炎二年省課隸主簿廳元因之國朝洪武二年改今名正統元年省課額兼領於縣

陰陽學在縣治西五十步鑪峰之麓元縣尉衙址也

醫學在縣治西五十步宋為惠安局元為惠民局國朝改今名二十三年重建正統十三年燬于寇

河泊所在縣治東南公館之前洪武十九年設後省課額兼領於縣

僧會司在縣西保安寺

道會司在縣西龍山觀

公館在縣南河泊所後洪武三十二年主

簿潛玉重建際留倉在縣南譙樓之東洪武二十一年建申明亭旌善亭上二亭俱在縣治前縣前鋪在縣治前西畔山夾鋪宜坑鋪上二鋪在福山保朱口鋪在朱口保石阜鋪在梅林保交溪鋪在交溪保龍湖鋪在龍湖東保已上六鋪俱縣東白土鋪長灘鋪上二鋪在南會保梅口鋪撓舟鋪上二鋪在梅口保已上四鋪俱縣西石門隘在縣西大田保濬子隘在上髙保茶花隘在安仁保舊名茶花嶺上二隘俱縣北

建寧縣在鳳山之東濉江之北舊在今縣治西南三里許宋建隆元年南唐遷治今所紹興三年縣令吳播建廳宇後燬于寇紹定二年縣令趙紱①夫重建淳祐五年縣令林玥建鼓樓及宣詔頒春二亭景定五年縣令宋秉孫建②刻漏所於鼓樓之西咸淳六年縣令程夢桂又拓廳宇而大之元至

校注：①紡　②刻

正十二年燬于兵二十年邑人馮貞卿建正廳國朝洪武二年知縣程思道又繕理之正廳之左為幕廳正廳之後為庫房儀門之前為鼓樓儀門東北為架閣庫東南為縣獄正統十三年燬于寇尋復建

西安巡檢司 在縣西里心保保宋為西安寨在新城保元改為巡檢司國朝洪武三年巡檢徐銘遷建今所正統元年知縣龔儀新之

稅課局 在縣治東宋稅務也國朝改今名洪武三年知縣董煥建三十年火永樂五年署局事醫官廖壽山重建正統間省稅課縣兼領之

陰陽學 在縣南迎薰門內

醫學 在縣東宣化坊永樂九年醫官廖壽山重建後以其地為布政分司而以司寓于縣右畔官地為惠民藥局學猶未建

河泊所 東溪東道院正統間省魚課縣兼領之

僧會司 在縣南迎薰門外長吉寺

道會司 在縣西迎鰲觀

府公館 在縣治南街東

際留倉 在縣治西熊家嶺舊在縣廳西洪武二年知縣

董煥建二十五年知縣王思禮遷今所

申明亭　旌善亭上二亭在縣治鼓樓之左右

縣前鋪在縣治西　分水鋪舊名橄坑在縣南將屯保　源口鋪舊名洛陽

表莊鋪舊名上社上二鋪址在縣東洛陽保　楓濱鋪在長吉保　官橋鋪在鏡村保　都鏡鋪在都上保上三鋪俱縣南

光澤縣在杭川之南舊財演鎮地也宋太平興國四年捌建元至正十二年燬于兵尋復建國朝洪武元年征南將軍胡公舉南昌衛鎮撫湯忠鎮守是邑乃撤而大之正廳之右為幕廳儀門之前為譙樓縣獄在儀門之左架閣庫在幕廳之右宣德初主簿沈宗重建譙樓○按舊志征南將軍但曰胡公不言其名攷之元史至正二十七年我太祖嘗命胡廷瑞率安吉寧國等軍南取八閩疑此所謂胡公即廷瑞也

大寺寨巡檢司在縣西九都之杉嶺舊在縣北二十二都

元至元二十五年遷十都之止馬後至元五年巡撿沈兼善重建　國朝洪武三年巡撿胡永忠遷建今所

稅課局　在縣西十都止馬市宋建稅務於縣治東登雲坊建炎二年省稅課隸主簿廳元因之　國朝改為稅課局洪武九年知縣林孔孫重建宣德九年復省稅課兼領於縣正統十一年布政使方某奏建于今所

杭川驛　在縣治西孝感坊舊在惠濟坊宋熙寧中縣令上官均改為惠應廟遷驛于縣治南儒學之右元因之　國朝洪武六年知縣盧充間遷建今所景泰元年驛丞關英重建

杉關驛　在大寺寨巡撿司之右元元統元年剏建至正二十年燬于兵　國朝洪武二年驛丞何祖堅重建

河泊所　在縣東登雲坊舊稅課局地也洪武八年知縣姚伯和始建于縣西南惠濟坊永樂十四年圮于水正統五年知縣盛[illegible]以其地為布政分司遂改建今所

陰陽學　在縣東登雲坊舊在三皇廟內醫洪武二十九年廢廢改建今所

學在陰陽學之左宋為惠民藥局元因之國朝洪武九年重建十八年改為醫學僧會司在縣西龍興寺道會司在縣西龍興觀濟留倉在縣南後街洪武六年知縣盧充闓建申明亭旌善亭上二亭在縣治縣前鋪舊名譙門之左右財演在縣門外之東直阜鋪通津鋪舊名永崇上二鋪在縣東三十都石岐鋪高田鋪黄溪鋪長山鋪上四鋪在二都官山鋪舊名半山在四都上馬鋪在十都舊名清化杉關鋪在九都上七鋪俱縣西

武職公署

邵武衛指揮使司在府治東南宋館驛址也元為部汀寘①萬户府國朝洪武元年改為衛署二年指揮經歷司在正堂之東洪武元年知事李忠建鎮撫廳在街蔡玉重建

校注：①翼

西洪武四年鎮撫耿①班建廳之右為獄

左千戶所在後所之左洪武三年建于東門力②十一年千戶王盟改建今所

右千戶所在後所之右洪武三年建于南門內十一年千戶張潔改建今所

中千戶所在前所之右洪武三年建于北門內十一年千戶高原改建今所

前千戶所在中所之左洪武三年建于南門內十一年千戶高原改建今所上四所俱衛治南

軍器局在衛治東南隅

演武場在郡城外水北舊在城東隅進賢坊下洪武十一年指揮包懋遷于今所建閱武堂於其西成化十一年指揮高陞等請于巡撫副都御史張垣又拓民地以廣之

屯田凡十九所永樂十三年制令分軍屯種共民地一百五十二頃三畝三分計旗軍五百一十五名部武縣五所一在縣東二十九都蓮塘一在三十二都大王坪一在四十四都上樵上二屯俱縣南一在四十九都河上一在五十二都蒙洲上二屯俱

校注：①耿　②内

縣西建寧縣五所一在縣東楚上保一在上黎等保一在富田保上二屯俱縣西一在縣南鋪村等保一所在縣北安仁保光澤縣九所一在十八都西閣一在二十一都虞塘付頭上二屯俱縣東一在十二都牛田一在十七都付家上二屯俱縣西一在三都新坊一在五都官庵上二屯俱縣南一在一都仙花一在二十五都雲際一在二十六都洪家庄上三屯俱縣北

興化府

上司公署

布政司分司在府治東西市宋為監稅解舍元初更為錄事司國朝洪武六年改為織染局正統九年又改為雜造局成化三年知府岳正以舊分司湫隘弗稱遂改為雜造局而以舊雜造局改建分司復購其傍近民地以廣之仙遊縣一所在縣治東功建里洪武初建為稅課局正統二年

省十年布政使孫昇改為分司十三
年燬于寇十四年知縣宋華重建

福寧道 在府治東北澄清坊之西宋軍治通判廳也元
初為福建閩海道肅政廉訪司分司國朝洪
武元年更為提刑按察司分司永樂六年改名
正統十一年僉事陳祚況真重修　仙遊縣一所
在縣治東功建里元至正十五年知縣任興建為
尉衙　國朝洪武元年改為公館後改為分司守
改為福寧道正統十
二年知縣宋華重建

文職公署

興化府 在府城西南隅宣化坊內舊為莆田縣治宋建
隆二年清源招討使判縣事留居道始新之天
禧元年知縣嚴巳重修慶曆五年知縣張緯更創
堂宇元至正十二年縣尹董禿堅帖木兒重修
國朝洪武二年以舊府治為興化衛知府蓋天麟
改建府治於此天順元年知府潘本愚重建中

堂易以石柱扁曰公生明後堂扁曰正己遷方門①祠於儀門之左闢府治前通衢而大之成化十八年知府劉澄復遷方明祠於儀門之右而闢其地建為便廳為推官鞫刑之所**經歷司**在府堂之左**照磨所**在府堂之右俱潘本愚重建**豐盈庫**在府後堂之左舊在譙樓北之東成化三年知府岳正移建今所**司獄司**在府治東北左千戶所之東宋為都監廨舍後闢為行衙紹熙二年知軍事趙彥勵重修元初改為總管府急遞鋪國朝洪武元年知府蓋天麟改建為司獄司其西為監房**稅課司**在府治東司獄司前務巷內宋為都稅務宣和七年知軍事廖剛重建國朝洪武元年改今名大使龔保重修〇舊志云在行衙之南街通遠坊內蓋司獄司嘗為行衙而通遠坊即務巷口對行衙坊也**大有倉**在府治東望海門內即宋都倉常平倉也國朝洪武元年改為大有倉知府蓋天麟修葺廒凡二十又五今存者八**平**

校注：①明

海倉在府城東北武盛里平海城内舊名永聚倉
國朝洪武二十年興化衛指揮僉事呂謙建
厫凡十又二永樂五年本衛千户姚得增建厫五
九年千户詹福復增建厫三正統六年改隸本府
雜造局在府治東同升坊内古延福寺地也正統
十年布政使孫昇建為布政分司成化三
年知府岳正改為雜造局而
以舊雜造局建布政分司焉
陰陽學在譙樓内宋
軍資常平公
使庫也天聖七年知軍李餘慶重建軍資庫元豐
二年知軍謝仲規增修紹熙元年知軍趙彥勵重
修公使庫國朝洪武元年改建為豐盈庫三年
知府蓋天麟復修成化三年知府岳正移建於府
治後堂之北而以其地為陰陽學舊陰陽
學在西市布政分司之右其地今入民間
醫學在
西
市布政分司之左舊在莆田縣治之
前成化四年知府岳正移建今所
僧綱司在府
治東
永福
寺内
道紀司在府治北
萬壽宫内
莆陽驛在府治北福寧道
之後宋監押廳

也使院之址疑亦入焉元初改建為莆陽驛國朝洪武二十年通判曹大德修成化四年知府岳正復脩建一新驛之南舊為遞運所宋作院地也洪武十七年知縣邢敬建後省驛兼領之至是遂以其地增建驛樓

河泊所 在府城東南胡公里靈慈廟中洪武十四年戶部差總旗宋雲管閘辦魚課寓延興里留茂庵十六年始置河泊所河泊官夏銘移寓今處

旌善亭

申明亭 上二亭在府治前之左右舊皆南向天順元年知府潘本愚改建東西相對

莆田縣 在府治東北善俗坊內宋廣節指揮營地也舊在府城西南隅縣學之北洪武三年改為府治知縣任益遂徙建今所正堂之右為典史廳後堂之右為架閣庫西廊之南為縣獄舊有土地祠在儀門之東後改為佐貳官視事之所凡公署俱南向外門則東向宣德十年縣丞葉叔文增闢吏舍景泰元年知縣劉玭增建穿堂天順六年知縣王常重修正堂

沖沁巡檢司 在府

城東興福里舊在興化縣潯陽徙置于此巡檢欽韓翎建成化三年知府岳正撥巡檢秦廣重修

頭巡檢司在武盛里舊在新安里莆禧鎮徙置于此巡檢黃讚建

青山巡檢司在奉谷里舊在武盛里南哨徙置于此巡檢滿璉建上三巡檢司俱府城東

小嶼巡檢司在禮泉里舊在仙遊縣楓亭徙置于此巡檢何拜帖木兒建

吉了巡檢司在新安里舊在仙遊縣潭邊徙置于此巡檢胡賢建上二巡檢司俱府城東南

迎仙寨巡檢司在府城東北待賢里舊在嘉禾里施水亭宋熙寧四年徙迎仙市之北崇寧元年圯於水伏奉官王亨徙迎仙市之西　國朝徙建于此已上六巡檢司俱洪武二十年剏建

莆田縣稅課局在府城東北延壽里涵頭市洪武元年建十八年大使張彥誠脩二十七年黃時敏增建後廳正統二年省三年大使李秀實奏請有軍備之處仍宜設之遂復其舊

黃石稅

課局 在縣東南景得里塘尾舊在本里市埕即宋黃石務也元至正間火提領劉均得移建今所　國朝洪武元年改為稅課局二年大使張思中脩

莆禧稅課局 寓縣東武盛里下渚林朝宗庵舊在新安里莆禧洪武三年大使錢九疇徙今所上二稅課俱正統二年省課額歸縣兼領之

莆禧倉 在府城東南新安里莆禧城內初為莆禧千戶所倉洪武二十三年千戶劉毅建為廒凡十正統四年改隸本縣

黃石河泊所 寓府城東南連江里顯濟廟舊寓萬善堂洪武十四年戶部差總旗李臘孫劉會保開辦魚課寓顯濟廟十八年設河泊所河泊官駱宗本又移寓萬善堂後復寓今所

莆田河泊所 寓府城東北延壽里新橋聖壽庵

莆禧河泊所 寓府城東南崇福里神山堂成化間移寓吉了澳庵堂尋復舊

公館 在福寧道前街南成化間建以為府僚候謁上司之所

進善亭 **申明亭** 上二

亭在縣治外門之左右　總鋪在府治前之東　魏塘鋪　涵頭鋪上二鋪在仁得里　余埔鋪在永豐里　江口鋪在待賢里已上四鋪俱府城北　雙牌鋪　瀨溪鋪上二鋪在文賦里　猴溪鋪在新興里已上三鋪俱府城南　塘頭鋪在谷清里　朴損鋪在興福里上二鋪俱府城東南　大坑鋪在奉谷里　平海衛前鋪在武盛里上二鋪俱府城東　東林鋪在合浦里　鄭欖鋪在崇福里　莆禧所前鋪在新安里上三鋪俱府城東南

都轉運鹽使司分司在府城北延壽里①涵頭市元至元十六年設管勾司董鹺事延祐二年改為司令司本司官周文郁建國朝洪武二年改為福建都轉運鹽使司分司本司同知胡傑重脩扁其中堂曰德政後堂曰中和左右設幕廳　上里場鹽課司在分司內

校注：①涵

以右幕廳為之又有下里①場俱附於此凡轄二十四團團各有倉大地團貯一十二竈鹽　地玄黃團貯一十一竈鹽　玄黃洪荒團貯九竈鹽上三團俱延壽里　日月團②貯六竈鹽　日月盈團貯八竈鹽　洪荒日月團③貯八竈鹽　④昃辰團貯一十二竈鹽　辰宿團貯八竈鹽　宿列團貯七竈鹽　列張團貯七竈鹽上七團俱望江里　寒〻張團貯八竈鹽　寒〻宇團貯一十一竈鹽　寒〻來西團貯十竈鹽上三團俱永豐里　來西東團貯十二竈鹽係存實里　富盈廣衍團貯九竈鹽　富盈團貯七竈鹽　豐實團貯七竈鹽　廣衍來濟團貯九竈鹽　永濟團貯七竈鹽上五團俱合浦里　永寧團貯一十一竈鹽　永寧團貯八竈鹽　永豐團貯一十一竈鹽　盈字團貯八竈鹽上四團俱興福里

仙遊縣　在大飛山南五里初建於今縣治之北三十步唐嗣聖二年始遷今所宋崇寧二年知縣

校注：①②③貯　④昃

錢閩重建正門其上爲鼓樓樓之内有簿尉二廳東西相望淳祐十一年知縣趙時鑄重建東則庫帑西則犴獄元至正十二年燬于寇十五年縣尹任興即其故址重建 國朝洪武二年增建規制悉備三十三年圯三十五年知縣張浦以後堂故基更創正廳西爲幕廳東爲庫房儀門外之東爲土神祠祠之前爲縣獄宣德八年知縣王彝即正廳故址重建廳事扁曰公生明更建幕廳於其東庫房於其西改建外門爲鼓樓莆田林文爲記正統十二年知縣宋華重建後堂成化九年知縣黄璨修建一新 按縣志古有讖云欲進前後山軟欲退後前山遶此去三百年有兩口山人來栽剪後有呂姓者來遷之

陰陽學 在縣治西三觀堂巷舊在縣前東九十步歲久而圯成化十三年知縣黄璨改建今所

醫學 在縣治東百步許舊惠民藥局也成化十八年知縣彭昭重建

楓亭驛 在縣東南連江里楓亭市按皇華四達記即唐楓亭館宋爲太平驛嘉祐元年知縣

許抗始建廳事蔡襄嘗有書貽鄉人之仕者及業文學未仕者相與共完之二年知縣閻仲甫增建堂宇悉備襄爲記元至正七年改爲楓亭驛十二年火二十七年録事劉傑重建國朝因之正統八年知縣楊信驛丞李紳重建十年知縣宋華建門樓及廨舍天順七年驛丞方綱修成化八年驛丞曾鉉重脩

僧會司在縣西南仁德里龍華寺內

道會司在縣治北功建里福神觀內

際留倉在縣治儀門外西南隅北倉之前洪武十六年知縣顧思敬建成化十年知縣黃縈重建

旌善亭 **申明亭**上二亭在縣治譙樓外之左右俱洪武中建成化九年知縣黃縈以其太逼縣治改闢今址重建

縣前鋪在縣治前譙樓之左成化九年知縣黃縈以舊鋪太逼縣治改闢今址重建

石馬鋪 **長嶺鋪** **沙溪鋪**上三鋪在香田里俱成化十八年知縣彭昭重修

楓亭鋪在連江里楓亭驛東百步

許舊去驛里許成化十年知縣黃璨以其地卑濕移建今所上四鋪俱縣東南已上五鋪俱洪武四年知縣周從善剏建

武職公署

興化衛指揮使司 在府治東北譙樓內之西宋為都巡檢廨太平興國八年知軍事段鵬改剏為興化軍治內有大廳亦曰設廳前有儀門亦曰戟門儀門之外有中門在譙門之西東向宣和五年知軍事廖剛重修大廳紹興九年知軍事孫蓋重建儀門及中門淳熙三年知軍事潘畤始建閤於大廳之上以崇御書元初改為興化路總管府　國朝洪武元年指揮俞良輔盧鎮奏改為衛正統五年指揮使張廣重建儀門景泰四年廣之子剛重脩正堂及外門并建穿堂**經歷司**在正堂之東**鎮撫廳**在衛東譙樓之內宋興化軍簽廳之東故址也初為回車院郡守秩滿寓

馬紹興十七年知軍事王辟章改建為僉廳國朝洪武三年鎮撫鄧斌改為鎮撫廳正廳之左為監旁二十八年鎮撫阮忠增建後廳

左千戶所在衛東鎮雅坊內宋興化軍治宣詔亭址也國朝洪武十三年副千戶孫遇剏建

右千戶所在衛前前所之左洪武十三年副千戶陳明剏建宣德四年千戶廖祥重建

前千戶所在衛前右所之右洪武十三年正千戶王良剏建正統九年千戶杜熊重建

後千戶所宋興化軍治桂籍堂正己齋和簡堂思無邪齋址也洪武十三年正千戶夏文剏建

中千戶所宋興化軍治靖共亭清心堂址也洪武十四年副千戶姚成剏建宣德十年千戶白俊重建上二千戶所在衛東譙樓之內已上五千戶所廳前兩廊各列十百戶所

公館在福寧道之東宋興化軍通判廳址也國朝成化間建為衛僚假謁上司之所

修料庫在衛廳西以耳房為之

軍器局寓玄妙觀

內東偏舊寓城隍廟後後移今所**教場**在府城東北隅烏石山下其中有演武亭景泰三年指揮使張剛重修并建演武坊成化間指揮僉事洪寬重建演武坊**屯田新舊凡一十九所**共田地九百一十八頃二畝九分五釐計旗軍三千三百六十名　左所屯七所莆田縣四所一在縣東保豐里一在縣西新興等里一在縣南醴泉等里一在縣北常泰等里仙遊縣二所一在縣東香田等里一在縣西文賢等里泉州府永春縣一所在縣西一二都　右所屯三所仙遊縣一所在縣北興泰等里泉州府永春縣一所在縣西三四都福州府福清縣一所在縣西萬安等里　中所屯三所福清縣二所一在縣西香田等里一在縣南臨江等里　前所屯三所福清縣二所一在縣西清遠等里一在縣北清寧等里永春縣一所在縣西六七都　後所屯三所福清縣二所一在縣西清寧等里一在縣北方興等里永春縣一所在縣西八九都**烽燧**即烟墩

凡七處俱在莆田縣東南洪武間設本衛分軍守嘹①正統十二年參政李顒令小嶼巡檢司弓兵代之石牛山　太湖　槐左山上三處在安樂里　小嶼山　赤岭山　嵩山上三處在醴泉里　岑山在靈川里

平海衛指揮使司在衛城內洪武二十年江夏侯周德興奉旨剏設興化衛指揮僉事呂謙督建正統八年本衛指揮王茂脩景泰二年指揮使姜銘安重脩六旁并增建穿堂　經歷司在正聽之西久廢　鎮撫廳在衛治東南景泰三年鎮撫胡俊趙震脩成化間重脩

左右中前後五千戶所俱在衛治南每所各列十百戶所

公館在衛城西南指揮使李全廨舍正統三年指揮同知王茂改建

教場在衛西一里許中有演武亭

堡寨一處在奉谷里

屯田五所共田地八十七頃五十畝二分計撥軍二百八

校注：①瞭

十五名左所屯一處在仙游縣興泰里觀洋等處右所屯一所在硿上等處中所屯一所在鳳冲等處前所屯一所在垻頭等處後所屯一所在馬洋等處上四屯俱在莆田縣廣業里

烽燧即煙墩**凡三十二處**俱在莆田縣洪武間設本衛分軍守瞭①天順三年按察司僉事牟俸令各巡檢司弓兵代之

浦口 即下徐 硋頭山上二處在延壽里 蔡寧山在永豐里 巖沁山 余埔山 東蔡山上三處在望江里巳上六處俱縣東北今屬迎仙寨巡檢司 埕口山 雙髻山 後埔山上三處在興福里 三江口 珠浪 寧海上三處在連江里 塔山在莆田里 穀城山在谷清里巳上八處今屬冲沁巡檢司 嵌頭山 石井山 上歐山 小澚山 赤岐山 石獅山上六處在武盛里 大崙山 章曆山 鯽魚山 林邊山 蠔山上五處在合浦里巳上一十一處今屬嵌頭巡檢司 湖邊山 岐頭山 蔡山 石城山 澄港山 蔡

校注：①瞭

山東林山上七處在奉谷里今屬青山巡檢司

莆禧千戶所在所城中洪武二十年江夏侯周德興奏旨剏設興化衛指揮呂謙督建廳之前兩傍列十百戶所儀門之前為譙樓**鎮撫廳** **教場**在所城外西北一里許中有演武亭**烽燧**即烟墩**凡一十四處**俱在莆田縣東南洪武間剏設本所分軍守寮①正統十一年御史丁澄令吉了巡檢司弓兵代之吉了山　塔林山　奄前山　文甲山　山西山　度邉山　東山柄　西山上　尖頭山　一十一處在埋頭山　新安里　後埔山　大洪山　呉山　三處在蠣山上　崇福里

南日山水寨在府城東南新安里吉了巡檢司之東濵海洪武初設於南日山後移置今所名仍其舊每歲分興化平海泉州三衛軍士更番以備倭寇興化衛官九員旗軍一千一百五十名　平海衛官一十五員旗軍一千七百六十名　泉州衛官

校注：①瞭

一十二員旗軍一千一百五十名

福寧州

上司公署

布政司分司 在州治東四十餘步正統八年知縣項智建寧德縣一所在縣治南一里許成化十一年知縣江儒建　福安縣一所在縣治南重金山下

福寧道 在州治東三十步許洪武九年知縣趙仲明建寧德縣一所在縣治東二十餘步洪武十年知縣朱政建　福安縣一所在縣治東

文職公署

福寧州 在州城中龍首山下即舊縣治也宋建炎二年知縣潘巾建元至元間改為州治同知董德宜

重建延祐六年知州兴来中議撤而新之泰定四年州尹張伯顏重脩國朝洪武初仍以為縣治七年知縣郭徵宣德五年知縣錢宥俱嘗脩建成化九年復以為州治知州劉象重建正堂之左為幕廳右為庫房儀門之前為譙樓譙樓之西為州獄

大質營巡檢司 在十一都

松山巡檢司 在一都

水澳巡檢司 在十二都

青灣巡檢司 在五都上四巡檢司俱州東

高羅巡檢司 在四十三都

延亭巡檢司 在五十都上二巡檢司俱州南上六巡檢司俱洪武二十年刱建

柘洋巡檢司 在州西北正統六年主簿王純以其地山寇出沒奏設巡檢司於此以警備之

稅課局 在州治東一十五步元至元二十四年建為稅課司國朝洪武二年改為稅課局七年知縣郭徵正統七年知縣項智俱嘗脩葺前門基地為軍營所侵成化十四年知州劉象復之十八年大使鄭炳重建

廣

盈倉在州治西北隅舊隸福寧衛正統六年改隸福寧縣成化九年判官黄晟闢而大之大金倉在大金千戸所城中洪武間剏建成化十年判官黄晟重建陰陽學在州治西五十步醫學在州治西一百六十步舊惠民藥局也僧正司在州城東門外建果寺道正司在州城北門外玄妙觀上二司舊為僧會道會司成化九年始為僧正道正司松山河泊所在州東一都洪武二十六年建館驛在州治東舊在州治西門內大街之北洪武二十年築衛城時其址已為軍營矣正統七年知縣項智別建今所鹽田公館在州城西三十八九都渡頭成化十年判官黄晟建杯溪公館在州治西北三十六七都成化十年同知張翀建際留倉在州治儀門內舊在秦溪坊內元至元三十年設國朝洪武十六年徙于今所旌善亭申明亭上二亭在州治譙樓外左右俱

洪武十一年知縣趙仲明建州前鋪在州治譙樓内洪武三年置金堂鋪在二都倒流溪鋪官田鋪湖平鋪官洋鋪上四鋪在四都錢大王鋪龍亭鋪上二鋪在六都杜家店鋪楊家山鋪五蒲鋪上三鋪在九都白琳鋪在二十都顧洋鋪在二十一都王孫鋪在二十二都巖前鋪在十九都北水鋪牛嶺鋪分水嶺鋪上三鋪在十八都已上一十七鋪俱州東石瀧鋪在三十六都九家店鋪鹽田鋪上二鋪在三十八都已上三鋪俱州西黃沙鋪在三十五都漁洋鋪在四十二都高羅鋪在四十三都大金鋪在五十二都上四鋪俱州南通上凡二十四鋪俱洪武二十年知縣郭徵縣丞易大年建

寧德縣在白鶴洋舊為鹽場五代唐長興四年偽閩刱建為縣宋建炎二年燬紹興元年知縣趙侁之重建元至元二十年又燬明年知縣徐卯孫復建國朝洪武十年知縣朱政重脩宣德五年重建正廳之東為典史廳西為架閣庫儀門之西為縣獄前為譙樓

麻嶺巡檢司在縣北十九都涵①村元時在十五都東洋國朝洪武元年知縣王子景重建宣德間移建今所

陰陽學司在縣治南布政分司之右成化間建

醫學在縣治東南三十步許舊惠民藥局也

河泊所在縣治東鰲橋之西洪武元年建為稅課局後稅課局省遂改為河泊所

僧會司在縣東五都資聖寺

道會司在縣北七都東山宮

公館在縣治南鵬程街舊為布政分司成化十年知縣江偉移建布政分司於縣治之南遂以此為公館

鳴坑公館在縣北九都

飛鸞公館在縣南二都上二都公館俱成化間建

寶豐公館在縣西北

校注：①涵

十七都永樂元年監察御史蔣彦①祿建成化十二年判官黃晟重建際留倉在縣西一里洪武三年建申明亭　旌善亭上二亭在譙樓外左右　縣前鋪在譙樓之西成化十四年縣丞潘璇重建山澤鋪　飛鸞鋪上二鋪俱在縣南二都　白鶴鋪在□□□　界首鋪在卅九都上二鋪俱縣西

福安縣在裒山之下宋長溪縣西鄉尉衙也淳祐五年改為縣治知縣鄭輔草剏未畢工九年知縣林子勲踵而成之元至元十三年②燬至大四年主簿胡璉建至正三年知縣趙元善重建國朝洪武八年知縣崔孚復新之天順六年知縣陳謨重脩正廳之左為幕廳儀門之前為譙樓譙樓内之西為白石巡檢司在縣北七都成化八年按察司副使何喬新奏請剏建縣獄

陰陽學在縣治之東今廢為觀音堂　醫學在縣治譙樓之東還淳坊口即舊惠民藥

校注：①禄　②燬

司宋淳祐五年知縣鄭輔建國朝洪武十八年改為醫學僧會司在縣治西南龜湖亭公館在縣治東門湖塘公館白石公館上二公館在縣北七都俱成化間參議陳瀚建際留倉在縣治譙樓內東畔白石倉在縣北七都白石巡檢司城內申明亭在譙樓之右旌善亭在申明亭之右縣前鋪在譙樓東柳斜鋪在二十都任家鋪在二十五都化蛟鋪大梅鋪上二鋪在二十六都已上四鋪俱縣南松蘿鋪在縣東南界首鋪在縣南上二鋪俱二十七都蕉村鋪在縣西南二十一都大留鋪在縣東南二十一都曾坂鋪在縣東①十八都龜靈鋪在縣西北九都

武職公署

校注：①二

福寧衛指揮使司 在州治之東舊資壽寺址洪武二十年江夏侯周德興奉吉剏建成化間指揮同知張武撤而新之正堂之後為聚勳堂儀門之前為譙樓 **經歷司** 在正堂之東成化十八年經歷楊序重建 **鎮撫廳** 在儀門之右 **左右中前後五千戶所** 在六房之後南向每所俱有十百戶所 **儀仗庫** **貨財庫** 上二庫在衛堂左右以耳房為之 **軍器局** 在衛堂西北 **教場** 在州城西門外中有演武亭成化十一年指揮同知沈進重脩 **寨凡八處** 青灣寨 三沙寨上①三寨在五都 可家寨在八都 黄崎寨 小篔簹寨 大篔簹寨上三寨在十一都 南鎮寨 水澳寨上二寨在十二都 已上俱在州東洪武間剏置本衛分軍守備景泰閒②省其扯③猶存 **屯田十所** 洪武二十八年制令分軍屯種共田地一百九十二頃七十四畝四分計旗軍七百一十七名 左所屯二所

校注：①二 ②間 ③址

俱在州一都草坂底起至四都止　右所屯二所俱在州五都大清化起至六都大飛泉止　中所屯二所俱在州二十都大坪起至二十一都止　前所屯二所俱在州二十一都杉洋起至二十五六都崇儒上至　後所屯二所俱在州四十四五都青皎起至四十六都下舖止

烽燧即烟火墩

凡二十一處俱在州城東　沙松　臺灣上二墩在一都　後崎　賴離上二墩在三都　大青畫　小青畫　東壁　離智　烽火上五墩在五都　梅花在七都　三山　大峰　南金　金家上四墩在八都　黃崎　白巖上二墩在十一都　南嶺　白露　水灣　上三墩在十都　沙埕在十五都　古縣在四十一都

大金千戶所在州城南五十二都大金城內出①武二十年汪②夏侯周德興奉一③旨剏設

吏目廳　鎮撫廳　教場在所城西門外舊在東門外綱裏洪武二十七年千

校注：①洪　②江　③衍“一”字

戶趙後今所寨凡五處俱在州南高羅寨在四十三都下滸寨在五十一都延亭寨東安寨西臼寨上三寨在五十三都烽燧即烟墩凡一十七處俱在州南長門在四十二都積石閭峽南山羅灣赤崎小南上六處在四十三都北山頂在四十五都塔尾下許上二處在五十一都青山界石上二處在五十二都劉金下箕車安石湖關崎上五處在五十三都

定海千戶所在連江縣東二十七都埕角灣定海城內洪武二十年江夏侯周德興奉旨刱建吏目廳鎮撫廳教場在所城外東南一里許堠寨一處在連江縣東二十六都之北茭屯田凡一十五所一所在縣谷前西欽平上里塲前一所在詞臺一所在朱灣上二屯在賢義里一所在安仁上中里桐灣上三所俱在

中鵠里丹陽巳上二屯俱縣東一所在定田一所在新安上二屯在縣南新安里一所在二十九都安海一所在郭宅墩一所在陀龍上二屯在嘉賢上里巳上三墩俱在縣東一所在清河里陀市一所在光臨里可溪上二屯俱縣西一所在縣東北建興里高洋

烽燧 即烟墩

凡八處 洪武間設俱連江里官塢　官海長崎　黄崎　裴頭上四處在二十六都大埕上二處在二十七都　小灣在京貴里巳上七處俱縣東　東岸灣在縣東南安慶里

烽火門水寨 在州東一都松山永樂十八年剏設於三沙海面正統九年侍郎焦宏以其地風壽①洶湧泊舟不便命移於今所每歲分福州左中偏寧三衛官軍更番以備倭寇　福州左衛官一十一員旗軍一千三百八十九各②　福州中衛官一十一員旗軍一千三百八十九名　福寧衛官一十一員旗軍九百九十名

把總公館 在大金千户所官四員旗軍三百名　演

校注：①濤　②名

弍亭之東**福州左衛公館**在把總公館之西**福州中衛公館**在把總公館之東**福寧衛公館**在福州中衛公館之東**水寨教場**中有演武亭亭之北為軍器局

八閩通誌卷之四十三

八閩通志卷之四十三
廿六

八閩通志卷之四十四

學校

按舊志莆人鄭露倡學於梁陳之間福人薛令之登第於神龍之際則閩人知學其所由來也遠矣而唐史則謂自常衮興學校而閩人始知學何歟蓋閩人知學雖已久至衮大興學校而始盛也自時厥後閩之文物駸駸與上國齒至宋遂有海濱鄒魯之稱有元九十餘年俗淪於夷學校之教雖未嘗廢而斯文終有愧於古

天啓文明我
太祖高皇帝廓清海宇繼天立極乃令天下郡邑皆立
學以教髦士而學必有廟以祀孔子蓋欲學者
一以孔子之道爲宗而不爲他岐所惑也
列聖相承其所以申飭而作興之者益明且備故賢才
之出彬彬焉軼於唐而幾於宋猗歟盛哉閩諸
郡邑學校及諸名人賢士講學之所賢有司能
祇承
德意者多所修葺是不可以無紀間有廢者其流風

餘韻亦足以興起後學皆不可少也乃志學校

福州府

府學

在府城南興賢坊內舊在子城西北一里許唐大曆閒觀察使李椅移建今所唐乾寧元年王潮於州四門置義學五代梁龍德元年王審知置四門學以招徠四方之秀吳越時作新宮號使學宋太平興國中轉運使楊克讓始作孔子廟景祐四年權州事謝微表請於廟①立爲府學從之詔下微遷罷去郡守范亢許宗壽踵其事歷五年乃成有九經閣三禮堂黌舍齋廬旁翼兩序前次井飲百用皆給熙寧三年灾郡人韓昌國劉康夫等二百人請自創建郡守程師孟許之既而屬縣之士皆如昌國請不一月集錢三百萬爲門爲殿爲公堂環列十齋以居學者公堂之後又別爲室以藏書爲堂以講議爲齋以處師友盖合百有三十間乃表請更定聖賢像制元祐八年郡守王祖道復斥東

校注：①朝

西序之北二百四十尺增齋舍爲二十而小學在
中門外之左客次在中門外之右舊廟學門皆西
出至是改建外門直中門之南崇寧元年行舍法
始自朝廷選擇教授增養士之額益廣爲三百五
十一區爲堂三爲齋二十有八後罷舍法省齋爲
十有二嘉熙元年重建欞星門景定四年燬明年
帥守王鎔撤唐安寺材建禮殿撤城南褒遊亭建
養源堂於殿之東北創奎文閣於堂之北復構戟
門及欞星門而別立學門于其東鑿泮池而橋其
上橋之西爲米廩北爲中門中門之西北爲錢粮
司又西爲守宿房祭器庫北爲學廳廳之北列橫
廊三重前廊之中爲中亭廊各五齋元大德八年
教授陳仲晦創麗澤亭于奎文閣之後前立表曰
杏壇憲使程文海書扁皇慶元年省十五齋爲六
齋各設訓導延祐四年憲使趙宏偉拓禮殿而大
之塑先聖十哲像于中闢兩廡塑從祀像凡百有
五撤舊錢粮司守宿房祭器庫拓戟門東爲祭器
庫西爲樂器庫更立欞星門門之內東爲神廚西

舊更衣亭泰定二年櫺星門及更衣亭神厨俱燬于風雨所壞三年教授陳震重建又言于總管劉元亨創建米廩五年復以憲使易釋董阿之命新聽後中亭至正十五年教授陳俊建明倫堂及六齋國朝洪武初葺禮殿扁曰大成尋割其後養源堂麗澤亭并杏壇地爲貢院殿前東西爲兩廡南爲大成門又南爲櫺星門門內東爲神厨西爲常袞祠又更衣亭大成門之東爲神庫殿之東爲明倫堂堂之前東西爲四齋南爲中門並堂之東爲膳厨宣德九年又建堂於明倫堂之北仍扁以養源二堂之間爲致齋所二左曰齋明右曰肅雍學之東爲教授及訓導廨舍凡四所學之西並禮殿東壁爲號房若干楹成化三年巡按御史塗棐以國初所頒銅鑄祭器如尊罍鉶之屬皆歲久刓弊因命工并籩笪簠簋俱範銅而重鑄之十三年知府唐珣大修廟學禮殿前翼以舞亭撤舊明倫堂北郄三丈許重建爲間凡七并建養源堂其間如明倫堂之數舊東西兩齋各九間亦增之合爲二十

有六東西號房皆以次修建○射圃在學之東偏
半橋西米廩後改爲更衣亭舊在明倫堂
之東今光風霽月亭其故址也宋淳熙四年郡守
陳俊卿紉仍搆亭其中扁曰亭賓後廢　國朝宣
德間改建于今所正統十年御史陳永闢其地建
觀德亭成化十四年知府唐珣重建東西復增兩
序十九年爲風雨
所壞尋復修葺

閩縣學在府治東南羅山之麓唐制倚郭縣不復設
學至宋慶曆中始建治平元年修熙寧中邑
令方叔完重建崇寧初舍法行寓於府學後復舊
元至元十五年燬越五年學官丁堯建禮殿元貞①
元年學官韓挺特建齋廬大德七年吳昂來建講
堂十一年陳振王樹皐門立筭道堂至大三年學
官高琳子繪從祀像造祭器　泰定二年縣尹張惪
學官蕭景說拓禮殿而深之　國朝洪武二十三
年御史陳述副使李惟益撤其舊重建正統十二
年御史陳永復廣其規制繼而御史丁澄又悉撤

校注：①貞

而更之拓地三倍於舊天順間御史顔纖又闢民地以廣學前之路成化九年御史尹仁復拓其後①以取方正而提學僉事鍾城議欲右市民居後闢法海寺地以益其址知府鄭時遂亨②其直以闢之於是更建大成殿并東西兩廡東南爲學門殿後爲明倫堂列兩齋于左右徙舊崇文閣於堂後而夾以兩翼十二年知府唐珣繪殿堂新戟門櫺星門并殿前舞亭階砌埤道以至號房庖湢垣墻門逕一悉修新

鼇峰書堂在府城内東南鼇頂峰下宋狀元陳誠之讀書處也今廢爲民居故址漫不可考

龍首澗書堂在府城東瑞勝里東山宋狀元許將嘗肄業於此治平四年知縣陳靖大書刊石曰龍首澗今東山大乘寺西庵即其地也

侯官縣學在府治南縣治之東宋慶曆中建尋復修之熙寧九年縣令方叔完③建禮殿於講堂之西并塑像其中崇寧舍法行亦寓府學後復舊景定四年禮殿燬尋建元至大二年縣尹鄭行割

校注：①闢　②厚　③完

縣東之地以廣西廡創尊道堂於講堂後延祐五年縣尹魏揚祖重修　國朝宣德十年教諭羅倫以其規制隘陋請于布政使周頤拓其址重建明倫堂堂之前左右爲兩齋東爲膳廚北爲尊經閣閣之下爲養賢堂南爲中門又折西而南爲外門門內之西爲側門入禮殿東爲文奎閣正統十一年御史丁澄又創集英堂於尊經閣之後十四年鎮守刑部尚書薛希璉創欞星門修大成殿飾聖賢像成化十八年知府唐珣重建兩廡及欞星門飾聖賢像莆田鄭瑗爲記

拙齋書院　在府治西南三山驛前宋林拙齋奇與其徒呂東萊祖謙講道處也鄉大夫林士仰止之二先生學行遂相與修葺之像拙齋於其中而以東萊配狀元黃朴扁其堂曰尊像拙莆田陳宓復扁其門曰拙齋林先生書院歲久而圮　國朝成化間其裔孫培重建復像拙齋於中左配以東萊右祔以拙齋之從子子冲及子冲之子明而其門堂之扁則皆仍其舊云

三山書院　在府城西關外

西湖之上宋寶祐二年提刑王佖創建元至元間叅政史弼立偏政和元年廉憲使易釋董阿重建

古靈書院 在府城西南六十里古靈溪之濱宋儒陳襄讀書處也中爲堂塑宣聖燕居像於其中旁爲祠以祀襄歲久頽圮惟先聖之像獨存成化改元鄉人林憲率衆草創號古靈書塾

懷安縣學 建廟於石岊舊縣治之東隅東自爲記嘉 在府治西宋大中祥符四年主簿陸東始祐二年知縣樊紀移於縣西建禮殿學宫講堂齋室咸備周希孟爲記及舍法行增至八十一區建炎中燬于冦①紹興初改創縣東爲齋三寶慶三年知縣徐瑑②重修元因之 國朝洪武十二年徙縣治入郡城遂移今所先建講堂正統二年布政使周順始市民地建大成殿於講堂之西南四年布政使方正叅政宋彰建東西兩廡肖宣聖及四配十哲像復拓地創明倫堂及東西兩齋於殿之左七年御史張淑建戟門及櫺星門又市民地於明倫堂之後欲建後堂而未果十一年邑士民林

校注：①寇　②瑑

崇等請助以巳貲刱建會饌堂二堂之間爲中堂軒舍庖廩咸備翰林學士廬陵陳循爲記十三年御史柴文顯又闢櫺星門之外爲路以抵通衢建外門扁曰儒林成化八年知縣胡節教諭陳文修十六年知府唐珣知縣李亮復修殿堂兩廡更創櫺星門以及齋舍煥然一新

登雲書院 在府治西登雲坊內舊靈官堂址也成化十七年知府唐珣建中爲正堂塑夫子及四配像扁曰燕居正堂之後復爲堂爲師生講授之所扁曰敬義二堂左右及正堂之前爲書室凡二十餘間其南以重門繚以周垣庖廩湢溷罔不備具歲延師其中以訓迪諸生復買田給之以其地在登雲坊之內因扁曰登雲書院莆田黃仲昭爲記

瓜山義學 在府城南十二都元至正間歙人鄭潛以泉州總管致仕寓居于此因創義學以教鄉閭子弟又置田百畝以供其費

絕學寮 在府治北越王山之阿相傳宋張浚讀書養素之所

長樂縣學在縣治東興賢坊內唐乾符四年建宋邑宰董淵吳仲舉蕭竑施聞相繼繕治卒莫能就元祐三年袁正規宰邑亟議修建邑人林通者作縣圖經命鬻之得錢二十萬縣之富民皆相與殫力乃仍舊殿新之背殿有堂翼以兩序爲齋十二崇寧初舍法行增至五十三區淳熙間齋省爲三元延祐八年創從祀兩廡至正十二年重建禮殿及兩廡北爲明倫堂南爲戟門門外東西爲神厨神庫宰牲房又南爲欞星門門內爲泮池池上爲石梁東偏爲學門東廡之東爲朱熹 國朝天順七年知縣任衡重修成化十七年知縣羅叙撤明倫堂而新之附堂東西爲兩齋邑人鄭亨爲記

射圃在學之南構亭其中扁曰觀德

阜林鄉學初在縣南海濱曰祉溪宋英德府學教授林垓子湖建後廢 國朝洪武十二年其孫文溢謀於鄉族改卜于溪之陽曰阜林建禮殿講堂左爲列舍以肄諸生右爲祠堂以崇先賢門廡庖湢完具道無所出里人李鱗葉田爲之地

有闕里人林節生奉
園足之吳海爲記

連江縣學在縣治東南里許舊在縣治東宋嘉祐三年知縣朱定修廟爲學政和初廣之九四十三區有善養堂爲齋九三紹興八年知縣林覺移建今所背長汀面雲居邑人林日章率陳元禮林芘林錞等緡錢萬有奇助之重門修廊巍殿中峙有緇經閣駕説堂更爲四齋邑人李彌遠爲記淳熙八年邑人鄭鑑言學與夫子廟東向非宜邑宰蘇樾遂改建南向殿之後爲進德堂堂之上爲稽古閣增齋爲六嘉祐二年邑宰趙汝訓曾築尼山於學宮之後寶慶三年邑宰鄭沆鑿泮池於戟門之外咸淳八年邑宰宋日隆新鳳池坊於櫺星門之前元皇慶二年縣尹夾德明教官徐復協力繕修積二年而廟學復新政和元年縣尹成和復拓殿之前楹而廣之至正二十一年平章燕赤不花與秘書監卿貢師泰等捐己俸葺大成殿東西廡建儀門櫺星門改正德堂爲明倫堂　國朝洪

武初重建永樂二十年教諭吳嗣善捐俸倡衆重修明倫堂并稽古閣正統十年知縣劉仲戩復市材將重建之以任滿去未果其後知縣歐陽翰踵而成焉堂之上爲閣以藏書籍仍扁曰稽古成化十九年知縣凌玉璣以廚廩廨舍歲久而弊復修葺之

射圃在學之西偏成化十九年知縣凌玉璣建亭於其中扁曰觀德

福清縣學

在縣治之東舊先聖像寓於三禮堂邑人提舉游冠卿始舍地祁廟宋元豐元年復廣廟地建學元祐六年知縣方叔完又廣而新之市錢塘書籍儲於經史閣崇寧初增至八十四區爲齋三淳熙元年知縣劉嶅增齋爲四明年改學門南向元至元元三十年縣尹曹璉塑七十二賢像於殿之東西廡元①貞元年廉使程文海修學門仍自書扁明年升爲州學大德三年知州毋逢辰即經史閣故址創堂二曰道立曰師正并建學官廨舍於尊道堂之東偏皇慶元年省齋爲六延祐五

校注：①貞

年州判乃麻歹移戟門稍進而南偏其左曰肅容右曰聚敬泰定四年知州賈思恭復新兩廡至正九年知州林泉生以爲前廟後學類浮屠梵宇之制乃更作之左爲明倫堂右爲大成殿殿之南爲東西兩廡堂之南爲東西兩亭又南爲泮水又南爲前亭泉生自爲記十二年知州中國輔建戟門櫺星門更新兩廡及諸從祀像郡人陳豫爲記

國朝洪武初復爲縣學尋重建明倫堂正統四年修天順三年爲風雨所壞分巡僉事牟俸命有司重脩神廚在學之南米廩在學北成化十七年知縣龐璇以櫺星門腐弊且太迫戟門乃拓地伐石重建

射圃 在學之東北

龍江書院 在縣東方明里海口其始莫詳何人所建宋宣和六年鎮官陳隣重修附以書堂數楹後王蘋林光朝林亦之陳藻四先生相繼講授于此端平間臺建元延祐二年漕臺知事賈思恭脩六年海口塲司丞龐詡更造明倫堂後復壞至正十六年山長張子房福清州吏目里人陳子全重建未備

知州申閆奴捐俸率里之好義者備大成殿構明倫堂又為三賢堂以祀光朝亦之藻三先生國朝洪武初書院不復置官日漸頹廢二十五年澤朗山巡檢張敬捐俸重建儀門以為鄉人講學之所

石塘書院 在縣西文興里宋寒齋林公遇講學之地也景定四年建

古田縣學 在縣西隅舊在縣東宋景德二年邑宰李堪撤佛宫毀淫祠取其材剏建廟學塑先聖十哲及繪諸從祀像嘉祐二年邑令陳昌期備崇寧初增至九十一區建九經閣會道堂左右序為齋八外為小學紹興元年燬于建寇乃寓于佛宫三年邑令周彥耀始創於縣西郊七年諸生林好古陳萬①卓冠與其邑人裒金錢百餘萬請還學于景德舊址邑令鄧觀帥守張浚許之歲終告成堂殿齋舍俱備二十四年邑令湯選始移建令②所乾道二年邑令楊汝南復移於溪東寶祐元年邑令許鑒又移於今所元至元間復燬元真③元年縣尹王與始建禮殿翼以兩廡其南為戟門又其南

校注：①鬲　②今　③貞

爲櫺星門其北建道立堂殿之東爲明倫堂東西兩序爲四齋堂之北爲會饌堂南爲教思亭又南爲外門門内爲泮池而梁其上延祐七年縣尹陳均建明倫堂至治二年縣尹阿玉翔穿堂于明倫堂之後　國朝洪武五年知縣鄧恭創味道堂于穿堂之後又建會饌所樂育亭于味道堂之後改道立堂爲文昌祠其北爲學官廨舍又其北爲米廩十五年創神廚于明倫堂東序北爲宰牲房省齋爲二齋之後爲諸生栖息之所正統十一年主簿龔鉞脩櫺星門及師生廨宇景泰元年御史羅澄命有司脩飾兩廡及諸賢位置天順間教授周瑄立泮宮門於外門之外成化五年縣丞吳儀重脩兩廡十五年知縣汪璀重建兩廡櫺星門神廚及會饌堂是年提學僉事周孟中出文昌神於道院

浣溪書院在八都僞閩附馬魏鵬祠堂之旁宋時建中有夫子廟朱文公書扁

城南書院在十三都溪東宋乾道間學基也元時建爲書院中有夫子廟後圯　國朝洪武五

年改為射圃八年署縣事永福丞毛秀建亭其中扁曰觀德十五年主簿蘇進仍扁其門曰城南書院

嵩高書院在一都水口宋時建後廢提刑曾穎監水口鎮日即其故址創為水口鎮學中有夫子廟端平間穎持憲節行州事乃贍以靈洞發寺之田仍置副使一員收稅上三書院俱在縣南

藍田書院在縣東三十六都杉洋南唐員外郎余仁椿創建中有夫子廟朱文公書扁蓋其門生余偶所立也已上三書院元時以為鄉校各有堂長縣學提督之

螺峰書院在縣西九都螺坑宋時建今廢惟存文昌閣三字朱文公所書也

魁龍書院在縣西南十都之白沙宋時建

東華精舍在十四都平洑宋時建

興賢齋在三十五都龍津境朱文公門人余範建文公為名其扁曰興賢齋

西齋在三十六都杉洋鎮之西朱文公門人余偶余範讀書之所其扁亦文公所書也上精舍及齋凡三所俱縣南自嵩高書院至此九

七所元季俱廢
其址今爲民居

永福縣學在縣治東宋崇寧元年脩凡五十二區有養士堂爲齋凡三建炎三年燬紹興初邑宰陳炎重建粗完更爲四齋乾道間邑宰謝芘大而新之後復燬邑宰侯至果重建講堂端平五年邑宰許復宗營繕始備宋末又燬于兵元至元十八年縣尹竇均與邑人前國子監丞張居中建禮殿講堂延祐間縣尹劉企祖建欞星門泰定二年達魯花赤山童重脩并造祭器後隣寇盜起廟學俱廢又五年理問王那木罕蒞縣事悉復其舊中爲大成殿殿前爲東西兩廡南爲戟門又南爲欞星門宰牲房神厨在殿之北又北爲神庫明倫堂在大成殿之東堂之前列兩齋南爲泮池而橋其上堂之後爲後堂　國朝洪熙元年脩景泰元年知縣胡奎重脩仍建興賢閣於欞星門之左○王那木罕即王翰也後爲潮州守　國初死節詳見名宦志

射圃在學之西里許中爲觀德亭

閩清縣學在縣治之東南宋景德四年縣令史溫即廢廩地剏禮殿塑先聖十哲像仍圖六十子及大儒像於壁搆堂一閣五講堂一又有談經樓三禮堂祭器庫嚴奉軒溫自為記紹聖二年祝亞為宰陳暘初擢制科第一以歸與邑人協力新之又作堂以祀其兄祥道崇寧初舍法行增為四十一區有稽古閣為齋九四淳熙五年燬明年重建經史閣為齋十二寶祐元年復燬四年重創未備元至元三十一年縣尹董禎建櫺星門文昌樓藏書閣及齋四泰定三年縣尹賈光祖重脩藏書閣明年脩禮殿及兩廡國朝洪武初知縣趙起居建神廚祭器庫於殿右十五年建米廩於明倫堂西三十五年知縣沈源重脩廟學建兩廡及櫺星門永樂十年知縣朱毅以明倫堂傾欹乃移創於殿北舊基之後列東西二齋於前建膳堂文卷庫於左右正統元年知縣葉宗重脩廟學及兩廡飾聖賢像而新之景泰三年知縣華節重脩櫺星門及神庫天順二年教諭馬能建儒林坊成化三

年教諭曾與重建兩廡四年知縣左輔創尊經閣於殿南復脩櫺星門

射圃在學之東永樂十年知縣宋毅建成化四年知縣左輔增闢

羅源縣學

在縣治東南百二三十步舊在四明寺南宋慶曆八年邑宰陳偁建延郡人鄭穆爲師以勸民學元祐六年邑宰袁符及士民倪昱奏請遷今所崇寧初增至九十九區有議道堂爲齋九九外立小學建炎間燬於建寇尋復創紹興初主簿寥①參覲大加脩建嘉定九年邑人大諫黃序又拓其基而改創之其後邑人祭酒張確復增創文星堂於學之西序元延祐五年達魯花赤山童教諭林興祖更建大成殿及兩廡前爲戟門又前爲櫺星門櫺星門之內爲泮池而橋其上後爲明倫堂堂之前東西爲齋四泰定三年達魯花赤塔海重脩并建外門至正三年縣尹丁某復大加脩葺建待班廳翼異明倫堂爲兩祠左祠鄉賢右祠文昌廣田疇新齋序後至元間寢廢　國朝洪武初重

校注：①廖

建正統十二年教諭黃綬典史謝志保重脩創東廡及慎德廳復創外門後值兵亂西廡遂廢景泰六年知縣湯文端教諭李昱訓導陳亮出己貲倡邑人脩戟門及兩廡重建明倫堂藏書樓及東西兩齋堂後爲中堂允軒舍廩庫俱煥然一新成化十六年教諭吳榮訓導祈祥以堪輿家謂舊門不利乃白于同知常濟遂發帑銀命知縣施弘畋創於學之西北巷口

射圃在明倫堂後正統十二年教諭黃綬建觀德亭於其中成化十八年知縣陳璦重建

建寧府

府學

在府治東北中和坊黃華山之岡即古三皇廟故址也舊在府治西南宋寶元間始建賜田五頃以贍生徒熙寧間始置教授于時廟在建溪門內之東學在郡治之南元豐間賜田至十頃崇寧大觀間行舍法學舍增至三百餘間建炎間兵燹郡守劉子翼復建學舍始立廟于學紹興十四年圯于

水惟禮殿獨存十五年郡守張鉌漕史徐瑑馬紱請于朝得錢二十萬興工重建郡入范寅秩繼領漕事相與成之中建大成殿左右爲兩廡殿之後爲明倫堂東西各六齋由堂而入有御書閣廚福倉庫畢備復建教官私第於學之東郡人胡寅爲記郡守陳正同又於堂之左右爲祠以祀游酢胡安國淳熙十一年郡守趙彥操重脩廟學及瀫建射圃繼守黃適復嗣脩之寶慶初郡守暴畤又重脩殿宇齋舍及三賢堂仍增闢小學郡人眞德秀爲記端平二年復燬於兵殿宇僅存者郡倅欲頎郡守姚璉復建明倫堂嘉熙中漕使王伯大建御書閣閣之下祀游胡而下諸賢後守黃壯猷重建大成殿淳祐初漕使方大宗更議石廟左學之制元年傅士趙陛夫乃始爲殿而安撫徐淸叟漕使項寅孫庚使李昴英趙倫蔡燴皆助其費繼守王埜王拯王遂共落成之并建尊經閣紫芝堂廟學之制於是乎備王遂爲記歲久而圮元泰定二年總管伯顏帖木兒太中悉復其舊教授毛直方爲

記後齋舍災郡守①晴都刺重建至正二十年兵後叅政阮德柔因舊重葺國朝洪武六年教授周斌又加繕脩十九年建安知縣余子恭立祠於尊經閣後祀宋朱熹以蔡元定真德秀劉爚黄榦配二十四年悉燬于火永樂三年知府芮麟教授張信改建今所初其地半爲師閫廨舍及軍士室廬至是都指揮師祐徐信乃②撤其居而以地來歸知府劉敬繼至專命檢校李新董其役建大成殿兩廡戟門欞星門神廚神庫之屬於其東建明倫堂齋舍尊經閣會饌堂鄉賢祠泮池學門庖廩之屬於其西靡不完具尊經閣下祀朱熹及郡之先賢扁曰春風堂學門左右又樹二坊扁曰金聲玉振成化三年知府劉鉞又建藏書閣扁其下曰集賢堂十五年知府曾會重脩十七年尊經閣災十八年③鈙差鎮守太監陳道及提學僉事任彦常等以欞星門及學門前地勢偏狹而以没官地增拓之

射圃即舊學址也知府劉敬建中有觀德堂

校注：①暗　②撤　③欽

建安縣學在府治東南登俊坊即宋貢院元昇山書院址也宋熙寧三年甌寧縣廢遂葺其址以爲建安縣治學在縣中門外之東建炎初燬于寇以學故址置丞廳學職附於郡庠縣給其俸而已慶元三年縣令俞南仲別建學于城東寧遠門外古社壇之右元至正二十年燬于兵國朝洪武初因舊址重建十一年知縣裴珏始遷今所葺舊書院之堂爲明倫堂及後堂二十年知縣余子恭建大成殿於明倫堂之前東西爲兩廡前爲戟門又前爲欞星門復建東西二齋於明倫堂後永樂十四年圮於水惟明倫堂及東齋僅存十七年知縣徐宗重建欞星門歲久俱圮正統十年知府張瑛重建明倫堂天順八年教諭朱箴以學基狹隘請於知府劉鉞買鄰居屋地十間有奇以廣之成化八年通判陳公巽命知縣周正教諭呂凱董建大成殿翼以兩廡前爲戟門左爲文昌祠右爲劉屏山祠戟門之前鑿泮池架石橋其上又前爲欞星門移明倫堂於右後爲拆①桂堂前立東西二爲

校注：①折

齋及號房中為儀門前為外門門之右為教諭廨舍其後訓導廨舍二所成化十六年知縣桂鎬創會饌堂十八年重建櫺星門

屏山書院 在府城南舊在登俊坊元至正六年郡守趙鑛建中有祠祀宋儒屏山先生劉子翬以門人朱熹及先生從子珙配蓋書院基寔珙故宅也 國初改為建安縣學而遷先生像祠於戟門之右天順八年知府劉鉞推官胡緝即洪山廢寺改為書院屏先生像奉安中堂配位如故仍扁以舊額鉞自為記

建安書院 在府城中今府治之北宋嘉泰二年郡守王埜承理宗陛辭之命特建以祀朱文公而以真文忠公配詳見名宦志復剏燕居堂於其左以奉先聖環列齋舍以為郡士子講學之所而扁之曰建安書院嘗延廖德明門人鄭師尹及蔡元定之孫模以典敎事是役也經始於埜而後郡守王遂實成之 國朝洪武十九年知縣余子恭改舊府學為書院而以舊書院之址建知府廨舍

社學 一所在府治南叢桂坊

一所在府治東南興賢坊　一所在縣治南崇儒坊洪武十六年建旌善亭於此尋廢成化十六年知縣桂鎬白於提學僉事周孟中改為社學

甌寧縣學在府治南叢桂坊即府學故址也甌寧自宋治平二年始置縣于寧遠門側而學建於縣治之左熙寧三年學隨縣廢元祐四年縣復置于朝天門外而學在縣門外之東建炎初燬于寇學附于郡庠慶元三年縣令劉惟然改創于縣治之西元因之至正二十年燬于兵　國朝洪武十二年知縣王迪始建學於郡城外建溪之西歲客坊之右永樂十四年圮於水惟大成殿明倫正誼二堂及倉僅存十七年知縣焦從周教諭宋毓等以學隣大溪水不時溢艱於往來白知府張瑛改建今所創大成殿明倫堂及東西二齋號房儀門外門俱在殿之左教諭廨舍在明倫堂之後二訓導廨舍在明倫堂之右既而沙尤寇作復燬景泰二年僉事曾常簡規措而葺新之三年知府賀

宏通判蕭璞等建饌堂及廚房號房于明倫堂之左天順八年知府劉鉞建櫺星門及明倫堂兩齋號房儀門移學門至是學始完美浙江按察使曾蒙簡爲記社學一所在府治西南大中寺右一所在府治西普照堂左

浦城縣學

在縣治東南一里其創建未詳何年盖自宋慶元間已在於是元季遭兵燹國朝洪武元年知縣張鵬舉重建大成殿塑先聖四配十哲像旁建兩廡七年知縣宋性建戟門於殿之前十二年知縣張宗顏建明倫堂及兩齋於殿之後二十三年知縣史志可鑿泮池作石橋於其上又建櫺星門教諭余守宏闢學東畔隙地爲神庫牲房及會饌堂庖廚等屋宣德六年知縣周京慶脩葺兩廡及東西齋正統九年知縣甘棨縣丞何俊脩大成殿明倫堂會饌堂復構亭於鳳池之上天順二年府推官胡緝重建兩齋成化十三年知縣張昞建學之正門十六年知縣劉珩以大成殿

及兩廡年久頹壞白於臺省撤而新之未幾歼以家艱去部使者檄府推官李時新來視縣事而同知李明以公事至遂協謀終其役知縣許澄繼至復加藻飾煥然一新修撰謝遷為記

射圃在學門外之東洪武間教諭余守宏建中有亭扁曰觀德

西山精舍在縣東隅宋嘉定十四年真德秀建為講學之所扁曰西山精舍中為講堂旁翼兩廊後為拱極堂德秀自有記元時圯

國朝洪武九年縣丞朱德昌因其舊址重建以祀德秀歲久又圯景泰元年縣丞何俊重脩并塑像而擇真氏子孫居之學士劉儼為記成化十一年參議裴衷給田六十六畝以供祀事

夢筆山房在夢筆山麓亦真德秀所建為藏修息遊之所者也魏了翁為記今廢

讀書堂一在縣西上相里西巖嶺之麓宋章得象讀書處也一在縣西夢筆山蘇箬覺寺之右宋楊徽之讀書處也

讀書閣在縣北長樂里能仁寺之右宋楊億讀書處也

書齋在縣東北忠信里太

姥山之麓宋徐淵讀書處也上四處俱廢故址尚存

社學二 一所在縣東隅 一所在縣南隅 一所在縣西隅 一所在縣北隅

建陽縣學 在縣治西發棲隱寺故址也舊在交溪之滸即今護國寺是巳宋建炎兵燬紹興七年知縣陳亞卿重建未幾從劉綸之請以同由里護國寺與學互易于時知縣趙與洵脩建一新王遂爲記其後縣尹王渥復增學田以廩學者國朝洪武二十八年主簿丘松因舊重脩永樂十四年學宮兩廡皆壞於洪水正統八年監察御史羅綺捐俸爲倡知縣王原善遂重建及櫺星門并鑿泮池架石爲橋又改建諸生學舍及庖湢之屬罔不畢備教諭王箎爲記成化九年巡按監察御史李釗提學僉事游明以學臨大溪每春水漲駛往來不便乃擇徙今所專命府同知李明董其役左建大成殿東西爲兩廡前爲戟門門之前鑿池而橋其上橋之前建櫺星門右建明倫堂堂之東西

爲兩齋及號房前爲儀門門之左爲宰牲房神厨右爲饌堂前立儒林坊明倫堂之後爲教諭訓導廨舍各一知縣海澄爲記十一年知縣項旻復於櫺星門之左買民居增置訓導廨舍一十八年知縣汪律等重建櫺星門及改建宰牲房神厨于右

射圃在儒學明倫堂之前成化九年隨學創建

考亭書院在縣治西三桂里南唐侍御史黄子稜於此建亭以爲望先之所名曰望考亭宋朱松尉尤溪時經此愛其山水清邃恒欲卜居而未果紹熙三年其子熹奉承先志築室居之五年以四方來學者衆因建精舍於所居之東以處之扁曰竹林精舍更曰滄洲精舍前爲明倫堂又前爲燕居廟以奉先聖慶元六年熹卒寶慶元年邑令劉克莊始闢爲祠祀焉淳祐四年詔立爲書院御書考亭書院四大字扁之十一年漕使史季溫重建燕居廟元至元二十五年郡判官方逢辰重建書院邑令郭瑛又增闢之復相與規畫增田至五百畝有奇供祀之餘以贍師生廪餼名

曰義學初省府以熹三世孫沂充書院山長既沒諸生請以四世孫春襲其職至是乃以熊禾魏夢牛分教大小學祠以黃幹劉爚蔡元定真德秀備食邑人熊禾爲記至正元年郡通守劉伯顏屬縣典史陳德山長朱汝舜直學張隆祖重葺而新之學士虞集爲記　國朝永樂十四年圮於洪水宣德七年縣丞何景春重脩天順六年監察御史劉釪顧儼命府推官胡緝重置改創中爲祠堂前爲明倫堂堂之左爲章齋祠堂之前爲書院仍揭宋理宗御書扁於上移燕居廟於祠堂之後俱翼以廊廡而庫廩庖湢之所則於祠堂左右附焉燕居廟之前舊有泓池池上有天光雲影亭亦久蕪廢至是併新之事方就緒劉釪代去其兄鉞來守是郡遂贊成之學士彭時爲記○滄洲精舍周以大題扁元時即此爲祠堂以祀文公

同文書院在縣西南崇化里即今書坊也宋乾道七年朱熹建之中爲堂以奉先聖堂前爲書室以貯圖書後遭兵燹元大德五年泉州總管府推官張光祖

重建今藏洪武正韻勸善書及諸官書印板於其中〇光祖鄉貫未詳疑其邑人也

雲谷書院 在縣西崇泰里廬峯山之巔宋乾道六年朱熹愛其山水幽邃因名雲谷搆草堂於中號晦庵元季傾圮 國朝成化十七年按察僉事談俊捐俸命其九世孫裕重建

鳳山書院 在縣西不平里宋紹興間游酢嘗講道著書于此因面鳳山故名後廢 國朝洪武二十四年嗣孫勉道重建又崇安縣建書院以祀酢亦扁曰鳳山

雲莊書院 在縣西崇泰里馬鋪太平山麓宋劉爚故居也嘉熙三年賜雲莊書院額中爲堂扁曰近思後爲祠堂以祀爚前爲門仍揭嘉熙賜額 國朝成化十五年知縣海澄因舊址建二坊於門之左右左曰世家先哲右曰光祿

廬峯書院 在縣西崇泰里北峯下宋乾道間蔡沉嘗搆精舍於此爲講道著書之所寶祐三年理宗御書廬峰書院扁之其孫公亮給田三百畝以贍學者元初其田爲有力者所奪書院亦圮其孫希

仁極力經理而後之中爲堂堂之前建尊道堂以祀先聖又建二堂於尊道堂之前左曰傳心以祀朱熹右曰思敬以祀沉之父元定及沉成紀爲記歲久頹廢國朝天順乙年按察副使鄭祐提學僉事游明重建前廳廳之前爲坊門成化十三年監察御史尹仁建傳心堂十七年監察御史徐鏞按察僉事談俊建大門三間又於坊門外立二坊左曰家傳心學右曰力扶道脉

鰲峰書院在縣西崇泰里熊地唐尚書熊秘建國朝成化六年按察副使何喬新命府通判李明重建中爲傳衷堂以祀熊禾後爲道原堂祀先聖而以顏曾思孟四子配先聖五十一代孫孔元敬書額左爲晦菴師友道義之祠五夫劉珙書額右爲南昌熊氏忠孝之祠南昌族子朋來書額前爲三門扁曰鰲峰書院成化十五年知縣海澄重建二坊於門外左曰道學右曰忠孝

瑞樟書院在縣西永忠里麻沙唐時有開國公劉姓者十築於鎮之南手植樟木長茂大數十圍潯州太守劉

仲會叛書室其傍嘗與屛山先生劉子翬講道於此既而韋齋先生朱松遣其子熹從屛山遊亦講道於此其後右史劉宗之從熹遊又嘗講道於此扁額猶存書院歲久頹廢　國朝成化十八年提學憲僉任彥常檄縣重建按郡志嘗有異人過此謂木棠枯劉氏盛衰係焉紹興丁酉劉夢先讀書院中一日得樟實三枚徑三寸是年遂領鄉薦寶慶元年魁鄉薦越明年又魁鄉薦郡守陳昉爲立聯魁坊紹定三年一幹微枯其年監軍劉純没於王事謚忠烈其枯復榮咸淳六年幹發三花黃色是年劉氏領鄉舉者二人領漕舉者一人九劉氏有科第除拜其兆必見於樟故書院以瑞樟爲名

寒泉精舍在縣西崇泰里宋乾道六年朱熹葬母祝夫人於天湖之陽遂築室其傍扁曰寒泉精舍淳熙中東萊呂祖謙來訪於此共編次近思録

義寧精舍在縣西南崇化里宋淳熙元年劉爚建以爲師友講學之所朱熹題扁元季廢舊址猶存

社學一所在縣治北駐節

門外因舊橋扃改建一所在同由里拱辰橋頭東因舊橋扃改建一所在三桂里因萬善堂改脩

松溪縣學

在縣治東宋開寶八年建景祐二年徙於後山之陽乾道九年復於舊所重建大成殿淳熙十五年知縣王杲教諭李磻增建講堂齋廡紹興間知縣林俊鄉增學田以贍廩餼元至大三年縣尹李榮昉達魯花赤創兀葺治堂廡至正七年縣尹林成祖增崇其制十二年燬于寇惟禮殿獨存十四年縣尹麥說興復畢備 國朝洪武初因舊脩飾永樂九年知縣①增惟中捐俸重新正統十一年堂齋廚庫歲久弊壞知縣張紳縣丞范秉和捐俸市材去故址十餘步建焉景泰四年縣丞張翥教諭張志等倡好義者助貲重建大成殿兩廡戟門欞星門殿之東爲明倫堂及東西二齋凡所宜有者靡不備具又有廨舍三所教諭一所在明倫堂之北訓導二所一在饌堂之西一在東

校注：①曾

齋之**射圃**在縣治東隅東岳宮之東北舊在學東東南七十餘步景泰間改刱今所中建觀德亭

湛盧書院在縣治西南僅百步其刱建未詳何年蓋亦因朱熹所嘗講論遊息之所而建以祀之也院對湛盧山故扁曰湛盧書院元至正十六年行省參政阮德柔拓而新之國朝洪武初重建正統十三年閩浙寇亂院燬于兵惟熹像獨存景泰元年監察御史張諫暨知縣張紳規畫重建中爲講堂堂之後爲祠飾舊像祀之堂之南爲泮池池上架石爲梁又南爲門院之規模悉復其舊張諫爲記

社學一所在縣東育材坊一所在縣西慈善坊一所在縣南崇道坊一所在縣北永慶坊

崇安縣學在縣治西興賢坊營嶺之右宋紹聖三年知縣王當因舊重建崇寧間知縣葉祖文增而新之其後知縣留正臣趙彥拯鄭思忱復祖繼脩葺趙彥繩始取廢寺之田以廩士廖純傳□①

校注：①壅

趙崇莘俱增撥以助其費景定三年知縣林天瑞新兩廡諸賢像咸淳元年知縣劉漢傳捐俸重建大成殿明倫堂及門廡齋舍之屬宋末燬于兵惟講堂獨存元至元十六年縣尹張茂始建禮殿及門廡廬舍御史張之翰爲記至治二年縣尹劉沅祖悉撤其舊而脩建之縣尹張湍本爲記至正十二年縣尹彭廷堅重脩二十五年燬于兵僅存殿堂而已　國朝洪武四年知縣徐得等重脩十七年創神廚庫房於射圃故址二十二年教諭胡雲等建東西齋舍改脩神廚庫房櫺星門復脩明倫堂二十三年置宰牲房於神庫之中永樂十一年縣丞楊以章教諭章暐等協力重建十三年知縣趙麟繼而完之中爲大成殿殿之後爲明倫堂堂之前爲兩齋堂之右爲會饌堂文興祠在學門之內教諭廨舍在學後訓導廨舍在明倫堂右正統十二年縣丞李幹教諭劉艮等又重建兩廡及諸生肆①業之舍

射圃在櫺星門對過舊甲仗庫址也

文定書院在縣西興賢坊營嶺

校注：①肄

之麓宋簿廳故址也元至正十一年縣尹彭廷堅建右爲禮殿祀先聖而以四子配前爲櫺星門左爲祠祀胡安國而以其從子憲子寅寧宏侑食祠之後有堂朱熹題扁曰覽翠祠之前爲兩廊中爲門又前爲外門扁曰文定書院

武夷書院在五曲大隱屏之下宋淳熙十年朱熹建號曰精舍韓無咎爲記屋凡五楹堂曰仁智室曰隱求曰止宿齋曰觀善館曰寒栖塢曰石門亭曰晚對曰鐵笛亭自有詩并序後其子在孫鑑葺而廣之部使者潘友文彭方撥公田以贍學者知縣陳樵子重建王遂爲記景定間設山長以教邑士元因之後改設教授首以邑士詹光祖爲之復脩建一新爲屋凡一十七楹其後教授游鑑江應詹天祥學録詹天麟又脩葺之至正二十五年燬于兵國朝正統十三年熹八世孫洵澍復建精舍祀熹而以黃幹蔡元定劉爚眞德秀配

屏山書院在縣東五夫里屏山之麓宋時建國朝洪武二年劉韐八世孫子長重建中爲堂以祀先聖

堂之後爲祠祀韐子子翬左列子翬從子鉄右列朱熹前爲兩齋東曰不遠復西曰毋不敬前爲門熹題扁曰屛山書院

南山書堂在武夷三曲虎嘯巖下宋儒蔡沉建爲講學之所後人因建祠堂與其兄淵並祀之

石鼓書堂在武夷八曲鼓子巖下宋葉夢鼎建

希賀書堂在武夷四曲鷄窠巖前宋陳仰齋建

詠歸堂在武夷一曲兜擔石下宋蔡抗建

蔡巖小隱堂在武夷五曲宋劉欽道建爲讀書之所

少微書院在縣南豐陽里黃土坂街左畔成化十七年宋江贊六代孫琪建

社學一所在仁義坊一所在美俗坊一所在興賢坊已上俱在縣西四隅里

政和縣學在縣治東四十餘步舊在縣治之南後徙縣治之西宋紹興二十年知縣趙伯果始遷今所 國朝洪武七年訓導余應率其徒捐貲募工重建大成殿及兩廡戟門十一年重建明倫

堂及兩齋二十四年教諭劉彥行增建神庫神厨牲室三十五年典史郭斯崖教諭王守約協謀增闢舊址重建堂齋永樂二年教諭呂敏倡生徙①捐貲重塑先聖四配十哲像景泰四年按察副使沈訥重建齋廡天順二年厄於回祿訥復建明倫堂及兩齋七年巡按御史伍驥命知府劉鉞重建大成殿及兩廡於明倫堂之前教諭胡質訓導潘禎倡民助貲塑先聖四配十哲像及作從祀神主成化七年提學僉事游明建尊經閣於明倫堂之北十三年參政劉觀參議裴衷提學僉事鍾成重建戟門至是學制稍備又有教諭訓導廨舍凡三所在明倫堂之左右

射圃在縣治南飛鳳山之右中為觀德亭亭之後為藏弓矢之室成化十六年縣丞沈清主簿史憲重建

星溪書院在縣治星溪之南正拜山之下宋政和間縣尉朱松建元至元間邑人因塑松及其子熹祀之後燬於兵　國朝成化十四年邑人致仕訓導吳憲白於提學僉事周孟中復其舊址負山臨溪贖民屋

校注：①徒

爲閣者六以爲書院知縣沈倫復建閣於其後扁曰天光雲影邑庠生楊曉趙鈺張英徐善吳綬余俊葉澄邑士吳紳共捐貲重塑二像而以黄幹蔡元定劉爚眞德秀配又於半山拓地構亭扁曰光風霽月仍贖民屋三間以待朱氏子孫來奉祀事

雲根書院在縣治西五十餘步亦松所建其子熹歲時來謁祖墓必信宿於此今廢○桂堂居士謝安時詩結屋傍雲根溪山似陸渾釣舟藏荻渚吟徑入花村 國朝典史郭斯垕詩太極一以開陰陽互推遷萬化何紛紛不復知本源大道既茫昧遂有玄與禪捷徑生荆棘行者始多顛像教由茲起乃復增塵緣我思魯中叟上繼勳華傳精一允執中昭如日麗天遺經細披閱篇篇皆實言夫何三代下舉世相棄捐

壽寧縣學

在縣治之東景泰六年初置縣按察僉事沈訥擇地而經營之創大成殿及兩廡塑先聖四配十哲像于殿設從祀諸賢神上於兩廡殿之前爲戟門又前爲櫺星門復建明倫堂于大

成殿之北堂之左右爲二齋堂之後爲教諭廨舍而訓導廨舍則列於其左經理其始終者教諭彭玭訓導周序也

射圃在儒學東

社學在縣治之東

泉州府

府學在府治崇陽門外之東南五季以前宣聖廟創於衙城之右宋太平興國初守喬維岳始遷今所七年守孫逢吉即廟建學祥符中守高惠連移于育材坊崇寧舍法行郡人何術白于郡復還舊址紹興七年守劉子羽一新廟學以晋江縣學附焉前學雖復舊而行門隙地已給編户不可復乃闢門西向門内鑿河濬池伐石爲橋以通潮汐自是廟學規模宏偉矣郡人張讀爲記然其地勢差卑霖潦浸淫易以頽塾自紹興重建迄于慶元典脩者七嘉泰改元守倪思復作櫺星門闢武齋增小學葺齋廊廟門以及從祀之屋而一新之自是迄于淳祐典脩者六咸淳中大成殿燬守趙希佺①重建

校注：①佺

郡入洪天錫爲記殿之南爲池爲橋又南爲戟門左右列舍十餘間爲祭官齋宿之所元大德三年福建都元帥扎刺立丁重建明倫堂至治改元揔管廉恍始甃臺塑兩廡從祀像築杏壇於櫺星門之南康里蘷爲記明倫堂前舊有泮池行循兩齋至正九年郡判盧僧孺橋之十年監郡與王立重建明倫堂并脩議道堂爲齋舍四十間及先賢等祠朱文霆爲記 國朝洪武八年知府張顯倡郡之好義曰何大榮者脩葺一新訓導周大初爲記三十一年大成殿圯于颶風知府胡器教授歐陽遂初率官民好義者助貲重建亦周大初爲記永樂中教授彭九思復勸民助貲而藻飾之仍葺兩廡重建櫺星門泉州衛指揮使王濬教授曾振等重脩明倫堂宣德中按察僉事曾穆重脩泮橋護以石欄正統十一年按察僉事陳祚葺殿廡齋舍以明倫堂基地卑下築高三尺即議道堂舊址改建至善堂并建饌堂倉庫神厨宰牲等室復疏河道俾潮汐通于泮池脩撰林文爲記天順二年知

府張岊以學門西嚮非宜乃復舊學門址建廟門南向凢出入皆由之後提學僉事游明復命同知孔恵別建學門於廟門之左以便出入并建號房二十間成化十七年大水壞東廡知府陳勉脩之明年復葺大成殿明倫堂堂之後增建穿堂又建會講堂護學祠祭器庫并號房二十間又有顧貞①堂及學官廨舍四所皆未詳建於何時學舊有尊經閣小學夫子泉魁瑞亭春意亭教授廳正録廳溫知室儒隱堂肅容堂瑞蓮堂淳風軒今俱廢

射圃在府學內中有觀德亭正統十一年建

晉江縣學

在府治東行春門外衮繡坊即舊泉山書院址也宋紹興間學附于郡學淳祐四年縣令林彧請于郡得東倉隙地以建學國朝洪武初改學爲郡治遂遷廟學于今所永樂中訓導詹景戚等倡諸好義者重建大成殿及戟門正統五年典史張嘉會贖民地建櫺星門十年僉事陳祚知府曾宏重脩禮殿兩廡戟門櫺星門明倫堂及東西兩齋并建米廩及會饌堂貟外郎莆田陳

校注：①真

中為記天順二年知府張岀以明倫堂後逼近民居因買民地以廣之復建尊經閣閣之前為方庭一兩旁各有廊屋成化二年知府歐陽復建號房四間於東齋之東前有厨舍十二年提學僉事鍾晟命推官柯漢增建號房一十八間於學東學之外門舊在櫺星門左衮繡坊後改於櫺星門右知府徐源復還舊址然出入與編民相雜不便十八年提學僉事任彥常知府陳勉築墻一十六丈旁闢一逕行者始便廨舍三所以舊會①饌堂為之而以尊經閣左廊為會②饌之所

射圃在縣學內尊經閣後之東北

泉山書院即今縣學址也宋咸淳三年權守趙宗正建前為先聖先師殿後為文公祠傍列四扁曰志道據德依仁游藝

石井書院在府城西南石井鎮舊名鼇頭精舍宋紹興初吏部郎朱松嘗為鎮于此士向慕之後其子熹來官同安間至鎮與鎮之耆老訪父時事嘉定四年鎮官游絳因士民之請於鎮西為書院繪二先生像而祀焉歲久傾圮居民請

校注：①②饌

為巳萑鄉人訴于官復之成化十二年知府徐源推官柯漢重建

清源書院 在府治西北居賢坊宋嘉泰三年郡守宗希袞建堂曰君說齋曰浚明嚴尊忠恕爰敬元廢

歐陽書室 在府城北龜巖唐歐陽詹讀書於此歲①人頹圯成化十八年郡人致仕運判張庸偕儒士王宗賀士高倡率重建書室立祠堂以祀詹傍為房舍以棲學者

社學 中和學在府治中和坊前　聖泉學在崇陽門外　晉安學在晉安驛右　紫雲學在開元寺東　臨漳學在臨漳門外　文興學在倉前　②華巷內　羅英學在泉山門外　榮壽學在三朝元老坊內　鎮雅學在遠水溝巷左　徐山學在南十都潘徑　靜順學在肅清門外　楊茂學在三十三都楊茂保　潘江學在縣和光學在三十四都石筍橋右上二學俱縣西　圓通學在縣南三十五都車橋市

南安縣學 在縣治東二里黃龍溪之左即今鵬溪宋靖康間始建學于縣治之西半里許③朱幾

校注：①久　②華　③未

兵燹紹興中邑令劉孔脩移建今所寶慶改元縣令毛淮病其卑隘請于郡而增高之元延祐泰定間縣尹李日睥劉孚相繼脩葺元統二年縣尹劉昇火兒撤而新之中構禮殿旁建兩廡并繪從祀先賢殿之南為戟門又南為欞星門殿之右為明倫堂至正十四年又燬十七年縣尹李宗閔乃捨故址作新廟于縣治之東後五年郡學録周異觀來攝學事以學通尉司喧雜偪隘請于郡仍復舊址乃譇①夫子四配十哲像自二十三年至二十六年縣尹孔公俊等相繼脩殿堂門廡謝子龍為記

國朝洪武永樂間知縣羅安等復脩齋舍及儀門欞星門宣德六年教諭包原明首倡撤大成殿而新之修撰陳叔剛為記正統十年僉事陳祚命知縣俞宗王等脩葺廟學一新僉事汪凱為記成化十八年知府陳勉知縣陳廷忠重脩兩齋并號房一十二間改建饌堂及教諭廨舍并增建號房八間又重建宰牲房庫房夾於殿之左右又有朱②廪在明倫堂後訓導廨舍二所在學之

射圃 在學

校注：①飾　②米

之左

社學集賢學在縣治西南慈濟宫邊　育材學在縣治東城隍廟邊　集英文會二社學俱在縣東北三都

同安縣學在縣治東南隅登龍坊內五季之末縣令陳洪濟始創宋建隆二年縣令林滂遷於縣西北隅兩科太守坊祥符九年縣令張師顏建於縣東南舊巡檢司①廨地紹興六年邑士陳彥先倡謀遷建今所二十五年主簿朱熹建尊經閣於大成殿後并建教思堂於明倫堂之左　國朝洪武二年知縣呂復建號房十間七年建大成殿及兩廡歲久蠹壞正統九年按察僉事陳祚重建并修葺堂宇倉庫之屬畢具以固李賢佑為記天順間縣丞劉珣器重建明倫堂儀門東西二齋號房并櫺星門改建尊經閣於明倫堂後學士彭時為記七年提學僉事游明重建大成門成化十一年知縣張遜重建教思堂及增建號房一十八間於堂之左右十二年建膳厨於尊經閣之左

射

校注：①廨

圃在儒學明倫堂之西成化六年僉事游明復侵地剏建八年府推官柯漢復買民地增拓之十二年知縣張遜建觀德亭

大同書院在縣治城隍廟之左即舊大成殿址元至正十年縣尹孔公後建請額賜今名以祀宋儒朱熹給租贍士林泉生為之記後燬于寇成化十二年知縣張遜移建今所中為正堂堂後為方庭北作畏壘庵中設晦庵像厨舍湢溷列於庭之東西正堂之前為中門左右為廊中門之外少西為外門繚以周垣

浯江書院在鹽場之西元司令馬某建今廢故址猶存

社學擢賢學在縣治東北隅桂林學在縣治西南隅藍田學在縣東五都劉山學在縣東十一都湖山學在十七都白礁學平林學上二學在十八都丹砂學在十九都已上四學俱縣東南

德化縣學在縣治東偏後徙于縣治之東南宋建炎中復建于舊地淳熙六年燬縣令顏敏德

鄭日之梁高季元才相繼成之紹定二年復燬于寇五年縣令林倚黄之望葉彦剡胡應梅相繼建大成殿講堂櫺星門戟門上爲御書閣更立齋舍小學而縣令吴一鳴復完其所未備者　國朝正統十三年大成殿明倫堂俱爲寇所燬十四年典史王志安募民建教諭廨舍於大成殿後景泰三年知縣胡昱重建大成殿五年知縣李青建戟門六年成東西兩廡七年構明倫堂及東西二齋于大成殿之左天順二年募義士陳履等塑聖賢像建訓導廨舍五年鑿泮池於明倫堂之前而橋其上七年訓導潘嵩重修泮池成化十六年府知事狄鍾署縣事建儀門及學門又謀於訓導塗亨生員陳灝賴興等捐貲易百戶李春室以廣學基

射圃在學門之東天順五年建亭於其中

永春縣學

在縣治西西官田市初建於縣東十四都東渡橋之西宋大觀四年縣令留鎔遷知政橋之北紹興七年縣令方漸移建今所二十七年縣令黄瑀新學門闢衢路構亭於前扁曰豁然渟

熙九年縣令陳宏規重脩學舍元延祐四年縣尹李文崇飾殿堂作祭器經籍庫建明倫堂四齋及道源堂思樂亭泰定元年縣尹趙鎔新禮殿歲久①蠹壞國朝永樂間知縣溫琇重建大成殿兩廡并建戟門櫺星門庫房神厨宰牲房十三年訓導劉宣率諸生建明倫堂左右二齋并饌堂尋鑿泮池架石爲橋又建儀門外門十六年典史陳戊以明倫堂規制卑狹而重建之正統十二年按察僉事陳祚重脩廟學成化十八年知縣方敏葺大成殿射圃亭及號房十間改文昌祠爲先正祠祀邑之諸賢及泉郡守蔡襄等有功德於民者

射圃在學內成化十八年知縣方敏脩

社學上塲學在二十三都儒林學在二十五都上二學俱縣西壽峰學在縣南十二都龜龍學在縣北十九都

安溪縣學在縣治東南宋咸平二年始建學厥後沿改靡一紹興十二年始定基於此元至正

校注：①蠹

十四年燬于兵。國朝洪武六年，郡士蔣宗禧倡好義者重建，十四年知縣侯士舉踵而成之，郡人蔡玄爲記。歲久蠹壞，正統十二年按察①僉事陳祚重建大成殿、兩廡、戟門、櫺星門及神庫、神廚、宰牲房，復遷明倫堂及東西二齋於禮殿之西，建饌堂於禮殿之東，堂之後爲學倉，戟門之左爲護學祠。學門舊在櫺星門之左，後遷于右。成化初，僉事游明命有司移櫺星門於戟門之前，徙學門於櫺星門之外。十年，知縣谷廷恰增建東西齋舍十有二間。十八年，巡按監察御史張稷視學，顧齋舍湫隘，命有司修治。適教諭盛鳳像署縣事，遂於兩齋之南增建號房一十間，宰牲房之外建饌堂、廚房四間，宰牲房之右建庫房二間，復闢門路，砌中庭，凡圮壞者悉修葺之。

射圃　在學內。成化十八年教諭盛鳳儀脩。

社學　龍津學在縣治南。清溪學在縣東南永安里。藍湖學在感化里。儒林學在來蘇里。上二學俱縣東北。

惠安縣學

在縣治之左宋天聖中縣令李畋始建于縣治西南隅熙寧九年遷于皇華驛之左紹興六年縣令彭元達復建于舊處知縣陳安國爲記士病湫隘乃移建登科山之陽元至元十三年燬于兵元貞①初縣尹趙中臣始建于今所至正二十四年攝縣尹陳孚中等重建教授葉餘慶為記國朝洪武五年知縣羅泰建杏壇於明倫堂前今改爲月臺二十九年知縣馮靖建饌堂永樂四年知縣陳永年重建大成殿十六年典史陳勝宗重建櫺星門宣德六年知縣高顯重建饌堂八年按察僉事曾穆改鑿泮池而橋其上舊在戟門之内改鑿於門外十年主簿閉貞復重建大成殿正統元年重建明倫堂十一年按察僉事陳祚重建兩廡并戟門櫺星門修大成殿殿之東開一逕達於通衢爲外門而九朝學屋宇畢具以周莆田方熈爲記天順五年府同知孔惠等增建號房成化十九年知縣張桓重建神厨宰牲所二十二年桓用堪輿家之言以射圃址建明倫堂及齋舍提

校注：①貞

學僉事任彦常爲記**射圃**在學宫之後舊在西齋之西成化十一年知縣康永昭改剏於饌堂後西畔而亭其中二十二年知縣張桓以其址建學乃移建於今所**社學**縣北登龍學在坊内忠恕學在縣東北八都信義學在縣東南二十二都行滿學在縣東南二十七都

八閩通誌卷之四十四

學校

漳州府

府學在府治東南宋慶曆二年肇建崇寧中改講學為二齋以學東偏貢院為講堂大觀中以迎恩驛為四齋政和二年移建於郡左紹興九年郡守李彌遜復建于舊址中為大成殿東西為兩廡廡之上為御書經史二閣前為戟門又前為櫺星門殿後鑿池中為瑞荷亭上接尊道堂東西列十齋紹熙元年郡守朱熹創二齋一曰賓賢以延耆德一曰受成以訓學武又謀增廣學舍以祠命至弗果三年郡守鄭驥移十齋於迎恩驛隙地別為學門於殿門西講堂直北偏以尊道東西各為齋宿之舘齋廊後為祭器庫嘉定四年郡守趙汝譡闢前街浚故渠塞漸學門由戟門通驛所建學十六年學

宮災惟新舊講堂存郡守鄭昉重建實殿後①池役驛所闢門作泮池架以石梁中爲文會堂左右爲两齋寶慶三年郡守方琮改建尊道堂於瑞荷亭址淳祐九年郡守章大任浚學渠通泉脉宋景炎三年燬于兵元延祐三年郡守張泉逸教授高元子重建大成殿两廡及戟門櫺星門殿後爲杏壇又後爲學廩廩之東爲神廚廚之東爲宰牲房廚前爲神庫殿西爲明倫堂左右爲四齋堂前爲亭亭外爲書樓樓下爲大門門外砌石爲橋橋下爲泮池堂後爲樂器庫堂西爲饌堂東爲教授廨舍又東爲訓導廨舍天曆二年達魯花赤納兄占伯重脩明倫堂　國朝洪武三年知府潘琳復葺而新之十三年知府白壽重修大成殿两廡二十八年知府王仲謙重脩明倫堂四齋及饌堂書樓三十年知府錢古訓脩大成殿宣德八年教授張驥建後堂扁曰崇文移庫房於殿東正統十年僉事陳祚重脩廟學一新創訓導廨舍於杏壇後景泰七年明倫堂火天順二年知府謝騫重建并建②廨

校注：①地　②教

授廨舍於其東脩四齋拓欞星門外地同知傅①□脩經閣易以石柱成化八年知府張璝即舊射圃地建齋舍二十餘間十年廟學壞於洪潦十八年知府姜諒方區畫脩葺而提學僉事任彥常復注意圖更新之二十一年夏颶風大作經閣及東西齋舍俱②■巳二十二年知府劉漸悉依舊制重建堅緻完美

射圃在大成殿左舊在饌堂之西成化五年知府王文病其淺狹買民地於此欲移建之未肇工而去

龍溪縣學在府治西南宋嘉祐中縣令許儀建元祐七年縣令夏臻淳熈九年縣丞楊讜十六年縣令翁德廣嘉定五年縣令陳士會皆脩葺之嘉熈三年縣令黄師雍闢大成殿③廷增廣兩廡及講堂尋燬惟大成殿獨存縣丞趙時禡偕僚佐捐俸爲倡移講堂於大成殿後淳祐八年縣令潘津復闢隙地爲齋舘元大德間燬于兵縣尹趙塔納重建因陋就簡尋復壞　國朝洪武十年知縣劉

校注：①佐　②圮　③庭

憲教諭林原重脩中爲大成殿塑先聖四配十哲像東西爲兩廡前爲戟門又前爲泮池又前爲櫺星門殿之西爲明倫堂東西爲兩齋前爲集英門又前爲龍騰門明倫堂之西爲饌堂堂後爲厨房厨北爲學倉殿之東爲學官廨舍宣德五年知縣沈庸重脩大成殿正統十年僉事陳祚脩建一新但地勢卑下潦至輙壞天順七年知縣周琳增高其址重建明倫堂及大門改𦝬兩齋於明倫堂東西南向購西偏軍營地建饌堂厨房齋舍成化元年同知章俊重脩尊經閣十年知府張瓚以閣逼近民居買地廣之而教諭黄深又買地益焉二十一年知縣李槃重新廟學於明倫堂之南鑿泮池跨以石橋堂之右闢樓九間二十有八間爲諸生肄業之所學之外門舊從東出至是始鬻民居通道南出復為門架樓其上扁曰大魁

射圃在龍騰山下成化二十一年知縣李槃鬻民地𦝬建

龍江書院在府治西北登高山舊為臨漳臺宋朱熹守漳時將築室講學未果後守危①□

校注：①禎

朋爲書院以成文公之志宋季燬于兵遺址歸浮屠氏元泰定間郡儒黄元淵乃别建書院於城外東北隅仍扁曰龍江書院學①上賓集爲記

鄭江書院在府城東北二十三四都洪武三十三年知府錢古訓知縣劉孟維因里人楊彦章洪乾之②清朔建中塑朱文公像以陳淳黄榦劉宗道配

建溪書院在府城東二十二都洪武十二年鄉人蘇廷貴創建延邑儒劉宗道教子弟於其中

周潘書堂在名第山下唐周③崖物潘存實讀書於此

社學二所在府治東北隅三所在西隅四所在南隅二所在東廂二所在南廂一十所在一二三都一十五所在二十七都一十三所在二十八都一十一所在二十九三十都巳上四都凡五十九所俱府城東一十所在府城西二十一都二十四所在六七都一十五所在十都一十五所在十二三都巳上四都凡六十四所俱府城南六所在二十四五都人④所在二十五都巳上二

校注：①士　②請　③匡　④八

都九一十四所俱府城北一十二所在四五都二十六所在八都二十四所在九都巳上三都凡六十二所俱府城東南七所在府城東北二十六都

漳浦縣學在縣治南官塘初在縣西北隅宋天聖三年縣令陳坦然遷於印山慶曆三年又遷于縣北熙寧二年始遷今所紹興二十二年以水患遷于城岡乾道五年復遷今所元因之國朝洪武初知縣張理闢建大成殿塑先聖四配十哲像通判王禕爲記殿之東西爲兩廡前爲戟門門外鑿泮池架橋其上又前爲櫺星門西廡下爲祭器庫宮①迤外爲神厨殿之左爲明倫堂東西爲兩齋前爲道義門門左爲膳堂殿之後爲教諭廨舍其東爲訓導廨舍十五年知縣李賢建學廩于戟門之西永樂八年縣丞黃禮又增建學倉於射圃之東宣德九年府通判閔謙以廟學門路褊狹勸民徐士明割地廣之正統十年僉事陳枕勸邑士助貲命教諭程了②予修建一新成化六年知縣劉

校注：①殿　②予

①壁徙建明倫堂兩齋道義門脩舊明倫堂爲教諭解舍增建訓導解舍于道館門外十八年知府姜諒令知縣汪瑾重建廳堂于大成毀之後并建神廚于櫺星門之西**射圃**在學門之前中有觀德亭

丹詔書院在縣南三都宋紹定間南詔場西對周申建淳祐中郡守黃朴書額

鴻江書院在縣東十七都洪武中鄉人陳則彝建授徒講學多所造就正統十三年燬于冦其子孫重脩葺之延師儒以教鄉之子弟

梁山書堂在梁山下唐潘存實讀書於此

社學一所在東街一所在西街一所在西門一所在南門一所在北街一所在二三都一所在四都一所在五都一所在六都五所在七都一所在八都一所在九都一所在十都一所在十五都一所在十七都一所在二十三都一所在二十八都

龍巖縣學在縣治西宋皇祐間建于縣治之東後以其地喧而隘遷于縣南通闤橋之東大觀

校注：①璧

間縣令石復以其地卑濕遷于縣東建炎二年縣令方世功以學地右實左虛因東徙于寬平之地紹興以来①寖以傾圮淳熙間縣丞李永曾祕相繼營建朱文公爲記開禧二年邑士葉璘鄉又以地勢逼隘請于縣令張汝勉改建今所淳祐六年重建元至元十六年燬于兵二十四年重建大德三年縣尹李瑀以規模湫隘始拓而大之旁立文公祠至正十七年縣尹趙昱重建中爲大成殿東西爲兩廡前爲戟門欞星門後爲明倫堂東西爲兩齋堂之右爲厨庫宰牲房 國朝洪武二十九年知縣吴子昇重建正統十年僉事陳祚脩建一新成化十年知縣常濟徙建明倫堂及教諭訓導廨舍於大成殿之右建學②稟于道義門之右十六年知縣陶傅重建大成殿東西兩廡及兩齋號房

射圃在儒學膳堂之北成化十年知縣常濟建

社學一所在縣治東平砦街　一所在縣治西下井街　一所在縣治北坑頭　一所在縣西門外　一所在表政里　一所在龍門里　一

校注：①寖　②廩

所在萬安里一所在集賢里一所在節惠里

長泰縣學

在縣治東按舊志宋紹興三年主簿張牧始建學淳熙間文廟在縣西南嘉定間學在縣東南紹定六年縣丞葉璀寅白于縣令陳淳作新學于今所建大成殿及尊道堂堂東西爲四齋經籍祭器各有庫鑿泮池瀦水駕石爲橋淳祐間縣令趙與坦爲記　國朝洪武二十年建大成樓于殿南正統十年僉事陳祚修建一新成化十六年知府姜諒因知縣劉鐸之請規措財用脩葺明倫堂東西齋膳堂大成樓建興文祠及祭器庫于大成樓之東建教官廨舍三所于明倫堂之東西又買民地增建號房一十間脩泮池石橋重建櫺星門易以石柱闢學門及路

射圃

在縣治西城隍廟之右舊在縣治東南宣德初知縣劉全移建今所成化十六年知縣劉鐸重建觀德亭

泰亨書院

在縣治南洪武三十五年剏建中爲堂祀朱文公以東溪先生高登北溪先生

陳淳配前爲齋舍以便訓蒙

社學 一所在縣東街 一所在聯魁街

成化十八年知縣劉鐸重建

一所在和平坊一所在大夫坊三所在方成里二所在恭順里四所在彰信里已上三里凡九所俱縣東四所在旌孝里四所在善化里已上二里凡九八所俱縣北四所在縣東南欽化里四所在縣東北石銘里四所在縣西北人和里

南靖縣學 在縣治東元至治間始立縣于清寧里九團社學隨以建後至元二年徙縣于舘山之陽學從之至正十六年又徙縣于雙溪之北學亦從之即今所也國朝洪武三十三年知縣楊遜拓其舊址建大成殿兩廡戟門欞星門永樂十三年教諭易誠重建明倫堂于大成殿之右東西爲兩齋西廡之後爲祭器庫殿之左爲神厨宰牲房堂後爲寢堂堂右爲饌堂前爲儀門外爲大門正統三年知縣林廷貞買學前民地廣二十丈餘闢門路十三年冠燬惟大成殿欞星門學門猶存

景泰元年知縣朱珩教諭譚信重建明倫堂三年縣丞黄璟建兩廡戟門及兩齋儀門天順二年教諭李孜倡邑民李元功等重建明倫堂後堂兩齋號房倉庫及教諭訓導廨舍成化十八年教諭夏濬重建學門梁柱皆易以石

社學 一所在縣治前街二所在縣東由義里二所在歸德里二所在清寧里二所在新安里二所在習仁里已上四里凡八所俱縣南二所在縣北永豐里二所在縣西北習賢里

漳平縣學

在縣治之右成化七年府同知蔣濬知縣陳栗始建中爲大成殿塑先聖四配十哲像東西爲兩廡前爲戟門又前爲櫺星門殿後爲明倫堂東西爲兩齋堂左右爲夾室神厨神庫堂後爲教諭訓導廨舍西齋之後爲學廩櫺星門之內爲泮池及文昌祠右爲宰牲房左爲學門十六年知縣李斌命工鑿石修砌泮池

射圃 在儒學學官廨舍之後東隅

汀州府

府學　在府治東宋咸平二年初剏學在鄞江門内横街天聖中遷州東横岡嶺下崇寧行三舍法郡守陳粹以舊學卑隘不足以棲學者遂遷州東北興賢門外紹興三年郡守鄭强以州學不當置城外遂度城内地改創即今學是也中爲大成殿翼以兩廡分列六齋殿之後建講堂曰明倫堂堂之後建藏書閣曰稽古又其後絶高處建閣曰宸奎强自爲記郡人王格始以其家貲買田贍學而强復規田以益之自是師師之賢者屢有增置嘉定十一年郡守羅勳重修嘉熙二年郡守戴挺教授張實甫以學湫混處非宜乃相學左射圃地倣太學規模中剏堂曰文會前後各爲齋者二俱南向學門兩旁以位職事者郡守姚元特至始畢其功教授魏鼎爲記教授蕭賔詔以學前迫隘市民居撤而闢之開慶初郡守胡太初重建大成殿御書稽古二閣明倫芳桂二堂視舊皆加宏壯①太初自爲記

校注：①太

復浚泮池作石橋更建祭器庫及齋舍門廡之屬悉完以美後守劉克莊為記國初永樂八年知府宋忠重修成化十年巡撫副都御史張瑄視學慨其堂宇湫隘弗稱命知府李桓通判李禎訓導周瓛等協心改建遂貿易軍營增拓其址從文奎閣於東偏進明倫堂於閣之舊基遷四齋於堂之東西庫廩庖湢齋舍廨宇脩葺一新侍郎尹直為記十五年提學僉事周孟中始置樂器教樂舞以奉二丁之祭十八年提學僉事任彥常允其師生之請檄府衛相度閑曠之地貿易學前左軍營增初廨舍號房事已行而工未告畢○按舊志郡守趙伯檜陳琳陳映鄒非熊朱詵胡太初權郡趙師棠趙時海教授王復初皆嘗增置學田而非熊所增乃捐已俸一千緡所鬻也端平間權郡趙性夫歲撥鹽錢庫買剩錢二百貫文以助學淳祐間郡守李景勉勸而不發歲久又坐移用學廩遂乏芳桂堂後改名致極取致廣大極高明之義舊汀學釋奠未有樂舞至成化十五年孟中乃走幣

請南京神樂觀樂師至郡選郡人道士之明敏者教之

射圃在學之西南廣儲門外中建觀德亭

長汀縣學

在府治東開元寺之右舊在興賢門外宋紹興三年遷郡學於城內遂以舊學為縣學惟大成殿獨存春秋二丁之祭行禮於此而士之肄習猶附於郡學嘉定間知縣謝周卿市民田隸郡學以廩學職及弟子員開禧間知縣劉涤之修建學制始備淳祐間知縣陳顯伯修大成殿復學地儆於民者改闢學宇為講堂一扁曰麗澤為齋三曰尚志閱禮修性且規錢為養士費復水圳故道以從堪輿家之所宜事未就緒而顯伯滿去繼知縣事趙崇濂遂踵成之禮部侍郎張播為記元至正間燬于兵遂移建縣南五里許 國朝洪武六年知縣陳伯正復建于舊處正統十四年又燬于兵有司僅葺堂宇以舍師生景泰七年教滿①章唐白於知府舒曈首剏禮殿未畢工而去大而②

校注：①諭　②順

二年知府李壎復市民地以拓其址重建一新塑先聖四配十哲像於殿繪從祀諸賢像於兩廡禮部侍郎章綸爲記成化十八年河決近學堤岸著録生鍾正等請於御史洪性提學按察副使游明分巡按察僉事周謨知府李桓等議遷郡城内乃規官地市易軍衛壘基即今所也首撤指揮楊瑛王靖教護屬工建大成殿及東西兩廡前爲戟門又前爲櫺星門復建明倫堂及東西兩齋堂之後爲尊經閣閣之東西爲庖舍學廪外爲重門堂之東爲號房一十二間閣之後爲教諭廨舍殿之西爲二訓導廨舍學制①寖備十五年知府戴禧縣丞鄭景華主簿羅素修葺殿堂及兩廡十七年知縣謝珪教諭張斐遷外門於東左遂剏儀門提學僉事周孟中復規措買學廪之北民地增廣拓廨舍并建吏舍禮部侍郎謝一夔爲記十八年提學僉事任彦常以廟學弗飾而號房亦不足以容来學之士遂檄有司修飾而增廣之于時知府黄珵通判張忠推官王燦教諭張斐訓導蔣詠張寧及邑

校注：①寖

人新昌訓導鍾正即前請遷學者各捐貲助脩復改創櫺星門修飾明倫堂增建學廩及塑先聖四配十哲像

寧化縣學

寧化縣學在縣治北翠華山下舊在縣東正街宋建炎二年知縣施禔剏建淳熙十年知縣趙伯虎遷建今所其後知縣杜潮踵而成之紹定五年兵燹巋然獨存端平間知縣趙時館因舊脩葺袁長吉爲記後邑士以大成殿址太高因平治而改創焉寶祐間知縣林公玉重剏講堂左右列四齋學門之前剏亭繪古今名儒於其内扁曰仰高又名魁星元末燬於兵國朝洪武十一年知縣張思誠重建大成殿兩廡明倫堂二齋前爲儀門右爲饌堂鑿泮池於櫺星門之内建教諭訓導廨舍於學前之左右國子助教張震爲記宣德十年教諭張質訓導丁茂率諸生捐貲塑四配十哲像正統元年府經歷王得仁教諭沈和重飾先聖像七年縣丞陳陵修殿堂剏門廡齋舍瑑石甃泮池

及橋以仰高亭發址易民地增闢學之正路繪七十二賢像垣墉器皿修飾一新成化七年按察僉事周謨府同知程熙建書樓於堂之東西各五楹又建文會堂於堂之北樹二坊於門外之左右重構教諭訓導廨舍十四年知縣徐廷曜重新修葺又搠庫房於明倫堂之東南創宰牲房於明倫堂之西學之規制尤壯於昔射圃在學之後山成化七年僉事周謨同知程熙建中有觀德亭

上杭縣學在縣治東二百步許舊在縣東五十步即今城隍廟基是也宋嘉定十六年縣令趙彥挺以其湫隘徙建今所搠禮殿及兩廡又搠明倫堂及四齋學制具備淳祐十一年圯于水寶祐五年縣令李務行重搆講堂為樓以奉先聖燕居像更學門于堂之左以別廟學之制後復圯 國朝洪武九年知縣劉亨縣丞周文郁重建省四齋為二廨舍膳堂庖廚之屬悉倫正統元年知縣張琳縣丞楊孜重建大成殿殿後為明倫堂景泰六年大成殿壞於蟻知縣黃希禮重建少詹事劉鉉

爲記天順二年櫺星門壞諸生李良等捐貲更造以石成化八年大成殿復壞於蟻教諭胡匡訓導鄭銘上其狀于提學副使游明分巡僉事周謨乃勸邑大姓郭端郭鑑林崑輩助貲檄府通判吳桓知縣蕭宏縣丞陳清易以石柱而重建焉未幾桓去任府同知程熙踵而成之并建號房一十一間諸生孔經等又以民居偎近學門不便爲言遂卽射圃隙地易之中爲石臺建亭於其上扁曰桂香并建宰牲房三間於其左十年蕭宏陳清重建明倫堂邑民鄭儉捐貲飾先聖四配十哲像十二年蕭宏重建學門教諭孫能爲記十八年知縣李曰思復修飾其所未備者學又有池塘二所在新街北畔軍營前

射圃 在學東北六十步中建觀德亭

武平縣學 在縣治西一十五步舊在縣東興賢坊宋乾道間知縣唐廷堅剏建紹興間知縣葉諶之重建紹定間燬于寇縣尉翁撲剏講堂端平間知縣趙汝譋剏大成殿嘉熙間知縣田圭剏東

廡淳祐間知縣林震剏西廡及櫺星門儀門國朝成化十年知縣徐端以其址卑陋奏請遷今所剏大成殿及兩廡前爲戟門櫺星門又剏明倫堂及東西二齋前爲學門堂之後爲講堂講堂之後爲饌堂饌堂之後爲文昌祠祠之右爲學廪兩齋之南各爲號房一十間饌堂東西爲庖庫講堂左右爲教諭訓導廨舍

射圃在縣南門堤上其址爲居民所侵

清流縣學

在縣治東即皇華驛發址也舊在縣南宋元符元年剏建崇寧間行三舍法遷建縣東建炎間寧化尉顔希仲攝邑事復遷今所紹興間燬於顛寇十三年知縣董諒始剏齋舍十八年知縣張秀穎繼創大成殿櫺星門紹定間又燬于寇端平初知縣王元瑞始建大成殿未幾郡守張翀捐金建化成堂後改爲明倫堂縣簿張翊爲記嘉熙間知縣林奕建四齋縣簿徐登爲記元至正六年又燬於連城寇惟學門僅存國朝洪武二年知縣朱仲恭重建大成殿兩廡戟門櫺星門殿

後爲明倫堂東西列兩齋及號房他如牲房饌堂厨庫解舍之屬畢備三十二年知縣宋忠重修并剏學廩永樂十四年又燬於沙寇洪熙元年知縣李庠重建正統十二年又燬于沙寇景泰三年教諭黄烈率諸生蕭鳳翬各捐貲剏明倫堂有司繼剏大成殿巡按御史高□以學之西偏狹隘乃市民地增建號房天順元年知縣吳中重修殿廡成化十七年知縣凌宋範銅爲爵凡百三十有八以備祭器十九年大成殿一柱腐折提學僉事任彥常督有司葺而易之

射圃 在縣西朝陽坊中建觀德亭

連城縣學 在縣治東一百五十步宋紹興四年縣令陳南復剏建後遷縣東南尉司舊址淳熙間縣令常圜復建于舊所紹定寇亂暫駐戍兵于學遂爲所壞縣令米巨宏重修元至正二十一年燬于紅巾之亂惟大成殿巋然獨存二十二年縣尹馬周卿教諭吳源重建門廡及兩齋後復圯

國朝洪武七年知縣劉雍主簿崔景訓導沈輔之重建中爲大成殿東西爲兩廡前爲大成門又前爲欞星門殿之後爲明倫堂左右爲兩齋建庫房神廚饌堂於西廡之後建教諭廨舍於東廡之後建訓導廨舍於堂之東西建文昌祠於大成門之左建學倉於明倫堂之西北李誠任爲記宣德元年知縣吳衡重修飾之復市學後之地以增學址教授陳迪爲記成化十四年主簿鄭昂重建饌堂於明倫堂之後十五年知縣陳敏改建欞星門并新學門增建興賢育材二坊

射圃在儒學明倫堂之東北洪武七年知縣劉雍等建

丘氏書院在縣東蓮峯菴之左宋進士丘鱗讀書之所也今廢

歸化縣學

在縣西明溪驛前成化六年按察僉事周謨相士設縣因定基於此七年知縣郭潤剏建中爲大成殿東西爲兩廡前爲戟門又前爲欞星門戟門之左爲神廚右爲宰牲房殿之後爲

明倫堂東西爲兩齋明倫堂之後爲後堂西後爲饌堂及倉西前爲學門兩齋之下爲號房西齋之後爲教諭訓導廨舍十七年教諭陳冠訓導張恂改建學門于學之東

射圃在縣東山川壇之左成化十三年提學僉事鍾城檄主簿馮祥教諭趙智剏建中爲觀德堂東西爲兩廊前爲大門歟後後爲潦水所壞十八年知縣賴永正主簿祝齡教諭陳冠訓導張珣重修

翠雲巖書院在縣東歸下里淳化寺側宋熙豐間侍郎張若谷諫議陳世卿嘗避亂讀書於此今廢

社學一所在縣東廣濟街西一所在縣東石珩村一所在縣西南錦福庵巳上二所俱歸上里

永定縣學在縣治西二十四步成化十五年按察司副使劉城布政司叅議陳潡相土設縣因定基于此十六年知縣王環教諭謝鏳剏建中爲大成殿東西爲兩廡前爲戟門又前爲櫺星門殿之後爲明倫堂東西爲兩齋及號房堂之後爲穿堂後堂後後堂之左爲饌堂及廚房西廡之後并明

倫堂之西又各爲號房明倫堂之後爲教諭廨舍他如牲房米廩之屬靡不完具十七年分巡僉事林克賢以學宫前水塘爲泮池前射圃在儒學之臨杭陂水圳直抵戟門皆學地也自後成化十六年迄學刱建

延平府

府學 在府治左西山之巔①宋夫②聖二年郡守曹修古始建建炎四年燬于兵遂以其地爲閱武場紹興二年郡守劉子翼徙建於郡西龍津館盖舊貢院址也郡人以其近市囂③且隘請復舊基郡守路採經始於紹興十五年未就採去任郡守鄭椿繼之乃畢前功中爲禮殿左右爲兩廡前爲戟門又前爲櫺星門殿後爲講堂扁曰進德東廡之旁爲靈官廟戟門前爲祭器樂器庫又有直舍齋以居弟子貟射圃庖廩悉備元天順二年郡守文冨塑先聖四配十哲及兩廡諸賢像作堂於戟門西扁曰敷

校注：①巔　②天　③囂

教廳 國朝洪武三年知府唐鐸改講堂曰明倫堂左右建二齋曰尊賢曰尚友以舊寶章樓之下中爲會文堂左右爲二齋曰存心養性堂右爲會膳堂又爲儲廩倉於堂之左爲祭器樂器庫神厨宰牲房於東廡之後永樂十七年知府方曉改靈官廟名興文司土祠撤直舍齋儲廩倉以其址創教官廨舍正統九年知府王彪改建四齋於堂前左右并建文昌祠於櫺星門之東成化九年知府盛顒撤文昌司土祠建明倫堂於廟左列四齋於堂前左右又前爲儀門路經櫺星門前折而北又轉而南面文筆峯建閣扁曰文奎閣之後左右爲生徒齋舍由閣前後轉而西建學門①祗通衢名紫芝嶺樹坊門扁曰興賢

射圃在府城南水南山川壇前舊在府學櫺星門西洪武十一年同知黃祺以其地爲府廨舍改建今所

南平縣學在縣治東都城隍廟之左宋紹興間始建於縣治西元因之至正間燬于兵 國朝

校注：①抵

洪武三年知縣劉居信以舊址隘陋徙建虎頭山之麓舊三皇廟故址也中建禮殿旁列兩廡前為戟門又前為欞星門殿左為講堂十六年縣丞羅南山教諭彭秉德廣其西偏創明倫堂翼以兩齋饌堂廨舍俱備以舊講堂為先賢祠祀楊時羅從彥李侗朱熹四先生宣德七年燬知府雷誠從建今所正統改元燬知縣胡濵重建十三年寇燬惟存殿堂及兩齋景泰改元知縣劉銘重建

延平書院在府城南九峯山之麓宋嘉定二年郡守陳宓倣白鹿洞式建書院於南山下以祀李侗並為郡人講學之所因學者稱侗為延平先生故名宓禮聘九江蔡念成為堂長延李燔定學規捐俸市田以贍生徒時真德秀采預講四方名士咸會其後郡守傅康重建祠堂於禮殿之側又籍發寺田以益之初書院成宓請乞賜額當軸者格不下端平元年郡守黃埒復請乃勅賜延平書院額有禮殿有祠堂有閣以尊經有堂以會講有四齋以處肄業之士有三亭以為遊息之所院之

前有池池之上有橋二年秋霪雨爲沴水突山頹禮殿祠堂俱壞所存者講堂四齋及池橋而已郡守董洪董慮後患遷今所去舊址僅百步地勢夷衍山迴深邃枕九峯頫剏潭絕市井之囂禮殿建於右書院建於左又建堂祠周頤張載程顥程頤楊時羅從彥李侗朱熹廖德明黃幹十賢前爲講堂仍揭舊扁堂之前列四齋元至正末燬于兵

國朝洪武三十三年按察僉事喻居善知府俞廷芳建堂祠侗僉事臣顯剏樓于堂後爲登眺之所扁曰橫翠亭橋及外門漸復舊規宣德三年知府雷誠重修五年通判程昉塑侗像剏亭祠正統十三年樓燬于寇祠宇亦就圮景泰三年僉事李顯通判楊李①琦重修祠宇五年監察御史倪敬剏門揭舊延平書院扁天順七年南平縣丞劉昇剏兩廊成化中好義者悉撤而新之○會講之堂扁曰道南　遊息之亭其一臨池曰濯纓其一曰光風霽月其一曰聞後　池上之橋名曰風雩　堂之前列四齋曰明誠曰忠恕曰中和曰敬義

校注：①季

龍書院在府城東南長安北里始建歲月失識有禮殿塑宣聖四配十哲像有祠堂祀楊時羅從彥李侗朱熹四先生相傳其地蓋四先生舊講道之所也 國朝宣德中殿堂傾圮聖賢像遷祀南平縣學門額故址猶存

將樂縣學在縣治東南宋始建城南卞山之麓兵燬元徙建今所 國朝洪武初元燬明年教諭王文通建禮殿齋舍五年知縣申文彝建明倫堂翼以兩齋文彝卒王克剛繼之乃建禮殿旁列兩廡前爲戟門又前爲櫺星門門之右爲祭器庫殿東鑿泮池池之前創廳曰敷教廳之後爲四賢祠并廚庫齋舍文通復建學倉於明倫堂之東正統十二年訓導王昌順建閣於明倫堂後扁曰崇文

射圃在縣南風雲雷雨山川壇前去縣治三里

龜山書院在縣治北封山之麓宋咸淳二年禮部尚書馮初心以時載道而南爲師儒所宗奏請立書院度宗書龜山書院額賜之

後燬于兵郡倅毋逢辰重建元至順元年縣尹郭野仙普華重修建禮殿講堂齋舍至正二十一年復燬　國朝洪武七年知縣王克剛拓舊址重建中爲祠堂祀時旁列廊房前爲門

尤溪縣學在縣治東北隅宋慶曆二年始建在縣治西四年縣令宋咸徙縣治東南隅建炎三年縣令劉正重修紹興十一年冠燬縣令彭億徙今所中建禮殿前建兩廡又前爲戟門殿後爲明倫堂堂後創閣扁曰稽古後縣令林嶷復建閣於明倫堂左扁曰觀大乾道九年縣令石嶅重脩并建四齋元至正元年達魯花赤里赤海牙縣尹許惟敬重建禮殿兩廡戟門欞星門明倫堂尊道堂東西二齋縣丞郭奮别剏尊經閣於明倫堂後　國朝宣德二年知縣施泰重建明倫堂及兩齋正統十三年冠燬景泰元年按察僉事張彥剏小堂名采芹爲生徒講肄之所二年布政司左叅政王仕華以舊學址易民地廣之按察使楊珏檄主簿林埜建禮殿天順六年按察僉事劉子肅府同知

程嵩以明倫堂卑隘非稱因撤而新之建禮殿兩廡戟門櫺星門明倫堂兩齋倉庫廨舍悉備

射圃在縣東

南溪書院在縣治南宋朱松爲縣尉時寓鄭氏此即鄭氏故居也嘉熙元年縣令李脩建以祀松及其子熹中爲祠堂翼以兩齋曰景行曰傳心前有方塘半畝構亭跨其上縣令施漬復剏講堂咸淳四年縣令黃巖孫剏四齋復於祠堂之右建夫子燕居堂堂前爲櫺星門重建講堂於①堂之後庖湢之屬悉備德祐元年敕賜南溪書院額元至正四年閩憲僉事趙承禧始命監縣文殊海涯分立二祠改楄四齋曰明德復禮持志率性 國朝永樂十二年知縣汪誠雷殷相繼修葺正統十三年寇燬惟存敕賜門額景泰二年監察御史許仕達通判楊季琦重剏祠堂扁以舊額

沙縣學在縣治東舊沙陽址舊在縣治西和仁坊宋慶曆二年縣令杜京徙今所中爲禮殿殿後

校注：①額

為堂東西為生徒齋舍宣和七年縣令郭汝賢重脩淳祐五年縣令段震午建閣臨直舍扁曰傳心開慶元年縣令徐銓孫濱溪築臺與學門對峙名詠歸元至正二十一年達魯花赤哈散沙彥彬建禮門國朝洪武初重修中為禮殿殿後為明倫堂翼以兩齋永樂七年知縣鄭恕教諭張善教諭撤而新之首剏禮門脩傳心閣恕尋去職善教募衆力建禮殿兩廡戟門正統十三年冠燬景泰元年巡撫刑部尚書薛希璉給繒錢督知縣余寬重建禮殿戟門并學廩饌堂明倫堂路舊出右偏燬後居民侵為已有遂復出左偏景泰四年訓導居①復白于當道復之增市民地拓其址建兩廡兩齋

射圃 在縣西去學二里許

諫議書院 在縣西勸忠坊宋陳瓘賞②贈諫議大夫故名一名了齋書院嘉定二年郡守徐景𥌓即瓘故居建書院祀之蓋表其忠義以教邑人也元季寇燬遺址入於居民國朝永樂二年知縣倪峻復其地重建

豫章書院 在縣西洞天岩之西

校注：①周　②嘗

麓元至正元年宋儒羅從彥五世族孫天澤刱建以奉祀事因學者稱之曰豫章先生故名國朝洪武三十年縣丞劉文仲重建正統十三年燬于冠

鳳岡書院

在縣溪南鳳凰山下宋淳熙十一年邑人黃顥建中爲講堂扁曰麗澤堂後建閣二一繪先聖先師及周程諸儒像一以藏書曰尊經生徒肄業齋舍凡十有二曰輔仁營道尊性尚志時習日益止善敬業篤行循理守約復正別有游息之圃亭閣十餘所宋末兵燬

順昌縣學

在縣治東宋慶曆二年始建在縣治西元豐中改建縣東二里許皇祐中徙建今所紹興二十年縣令王奎重修元至順二年縣令劉思禮重修國朝洪武十年知縣周政重建中爲禮殿旁列兩廡前爲戟門又前爲櫺星門刱明倫堂于殿之右翼以兩齋饌堂庖庫廨舍悉備正統十三年寇燬景泰二年知縣錢道寧刱明倫堂三年府通判楊季琦建禮殿天順二年府通判宋璽

重建明倫堂兩廡戟門兩齋厨庫六年按察僉事宋欽剏欞星門

射圃在明倫堂後

雙峰書院在縣西宋咸淳九年邑人廖邦傑持福建閩海道僉憲①鄮始建祀楊時廖剛朱熹廖德明四先生以著道南淵源之學元廢

永安縣學在縣治東景泰五年通判楊季琦知縣韓隆建中爲禮殿旁列兩廡前爲戟門又前爲欞星門後爲明倫堂翼以兩齋東曰崇德西曰廣業天順六年縣丞宋善剏庫厨廨舍

邵武府

府學在府治之前宋天聖二年郡守曹修睦始建于郡治西北隅慶曆七年郡守宋咸重修買田五百畝爲學計盱江李覯爲記熙寧後徙建於城外水北建炎二年郡遭兵燹而學獨存有司撤爲吏舍乃棲諸生于縣學教官寓寧國寺紹興八年教授陳之茂請於部使者復建之茂有泮宮紀事開禧後

校注：①節

郡守用澹翁册山師得遇教授黄登饒愿方澄孫相繼修之咸淳五年攝郡事廖邦傑別創學門于櫺星門左并增學田元延祐四年總管康悅重修并肖從祀像泰定元年總管劉泰天曆元年總管西達至正四年同知吳克忠相繼修之教授朱材復清涼寺所侵學田六年學門壞於風雨同知陳君用復立十八年燬于盜魏劉家奴二十四年總管胡文甫遂以劉家奴居宅爲學　國朝洪武二年通判章文旭教授林必忠謂其地湫隘請於省臺以樵溪書院改建中爲大成殿前爲兩廡戟門櫺星門殿之北爲明倫堂前爲四齋戟門之左爲鄉賢祠東廡之東爲神厨宰牲所西齋之西爲饌堂東廡之南爲教官廨舍三十二年教授程禧得明倫堂西官民地乃徙堂於其上遷殿于堂之舊址以舊堂前東西四齋增兩廡而戟門因其舊遷櫺星門于溪南堂前跨溪爲橋覆以亭曰觀瀾亭之前東西爲四齋前爲泮橋又前爲學門堂之東東齋之北爲饌堂永樂十四年圮于水惟禮殿存

十五年奉命修建宣德四年同知宋貴重建四齋邵武知縣鄒良重建兩廡塑從祀像并建饌堂及學門徙鄉賢祠於殿東正統四年知府徐述修大成殿移戟門櫺星門各進丈餘引五曲溪流爲泮池正統九年推官吴容造三石橋於殿前景泰五年教授崔盛訓導葉興捐俸倡諸生助財修明倫堂四齋儀門建石橋一於學門外知府王庭遂修大成殿建石橋三於櫺星門内同知顔旻修先賢祠花潤生爲記成化二年知府臧顒重建戟門櫺星門脩神廚等所六年師生請于巡撫都御史滕昭監察御史左鈺仍移櫺星門于溪北移明倫堂退三十尺築基高於舊三尺移東西齋各開若干尺接堂爲軒東西各易橋以石撤橋亭廣饌堂重立儀門外門各三間新建號房二十間於殿後又立二坊於門外之東西十年知府馮孜重建兩廡及鄉賢祠十六年知府劉元重建大成殿徙鄉賢祠于櫺星門之東南十七年增創號房一十六間於殿東南十九年以弓匠局隙地易殿東畢地

縱六尋橫三尋有奇以廣學基○郡守曾修睦建于郡治西南隅即今學地熙寧後徙建城北即今社稷壇地○劉家射圃在府城中西南隅即舊郡故居宅今射圃地學地也宋在軍學旁元初因之至正間學遷城中圃遂廢國朝洪武九年重設于熙春山麓成化二年知府盛顯始遷今所前爲觀德堂堂後東西爲旁中爲後堂後爲水天清趣亭堂之前二丈許爲池池中爲橋繚以周垣○熙春山麓舊三皇廟地

邵武縣學在府城西北隅宋天聖中軍學也後軍學遷水北因以爲縣學紹定三年燬于兵端平二年郡倅王埜復建淳祐十二年縣令朱子廣修葺咸淳五年縣令張湘重建講堂鄉賢祠及瑞櫺軒元至元二十年同知石哈剌不花重作文廟及櫺星門教諭洪黄中爲記泰定二年縣尹王應祚重修至正①九年縣尹陸文瑛倡始耶律維一繼之又重作廟社本爲記十三年縣尹孔公俊復重

校注：①杜

脩廟學舊有記失作者名氏至順元年教諭蕭德馨訓導夏道子學録陳士元重建鄉賢祠及號房又復侵田及增置學田黃清老爲記至正七年邑人建寧學諭吳行可二十四年邑民黃茂皆割田以增學計縣尹陸文瑛郡士上官文本有記國朝洪武初知縣水甦民重脩三年知縣詹得銘重建講堂永樂十四年圮于水惟禮殿戟門存十六年知縣蔣忠建講堂齋舍宣德中知縣鄒良建兩廡後堂邑人黃文慶塑先聖四配像成化十年巡撫都御史張瑄巡按監察御史鄭昱尹仁憲副劉城僉事鍾城陳輊髙崧相與協謀屬知府馮孜知縣王拯拓地重建知府馮孜爲記左爲大成殿右爲明倫堂門廡齋舍庖廩泮池廨舍之屬煥然一新○泮池在儀門前學舊有秀水池中有泉今適當西廡下乃別鑿於此暗引泉通焉

樵溪書院即今府學地也宋景定中攝郡事方澄孫倅錢讖孫肇建於郡城東行春門外以祀宋丞相李剛①元至元十八年同知萬不花移建于樵溪五

校注：①綱

曲之上爲禮殿祀先師孔子爲先賢堂祀①剛及鄉賢省注山長一員主之有田若干畝泰定三年總管西逵重修至元四年監郡浚都王子哈　剌虎台又修之仍建崇文門詠汧亭黃清老爲記　國朝洪武二年改爲府學

蒙谷精舍在府城東一都之故縣宋黃中歸休時游息之所也中有泉乃取大易蒙卦義扁曰蒙谷又構亭於泉上曰果曰育朱熹嘗過從其間爲大書其扁

臺溪精舍在府城東宋儒何叔京藏脩之所也叔京從朱熹遊熹嘗造焉以地近七臺之麓小溪之濱故名今鄉人稱曰學堂

社學一所在府治東建寧道左一所在府治南亭道坊上一所在東門外一所在南門外一所在府城西北濟川橋上五社學俱知府盛顒立

泰寧縣學在縣治西鑪峰之陽宋南渡前無可考變元間縣令趙時鋙建于今所元至元六年縣尹王成吉重建頖宮魁星亭文昌閣至正十二年兵燬二十七年主簿黃悅重建國朝洪武三

校注：①綱

年知縣陳撝重修九年知縣定定重建六成殿肖先聖及四配十哲像東西爲兩廡前爲戟門櫺星門東廡後爲神厨庫旁宰牲所徙明倫堂於殿後左右翼室爲兩齋東齋之左爲饌堂三十五年知縣王可宗重修永樂十五年知縣周英復新殿廡及戟門正統十二年教諭李卓改建明倫堂於殿東左右爲兩齋前闢學門以舊堂爲饌堂學士王直爲記十三年明倫堂燬于寇尋復建成化七年教諭何震訓導馮則及諸生以門堂臨險善崩請于提學憲副游明委知縣徐琛復其舊重建櫺星門及學門

射圃在學西社稷壇後中建正心亭

讀書堂在縣西瑞溪保丹霞寺內宋李綱讀書之所今有讀書樓猶存

社學一所在朱口保一所在將溪保上二所在縣東樂成里一所在縣南高平里開善上保一所在城保一所在長興保上二所俱縣北清泰里

建寧縣學在縣治南百餘步宋天聖中縣令葛佑建于縣治之西嘉祐中縣令李山甫遷建今

所紹興九年燬于寇十二年縣令黃唐祐復建慶元四年縣令趙師棠購地爲講堂即舊講堂落爲大成殿門廡齋舍廚庫悉備嘉定十一年縣令錢衢紹定二年縣令趙紡夫淳祐五年縣令林玥十一年縣令連端慤相繼脩建寶祐二年縣令廖邦傑重修以堂左翼祠朱熹右翼祠邑之賢宰及鄉賢景定三年縣令馬世頴改創先賢祠於明倫堂後合熹及賢宰鄉賢祀之五年縣令宋秉孫重脩廟學咸淳七年縣令程夢桂捐捧二千餘緡撤明倫堂學門而新之改創魁星亭于門左殿庭門廡廚庫廨舍或增或飾悉完以美復改創先賢祠于講堂之西元至正十二年燬于寇二十六年邑人馬貞卿重建大成殿及講堂 國朝洪武三年知縣董煥重新大成殿肖先聖及四配十哲像東西爲兩廡前爲戟門櫺星門殿東爲廚庫及宰牲所復新明倫堂東西爲兩齋前爲泮池架橋于上池東西爲諸生齋舍堂之後爲饌堂十六年知縣胡日新建堂於池前扁曰敷教前爲門堂之西爲教

諭廨舍東爲訓導廨舍正統十三年燬于冦教諭陳襄奏請復建十四年知縣汪榮結茅爲廟及學景泰元年訓導王録趙輔倡邑士忱文貴撤所捨佛寺建明倫堂後文貴兄子友慶遂建兩齋於堂之左右三年義民廖彦舉重建大成殿兩廡戟門及廚庫宰牲所知縣金瑄典史朱璧教諭包瑜邑士徐伯誠等捐貲塑先聖及諸從祀像郡人花潤生爲記

雲谷書院 在縣南雲谷山下宋待制俞豊讀書之所也外有怡雲来薰致爽舒嘯浮香諸亭今俱廢故址猶存

社學 一所在東門 一所在西門 一所在南門 一所在北門 一所在東鄉楚下保 一所在西鄉富田保 一所在北鄉黄溪保

光澤縣學 在縣治東南宋慶曆間建元至元六年縣尹朱潛虛教諭陳文通重建後燬于兵國朝洪武三年知縣劉克明重建永樂十一年知縣曹成烈教諭陳子良重新大成殿十五年知縣

馬伯肖十哲像宣德五年縣丞張履肖兩廡從祀像正統二年知縣盛損訓導余儼又拓而大之十四年知縣徐晋修兩廡戟門遷鄉賢祠于戟門右成化五年提學憲副游明因教諭陳源之請相度山川面勢謂向東南爲宜遂與知府盛顒共謀改建以廟居右學居左殿堂門廡齋舍庫廩與夫會饌之堂鄉賢之祠罔不具備十年知縣陳紀又拓地若干丈以廣廨舍○按舊誌謂元至元六年重建而事建學記則以爲至正六年二說不同考之元史前至元六年歲值己巳然是時元未混一天下邵武尚奉宋正朔志不宜遽以元之年號紀事也後至元六年及至正六年又皆與己巳歲辰不相值此必有悞字然不可考矣

射圃在學宮之西舊在學後成化五年遷今所中建觀德亭

雲巖書院在縣南一都雲巖山下宋果齋李方子講學之所也元天曆二年縣尹況逵請于朝剏建設山長一員至正十二年燬于兵故址猶存逵及學士虞集俱有記

崇仁書院

在縣北崇仁市元至正二十三年邑人龔來同儒士劉𬘡以所纂周易尚書觧進得旨建國朝洪武三年知縣劉克明撤其材建儒學故址猶存

西山精舍在縣之西山下宋儒李郁讀書之所也

社學一所在縣治東隅絃歌橋下知縣陳紀創建一所在十都北馬市一所在十九都崇仁墟一所在二十四都新田墟

興化府

府學在府治之東宋咸平元年始有詔立學進士方儀陳詡願入貲助成之嗣請于朝賜地為夫子廟郡人翁然輸錢三十萬建正殿塑先聖先師十哲像續從祀于兩壁仙遊尉𠭏全為記二年儀與弟能從子慎言復疏乞修三禮堂并御書閣有旨給錢三十萬六年學成右司諫孫何為記皇祐元年如①軍事陳執方嘗闢廟學紹興十九年教授徐士龍重修并新教授廳於學之西設縣學于廟之東都

校注：①知

人黄公度爲記①乞道七年教授陳言應革大成殿門淳熙四年學燬於火者幾半五年知軍汪作勵因其舊而加葺之紹熙二年知軍趙彦勵增飾講堂扁曰道化堂前有池池上有橋堂之左有忠恕堂爲教授②古舍忠恕堂之左有正録位廟門之西有直學位學門左右以及兩廡爲齋凡十嘉熙二年知軍張友捐金修學并增廪以贍學者郡人王邁爲記淳祐六年教授余來修忠恕堂建尊經閣於其上咸淳八年知軍事陳支宗呂大圭遣判張汝礪相繼修葺秘閣劉希仁爲記元元統二年知軍盧端智重修郡人黄方子爲記元貞元年教授曹忠更造兩廡廉訪使程文海爲記大德六年教授宋眉年脩道化堂眉年自爲記至順二年同知廉大悲奴築杏壇於敬義堂後先是教授聽爲前教授之第侵占至是復之至正八年學録郡人黄列請節縮學田嬴餘修建廟學經歷黄寀是之遂以屬烈於是先飾禮殿大修講堂柱易以石者八廟學俱煥然一新郡人朱文霆爲記十年僉憲田

校注：①乾　②直

九嘉貳憲丞諸學吏置四配十哲坐向亦文霆為記二十年分省左丞鄭旼升民地建儒星門修樂器祭器庫塑兩廡像立主神祠國朝洪武三年知府盖天麟重修定四配十哲位次餙兩廡像改道化堂曰明倫堂省東西十齋為四齋闢儀門新會饌堂建神廚祭器庫宰牲所於儒星門內之左立米廩於儒星門之右永樂四年通判孫旼教授傅顯立進士題名碑參政楊景衛為記宣德七年僉事魯穆命縣丞葉叔文重葺廟學八年御史楊政募衆成之教授上官尹為記十年僉事陳祚奉詔命知縣劉玭主簿唐禮重新廟學學士錢習禮為記景泰元年知府張瀾餙廟像即學前舊射圃地建養牲所訓導蕭亨為記成化二年知府岳正範銅鑄祭器凡六百三十有四事仍以舊祭祀錫器為鄉飲之器凡四百五十有八事成化八年知府潘琴重建大成門十年巡海副使劉珂命增建月臺於明倫堂之前十三年清軍御史尹仁命教授王鏞餙兩廡像十二年同知孫蘭命耆民

呂景蒙董建尊經閣十八年教授王鏞重立進士題名碑復別立鄉貢題名碑郡人黄仲昭爲記

射圃 在迎仙門内之右舊在望海門外爲居民所侵洪武二十年知府宋麟斥府學前民地爲之正統八年僉事李在脩復舊射圃之見侵於民者創觀德亭於其中成化二年知府岳正以其地遠兩學諸生習射俱不便遂移建今所

莆田縣學 在府治前宋薛公堂地也舊附軍學在大成殿東偏唐張九齡書額有職事位及題道式殿二齋元至順二年徙建今所東爲廟西爲學明倫堂之前爲齋二以舊薛公池爲泮池建解舍於大成殿之東國朝洪武元年知縣任益重修增四配十哲像立兩廡從祀神主郡人吳源爲記□□□年知縣王文焯創後堂扁曰進脩復新會饌堂豎欞星門剏米廩於學之西永樂四年立進士題名牌①僉事高勉爲記正統八年御史丁登命主簿唐禮重建會饌堂遷米廩於舊教諭廨舍

校注：①碑

而以其址增建齋舍是年僉事陳祚命知縣劉玭重修廟學景泰元年鎮守尚書薛希璉命劉玭易民地爲教諭廨舍於米廩之東知府張瀾復易民地建訓導廨舍於教諭廨舍之東訓導謝雲爲記四年知縣陳紀鑄聖賢像天順七年按察司副使錢璡命同知吳諒修大成殿而知縣王常又易民地三畝以廣齋舍成化二十一年教諭程鳳儀以廟學俱弊陋不支請於提學僉事任彥常彥常乃檄①郡邑匯書重建於是知府丁鏞捐貲爲邑民尚義者之倡而士大夫亦有樂助之者遂命鳳儀及士民呂景濬林克仁董其役先建大成殿兩廡以及戟門及買民地以廣學衢後勸民户出一夫之直擬重建明倫堂并齋舍爲當道所沮功未及就

射圃在泮池之東今廢

涵②江書院在縣東北延壽里涵③江王④虛觀之右舊三清殿址也唐特宣聖三十八代孫仲良爲莆田令因家涵⑤江至宋更十餘傳朱文公過莆爲語郡縣正其通籍爲至聖文宣王四十九世孫淳祐五年涵⑥

校注：①檄　②③⑤⑥涵　④玉

江鎮官鄭雄飛始建書院在今書院南丐餘步知軍楊棟溯天子廟復給田以供祭祀及月廩之費景定四年知軍徐直諒奏請院額理宗御書凾①江書院四大字賜之元至大中福建閩海道肅故②廉訪司牒興化路訪求孔氏之後得五十三世孫敬山遂以明經舉充凾③江書院山長令子孫世紹其職後廟宇頹圮大德十一年總管呂君政修判官吳濤為記 國朝洪武十三年同知趙亨重修求樂四年通判孫敢董彬復修訓導黃原為記正統間主簿唐禮景泰間鹽運判周詢張紳相繼增葺歴歳既久學田為居民所侵子孫轉徙於仙遊廟宇復圮成化三年知府岳正遷建今所仍購地作室訪其裔孫之轉徙者俾還居之并復其田以供祭祀

鄭氏湖山書堂 在府城西南鳳凰山下梁陳間邑儒鄭露讀書于此號南湖先生後以其地施為金仙院今廣化寺講堂是也

林蘊書堂 堂在府城東北興教里之澄渚號讀書草堂蘊自北螺移居于此與兄藻誓志業

校注：①③涵 ②政

文九十年藻舉進士蘊擢明經時有歐陽獨步蘊藻橫行之謗自是閩人相繼登第殆無虛歲其後蘊任邵州刺史有帖戒其子孫令往來誦讀於此不許析居云○按莆陽志蘊立券就陳暄市地以居故改陳為澄又北夢瑣言載唐求言成都距長安二千里而每歲隨計者少建安之貢無歲無之故曰龍門一半在閩川信然

歐陽詹書堂在府城東北興教里福平山下初詹以林藻兄弟肄業于靈巖精廬自泉山而詣焉已而改築于此其後詹任蜀門寄林蘊詩云村步如延壽川原似福平無人相共識獨自故鄉情自註云延壽福平皆閩中川原之名延壽蘊之別墅福平予之別墅也貞元八年詹舉進士與韓愈李絳李觀崔群王涯馮宿庾承宣聯第皆天下選時稱龍虎榜

北巖精舍在府城東廂書林亭之右唐陳嶠許龜圖黄彥修讀書于此九五年龜圖彥修隨計西上嶠復卜築於北平山當咸通乾符之際龍門萬仞孤進惟艱以二子詞學之懿①□□

校注：①累舉

於禮部竟無所成名惟嶠至光啓四年始擢進士第云北平山亦名福平山

東峰書堂

在府城西南廣化寺内唐黄滔肄業之所初滔與陳蔚黄楷歐陽碣葺齋于此九十年唐以通牓取人末流滋弊咸通①朝符之際公②卿貴游相為汲引而懷材抱藝之士遐遺草澤以是三子率不西邁惟滔獨隨計吏奮迹舉場越二十四年始擢乾寧乙卯進士昭宗臨軒重試再中甲科歸尋舊山以刻銘貞石以記○舊記云今東峯雙龍眼樹即往歲書齋之庭陰也

漆林書堂

在府城東比待賓里蒜嶺之南唐少府監翁巨隅之別墅也巨隅嘗創一堂訓督子弟長子承賛乾寧三年進士次承裕光化三年明經釋褐次襲明舊名承檢應童子科天祐五年復第進士已而承賛御命冊王審知為閩王與冊禮使侍郎蕭頃同尋舊日書堂頃以詩贈之有云軺車故國世應稀昔日書堂二紀歸却對螢窗勤苦處舉頭全是錦為衣御史黄滔和承賛詩云山樊南國添烟翠龍起東溟認

校注：①乾　②卿

夜光定恐故園晋不任竹風松韻謾妻鏘

鄭氏書堂 在縣南惟新里木蘭陂之旁宋國子監薄鄭耕老讀書之所也耕老嘗賦詩云開懷溪一曲養拙屋三間後分教四明叅政龔茂良嘗留題云木蘭春漲與江通日日江潮送曉風此水還應接鄭水為誰流下海門東

東井書堂 在景得里穀城山下宋艾軒林光朝倡道之所也初光朝族人國鈞創書堂於此延光朝為師復置田以贍來學之士學者空郡從之時謂之紅泉義學中書舍人張孝祥書額有拜經堂艾軒詩黃石江平①鄉相出幾人傳說拜經堂國朝翰林學士林文有紅泉講道記

金山草堂 在五侯山湧泉巖之西林光朝嘗與其族人林充林褒講學於此

仰止堂 在白湖陳俊卿舊第之東偏朱文公嘗館焉堂之前有山曰壺公峻拔端重若正人端士𢬵拱而聳立俊卿之子宓寔從文公講學於此思文公而不得見登其堂望其山如見其人焉因取高山仰止之義以名之黃榦作

校注：①卿

記其後邑人黄績從宓及潘柄學後與司志十餘人集於堂中旬日一講二師既卒績遂率同門友築東湖書堂於郡之望仙門外東畔而請田于官春秋祀焉讀約聚講如二師在時及績卒績之子仲元推廣先志崇奉尤謹今二堂俱廢上三堂俱府城東南

夾漈先生草堂 在府城西北廣業里夾漈山之陽宋鄭樵隱居著書於此因自號夾漈嘗討論古今圖籍修而成書分爲十類共五十種又取歷代史籍始自三皇終於五季通修爲一書名曰通志後改名通史釐爲二十畧又有修史堂在本里薌林寺内

上林義齋 在府城西南新興里唐黄問字公裕通五經嘗創學於居廬之南以聚四方英俊立爲五規一曰修身謹行二曰立志杭節三曰潛心經術四曰學通世務五曰限日收功既卒尚書右丞皇甫謚誄之曰義成逸士子君俞幼强學著書一百卷刺六經失傳正史氏之非劉敞得其書以爲似兩漢儒者已而試開封進士居第一而四黜於禮部

翰林學士鄭解御史中丞滕甫知貢舉王珪等交章論薦召試舍人院徐①國子直講累官館閣校勘有六經閱言行於世

壽峰義齋在府城西北黃業里舊經云天禧間方泳與其弟洞築齋于此以来四方賢士歲不下五十餘人一夕山神折花七枝置几上是歲七人俱薦相繼擢第獨陳升之位躋上相推官方牌詩義齋昔啓虎蹲岡一夕仙祇預報祥會客曾聞居鼎席應須重立相儒堂已上書堂及齋俱廢故址猶存

忠門義學在府城東新安里忠門元西江陳氏所作也有學舍以聚生徒有學稟以贍師儒前監縣原道寔相其役翰林學士周伯温爲書其扁後又欲建先聖殿及先賢祠温陵盧琦嘗爲作跋

仙游縣學在縣治南百步許舊在縣治之西宋咸平五年縣尉段全移建今所前爲廟後爲學全自爲記慶曆八年修元祐九年重修宣和末圯紹興九年邑人肇慶守陳可大捐貲倡衆重建知

校注：①除

縣謝天民玏成之天民自爲記乾道七年知縣趙
公綢修廟殿曰大成堂曰尊道爲齋九六并建六
經閣祭器庫土神祠翁亢爲記紹定六年知縣黄
登新尊道堂寶祐三年知縣趙與泌建尊經閣文
會堂新堂廡置祭器閣西溝之見侵於民者卓得
慶爲記元至正二十年燬于冦二十五年縣尹任
興即舊址重建大成殿塑先聖四配十哲像國
朝洪武四年知縣周從善建東西兩廡立從祀先
賢位爲泮池於戟門之外而橋之池之前爲櫺星
門門西爲泮宫門改尊道堂爲明倫堂堂之左右
爲兩齋東西兩廊各爲號房五十六年知縣顧恩
敬建神庫神厨宰牲房於廟之東立土神祠於戟
門之左二十八年教諭譚子敬建文昌閣於明倫
堂之後宣德八年知縣王彝新殿廡齋舍神厨十
年改建文昌閣爲樂育堂其兩翼東爲膳廚西爲
祭器庫復修戟門泮橋正統二年重建明倫堂增
教諭訓導廨舍遷學門于櫺星門之東從文昌祠
於戟門之左斥民地以廣學基教諭張侗實終始

經營之郡人黃常爲記十二年僉事陳祚檄知縣宋華葺櫺星門新祭器捐米廩于神廚之前景泰四年重新大成門天順六年僉事牟俸令知縣趙鸞撤舊號房改建爲兩齋別建號房於兩齋之後成化元年教諭歐陽濇攝縣事重建櫺星門易其柱以石遷教諭廨舍於樂育堂之西十六年提學僉事周孟中令典史林永通教諭周高藝增建月臺於明倫堂之前

射圃在櫺星門外通衢南之左舊在西廡後洪武十六年知縣顧思敬闢而大之并建觀德亭正統十二年僉事陳祚重新成化八年知縣黃燦遷建今所而飾舊觀德亭爲訓導廨舍

義塾按縣志在縣西十餘里紹定間通判周天賦之弟創建仍撥田租七十斛以供束修之費

平海衛學在衛城內正統八年始建學設官權寓指揮陸璘廨舍設四齋後齋宇頹圮復遷寓姜公廟天順八年提調學校僉事游明始以舊都指揮僉事姜銘安廨舍剏建廟學即今所也指揮同知

王輔塑先聖四配像成化九年指揮同知錢堂重修殿廡并戟門改建明倫堂及齋舍規制始備

福寧州

州學 在州治東南即宋長溪縣學也舊在州治東保明寺之左慶曆三年知縣杜樞徙今所築羨湖地翔建舊學基遂爲保明寺所有元祐二年知縣馬康侯又還於州東門外以建善寺地爲之五年仍還建于今所大觀二年知縣葉安節更建殿宇嘉泰三年知縣姚迥嘉定九年知縣江潤祖淳祐七年知縣許鑄咸淳五年知縣趙時禮七年知縣李季可俱嘗修葺元至元十三年火惟禮殿僅存二十二年鹽提舉鞏元凱塑先聖四配十哲像二十六年州尹白①壁新戟門二十九年州尹樊忠搆明倫堂元貞元年州尹陳翼同知孫壁改建大成殿及戟門繪從祀先賢像大德十一年州知事沈中祥攝學事造祭器置書籍重建稽古閣於明倫堂之後閣之下爲會文堂延祐四年州尹表凱才建學

校注：①璧

門兩廊及教授廳至治二年稽古閣壞三年州知事潘瑞孫攝學事即其址重建會文堂并修禮殿至正十年知州王伯顏重創大成殿易其柱以石而兩廡戟門泮池櫺星門明倫堂及兩齋俱修建一新　國朝洪武二年復改爲縣學九年知縣趙明仲修二十七年典史程鎰重建兩齋及修葺殿廡宣德六年知縣錢宥重建兩廡及戟門正統六年知縣項智教諭程奎重葺大成殿明倫堂并兩齋成化七年按察司副使潘禎知府周鈇復修葺之十三年州判官黃晟翔振鐸堂於明倫堂之後十四年知州劉象伐石修砌垣墉四周

東山書院在州南招賢里宋淳祐十一年邑儒林仲昞建爲讀書之所

草堂書舍在州東十一都唐林嵩讀書之所也

寧德縣學

在縣治之東南宋嘉祐三年創建崇寧二年增爲四十七區有敷教堂爲齋四乾道六年縣丞盧覺重修七年知縣徐磐建小學淳熙二年知縣趙善悉改建大成殿於明倫堂之西殿

之南爲櫺星門淳熙八年知縣徐夢發更新之嘉定三年知縣周茂良鑿泮池於櫺星門之內而橋其上五年攝縣事閩縣丞黃克寬增建戟門於櫺星之北　國朝洪武五年知縣王溥建米廩於大成殿之西建祭器庫神厨宰牲房在大成殿之北建會饌堂於明倫堂之後三十三年火知縣閔可誠教諭戴福海重建一新永樂三年知縣賈得善改建櫺星門并創學門架石橋於舊塘之上以通往來宣德四年御史張鐸知縣張初教諭林約重修殿廡齋舍門墻刱建觀瀾亭御書閣以及庖厨廨宇俱煥然一新六年御史張鵬立進士題名牌①御史三山羅澤爲記景泰五年邑人都給事中林聰倡其鄉人拓明倫堂而大之天順四年御史顔嚴同知古永昌教諭李輔訓導董秀各捐俸勸富民助貲重新修建

來青書院姚周侯刱　**鄭鄉校**鄭倉崇刱　**誠齋**阮守饒刱

按三山續志上三處謂之三鄉校縣志不載今纂之

校注：①碑

福安縣學在縣治東南舊在縣西南龜湖之上宋淳祐五年知縣鄭黼經畫其方位左爲廟右爲學先建講堂直舍八年知縣林子勳建文廟東西廡戟門并明倫堂齋舍庫廩學制始備元皇慶元年主簿胡璉興建龜湖寺遂遷學於今所草刱殿廡塑先聖四配十哲像至正三年縣尹趙元善建戟門欞星門於殿南復建明倫堂於殿北國朝洪武二十八年知縣葉禮重脩明倫堂建兩齋於堂之東西序并建神厨祭器庫宰牲房於東廡之後永樂初知縣李思明建會饌堂厨房於明倫堂之西移學倉於明倫堂之東北正統六年知縣沈鑄建御書閣於明倫堂之後天順間提學僉事游明命署縣事候官縣丞周琥重修大成殿并兩廡成化間副使潘禎參議陳澂僉事鍾瑊檄知州劉象判官黃晟知縣劉順教諭項孔昌訓導黃勛重建戟門明倫堂兩齋復改建泮宮門於學東

大留社學在舊治江里宋紹興二年里人校尉沈幹貢士張夢辰建講堂齋舍爲屋九百

①溫歲延師聚徒講習於此

化蛟社學 在舊仁風里宋元豐②□□人卓鈞登第歸聚徒講習於此中爲堂以祀先聖旁爲齋以居學者歲久而圮淳熙三年族人共新之歲延師訓誨子弟

八閩通誌卷之四十五

校注：①楹　②閭里